Rocky Mountains

 Eine Übersichtskarte mit den eingezeichneten Routenvorschlägen finden Sie in der vorderen Umschlagklappe.

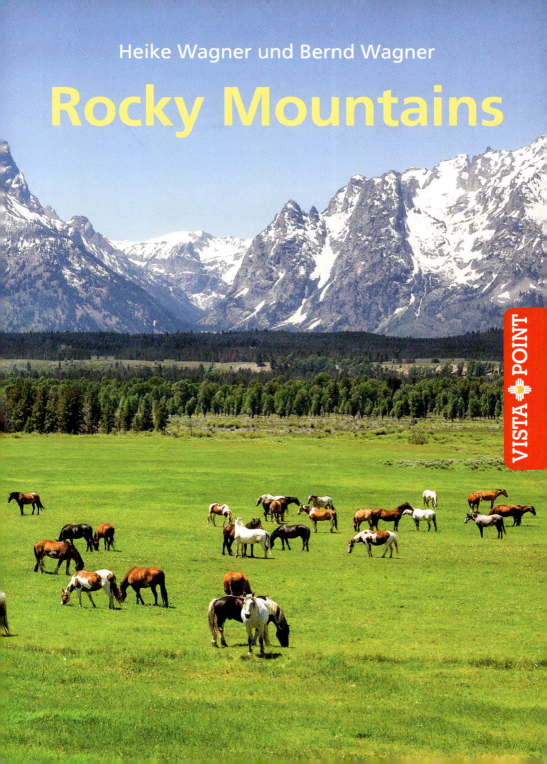

Inhalt

»Rocky Mountain High«
Amerikas Wilder Westen 8

Reiseland Rocky Mountains
Die Routenplanung 16

Chronik
Daten zur Geschichte der Region 20

SÜDLICHE ROCKY MOUNTAINS

1 ### Die »Mile High City«
Denver – Metropole der Rockies 32

2 ### Reißende Flüsse und hohe Gipfel
Durch das Tal des Arkansas River 42

3 ### Von der schwarzen Schlucht zur silbernen Stadt
Vom Black Canyon of the Gunnison National
Park nach Durango 46

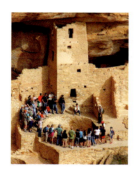

4 ### Geheimnisumwitterte Klippenwohnungen der Anasazi
Mesa Verde National Park 54

5 ### Der größte Sandkasten der USA
Durch den Südwesten Colorados 60

6 ### Goldrausch in den Bergen
Über Cripple Creek nach Colorado Springs 66

7 ### Hohe Gipfel und wilde Pferde
Rund um Colorado Springs 74

ZENTRALE ROCKY MOUNTAINS UND WILDER WESTEN

1 ### Mormonenhauptstadt zwischen Skibergen und Salzwüste
Salt Lake City – »This is the Place« 80

2 ### Zwischen Wildwasser und Pistolenduellen
Über Logan Canyon und Snake River
nach Jackson 92

Wahrzeichen des nordöstlichen Wyoming: Devils Tower ▷

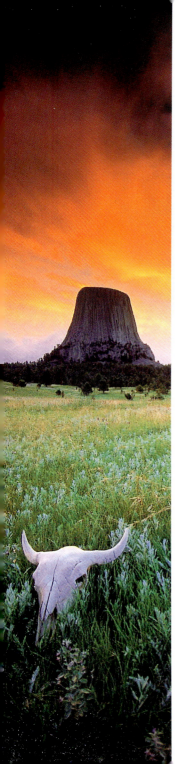

Inhalt

3 **Salbeiwiesen und Bergriesen**
Grand Teton National Park 100

4 **Und ewig sprühen die Geysire**
Im Yellowstone National Park 108

5 **Sinterterrassen, Schluchten und Schwefeldämpfe**
Im Yellowstone National Park 118

6 **Buffalo Bill – die große Westernlegende**
Über den Bärenzahnpass nach Cody 126

7 **Teufelsschlucht und Medizinrad**
Durch die Bighorn Mountains 134

8 **Vom Teufelsturm zu den schwarzen Hügeln**
Vom Bozeman Trail über den Devils Tower in die Black Hills 142

9 **Bizarre Hügel im »schlechten Land«**
Badlands National Park 150

10 **Steinerne Präsidenten und Sioux-Häuptlinge**
Mount Rushmore und die Black Hills 158

11 **Paradies der Bisons**
Durch die südlichen Black Hills 166

12 **Auf den Spuren von Trappern, Ureinwohnern und Siedlern**
Über die weiten Prärien Nebraskas 170

13 **Auf historischer Route**
Der Oregon Trail durch den Südosten Wyomings 176

14 **Und ewig locken die Berge**
Von Denver in die Universitätsstadt Boulder 182

15 **Auf dem Dach der Rockies**
Durch den Rocky Mountain National Park 188

16 **Silberstädte, Supergipfel und Skiboom**
Von der Teufelspforte zum Unabhängigkeitspass 196

17 **Mondäne Idylle in den Rockies**
Sommertraum und Wintermärchen in Aspen 202

Inhalt

18	**Durch das Reich der Dinosaurier und wilden Schluchten**	
	Das Dinosaur National Monument	208
19	**Flammende Schlucht zwischen Utah und Wyoming**	
	Flaming Gorge National Recreation Area	216

NÖRDLICHE ROCKY MOUNTAINS

1	**Von Bären und Wölfen, Erdbeben und Geisterstädten**	
	Von West Yellowstone über Virginia City nach Butte	222
2	**Kupferbarone, Rinderkönige und Goldschürfer**	
	Butte, Deer Lodge und Helena	230

3	**Auf den Spuren von Lewis & Clark**	
	Entlang dem Missouri River von Helena nach Great Falls	236
4	**Ureinwohner und Gletscher**	
	Aus den Prärien in die Rocky Mountains	244
5	**Auf der »Straße zur Sonne«**	
	Die Going-to-the-Sun Road im Glacier National Park	250

6	**Von Bisons und Rauchspringern**	
	Vom Glacier National Park ins Bitterroot Valley	258
7	**Salmon River Scenic Byway**	
	Auf dem »Lachsfluss« durch Idaho	264
8	**Durch die »Sägezahnberge«**	
	Sawtooth National Recreation Area, Ketchum und Sun Valley	270

9	**Lavalandschaften**	
	Von den Craters of the Moon über Idaho Falls nach West Yellowstone	274

Service von A bis Z 278
Sprachführer 290

Orts- und Sachregister 293
Namenregister 300
Bildnachweis 303
Impressum 304
Zeichenerklärung .... hintere innere Umschlagklappe

Das Colorado State Capitol in Denver ähnelt seinem Vorbild in Washington, D.C.

»Rocky Mountain High«
Amerikas Wilder Westen

Wie eine überdimensionale Felsenbarriere ragen die **Rocky Mountains** empor. Was erste Siedler im Wilden Westen noch im ausgehenden 19. Jahrhundert als schwer überwindbares Hindernis empfanden, schätzen ihre Nachfahren heute als unvergleichliches Freizeit-, Sport- und Naturparadies. Keiner hat sie so oft besungen wie John Denver, sein Song »Rocky Mountain High« steht als inoffizielle Hymne der Rockies, als Synonym für Freiheit und Abenteuer im grandiosesten Gebirgszug Nordamerikas.

Schroffe Gipfelregionen wechseln sich ab mit weiten, offenen Hochtälern mit Wildblumenwiesen in sommerlichem Farbenfeuerwerk und engen, dunklen Canyons, in die nur selten die Sonne trifft, mit tiefen Nadelwäldern, mit herbstlich goldgelb erglühenden Zitterpappeln und meterdicken Schneehöhen im Winter. Man kann hundert Mal dort gewesen sein, und gewinnt doch stets neue Eindrücke. Zu jeder Tages- und Jahreszeit wirken die Rocky Mountains anders, aber ihre Dimensionen sind immer überwältigend groß. Sie reichen von Kanada bis fast nach Mexiko, sind Hunderte Kilometer breit und erreichen mit ihrem höchsten Gipfel **Mount Elbert** 4399 Meter. Ihr Hauptkamm markiert die kontinentale Wasserscheide *(Continental Divide),* wo ostwärts alles Wasser über den Missouri/Mississippi oder den Rio Grande in den Golf von Mexiko und nach Westen über den Colorado oder den Snake/Columbia River in den Pazifik strömt.

The Rocky Mountain Bighorn Sheep – Symboltier der Rockies

Mit ungebändigten Flüssen wie dem Arkansas River in Colorado, Green und Yampa River an der Staatengrenze Colorado/Utah und dem Salmon River in Idaho gelten die Rockies ohne Frage als wahres Wildwasser-Eldorado. Die Flussabenteuer variieren zwischen sportlichem Nervenkitzel, bei dem bunte Schlauchboote über Stromschnellen durch tiefe Canyons flussabwärts schießen, und gemütlichen Familienfloßtouren in malerischen Tälern.

In völlig andere Dimensionen führen himmelhohe Highways mit zahlreichen Aussichtspunkten und Picknickplätzen. Insbesondere die **Trail Ridge Road**

Amerikas Wilder Westen

Wunderbare Wildnis: am Snake River im Grand Teton National Park, Wyoming

(3713 Meter) durch den Rocky Mountain National Park oder die Straße über den Independence Pass (3687 Meter) nach Aspen wagen sich in höchste Gipfelregionen vor. Ebenso großartig verlaufen Panoramastraßen wie der **Million Dollar Highway** durch die wilden San Juan Mountains im Südwesten Colorados, die **Going-to-the-Sun Road** in Montana, der **Salmon River Scenic Byway** in Idaho, der Highway über Wyomings **Beartooth Pass** (3337 Meter) und … und … und … Zu den absoluten Glanzpunkten zählt sicherlich die höchste asphaltierte Bergstraße Nordamerikas, der **Mount Evans Scenic Byway**, der wenige Meter unterhalb des **Mount Evans** (4346 Meter) endet. Anfang des 19. Jahrhundert galt der Gipfel des **Pikes Peak** (4301 Meter) als unbesteigbar. Heute wird er neben einer gut ausgebauten Schotterstraße auch noch von einer Zahnradbahn und einem Wanderweg erklommen.

In scheinbar zivilisationslosen Tallagen breiten sich riesige Ranches aus. Wo der nächste Nachbar oft kilometerweit entfernt siedelt, erfährt man als Urlauber bei Ausritten, Viehtrieb, Kälberfangen oder dem Einbrennen von Brandzeichen hautnah ein Stück Wilden Westen, und abends träumt man bei Country & Western Music und Chuckwagon Dinners von der Cowboyromantik längst vergangener Zeiten. Ganz im Sinne dieser Westerntradition haben Rodeos ein fantastisches Comeback erfahren und sind wieder zum festen Bestandteil vieler regionaler Feste geworden.

Ebenso erleben die Ureinwohner des Landes eine nicht für möglich gehaltene kulturelle Renaissance. Jahrhundertelang von Weißen verdrängt und größtenteils in unwirtliche Reservationen abgeschoben, besinnen sie sich mit neu erwachtem

»Rocky Mountain High«

Selbstbewusstsein auf althergebrachte Sitten. *Powwows*, traditionelle Festivals mit farbenfrohen Tänzen zu klassischer Trommel- und Gesangsbegleitung, wirken wie ein Zeitsprung zurück in eine unbeschwerte Vergangenheit.

Mitten im Herzen der Rocky Mountains dehnt sich **Colorado** aus. Der höchstgelegene Bundesstaat der USA weist auch die höchsten Berge der Rockies mit den besten Wander- und Skigebieten Amerikas auf. Im Winter locken traumhafte Skiabfahrten durch tiefen Pulverschnee und der Après-Ski in Orten wie **Aspen** und **Vail**. Im Sommer sind die Rockies ein Wanderparadies mit vielen schneefreien Pfaden bis auf höchste Gipfel. Oft wandert man in der heiteren Ruhe und Erhabenheit von Hochlagen mit klaren, blauen Bergseen und schroffen Gipfeln, von denen Bäche schäumend zu Tal rasen und auf deren Hängen sich Dickhornschafe, Bergziegen und andere wilde Tiere tummeln.

Aber nicht diese Naturschönheiten, sondern ein ungeheurer Gold- und Silberrausch lösten den ersten Besiedlungsboom aus. Die Hoffnung auf schnellen Reichtum lockte Zehntausende Prospektoren (Goldsucher) in die Berge – ein Boom, dem die Ureinwohner fassungslos und machtlos gegenüberstanden, als schließlich Edelmetalle in mehrfachem Milliardenwert aus den Bergen geschürft wurden. Dem Erschöpfen der Lagerstätten folgte der *bust*, der abrupte Sturz ins Bodenlose. Doch haben sich Minenorte wie **Central City**, **Cripple Creek**, **Georgetown** oder **Leadville** nach einem jahrhundertelangen Dornröschenschlaf in die Gegenwart hinübergerettet und profitieren vom Tourismus und dem legalisierten Glücksspiel als neuem Standbein.

Ultramodern dagegen präsentiert sich **Denver**, die zur internationalen Metropole herangewachsene Hauptstadt und das Wirtschafts- und Finanzzentrum des Staates Colorado mit einem der weltgrößten Flughäfen. Im Herzen der »Mile High City«, die genau auf einer Meile (= 1609 Meter) Meereshöhe liegt, pulsiert die 16th Street Mall, eine Fußgängerzone mit Dutzenden von Restaurants und Kneipen, mit Geschäften und Einkaufszentren, mit exzellenten Museen und feinen Hotels in der Nachbarschaft. In der benachbarten U.S. Mint, der Bundesmünzanstalt, die tagtäglich Pennies für die Portemonnaies der Nation produziert, schlummert das Gold der Berge in Barren gepresst hinter dick verschlossenen Safetüren. Nur einen Katzensprung weiter erlaubt das goldbekuppelte State Capitol eine prächtige Aussicht über die Stadt und die im Westen steil aufragenden Berge. In einer knappen halben Stunde gelangt man von Denver nach **Boulder**, der in den Bergen gelegenen dynamischen Urlauber-, Studenten- und Sportlerstadt.

Colorados Landschaft wird geprägt von grandiosen Schluchten wie dem **Black Canyon of the Gunnison National Park** und der **Royal Gorge**, die das Land tief einschneiden, spektakulären Gebieten wie den San Juan Mountains, die man ideal vom Schlauchboot auf dem Animas River oder aus dem Zugfenster der historischen Durango & Silverton Narrow Gauge Railroad erleben kann. Prächtige Felsszenerien schmücken den Garden of the Gods in **Colorado Springs** oder das Tal der Maroon Bells bei Aspen. Die höchsten Sanddünen der Welt ragen im **Great Sand Dunes National Park** empor und vollenden das landschaftliche Kaleidoskop Colorados. Den kulturhistorischen Höhepunkt setzen die jahrtausendealten Höhlenwohnungen der Anasazi im **Mesa Verde National Park** im Südwesten des Staates.

Wo in **Utah** die Rocky Mountains auf die unendlichen Weiten der heißen Salzwüste treffen, ließen sich Mitte des 19. Jahrhundert die Mormonen nieder. In dieser menschenleeren Einöde schufen sie ungestört von religiösen Verfolgungen eine blühende Oase, aus der mit **Salt Lake City** die zweitwichtigste Metropole der Rocky Mountains heranwuchs.

Phänomenal dicht liegen hier klimatische Extreme beeinander. An das glitzernde Weiß der Salzkristalle schließen sich direkt östlich von Utahs Hauptstadt die Wasatch Mountains an, in denen laut Eigenwerbung der pulverweiße *greatest snow on earth*, der »beste Schnee der Welt«, fällt und in denen die Skiwettbewerbe der Olympischen Winterspiele 2002 stattfanden.

Salt Lake City ist ein idealer Ausgangspunkt für Touren durch die Berge. Einige der reizvollsten Landschaftsbilder liefert das sich bis Colorado hinein erstreckende **Dinosaur National Monument** mit seinen Dinosaurierfundstätten und den grandiosen Felslandschaften am Zusammenfluss von Green und Yampa River im **Echo Park**. Nicht minder prächtig präsentiert sich die nach Wyoming hineinreichende **Flaming Gorge**, die »flammendrote Schlucht« des aufgestauten Green River, mit ihren Aussichtspunkten und der Staumauer am Südende.

Wyoming ist immer der »Cowboystaat« geblieben, der mit seinen Ranches und Rodeos den Wilden Westen symbolisiert. Das bedeutendste Rodeo in den Rockies sind die Cheyenne Frontier Days. In jenen Tagen steht das Leben in Wyomings Hauptstadt Kopf. Wenn sich mutige Reiter auf bockende Bullen, Stiere und Pferde wagen und schon nach wenigen gefährlichen Sekunden wieder auf dem harten Boden der Realität landen, erlebt man den Mythos des amerikani-

In den Rocky Mountains bieten sich jede Menge Aktivitäten in der freien Natur an: Wandern im herbstlichen Colorado, ...

... Fliegenfischen im Rocky Mountain National Park oder spritzige Wildwassertouren

»Rocky Mountain High«

schen Cowboys, der sich unerschüttert erhebt und den Staub vom breitkrempigen Hut und dem Hemd abschüttelt, bevor er stolz die Arena verlässt.

Keine Region der USA außerhalb Alaskas ist so dünn besiedelt wie Wyoming. Als erstes US-Territorium übertrug es in der zweiten Hälfte des 19. Jahrhundert den Frauen das Wahlrecht. Mit dieser rein praktischen Entscheidung ließ sich schlagartig die Zahl der Wahlberechtigten so weit erhöhen, dass ein eigenständiger Bundesstaat gegründet werden konnte.

Wyomings landschaftlicher Höhepunkt ist der **Yellowstone National Park** im Nordwesten. Der wohl bekannteste Nationalpark der USA brilliert mit einer fantastischen Wunderwelt voller Bisons, Geysire, brodelnder Schlammtöpfe und heißer Quellen. Als weltweit bekanntes Wahrzeichen des Parks macht der Geysir **Old Faithful** alle knapp 80 Minuten eindrucksvoll auf sich aufmerksam. Dann katapultiert der »alte Getreue« seine Heißwasserfontänen bis zu 55 Meter hoch in die Luft.

Weiter südlich beeindruckt der **Grand Teton National Park** mit mächtigen Bergen, den famosen Windungen des **Snake River** in der silbergrünen Salbeisteppe und seinen anschließenden Wildwassercanyons sowie dem quirligen Touristenstädtchen **Jackson**, das sommers wie winters die Touristen anzieht. Dagegen gehören Gebirge und Felsformationen wie die **Bighorn Mountains** und der **Devils Tower** eher zu Wyomings unbekannteren, aber nicht minder sehenswerten Zielen.

Östlich des Yellowstone National Park liegt die Westernstadt **Cody**, einst Heimat des Buffalo Bill, die seit über 75 Jahren das Cody Night Rodeo veranstaltet. Wie überall in Wyoming werden hier die Relikte des Pionierzeitalters gehegt und gepflegt. Die historischen Blockhäuser des Museum of the Old West und Buffalo Bills einstiges Jagdhaus »Pahaska Teepee« künden von ihren früheren Bewohnern, und in **Guernsey** am Oregon Trail und Register Cliff sind die Wagenspuren und Felsinschriften der frühen Siedler bis heute erhalten.

Schneebedeckte Gipfel erheben sich über **Idahos** silbriggrünen Salbeiebenen, ungebändigte Flüsse rauschen durch tiefe Wälder, die einen Großteil des Staates bedecken. Dies ist das Land des reißenden **Middle Fork of the Salmon**, der in der weglosen, wild- und waldreichen Frank Church River of No Return Wilderness Area, die kaum eines Menschen Fuß je betreten hat, Wildwasserfahrten vom Feinsten bietet.

Die **Sawtooth Mountains** sind eine wilde, ursprüngliche Landschaft mit bewaldeten Tälern und hohen, schroffen Gipfeln, und der Salmon River Scenic Byway längs dem gleichnamigen Fluss gehört sicherlich zu den schönsten Highways in Idaho. Nur wenige Menschen leben das ganze Jahr über in dem hübschen Örtchen **Stanley**, das dafür jede Menge Anbieter von Wildwassertouren und andere Outfitters aufweist. Die Umgebung eignet sich bestens zum Wandern, Wildwasserfahren, Reiten, Angeln und Campen, wobei die Outdoor-Fans sich zumeist weit im unbesiedelten Land verteilen. Geschäftiger geht es da schon in den populären Wintersportorten **Ketchum** und **Sun Valley** zu, die sich zunehmend auch als Sommerfrischen einen Namen machen.

Als Kontrast zur Lebensfülle der Wälder in den Sawtooth Mountains wirkt das **Craters of the Moon National Monument** am Nordrand der Snake River Plain. In der bizarren, mondähnlichen Landschaft aus schwarzem Lavagestein und Lavahöhlen kann man auf eigene Faust und mit Taschenlampe ausgerüstet Erkundungen anstellen. In der äußersten Südostecke Idahos verbirgt sich mit dem hübschen **Bear Lake**, dessen südliche Hälfte in Utah liegt, ein landschaftliches Juwel, das viele Wassersportfreunde

Amerikas Wilder Westen

»Big Cattle Drive« vor der Kulisse der schneebedeckten Bitterroot Mountains

und Erholungsuchende aus dem heißen Tal des Great Salt Lake anzieht, die durch das prachtvolle Wanderparadies des **Logan Canyon** dorthin kommen.

Montana nennt sich »Big Sky«, das »Land des großen Himmels«, und darunter erstreckt sich ein ebenso weites Land. Für europäische Dimensionen sprengt es jegliche Vorstellungskraft, dass ein einzelner US-Bundesstaat größer als Deutschland ist, aber weniger Einwohner als Köln besitzt. Der Name Montana (span. *montaña* für »Berg«) steht für die wohl schönsten Hochgebirgsregionen der nördlichen Rockies, die sich abseits der Hauptrouten mit ausgedehnten Wäldern und wilden Flüssen noch so präsentieren wie vor der Besiedlung des Westens.

Durch die Berge des **Glacier National Park** verläuft die **Going-to-the-Sun Road**, eine der Top-Panoramastraßen des Landes. Um **Browning** und in der **Blackfeet Reservation** am Fuße der Rockies, die sich im nördlichen Montana steil wie nirgendwo sonst aus den Prärien erheben, kann man die Kultur der Ureinwohner in Museen und bei Powwows kennenlernen.

Im wildreichen Glacier National Park sind Begegnungen mit Schwarz- und Grizzlybären nicht selten. Andere große Tiere, und zwar Bisons, kann man südlich des Flathead Lake beobachten. In der hügeligen **National Bison Range** leben und grasen die mächtigen Tiere in weitgehend natürlicher Umgebung wie noch in der Mitte des 19. Jahrhunderts in der gesamten Prärie.

Mit Museen, nostalgischen Läden und Fassaden im authentischen Wildwestlook geben die beiden revitalisierten Goldgräberstädtchen **Virginia City** und **Nevada City**

»Rocky Mountain High«

Die Felsformation der Flatirons nahe Boulder im Winter (Colorado)

Einblicke in ihre noch nicht allzu ferne Goldgräber-Vergangenheit, als Zehntausende von Prospektoren sich auf der Suche nach Gold durch die Erde wühlten. Auch **Helena**, die kleine, aber feine Staatshauptstadt von Montana, ist aus einem lukrativen Goldfieber entstanden. **Butte** und das benachbarte **Anaconda** offenbaren wie keine anderen Städte die Historie des Kupferbooms in Montana, denn aus alten Bergbauanlagen wurden interessante Museen und Industriedenkmäler geschaffen. An den großen Fällen des Missouri River, an denen vor fast 200 Jahren die Erforscher Lewis und Clark auf ihrer legendären dreijährigen Route zum Pazifik ihr Lager aufschlugen, liegt die Großstadt **Great Falls** mit hervorragenden Museen und schönen Flussparks.

Das weite, flache Land am Fuße der Rocky Mountains gehört zu den **Great Plains**. Die »Großen Ebenen« mitten im Herzen der USA zwischen dem Mississippi im Osten und den Bergen im Westen wurden im 18. Jahrhundert nur zaghaft von wenigen Trappern besucht und erst ab der zweiten Hälfte des 19. Jahrhunderts allmählich von Weißen besetzt. Doch lebten hier bereits die mächtigen Sioux, aber auch Cheyenne, Crow und andere Stämme, die sich dem Eindringen der Fremden heftig widersetzt haben. Der Sieg der Sioux unter ihren Häuptlingen Sitting Bull und Crazy Horse am Little Bighorn River in Montana radierte 1876 zwar Colonel George Armstrong Custers komplette Einheit aus, aber ausgerechnet der größte Triumph in den Kriegen gegen die US-Armee leitete den raschen, endgültigen Niedergang der Prärieindianer ein. Die aufgeschreckten Weißen konzentrierten ihre Kräfte und rangen die Gegner innerhalb eines Jahres vollständig nieder. Seitdem teilten die meisten Ureinwohner ein trauriges Schicksal und endeten oftmals abseits ihrer angestammten Jagdgründe in kargen Reservationen.

Aus den scheinbar unendlichen Weiten der Great Plains ragen in **South Dakota** die **Black Hills** wie eine einsame Insel empor. Als größte Attraktion in den höchsten

Bergen östlich der Rocky Mountains lockt **Mount Rushmore**. Die in den Granitfelsen gesprengte und gemeißelte, überdimensionale Skulptur von vier Präsidentenköpfen präsentiert sich als ein kolossales Ergebnis menschlicher Schaffenskraft und Symbol der amerikanischen Demokratie.

Mit ernsten, versteinerten Mienen blicken die Präsidenten hoch oberhalb der Besucherscharen auf den mit Fahnen geschmückten Promenadenweg und weit über das Land, dessen Geschicke sie einst prägten. Als krönendes Erlebnis am Abend verabschiedet Mount Rushmore seine Gäste mit einer patriotischen Lichtershow samt abschließender Nationalhymne.

Sehenswürdigkeiten haben die Black Hills reichlich zu bieten. Im **Custer State Park** weidet die zweitgrößte Bisonherde der USA, unterirdische Wunder beeindrucken in **Jewel Cave**, **Wind Cave** und anderen Höhlen, und spannende Westerngeschichte nebst moderner Kasinokultur locken Fans nach **Deadwood**. Mit den Erträgen des legalisierten Glücksspiels hat der einstige Goldrauschort seine über hundert Jahre alte Innenstadt erfolgreich saniert. Touristisch aufgepeppt, vermittelt das historische Schmuckstück nunmehr einen unterhaltsamen Ausflug in die Wildwestvergangenheit der Black Hills. Wesentlich weiter zurück in die Erdzeitalter führen uns die Dinosaurierfundstätten von **Hot Springs**, dem geologischen Wunderland der Black Hills, wo Knochen und Stoßzähne längst ausgestorbener Mammute dutzendfach konserviert sind.

Und um einen landschaftlichen Kontrast zu erleben, fährt man aus den grünen Black Hills nur wenige Kilometer hinaus nach Osten. Im **Badlands National Park** breiten sich einzigartig karge Trockenlandschaften und bizarr erodierte, vielfarbige Hügelketten aus, ein Flecken Erde, dem frühe Erforscher zu Recht den Namen »schlechtes Land« gaben.

Wie South Dakota liegt auch **Nebraska** im Prärieland vor den Rockies. Alle auf dem Oregon Trail westwärts ziehenden Wagentrecks folgten im 19. Jahrhundert dem Lauf des North Platte River. Als einer der großen Flüsse des Westens schwemmt er Geröll und Sedimente aus den Bergen in die Prärien und bringt somit im wahrsten Sinne des Wortes die so unterschiedlichen Regionen einander näher. Pioniere auf ihren Weg zu den Bergen hinterließen dort eine Fülle an historischen Relikten über diese Zeit der Besiedlung Amerikas. Geografische Wahrzeichen am Oregon Trail sind die markanten Felsen **Chimney Rock** und **Scotts Bluff**, die als Treffpunkte und Rastplätze dienten und heute ebenso touristische Attraktionen sind wie **Fort Robinson**, in dem Sioux-Häuptling Crazy Horse unter mysteriösen Umständen ums Leben kam.

Der vorliegende Reiseführer möchte Neugier und Interesse wecken für die vielfältigen, grandiosen Naturlandschaften mit den Bergen und Canyons, den wilden Flüssen und heißen Quellen, für die ereignisreiche Westernvergangenheit und -gegenwart und die aufstrebenden großen und kleinen Städte der Rocky Mountains, und er versucht gleichzeitig, das Reisegebiet in Tagesetappen einzuteilen, die die Ferienzeit optimal nutzen.

Trotz der Routenvorgabe bietet das Buch Abstecher und Alternativen für individuelle Variationen. Und ohnehin sollte man nicht sklavisch den Zeitvorgaben folgen, sondern zwischendurch Pausentage einlegen. Nur so lernt man geruhsam Land und Leute kennen, hat ausreichend Zeit für Wanderungen, Ausritte, Badetage und kann das Reiseland Rocky Mountains am besten genießen.

Reiseland Rocky Mountains
Die Routenplanung

Die Metropolen **Denver** und **Salt Lake City** breiten sich direkt am Fuße der Rocky Mountains aus, und ihre beiden Airports sind ideale Ausgangspunkte für Touren durch die Rockies. Autofahren ist in den USA kein Problem, die Verkehrsregeln entsprechen im Wesentlichen den unseren, und auf den ausgezeichneten Highways lassen sich auch größere Entfernungen bequem zurücklegen. In der Regel fließt der Verkehr angesichts weiter, dünnbesiedelter Regionen hervorragend. Auch die wenigen Ortsdurchfahrten mit ihren typisch amerikanisch breiten, geraden Hauptstraßen halten kaum auf. Ausnahmen bilden die Autobahnen und Ausfallstraßen mit dem Berufsverkehr von Denver.

Vorausschauende Fahrtenplanung lohnt sich, denn beispielsweise in den beliebtesten Nationalparks wie Glacier, Rocky Mountain und Yellowstone entgeht man zur Hauptsaison nur durch eine rechtzeitige An- und Abfahrt dem dichten Verkehr und den Parkplatzproblemen. Die beschriebenen Routen sind durchweg asphaltiert – abgesehen von der Straße nach Cripple Creek, die man bequem auf einer Asphaltstraße

Sprühender Geysir im Yellowstone National Park, Wyoming

Die Routenplanung

umgehen kann. Allein die Größe der über die fünf Bundesstaaten Colorado, Idaho, Montana, Utah und Wyoming – mit Abstechern nach South Dakota und Nebraska – ausgedehnten Reiseregion macht Tagesetappen von durchschnittlich 300 Kilometern notwendig, was allerdings – wie oben schon ausgeführt – bei den gut ausgebauten Highways überhaupt keine Probleme bereitet.

Die drei beschriebenen sieben-, neun- bzw. neunzehntägigen **Routen** teilen das Reiseland Rocky Mountains in sinnvolle Einheiten auf, und jede bietet ein abwechslungsreiches, aber stets tagesfüllendes Programm. Die **Zeit- und Kilometerangaben** beziehen sich auf die direkteste Fahrtstrecke mit Aufenthalt an allen Höhepunkten entlang der Route. Sie dienen als Orientierungshilfe zur optimalen Etappeneinteilung. Um den Urlaub nicht in einer anstrengenden »Kilometerfresserei« enden zu lassen, sollte man unterwegs einige **Pausentage** einlegen. Zusätzliche Aktivitäten, wie ausgedehntere Nationalpark- oder Stadtaufenthalte, zusätzliche Wildwasserfahrten, Bootstouren, Ausritte, längere Wanderungen oder genüssliche Badepausen runden den Aufenthalt richtig ab. Abstecher, aber auch Umwege durch Baustellen, Rundfahrten durch Denver bzw. Salt Lake City oder Zufahrten zu abseitigen Hotels, Campgrounds und Geschäften verlängern erfahrungsgemäß die Fahrtroute um bis zu 20 Prozent.

Die **optimale Reisezeit** für die Rocky Mountains liegt zwischen Ende Juni und Mitte September. Bei früherer Ankunft im Juni fährt man zuerst in den Süden und anschließend gen Norden, umgekehrt im September, dann geht es zunächst nordwärts zum Yellowstone. Die Ziele in den Prärien östlich der Rockies sind von Mai bis Oktober schneefrei, wenn auch einige Attraktionen außer-

Gabelhornantilope und ...

... ein junger Schwarzbär im Yellowstone National Park

Reiseland Rocky Mountains

halb der Hochsaison stark eingeschränkte Öffnungszeiten aufweisen. Bei Aufenthalt im Yellowstone und drei weiteren Nationalparks lohnt sich bereits der Kauf eines **»America the Beautiful Annual Pass«** für $ 80, der ab Kaufdatum für ein Jahr Eintritt zu sämtlichen 405 Parks und Monuments des US National Park Service gewährt.

Die **Infoseiten** zu den einzelnen Kapiteln übermitteln die wichtigsten Daten und Fakten von Hotels, Motels, Restaurants und Campingplätzen, Bed & Breakfasts und Gästeranches. Sie führen die Attraktionen und regionaltypischen Besonderheiten wie Wanderungen und Bootstouren, Sport- und Erholungsmöglichkeiten auf und erleichtern es, persönliche Vorlieben in den Verlauf der Reise einzuflechten. Außerdem erhält man dort nützliche Hinweise zu Abstechern, Alternativen und Zusatztagen.

Routenvorschläge ohne Pausentage

13 Tage (in der untenstehenden Karte blau eingezeichnet)
Ab/bis Denver: Zunächst die blaue Route »Südliche Rocky Mountains« und anschließend die Etappen der Tage 14–19 der roten Route »Zentrale Rocky Mountains« bis Flaming Gorge (vgl. Karte in der vorderen Umschlagklappe). Von dort erfolgt die Rückfahrt über die Autobahnen I-80 und I-25.

14 Tage (grün eingezeichnet)
Ab/bis Salt Lake City: Zunächst die Tage 1–5 der Route »Zentrale Rocky Mountains« zum Yellowstone National Park, anschließend die komplette grüne Route »Nördli-

Die Routenplanung

che Rockies«. Ab Idaho Falls erfolgt die Rückfahrt über die Autobahn I-15 nach Salt Lake City.

20 Tage (rot eingezeichnet)
Ab/bis Denver oder Salt Lake City: komplette Route »Zentrale Rockies« mit Besuchstag Denver (Route »Südliche Rockies«, Tag 1).

24 Tage (in der Karte S. 19 rot eingezeichnet)
Ab/bis Denver, Start genauso gut ab Salt Lake City möglich: nach Besuchstag Denver (vgl. oben) zunächst Etappen der Tage 14–19 der Route »Zentrale Rockies« nach Salt Lake City, danach Tage 1–5 zum Yellowstone National Park und Rundfahrt über die Route »Nördliche Rockies«, weiter ab Yellowstone National Park bei Tag 6 der »Zentralen Rockies«, dann in zwei im Buch nicht beschriebenen Tagen von Cody über Thermopolis – Lander – Laramie – Cheyenne quer durch Wyoming nach Denver.

26 Tage (blau eingezeichnet)
Ab/bis Denver oder Salt Lake City: Route »Zentrale Rockies« mit den »Südlichen Rockies« als Verlängerung.

29 Tage (grün eingezeichnet)
Ab/bis Denver oder Salt Lake City: Route »Zentrale Rockies« als Basis mit Route »Nördliche Rockies« als Verlängerung und Besuchstag Denver (»Südliche Rockies«, 1. Tag).

Ausritt am Scotts Bluff National Monument (rechts) und Teilnehmerinnen des Intertribal Powwow in Fort Robinson (links), beides in Nebraska

Chronik
Daten zur Geschichte der Region

Um 10 000 v. Chr.	Sibirische Jäger und Sammler gelangen über die seinerzeit trockene Bering-Landbrücke nach Alaska. Später ziehen ihre Nachkommen auch in südlichere Gefilde Nordamerikas. In den Rocky Mountains und den kargen, ausgedehnten Prärien lebt nur eine vergleichsweise kleine, nomadische Bevölkerung, die allenfalls an den Flussläufen etwas Landwirtschaft betreibt.
Ab 4000 v. Chr.	Die Prärieindianer entwickeln eine ausgeklügelte Bisonjagdtechnik, bei der sie die mächtigen Tiere in Panik versetzen, über einen Steilabbruch hetzen und in die Tiefe stürzen lassen *(buffalo jump)*.
Mitte des 6. Jh.	Während der Periode der Korbflechter *(Basket Makers)* leben die frühen Anasazi im Mesa Verde National Park in festen Grubenbehausungen.
Um 1000	Mit Adobeziegeln (Lehmziegeln) errichten die Anasazi erste Pueblos. Die um einen Innenhof arrangierten mehrstöckigen Gebäudekomplexe markieren endgültig den Sprung von der Korbflechter-Periode in eine neue Kulturstufe. Mit fein dekorierter Zeremonienkeramik wird die Töpferei zur Perfektion gebracht.
13. Jh.	Blütezeit der Pueblo-Kultur im Mesa Verde: Die Anasazi verlassen die Hochebenen und erbauen die noch heute erhaltenen *cliff dwellings* (Klippenwohnungen) in den Felsenhöhlen der Canyons, die oft nur über Leitern oder in den Fels gehauene Fuß- und Handgriffe erreichbar sind. Dort sind sie vor Wind und Wetter ebenso wie vor Feinden geschützt. Die *kivas*, die halb unterirdischen Zeremonienräume, haben sich vermutlich aus den alten Grubenbehausungen entwickelt.
Um 1300	Die Cliff Dwellings werden von den Anasazi urplötzlich verlassen. Da sich die Gebäude selbst heute noch relativ unversehrt in den Canyons bewundern lassen, entfallen Kriege als Ursache höchstwahrscheinlich. Vielleicht ist es die große Trockenheit, die von 1276 bis zum Ende des Jahrhunderts die Mesas im Würgegriff hält. Andere Beweggründe für den Fortzug könnten Platzmangel in den engen Canyons, die fortschreitende Bodenerosion oder gar religiöse Motive sein.

Bisonjagd auf einem Stich von 1844

1492	Christoph Kolumbus landet auf den Bahamas und »entdeckt« somit Amerika, das er allerdings für Indien hält, weswegen er die Menschen dort »Indianer« nennt.
1540	Francisco Vásquez de Coronado macht sich von Mexiko aus auf die Suche nach den mythischen »Sieben Städten von Cíbola«, die voller Gold und Silber sein sollen, sich aber als eher ärmliche Höhlen- und Pueblo-Dörfer entpuppen. Seine Expedition gelangt auch in das südöstliche Colorado, wo seine Männer als erste Europäer in Kontakt mit bisonjagenden Prärieindianern kommen.
1682	Während der bedeutendsten französischen Entdeckungsfahrt auf dem Boden der heutigen USA erkundet René Robert Cavelier Sieur de La-Salle den Flusslauf des Mississippi von der Höhe der Großen Seen bis zu dessen Mündung in den Golf von Mexiko. Er nimmt das Land unter dem Namen »Louisiana« für Frankreich in Besitz.
Um 1700	Crow, Kiowa und Kiowa-Apachen siedeln in den Black Hills und leben dort das nächste Jahrhundert in relativem Einvernehmen miteinander.
Um 1730	In den nördlichen Prärien gelangen die Ureinwohner allmählich in den Besitz von Pferden, die ursprünglich aus dem spanischen Mexiko stammen.
Um 1740	Bei den nomadischen Präriebewohner sind weiträumige Völkerwanderungen durchaus keine Seltenheit. Eine der bedeutendsten ist die Westwärtsbewegung der aus Minnesota stammenden Sioux; schwächere Stämme weichen ihrem Ansturm, so ziehen die Cheyenne z.B. weiter westlich in die Black Hills.
1741–43	Als erste Europäer erreichen der französische Pelzhändler Pierre de la Vérendrye und seine Söhne Francois und Louis-Joseph von Kanada aus Montana, South Dakota und Wyoming.
1756–63	Nach der Niederlage im Siebenjährigen Krieg (French and Indian War) tritt Frankreich Louisiana ab, Spanien erhält den Teil westlich des Mississippi bis zu den Rocky Mountains.
1776	Im heutigen Dinosaur National Monument entdecken die Franziskanerpater Francisco Atanasio Dominguez und Silvestre Velez de Escalante den Green River. An der Ostküste erklären die 13 britischen Kolonien als Vereinigte Staaten von Amerika die Unabhängigkeit von ihrem Mutterland.
Anfang des 19. Jh.	Ausgerechnet zwei europäische Importe, Pferde und Waffen, tragen zur Blütezeit der Prärieindianer bei. Durch die nun voll ausgereifte Reiterkultur in den Prärien kommt der anhaltende Niedergang der Ureinwohner zu einem vorübergehenden Stillstand. Jetzt können sie viele Kilometer auf Pferderücken zurücklegen und mit den durch Tausch erworbenen modernen Waffen weiträumige Jagden und Kriegszüge unternehmen. Vor allem die gefürchteten Comanchen stoppen mit ihrer perfekten Reiterkampftaktik die spanische Besiedlung in den südlichen Prärien. Zum mächtigsten Stamm der Prärien entwickeln sich die Sioux weiter nördlich. Sie kommen durch den Tausch von Bisonfellen, für die sie von

Chronik

	den Weißen Waffen und andere Handelsgüter erhalten, zu Wohlstand und überrennen gut bewaffnet ihre Gegner.
1801	Unter Napoleons Druck wechselt Louisiana aus spanischem in französischen Besitz, aber die Franzosen können die Kolonie nicht unterhalten.
1803	Im Louisiana Purchase kaufen die USA das knapp zwei Millionen Quadratkilometer große französische Louisiana für 15 Millionen Dollar von Frankreich. In einer der größten friedlichen Landübergaben in der Geschichte wird das bisherige US-Territorium praktisch verdoppelt.
	Nach knapp drei Jahrzehnten andauernder Kämpfe erobern die westlichen Sioux, auch Teton- oder Lakota-Sioux genannt, die Black Hills und vertreiben die dort ansässigen Stämme.
1804–06	Um als Amerikaner Präsenz zu zeigen, brechen Meriwether Lewis und William Clark mit insgesamt 31 Personen zur spektakulärsten Expedition der jungen USA auf. Die Captains der US Army folgen weitgehend dem Missouri River flussaufwärts und gelangen auf der Westseite der Rocky Mountains über den Columbia River nach 18 Monaten zum Pazifik und auf ähnlicher Route zurück.
1806	Captain Zebulon Pike kartografiert den Arkansas River und entdeckt in Colorado den markanten Pikes Peak (4301 Meter). Nirgendwo in den Rocky Mountains schiebt sich ein ähnlicher Bergriese so weit unmittelbar an den Rand der Prärie vor. Er überragt die heutige Großstadt Colorado Springs um fast 2500 Meter.
1807	John Colter, Trapper und Teilnehmer der Lewis & Clark Expedition, erreicht als erster Weißer die Rocky Mountains in Wyoming. Er verbringt einen Winter im Yellowstone, seine Schilderungen der Geysire und heißen Quellen werden zunächst als Hirngespinste abgetan. An der Mündung des Bighorn River in den Yellowstone River entsteht die erste Pelzhandelsniederlassung in Montana.
1818	Die Grenzlinie zwischen den USA und Kanada wird festgelegt: auf den 49. Breitengrad vom Lake of the Woods in der kanadischen Provinz Ontario westwärts bis zu den Rocky Mountains.
	Major Stephen H. Longs Expedition erforscht Colorado. Nach ihm wird später der Longs Peak, der mit 4345 Metern höchste Berg im Rocky Mountain National Park, benannt.
1824	Im entlegenen Landesinneren von Utah entdeckt der Pelzhändler James Bridger den Großen Salzsee. Noch mehr Bedeutung besitzt der von dem Scout Jedediah Smith erkundete South Pass in Wyoming, der sich als einziger Pass über die Rocky Mountains auch mit Planwagen relativ einfach bewältigen lässt.
1834	Pelzhändler gründen mit Fort Laramie die erste permanente Handelsniederlassung in Wyoming, die später zum wichtigsten Etappenpunkt auf dem Oregon Trail wird.
1841	Über den Oregon Trail erreichen die 69 ersten erfolgreichen Siedler ihr Ziel im Westen. Ab Independence, Missouri, folgen ihnen in den nächsten drei Jahrzehnten rund 400 000 Menschen in Planwagentrecks über den South Pass. In Guernsey im südöstlichen Wyoming haben sich

	die Spuren der Ochsenkarren und Pferdekutschen in den harten Prärieboden eingekerbt und sind selbst heute noch deutlich erkennbar.
1846	Zwischen den USA und Kanada wird die Grenzlinie auf dem 49. Breitengrad von den Rocky Mountains bis zum Pazifik weitergeführt. Die USA erhalten das Oregon Territory (u. a. das heutige Idaho), das sie bis dato gemeinsam mit Großbritannien verwaltet hatten.
1847	Mormonen unter Brigham Young ziehen auf dem Mormon Trail, der zunächst mit dem Oregon Trail gleich verläuft und jenseits des South Pass nach Salt Lake City führt, zum Großen Salzsee in Utah, wo ihr Führer mit dem Ausspruch »This is the place« den eigenständigen Kirchenstaat »Deseret« gründen möchte.
1848	Nach der vernichtenden Niederlage im Krieg gegen die USA tritt Mexiko im Frieden von Guadalupe-Hidalgo u. a. Utah und den westlichen Teil von Colorado an die USA ab.
1849	Die legendären *Forty-Niners*, die Goldsucher des kalifornischen Goldrauschs, folgen dem California Trail, der westlich des South Pass vom Oregon Trail nach Kalifornien abzweigt.
1851	Im Friedensvertrag von Fort Laramie, zu dem rund 10 000 Ureinwohner anreisen, werden den Sioux u. a. die Black Hills als Siedlungsgebiet garantiert. Dennoch dringt die Armee immer wieder in das Territorium der »Natives« ein.
1858	Erste Goldfunde in Colorado; am Zusammenfluss von South Platte River und Cherry Creek entsteht eine Zelt- und Hüttensiedlung der Goldgräber, die Keimzelle von Denver.
1859	Mit den reichen Funden in der Gregory Gulch in Cripple Creek setzt der erste große Goldrausch in Colorado ein. Unter dem Slogan »Pike's Peak or Bust« stürmen in der Folgezeit 100 000 Prospektoren zu den Osthängen der Rocky Mountains.

Going West: Siedlertrecks auf dem Oregon Trail durchqueren den Snake River

Chronik

Mit Schulbuch und Telefonleitung unter dem Arm symbolisiert diese Dame den Drang nach Westen (Lithografie von 1872)

Um 1860 Noch immer führen die Sioux erfolgreiche Kämpfe gegen andere Stämme, sie vertreiben z. B. die Crow aus den Bighorn Mountains. Mit 25 000 Angehörigen, darunter 5000 aktive Krieger, sind die Sioux der stärkste Stamm in den Prärien – aber verglichen mit den fast 32 Millionen weißen US-Bewohnern und den stetig ankommenden Prospektoren, die die Erde auf der Suche nach Gold durchpflügen, stellen sie eine verschwindende Minderheit.

1860/61 Auf ihrem Weg von St. Joseph, Missouri, nach San Francisco nutzen die Reiter des Pony Express weitgehend den Oregon Trail. In nur elf Tagen schaffen sie die knapp über 3100 Kilometer lange Route. Die Eröffnung der ersten transkontinentalen Telegrafenlinie bereitet den Postreitern jedoch ein schnelles Ende.

1861–65 Im Sezessionskrieg zwischen Nord- und Südstaaten, auch Amerikanischer Bürgerkrieg genannt, kämpfen die sklavenhaltenden Konföderierten Staaten (Süden) gegen die Unionsstaaten (Norden). Die »Yankees« aus dem Norden stehen schließlich auf der Siegerseite.

1862 Präsident Lincoln unterzeichnet ein Anti-Bigamie-Gesetz für die Territorien des Westens, das in erster Linie auf die Abschaffung der Polygamie bei den Mormonen abzielt.

1863	Bill Fairweather, Henry Edgar und vier andere Prospektoren finden Gold am Alder Creek bei Virginia City, Montana. Der größte Goldrausch Montanas zieht 10 000 Menschen an.
1866	Am Bozeman Trail zu den Goldfeldern in Montana errichtet die US-Armee drei Forts. Der stark frequentierte Weg führt durch die Jagdgründe der Sioux, die sich unter Häuptling Red Cloud zur erbitterten Gegenwehr organisieren und insbesondere das Fort Phil Kearny im benachbarten Wyoming belagern. In der Fetterman Battle bei Fort Phil Kearny werden Captain William J. Fetterman und seine 81 Mann starke Truppe in eine Falle gelockt und komplett vernichtet. Sie hatten entgegen offiziellen Anweisungen die Sioux unter Crazy Horse und Red Cloud auch außerhalb der Sichtweite des Forts mit aller Macht verfolgt.
1867	Beim Wagon Box Fight greifen die Sioux einen Trupp Soldaten von Fort Phil Kearny an. Zur Verteidigung lässt Captain J. N. Powell mit *wagon boxes*, Kutschaufbauten, eine Wagenburg für seine Truppe erbauen. Die gegnerische Taktik, den Beschuss andauernd herauszufordern und mit dem entscheidenden Angriff bis zum Erlahmen der gegnerischen Feuerkraft zu warten, schlägt in der schnellen Schussfrequenz der modernen Repetiergewehre fehl. Unter großen Verlusten ziehen sich die Sioux zurück. William Frederick Cody (1846–1917) tut sich als erfolgreicher Bisonjäger hervor und wird unter dem Beinamen »Buffalo Bill« berühmt. Täglich erlegt er bis über 100 Tiere.
1868	Der Friedensvertrag von Laramie beendet die Kriegshandlungen zwischen Weißen und Sioux. Auf dem Papier macht die US-Armee erhebliche Zugeständnisse, sie schleift ihre Forts auf dem Bozeman Trail, den Sioux wird der Besitz der Black Hills und weiter Teile der Prärien garantiert. In den weitgehend ruhigen Jahren nach dem Friedensvertrag von Laramie hält sich keine Seite strikt an die Vertragsbedingungen. Weiße dringen auf der Suche nach Gold und Siedlungsland auf das Territorium der Ureinwohner vor. Demgegenüber verbringen die Ureinwohner oft nur den Winter in den Reservationen. Im Sommer streifen sie weiterhin durch ihre traditionellen Jagdgründe, wo sie trotz der Friedensjahre eine dramatische Verschlechterung ihrer Lebensgrundlagen feststellen müssen.
1869	Im Mai feiert man am Promontory Summit am Great Salt Lake im Norden Utahs mit dem Einschlagen des »Golden Spike«, des letzten, goldenen Nagels, die Vollendung der transkontinentalen Union/ Central Pacific Railroad. Mit der Eisenbahn verlieren der Oregon Trail sofort und die Postkutschenrouten etwas später ihre Bedeutung. Im Dezember erlangen Wyomings Frauen als erste in den USA das Wahlrecht. Das bevölkerungsarme Gebiet braucht jede Stimme, denn nur bei einer ausreichenden Anzahl an Wahlberechtigten wird ein Territorium zum eigenständigen Bundesstaat deklariert.
1870	Um Frauen nach Wyoming zu locken, garantiert Senator William H. Bright, der in South Pass City einen Saloon besitzt, ihnen auch das Recht

auf politische Ämter. Esther Morris aus South Pass City, federführende Verfechterin des Frauenwahlrechts, wird schließlich erste Friedensrichterin der USA. Passend verleiht sich Wyoming den schmückenden Beinamen »Equality State«, »Staat der Gleichberechtigung«.

Eine Expedition unter Henry D. Washburn erkundet das Gebiet des heutigen Yellowstone National Park. Zu ihnen zählt Nathaniel P. Langford, später auch der erste Direktor des Parks, der sich unmittelbar nach Rückkehr um den Schutz des Gebietes bemüht.

1871 Erneute Expedition in den Yellowstone unter dem Geologen Dr. Ferdinand V. Hayden. Zu den Teilnehmern gehören der Maler Thomas Moran und der Landschaftsfotograf William Henry Jackson, die mit ihren Bildern die Schönheit der Region für die Nachwelt festhalten.

1872 Der Yellowstone im Nordwesten Wyomings, der an seinen westlichen und nördlichen Rändern bis nach Montana und Idaho hineinreicht, wird der erste Nationalpark der Welt. Er besitzt rund 10 000 thermal aktive Stellen, davon knapp 300 Geysire, heiße Quellen, Schlammtöpfe und Fumarolen sowie einen einzigartigen Wildreichtum.

1874 Colonel George Armstrong Custer erkundet Teile der Black Hills. Goldsucher unter den Expeditionsteilnehmern stoßen im French Creek auf das begehrte Edelmetall und initiieren den *Black Hills Gold Rush*.

Als in den Folgejahren Zehntausende von Prospektoren in die Black Hills von South Dakota strömen, wird das Land der Ureinwohner entgegen vertraglicher Vereinbarungen endgültig den Weißen geöffnet, später sogar den einstigen Bewohnern enteignet.

1875 Leadville, etwa 100 Meilen südöstlich von Denver, prosperiert zur größten Silberboomstadt Colorados, Minenbesitzer wie Horace Austin W. Tabor werden über Nacht zu Millionären.

1876 In der Battle of the Little Bighorn in Montana unterliegen Lieutenant Colonel George A. Custer und 286 Soldaten des 7. Kavallerieregiments

1879 wurde in Aspen erstmals Silber gefunden: historische Aufnahme der Silbermine (1898)

den Sioux und Northern Cheyenne unter Sitting Bull und Crazy Horse. Der größte Sieg der Prärieindianer ist zugleich ihr letzter. Mit brutaler Härte bügelt die US-Armee ihre Scharte aus. Sie zerstört systematisch alle Dörfer und Wintervorräte der Sioux, die sich hungernd und frierend innerhalb eines Jahres bedingungslos ergeben müssen. Sitting Bull rettet sich über die Grenze nach Kanada, kehrt aber später in die USA zurück.

1877 In Oregon fordert die US-Armee die Nez Percé zur Umsiedlung auf. Daraufhin fliehen rund 750 von ihnen, darunter ihnen 250 Krieger, vor dem Militär. Sie können sich der Umklammerung durch Gewaltmärsche entziehen und bei Kämpfen ihre Verfolger immer wieder abschütteln. Nach fast 1800 Kilometern und vier Monaten Flucht durch Oregon, Idaho, Wyoming und Montana ergeben sie sich schließlich kurz vor der rettenden kanadischen Grenze.

In der Red Cloud Indian Agency in Nebraska wird der Sioux-Häuptling Crazy Horse in einem Tumult unter nicht genau geklärten Umständen erstochen.

1881 In South Dakota wird die Wind Cave im heutigen Wind Cave National Park entdeckt. Starke Windgeschwindigkeiten von bis zu 80 Stundenkilometern am Höhleneingang geben ihr den Namen.

1882 Mit der Anaconda Mine im Großraum Butte, Montana, wird die ergiebigste Kupfermine der Welt erschlossen. Die Kupferbarone William A. Clark und Marcus Daly kämpfen um die Vormacht auf »dem reichsten Hügel der Welt«.

1883 Uraufführung von Buffalo Bills »Wild West Show« mit Hunderten von Pferden, Rindern, Bisons und genauso vielen weißen und indianischen Darstellern, darunter auch gelegentlich dem legendären Siouxhäuptling Sitting Bull. Rodeodarbietungen, Schießübungen, Trickreiten, fingierte Indianer- und Banditenüberfälle etc. glorifizieren die Figur des Cowboys und das Leben im Westen. Die Show wird zum Kassenschlager sowohl in den USA als auch später in Europa und begründet Buffalo Bills Ruf als Western-Kultfigur.

1888 Entdeckung der ersten Cliff Dwellings von Mesa Verde durch die Cowboys Charles Mason und Richard Wetherill. Mit großem Interesse erfährt die staunende Weltöffentlichkeit von der einst blühenden, längst vergessenen Kultur der Ureinwohner, deren Stätten 1906 zum Nationalpark und später zum Weltkulturerbe deklariert werden.

1890 Unter den deprimierten Ureinwohnern der Prärien gewinnt die Geistertanzbewegung, zu deren Vertretern auch der einflussreiche Sitting Bull zählt, erheblich an Zulauf. Mit der Verhaftung des Sioux-Häuptling versucht die US-Armee die aufkeimenden Zeremonien zu beenden. Doch der Indianerpolizist Red Tomahawk erschießt Sitting Bull bei der Festnahme. Aus Furcht vor Übergriffen der Armee ziehen sich viele Sioux in das entlegene Hinterland zurück, wo 500 Soldaten unter Colonel James Forsyth das Zeltlager von Häuptling Big Foot umstellen. Nach einem Handgemenge schießt die Armee im letzten Kampf der sogenannten

Indianerkriege mit Maschinengewehren auf das Camp. Am Wounded Knee Creek in South Dakota sterben in einem großen Massaker 153 Sioux, davon über die Hälfte Frauen und Kinder.

1891 Eine rote Zahnradbahn – die höchste der Welt – verkehrt regelmäßig zwischen der Talstation in Manitou Springs, Colorado, und der Gipfelstation des Pikes Peak.

1892 Wyoming erlebt einen blutigen Übergang von der *open range* mit frei laufenden Rindern auf offenen Weiden zur abgezäunten Landwirtschaft der Kleinfarmer, die sich zum Ärger der Großrancher darüber hinaus auch noch das eine oder andere nicht markierte Rindvieh einverleiben. Bei Open Ranges kann nämlich erst mit dem Brandzeichen ein Besitzanspruch auf das Tier erhoben werden.

Im Johnson County War greifen die Großrancher schließlich zur Selbstjustiz nach klassischer Westernmanier – angeheuerte texanische Revolvermänner ermorden einige Kleinfarmer. Bei der anschließenden Vergeltung durch den Sheriff und die Siedler des Johnson County wird nur durch den Einsatz von Bundestruppen ein Blutbad verhindert. Obwohl die texanischen Eindringlinge sogar eine »Abschussliste« mit sich führen, entgehen sie einer Verurteilung. Vermutlich haben die Viehbarone ihren gesamten politischen Einfluss vor Gericht geltend gemacht.

1893 Nach dem großen Börsencrash im Juni fallen die Preise für Silber ins Bodenlose. Die US-Regierung stellt die staatlichen Silberaufkaufgarantien ein. Im Kollaps des Silbermarktes verlieren viele Silberbarone, wie auch Horace W. Tabor, ihr gesamtes Vermögen, Städte wie Aspen, Georgetown oder Leadville sind ruiniert. Die drohende Rezession in Colorado wird durch Cripple Creek abgewandt, wo zur gleichen Zeit einer der größten Goldräusche in den USA ausbricht.

1896 Nachdem die Mormonen der Polygamie abgeschworen haben, wird Utah zum eigenständigen Bundesstaat der USA deklariert.

1897 In Cheyenne, Wyoming, beginnen die *Cheyenne Frontier Days*, deren Rodeotradition sich bis heute fortsetzt. Bekannte Rodeogrößen kämpfen um beträchtliche Preisgelder.

Um 1900 Nach einer brutalen Ausrottungsjagd bleiben von rund 60 Millionen Bisons, die bei Ankunft der Weißen vier Jahrhunderte zuvor auf den Prärien grasten, nur noch rund 1000 Tiere übrig.

1909 Auf dem Gebiet des Dinosaur National Monument in der Grenzregion Utah/Colorado stößt der Paläontologe Earl Douglass vom Carnegie Museum in Pittsburgh, Pennsylvania, auf die Schwanzknochen eines Brontosauriers. In einer der reichsten Fundstätten Nordamerikas werden in den nächsten 15 Jahren mehrere vollständig erhaltene Skelette und insgesamt 315 Tonnen fossile Knochen von zehn verschiedenen Dinosauriergattungen entdeckt.

1924 Die US-Regierung deklariert die Native Americans zu amerikanischen Staatsbürgern, die aber erst 24 Jahre später das Wahlrecht in allen Bundesstaaten erlangen.

Gemalte Geschichte: als der Proviant noch mit Packtieren kam

1925 Erste Gouverneurin eines Bundesstaates wird Nellie Tayloe Ross aus Cheyenne, Wyoming, die das Amt ihres Mannes übernimmt.

Am Gros Ventre River südöstlich des Grand Teton National Park staut ein riesiger Erdrutsch den Gros Ventre River zu einem See auf. Zwei Jahre hält der natürliche Staudamm aus Geröll, Schlamm und Bäumen, bevor er zerbricht und in seinen Fluten das Örtchen Kelly mit sechs Todesopfern versinkt.

1927 Aus dem Granit des Mount Rushmore, South Dakota, schlägt der Bildhauer Gutzon Borglum mit bis zu 400 Arbeitern die vier Präsidentenporträts von George Washington, Thomas Jefferson, Theodore Roosevelt und Abraham Lincoln. Die Arbeiten enden 14 Jahre später mit Borglums Ableben. Der ursprüngliche Plan, die Skulpturen bis zur Taille zu gestalten, wird fallen gelassen. Doch auch die fertiggestellten, vom Kinn bis zur Stirn 18 Meter hohen Gesichter haben bereits enorme Dimensionen.

1932 Eröffnung der Going-to-the-Sun Road in Montanas Glacier National Park – die 84 Kilometer lange Hochgebirgsstraße mit ihren vielen engen Kurven gilt als technische Meisterleistung.

1935 In vielen Nationalparks helfen Angehörige des unter Präsident Franklin Delano Roosevelt geschaffenen Civilian Conservation Corps (CCC) im Rahmen von Arbeitsbeschaffungsprogrammen. Sie errichten u.a. Wanderwege, Campingplätze, Straßen und andere touristische Infrastruktur. Als einer der ersten Skiorte der USA entsteht Ketchum/Sun Valley in Idaho.

1949 Unter Leitung des Bildhauers Korczak Ziolkowski und seiner Familie beginnen die Arbeiten am Crazy Horse Memorial. Die Riesenskulptur des mit ausgestrecktem Arm über eine wehende Pferdemähne gebeugten Sioux-Häuptlings Crazy Horse soll bei ihrer geplanten Fertigstellung Mitte des 21. Jahrhunderts 172 Meter hoch und 195 Meter lang sein.

Mormonenstadt Salt Lake City: Zwischen Assembly Hall (links) und Tempel liegt das Tabernakel, auf dem Denkmal steht Brigham Young

1950 In Aspen, Colorado, finden die ersten Alpinskiweltmeisterschaften auf amerikanischem Boden statt. Mit vier populären Skigebieten wird die Stadt zur exklusivsten Wintersportregion der Rockies.

1951 Südöstlich von Arco, Idaho, produziert der Experimental Breeder Reactor No. 1 erstmals kommerziell verwendbaren Atomstrom. Als erste Stadt der Welt erhält Arco Nuklearstrom.

1959 Ein schweres Erdbeben erschüttert die Region am Madison River in Montana nordwestlich des Yellowstone National Park. Ein mächtiger Erdrutsch verschüttet 28 Autoinsassen und staut den Fluss zum Earthquake Lake auf.

1974 Bei Ausschachtungsarbeiten in Hot Springs, South Dakota, werden in einer der weltgrößten Mammutfundstätten rund 50 Skelette freigelegt und zum Teil an Ort und Stelle ausgestellt.

1983 In einem der schwersten Erdbeben der Region entsteht südöstlich von Challis, Idaho, längs der Westseite der Lost River Range ein 34 Kilometer langer Bruchgraben.

1988 Jahrhundertbrände vernichten im Yellowstone National Park rund 36 Prozent des Waldbestandes. Sie entfachen landesweite Diskussionen um die Frage, ob Feuer in Nationalparks bekämpft oder der Natur ihr freier Lauf gelassen werden soll. Größere Tiere kommen kaum zu Schaden, und auf den verbrannten Waldflächen regt sich schon im nächsten Sommer wieder junges Pflanzenleben.

1989 Aus den Gewinnen neu eröffneter Spielkasinos wird die erfolgreiche Altstadtsanierung in Deadwood, South Dakota, finanziert. Dank eines der größten Restaurierungsprojekte in den USA entwickelt sich die Stadt zu einem hübschen Touristenörtchen. In den Folgejahren hauchen Einnahmen aus dem Glücksspiel auch frisches Leben in die einstigen Goldrauschorte Cripple Creek und Central City in Colorado.

1995 Mit dem neu eröffneten Denver International Airport besitzt die Rocky-Mountains-Metropole einen der größten Flughäfen der Welt.

1999	In Colorado wird die Schlucht des Black Canyon of the Gunnison zum 55. Nationalpark der USA erklärt.
2000	Die Great Sand Dunes, die höchsten Sanddünen Nordamerikas, werden in Colorado zum Nationalpark deklariert.
2002	In Salt Lake City finden die 19. Olympischen Winterspiele statt.
2004	Mit 170 Wölfen, darunter 60 Neugeborene, ist die 1995 begonnene Wiedereinführung der Wölfe im Yellowstone National Park sehr erfolgreich.
2006	Der Kinofilm »Brokeback Mountain« hat Premiere. Er basiert auf dem Buch der aus Wyoming stammenden Autorin Annie Proulx und beschreibt die Liebe zweier Cowboys zueinander im Wyoming der 1960er Jahre. Gedreht wurde im kanadischen Teil der Rocky Mountains. Der Film erhält drei Oscars und vier Golden Globes.
2007	In Salt Lake City entsteht das City Creek Center, das dem Stadtzentrum in direkter Nachbarschaft zum Mormonentempel ein modernes Downtown-Ambiente verleihen soll.
2008	Am 4. November wird der Kandidat der Demokraten, der 47-Jährige Barack Obama, mit überragender Mehrheit zum US-Präsidenten gewählt. Mit mindestens 66 Prozent war die Wahlbeteiligung die höchste seit 100 Jahren.
2009	Am 20. Januar tritt Barack Obama als 44. US-Präsident sein Amt an. Der junge, dynamische Jurist, Sohn eines Kenianers und einer weißen Amerikanerin, wuchs u. a. auf Hawaii und in Jakarta, Indonesien, auf.
2011	Im Herbst eröffnet nach jahrelanger Restaurierung das neue Visitor Center in Utahs Dinosaur National Monument und präsentiert uralte Fossilien in vollendeter Form.
2012	Ende Oktober trifft Hurrikan »Sandy« auf die US-Ostküste und hinterlässt schwere Verwüstungen. Barack Obama gewinnt am 6. November die Präsidentschaftswahl gegen Mitt Romney. Er bleibt weitere vier Jahre im Amt.
2013	Am 20. Januar tritt Barack Obama seine zweite Amtsperiode an. Joe Biden bleibt Vizepräsident. Im Oktober tritt angesichts einer drohenden Zahlungsunfähigkeit der USA eine zweieinhalbwöchige Haushaltssperre in Kraft.
2014	Bei den Kongresswahlen verlieren die Demokraten die Mehrheit im Senat, die Republikaner liegen mit 53 zu 44 Sitzen vorn. Damit ist das Regieren für Präsident Obama nur noch eingeschränkt möglich.
2016	Mit rund 70 Prozent der Delegiertenstimmen wird auf dem Nominierungsparteitag der Republikaner am 19. Juli der Immobilienmilliardär Donald Trump als Präsidentschaftskandidat aufgestellt. Er stellt seinen Wahlkampf unter das Motto »Make America Great Again«. Bei den Wahlen im November setzt sich Donald Trump mit 306 der Wahlmännerstimmen gegen die Demokratin Hillary Clinton (232 Stimmen) durch. Den Posten als Vizepräsident erhält Mike Pence, ehemals Gouverneur von Indiana.
2017	Am 20. Januar zieht Donald Trump als 45. Präsident der USA in das Weiße Haus ein.

SÜDLICHE ROCKY MOUNTAINS

1 Die »Mile High City«
Denver – Metropole der Rockies

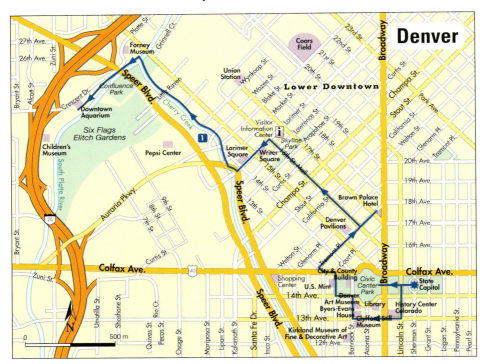

1. Tag: Denver

Vormittag Besuch des **State Capitol**, danach zum **Civic Center Park**, in dessen Umfeld auch das **History Center Colorado**, das **Denver Art Museum** und die **U.S. Mint** liegen. Anschließend auf dem Tremont Place über die Fußgängerzone **16th Street Mall** hinweg zur 17th St. mit dem **Brown Palace Hotel**, zurück zur Mall und dort weiter auf 17th St., links abbiegen auf die **Larimer St.**, an **Writer** und **Larimer Square** vorbei zum **Cherry Creek**, auf dem Fußweg entlang von Cherry Creek und South Platte River zum **Downtown Aquarium**.

Abend Dinner im Bereich **Lower Downtown (LoDo)** mit zahlreiche Kneipen und Restaurants.

Denver – Metropole der Rockies

Endlich – das Herz schlägt schneller –, am Horizont erheben sich die oft bis in den Sommer hinein schneebedeckten Rockies, für viele Traumziel seit der frühesten Jugend. Und wie ein Pendant der zackigen Rocky-Mountains-Gipfel tauchen die weißen Dachkonstruktionen des modernen Denver International Airport auf, der 1995 aus dem Prärieboden hochgezogen wurde. Der Landeanflug zeigt deutlich, dass Denver nicht *in*, sondern unmittelbar *vor* den Rocky Mountains liegt.

Die 683 000 Einwohner zählende Metropole erstreckt sich am äußersten westlichen Rand der baumlosen High Plains, die den mittleren Teil der USA und auch das östliche Drittel von Colorado einnehmen. Westlich der Stadt verschwinden die Großen Ebenen fast ansatzlos in den bis zu 3300 Meter hohen Foothills – und als weitere Steigerung rückt direkt hinter diesen Vorbergen der 4346 Meter hohe Mount Evans aus der Front Range der Rocky Mountains ins Blickfeld.

Denver präsentiert mit Selbstbewusstsein und Charisma seine vielfältigen Facetten und vereint so reizvoll den Pioniergeist des Westens mit lebhaftem kosmopolitischen Flair. Aufgrund seines milden, trockenen Klimas, der nahen Berge und der vielfältigen Wirtschafts-, Freizeit- und Kulturangebote zieht es Junge und Alte, Geschäftsleute und Touristen gleichermaßen an.

Denvers Geschichte begann 1858, als am Zusammenfluss von South Platte River und Cherry Creek die erste Zelt- und Hüttensiedlung der Goldgräber entstand. Obwohl diese sich bald profitableren Fundorten in den Bergen zuwandten, gedieh der Ort und wurde 1861 Hauptstadt des Colorado Territory. Und weil es seinerzeit im Wilden Westen

Denver, das Eingangstor zu den Rocky Mountains: die Skyline bei Sonnenuntergang

Die »Mile High City«

an vernünftiger Beschäftigung und Abwechslung mangelte, schossen Saloons, Bordelle und Spielhöllen wie Pilze aus dem Boden und lockten Cowboys, Banditen, Sheriffs, ja selbst brave Bürger an.

Der *frontier spirit*, der Geist des Zupackens, des Sich-selber-Helfens und Nicht-Verzagens, war in Denver von Anfang an stark ausgeprägt. Und als die Union Pacific Railroad ihre Transkontinentalstrecke in den 1860er Jahren nicht durch Colorado, sondern über das benachbarte Wyoming nach Kalifornien führte, erbaute die Stadt als Anschlussstück kurzerhand ihre eigene Bahnlinie nach Cheyenne, Wyoming. Da verwundert es nicht, dass das selbstbewusste, wohlhabende Denver 1876 Hauptstadt des Bundesstaates Colorado wurde.

Silberfunde in den Bergen lösten den nächsten Boom aus, in dessen Folge ließen sich Silberbarone prunkvolle Villen auf den Capitol Hill setzen, von denen heute einige als luxuriöse Bed & Breakfasts Einblick in die opulente Vergangenheit geben. Die Dollars der Silberbarone machten Denver mit Parks, Springbrunnen und Statuen zur elegantesten Stadt im Umkreis von tausend Kilometern. In seiner Geschichte erlebte Denver mit der Silberpanik 1893 einen Tiefpunkt, aber Goldfunde im nahen Cripple Creek katapultierten die Stadt schon bald darauf wieder in neue Höhen.

Während die reinen Minenstädte in den Bergen nach jedem wirtschaftlichen Niedergang *(bust)* im Nichts versanken, profitierte Denver von jedem einzelnen Gold- und Silberboom, denn hier liefen alle Fäden zusammen. Als Wirtschaftszentrum der Rockies entwickelte es sich zur – allerdings bemerkenswert ruhigen – Metropole. Erst der Energie- und Hightechboom in den 1980er Jahren brachte Denver rapide steigende Einwohnerzahlen, finanziellen Wohlstand und ein attraktives Gesicht, u. a. mit einer neu gestalteten Fußgängerzone und einer Skyline mit den höchsten Wolkenkratzern weit und breit.

Von der Aussichtsterrasse unter der goldenen Kuppel des **State Capitol** kann man den Blick auf die Skyline im Norden und die nahen Rocky Mountains im Westen genießen und jeden Gipfel aus der gezackten Bergkette identifizieren.

Hinter der Westseite des State Capitol beginnt der **Civic Center Park**, in dem die Statue des **Bronco Buster** an die Rodeotradition und das **Pioneer Monument** an die Prospektoren von 1859 erinnern. Der Park im Herzen von Downtown ist häufig Schauplatz von Veranstaltungen, und das der Antike nachempfundene griechische Amphitheater dient als Kulisse für öffentliche Konzerte. Denvers multikulturelle Bevölkerung mit Lateinamerikanern, Chinesen und Amerikanern aus allen Teilen des Landes feiert hier gern ihre Feste, eines der vielfältigsten ist People's Fair im Juni.

Wir besuchen zuerst das **History Colorado Center**, das mit hypermodernen, teils interaktiven Ausstellungsbereichen, Fotografien und anderen Relikten aus dem 19. Jahrhundert die Zeit des Gold- und Silberbooms und die Geschichte der Cowboys, Goldsucher, Ureinwohner und Rancher vergegenwärtigt. An den Civic Center Park grenzt auch das architektonisch innovative, auffällige Gebäude des **Denver Art Museum** mit seinem wuchtigen North Building und der auffälligen Fassade aus facettierten Glasbausteinen, die zu dem 2006 erbauten Erweiterungsbau gehört. Ein Schwerpunkt des rund 70 000 Kunstwerke umfassenden Museums liegt auf den Kunst- und Gebrauchsgegenständen der Ureinwohner.

In Denvers boomendem Cultural Arts District bietet das **Clyfford Still Museum** an der Ecke Bannock Street und 13th

Denver – Metropole der Rockies

Avenue ein weiteres kulturelles Highlight mit einem Einblick in Leben und Werk des gleichnamigen Künstlers, der dem Abstrakten Expressionismus zuzuordnen ist.

Gleich in der Nachbarschaft befindet sich die **U.S. Mint**, die nationale Münzanstalt und Goldlagerstätte. Im Rahmen einer Führung kann man von der Galerie herab Maschinen und Menschen zusehen, die pro Jahr zehn Milliarden Münzen herstellen. Leider gibt es hier zum Schluss keine »Kostproben«.

Beim Spaziergang beeindruckt die Weite in dieser Metropole, deren freundliches Stadtbild baumbestandene Straßen und grüne Parks prägen – Denver ist eine der grünsten Städte der USA. Im innerstädtischen Bereich begleiten kilometerlange Rad- und Wanderwege den breiten, gemächlichen South Platte River und seinen Zufluss Cherry Creek.

Mitten ins Herz der Stadt bringt uns die **16th Street Mall**, die knapp zwei Kilometer lange Fußgängerzone mit Einkaufszentren und Einzelhandelsgeschäften, Restaurants, Kneipen und Straßencafés, es kontrastieren restaurierte historische Geschäftshäuser mit der Kopie des Campanile aus Venedig und glänzenden Wolkenkratzern aus Glas und Stahl.

Von einer Bank unter den Bäumen hört und sieht man den Straßenmusikanten zu, Straßenmaler, Artisten und Künstler aus aller Welt sorgen für Unterhaltung und gute Laune entlang der Mall. Im Anderthalb-Minuten-Takt fahren kostenlose Busse (MallRide) auf der gesamten Länge der Mall zwischen Broadway und Union Station, dem markanten alten Bahnhof am Ende der Straße.

Aber zunächst werfen wir in der nächsten Parallelstraße rechts der Mall einen Blick in Denvers 1892 erbautes,

Eine hypermoderne Addition aus Titan, Stahl und Glas: das Hamilton Building des Denver Art Museum von Daniel Libeskind

1 Die »Mile High City«

Der Hauptbahnhof von Denver, Union Station, ist bis heute voll funktionsfähig, die glamouröse Empfangshalle führt ein zweites Leben als Heimat von Restaurants und Geschäften

nobles **Brown Palace Hotel**. Nostalgische Eleganz füllt die Lobby unter dem neunstöckigen Atrium mit den gusseisernen Balustraden der Hotelflure und dem Dach aus leuchtendem Buntglas. Kein preiswertes Vergnügen, aber sehr beliebt ist der Afternoon Tea, der hier ganz in britischer Tradition steht. Mit bunter Neonreklame weisen kurz darauf die an der Mall gelegenen **Denver Pavilions**, ein über zwei Straßenblocks reichender moderner, dreistöckiger Entertainment-, Shopping- und Restaurantkomplex, den Weg in ihr Inneres.

Von seinen bezaubernden Kontrasten lebt das Umfeld der Mall. Viktorianische Atmosphäre verbreitet der von kleinen Läden gesäumte **Writer Square**, den wir auf den Weg zum **Larimer Square** passieren. Der Platz erstreckt sich längs der gleichnamigen Straße zwischen 14th und 15th Street, Denvers ältester Straße, mit nostalgischen Gaslaternen, romantischen Arkaden und restaurierter Architektur aus den Boomtagen. Restaurants und Geschäfte, zwei Nachtclubs und eine Mikrobrauerei laden sowohl zum Einkaufsbummel tagsüber als auch zum Streifzug in den Abendstunden ein.

Angrenzend an den Larimer Square und das derzeitige nördliche Ende der Mall beginnt das historische Viertel **LoDo** (kurz für Lower Downtown) mit der **Union Station**. Der prachtvoll restaurierte Bahnhof, immer noch Verkehrsknotenpunkt der Stadt, beherbergt u. a. kleine Geschäfte, gemütliche Cafés und trendige Restaurants sowie ein Hotel. Nahe der Union Station beherbergen 26 Straßenblocks mit einstigen Lagerhäusern abwechslungsreiche Geschäfte, Kunstgalerien und rund 70 Restaurants, darunter einige Brauereikneipen und Sportbars. Zur Beliebtheit des Viertels hat sicher das 1995 eröffnete **Baseballstadion Coors Field** mitten in LoDo bei-

Denver – Metropole der Rockies

getragen, das zu jedem Heimspiel der »Colorado Rockies« 50 000 Besucher anzieht.

Westlich der Stadt ragen die steilen Kurven des »Twister«, der bis dato größten, komplett aus Holz erbauten Achterbahn der Welt, aus dem Vergnügungsreich der **Elitch Gardens** am Ostufer des South Platte River auf. In dem Vergnügungspark gibt es eine Vielzahl von Fahrgeschäften, dazu einen Wasserpark mit Strand und Wildwasserfahrten, ein Riesenrad und einen Aussichtsturm, viel Live-Entertainment und ein »Kiddieland« mit Karussells und anderen Vergnügungen für die Kleinsten.

Von der gegenüberliegenden Flussseite grüßt das moderne **Downtown Aquarium**. Besucher können dort der virtuellen Reise eines Wassertropfens von den Rocky Mountains bis zum Golf von Mexiko folgen, Fische und Wassertiere in naturgetreu nachgestellten Habitaten von den Bergregionen bis zu den oft nur temporären Gewässern der Wüste beobachten und Einblicke in die tropischen Korallenriffe Indonesiens und andere aquatische Ökosysteme der Welt gewinnen. Beeindruckend ist die Demonstration einer *flash flood*, einer Springflut, wie sie in den Wüsten des amerikanischen Südwestens nach Regengüssen vielfach vorkommt.

Ein Spaziergang nur wenige hundert Meter entlang dem schattigen, parkähnlichen Flussufer führt zum **Children's Museum**, das mit zahlreichen Spielmöglichkeiten, kindgerechten Computern etc. nicht nur die bis Zwölfjährigen in seinen Bann zieht. Vor den Türen des Museums können die kleinen Besucher im KidSport Center das ganze Jahr über unter anderem Snowboarding, Skilaufen oder Inlineskating lernen.

Im Herzen von Denver, am Larimer Square

1 Service & Tipps

ℹ️ Visit Denver – Visitor Information Center
1575 California St., Denver, CO 80202
℃ (303) 892-1505 und 1-800-233-6837
www.denver.org
– Denver International Airport, Main Terminal, Information Desk, Denver, CO 80249
℃ (303) 342-4368

✈ Denver International Airport
8500 Pena Blvd., Denver, CO 80249
℃ (303) 342-2000, 1-800-247-2336
www.flydenver.com
Denvers Großflughafen am Fuße der Rocky Mountains. Die A Light Rail Line verbindet den Flughafen mit der Union Station in Downtown (Fahrtdauer 37 Min., Tickets $ 9).

Unterkünfte

🛏️ Aloft Hotel Denver International Airport
16470 E. 40th Circle, Denver, CO 80011
℃ (303) 371-9500 und 1-877-462-5638
www.starwoodhotels.com/alofthotels
Trendhotel mit viel Neonlicht, reichlich komfortabler Technik und ohne Plüsch. Bar »XYZ« und Pool. 144 Zimmer. $$$$

Die Auflösung der Dollarzeichen finden Sie im Service S. 282 bzw. auf der hinteren inneren Umschlagklappe.

»Grand Illumination of Downtown Denver« alljährlich im November: das City and County Building

🛏️❌ The Brown Palace Hotel
321 17th St., Denver, CO 80202
℃ (303) 297-3111 und 1-800-321-2599
www.brownpalace.com
Nobles, 1892 erbautes Downtownhotel mit 241 Zimmern und prachtvoller Lobby. Mit Edelrestaurant. $$$$

🛏️ Capitol Hill Mansion Bed & Breakfast
1207 Pennsylvania St., Denver, CO 80203
℃ (303) 839-5221 und 1-800-839-9329
www.capitolhillmansion.com
Komfortable Frühstückspension mit acht Zimmern. In romanischem Stil erbaute Villa in zentraler Lage unweit des State Capitol. $$$$

🛏️ Courtyard Denver Downtown
934 16th St., Denver, CO 80202
℃ (305) 571-1114, www.marriott.com
Boutiquehotel mit 177 Zimmern in idealer Lage an der 16th Street Mall. $$$$

🛏️❌ Hotel Monaco
1717 Champa St., Denver, CO 80202
℃ (303) 296-1717 und 1-800-990-1303
www.monaco-denver.com
Trendiges Boutiquehotel mit eleganter Atmosphäre und 189 freundlichen Zimmern. Auch Suiten. Italienisches Restaurant. $$$$

🛏️ Springhill Suites Denver Downtown
1190 Auraria Parkway, Denver, CO 80204
℃ (303) 705-7300 und 1-877-249-9279
www.springhillsuitesdenver.com
Boutiquehotel in der Innenstadt mit schönem Blick auf die Stadt. 150 Suiten. $$$$

🛏️ Denver West/Central City KOA
605 Lake Gulch Rd.,Central City, CO 80427
℃ (303) 582-3043, 1-800-562-8613
www.koa.com, Ende April–Anfang Okt.
Großer, gepflegter, mit allen Annehmlichkeiten ausgestatteter Wohnmobilpark. Auch Zelte.

Museen & Sehenswürdigkeiten

🏛️ Children's Museum
2121 Children's Museum Dr., Denver, CO 80211
℃ (303) 433-7444, www.mychildsmuseum.org
Mo–Fr 9–16, Mi bis 19.30, Sa/So 10–17 Uhr

Eintritt $ 13/0–11
Interaktives Lernen: Groß und Klein können hier durch Anfassen und Ausprobieren Neues aus der Welt der Wissenschaft erfahren.

🏛 Clyfford Still Museum
1250 Bannock St., Denver, CO 80204
✆ (720) 354-4880
www.clyffordstillmuseum.org
Tägl. 10–17, Fr bis 20 Uhr, Eintritt $ 10/0–6
Abstrakter Expressionismus kennzeichnet Leben und Werk des Malers Clyfford Still.

🏛 Denver Art Museum
100 W. 14th Ave. Parkway, Denver, CO 80204
✆ (720) 865-5000
Di–Do, Sa/So 10–17, Fr 10–20 Uhr
Eintritt $ 13, Kinder frei
Denvers hypermodernes Kunstmuseum gehört zu den vorrangigsten Kunstmuseen der USA. Designer der hypermodernen Addition aus Titan, Stahl und Glas von 2006 ist Daniel Libeskind.

🏛 Denver Museum of Nature & Science
2001 Colorado Blvd., Denver, CO 80205
✆ (303) 370-6000, www.dmns.org
Tägl. 9–17 Uhr, Eintritt Museum $ 17/0–12, IMAX $ 10/0–8, Planetarium $ 5, Kombination Museum plus IMAX $ 24/0–18, mit IMAX und Planetarium $ 29/0–22
Modernes naturwissenschaftliches Museum im City Park. Ausstellungen zu Flora und Fauna, Dinosauriern, Weltraumforschung, Geologie etc. Interessante Sonderausstellungen. Mit IMAX-Kino und Planetarium.

🏛 History Colorado Center
1200 Broadway, Denver, CO 80203
✆ (303) 447-8679
www.historycoloradocenter.org
Tägl. 10–17 Uhr, Eintritt $ 12/0–10
Nach umfangreicher Renovierung eröffnete das Museum als hochmodernes History Colorado Center. Auf unterhaltsam-informative Art und Weise kann man u.a. »Denver A to Z« erleben und etwas über die Besiedlungsgeschichte Colorados erfahren.

Colorado State Capitol
200 E. Colfax Ave., Denver, CO 80203
✆ (303) 866-2604
www.colorado.gov/capitoltour
Gebäude Mo-Fr 7.30–17 Uhr, 45-minütige Führungen durch das Gebäude (inkl. Dome) Führungen Mo–Fr 9–15 Uhr, Eintritt frei
Colorados Regierungssitz mit prächtigem Interieur und brillantem Panorama von der Aussichtskuppel.

Union Station
1701 Wynkoop St., Denver, CO 80202
✆ (303) 592-6712
www.unionstationindenver.com
Zahlreiche Geschäfte, Restaurants, Kneipen und Cafés sowie ein Hotel lassen Denvers über 100 Jahre alten, prächtig restaurierten Bahnhof in neuem Glanz erstrahlen. Sehenswert die große Eingangshalle, die Great Hall.

U.S. Mint
320 W. Colfax Ave., Denver, CO 80204
✆ (303) 405-4761 und 1-800-872-6468
www.usmint.gov
Mo–Do 8–15.30 Uhr, Eintritt frei
30-min. Führungen durch die Münzanstalt, nur mit Reservierung.

Downtown Aquarium
700 Water St., Denver, CO 80211
✆ (303) 561-4450
www.aquariumrestaurants.com/downtown aquariumdenver
Aquarium So–Do 10–21, Fr/Sa 10–21.30, Restaurant tägl. ab 11 Uhr
Eintritt $ 20,50/0–14,50
Moderner Aquazoo mit Restaurant – Erlebnisgastronomie fast so, als wäre man auch unter Wasser.

Elitch Gardens
2000 Elitch Circle., Denver, CO 80204
✆ (303) 595-4386
www.elitchgardens.com
Mai–Anfang Sept. geöffnet, tägl. variable Öffnungszeiten, siehe Website
Eintritt $ 55/0–54, online günstiger
Der populäre Vergnügungspark bietet ständig Neues, wie z.B. das Höhenkarussell »Star Flyer«. Im Wasserpark gibt es mehrere Rutschen, darunter die Dreierrutschenkombination »Mega Wedgie«.

Service & Tipps

Restaurants & Nachtleben

✗ Shanahan's Steak House
5085 S. Syracuse St., Denver, CO 80237
☏ (303) 770-7300
www.shanahanssteakhouse.com
Mo–Do 17–22, Fr/Sa bis 23, So bis 21 Uhr
Trendig, mit innovativen Steak- und Fischgerichten. Im Denver Tech Center an der I-25 (Ausfahrt 199). $$$$

✗ 🍽 Corner Bakery Denver Pavilions
500 16th St., Denver, CO 80202
☏ (303) 572-0166, www.cornerbakerycafe.com
Mo–Fr ab 6.30, Sa/So ab 7 Uhr
Besonders gutes Lunch- und Frühstückscafé. Herzhaftes und Süßes. $$

✗ Paramount Café
519 16th St., Denver, CO 80202
☏ (303) 893-2000, www.paramountcafe.com
Mo–Fr 11–2, Sa/So 10–2 Uhr
Lebhaftes Restaurant mit Rock'n'Roll-Thema. Snacks, Burger, Salate, Sandwiches, *burritos*. Gut zum Lunch. In der Fußgängerzone. $$

🍺✗ Denver Chophouse & Brewery
1735 19th St., Denver, CO 80202
☏ (303) 296-0800, www.denverchophouse.com
Brew Pub aus den 1930er Jahren mit Bar, Big-Band-Musik, Restaurant und selbst gebrautem Bier. $$–$$$$

🍸🎵 Peaks Lounge
Im Hyatt Regency Downtown
605 15th St., Denver, CO 80202
☏ (303) 436-1234
www.denver.regency.hyatt.com
So–Do ab 16 Uhr, Fr/Sa ab 15 Uhr
Trendige Cocktail Lounge im 27. Stock des noblen Hyatt-Hotels in der Innenstadt. Cocktails, Snacks und Panoramaaussichten auf die Mile High City und die Rocky Mountains. $$–$$$$

🎵✗ El Chapultepec
1962 Market St., Denver, CO 80202
☏ (303) 295-9126, www.thepeclodo.com
Livemusik Mo 20.30–24, Di–Sa 21–1 Uhr
Populärer Jazzclub, jeden Abend Livemusik. Mexikanische Küche. $

Einkaufen

📖🛍 Cherry Creek North Shopping District
1st–3rd Ave. & University Blvd., Steele St.
Denver, CO 80206
☏ (303) 394-2904, www.cherrycreeknorth.com
Mo–Sa 10–18, So 11–17 Uhr
Das Einkaufsviertel neben dem Cherry Creek Shopping Center aus hübsch begrünten Straßenzügen besteht aus rund 320 modischen Geschäften, Galerien und Straßencafés.

📖✗ Cherry Creek Shopping Center
3000 E. First Ave., Denver, CO 80206
☏ (303) 388-3900
www.shopcherrycreek.com
Mo–Sa 10–21, So 11–18 Uhr
Elegantes Einkaufszentrum.

📖✗🎬 Denver Pavilions
500 16th St., Denver, CO 80202
☏ (303) 260-6000, www.denverpavilions.com
Mo–Sa 10–21, So 11–18 Uhr
Moderner Entertainment- und Einkaufskomplex in der Fußgängerzone.

📖 Rockmount Ranch Wear
1626 Wazee St., Denver, CO 80202
☏ (305) 629-7777 und 1-800-776-2566
www.rockmount.com
Mo–Fr 8–18, Sa 10–18, So 11–16 Uhr
Fabelhafte Auswahl an Westernbekleidung und -accessoires in Lower Downtown.

📖🍽 The Tattered Cover Bookstore
1628 16th St., Denver, CO 80202
☏ (303) 436-1070 und 1-800-833-9327
www.tatteredcover.com
Mo–Fr 6.30–21, Sa 9–21, So 10–18 Uhr
Das »gemütliche« Bücherhaus mit einer Riesenauswahl auf zwei Etagen und einladenden Leseecken sowie Café.

Feste

🎨 Cherry Creek Arts Festival
☏ (303) 355-2787, www. cherryarts.org
Anfang Juli findet im Cherry Creek North Shopping District ein großes 3-tägiges **Kunstfestival** statt. Mit Ausstellungen und rund 200 Künstlern.

🍴 People's Fair
www.peoplesfair.com
Anfang Juni im Civic Center Park in Downtown
Größtes Kunst- und Musikfestival in Denver mit Konzertbühnen und knapp 600 Imbiss-, Kunstgewerbe- und Verkaufsständen.

Ausflugsziele

❌ The Fort
19192 Hwy. 8, im Südwesten von Denver
Morrison, CO 80465
✆ (303) 697-4771, www.thefort.com
Mo–Fr ab 17.30, Sa/So ab 17 Uhr
Restaurant im ungewöhnlichen Ambiente des rekonstruierten ersten Pelzhandelsforts von Colorado. Spezialitäten: Bisonsteaks und andere Bisongerichte sowie Hirsch- oder Klapperschlange, auch Rind, Lachs und Huhn etc. $$$–$$$$

🎵🎭🎪 Red Rocks Park/Amphitheatre
18300 W. Alameda Pkwy. via I-70 West, Ausfahrt 259 und SR 26, 19 km westl. von Denver, Morrison, CO 80465
✆ (720) 865-2494, www.redrocksonline.com
Park tägl. 5–23 Uhr, Visitor Center April–Okt. tägl. 7–19, Nov. 9–16 Uhr
Eintritt frei außer bei Konzerten
Perfekte Akustik besitzt das 1938 zwischen 150 m hohen, steil aufragenden roten Felsen erbaute Freilichttheater mit 9000 Plätzen. Wanderwege und Visitor Center mit Museum. Tagsüber Picknickplatz mit tollem Panorama, abends Veranstaltungsort.

🏛️🎭🎪 Buffalo Bill's Grave & Museum
I-70 West, Ausfahrt 256
987 1/2 Lookout Mountain Rd.
Golden, CO 80401
✆ (303) 526-0744, www.buffalobill.org
Mai–Okt. tägl. 9–17, sonst tägl. außer Mo 9–17 Uhr, Eintritt Museum $ 5/0–1
Grab des berühmten Scout und Showman auf dem Gipfel des Lookout Mountain; Museum mit Plakaten und Relikten aus der Zeit seiner Wildwest-Show, Panorama der Great Plains.

🎭🎪 Central City
Die Region um die einstige Goldgräberstadt 55 km westlich von Denver (www.centralcitycolorado.com) wurde im 19. Jh. als die »reichste Quadratmeile der Welt« bezeichnet. Seit der Legalisierung des »Gambling« 1991 gaukeln in denkmalgeschützten Straßenzügen Spielkasinos wieder schnellen Reichtum vor. Das neoromanischen **Teller House Hotel** (120 Eureka St.) von 1872 war einst eines der feinsten des Westens.

Im **Opera House** (124 Eureka St., Central City, CO 80427, www.centralcityopera.org, Tickets ✆ 303-292-6700, 1-800-851-8175) finden heute wie dereinst, von Juli bis Mitte Aug., Opernaufführungen statt. Es gibt hier auch das feine Restaurant **Kevin Taylor's** (✆ 303-640-1012, www.ktrg.net).
Anfahrt: I-70 Ausfahrt 244, oder viel schöner: von Ausfahrt 240 in Idaho Springs über die geschotterte, serpentinen- und panoramareiche Oh My God Road (nicht bei Regen oder mit größeren Wohnmobilen befahren).

🎭 Mount Evans Scenic Byway & Wilderness
Clear Creek Ranger District
Idaho Springs, CO 80452
✆ 303-567-3000, www.mountevans.com
Ende Mai–Anfang Sept., Maut $ 10
Rund 80 km westlich von Downtown Denver (via I-70 West, Ausfahrt 240, SR 103 und CR 5) führt die höchste asphaltierte Autostraße Nordamerikas im Sommer schneefrei bis auf wenige Meter unterhalb des Gipfels des Mount Evans (4346 m). Grandioses Panorama. 🌞

Seit der Goldgräberzeit: Oper in den Bergen

2 Reißende Flüsse und hohe Gipfel
Durch das Tal des Arkansas River

2. Tag: Denver – Fairplay – Buena Vista – Gunnison (320 km/199 mi)

km/mi	Zeit	Route
0	8.00 Uhr	**Denver**, am südwestl. Ortsausgang auf der US 285 nach
132/82	10.00 Uhr	**Fairplay**, weiter US 285 bis Antero Junction, rechts auf US 24, links auf US 285 bis
193/120	12.30 Uhr	**Brown's Canyon** südl. von Buena Vista, dort Wildwassertrip. Weiter bis
222/138	16.30 Uhr	**Poncha Springs**, rechts auf US 50 bis
320/199	18.00 Uhr	**Gunnison**.

Durch das Tal des Arkansas River

Westlich von Denver baut sich die Riesenbarriere der Rocky Mountains auf. Über den vergleichsweise niedrigen Kenosha Pass (3048 m) erreichen wir die 2330 Quadratkilometer große Region **South Park**. In dem trockenen Talbecken mit dem sonnigen Klima muss das Land künstlich bewässert werden, weil die Berge des Rocky-Mountain-Hauptkamms im Westen den Regen abfangen. Viele Ranches besitzen schöne alte Blockhäuser aus dem späten 19. Jahrhundert.

Mit bescheidenen 680 Einwohnern ist das Örtchen **Fairplay**, das 1859 als Goldrauschcamp entstand, bereits das wirtschaftliche Zentrum von South Park. Im Freilichtmuseum **South Park City** wurden 34 historische Gebäude aus der Gründungszeit rekonstruiert. Bei dem Rundgang durch Brauerei, Barber Shop, Kolonialwarenladen, Saloon, Schule, Gerichtsgebäude und Bahnhof mit Schmalspureisenbahn fühlt man sich in die Ära zurückversetzt, als sich Hunderte von Prospektoren mit ihren Familien hier niederließen und clevere Geschäftsleute häufig weit mehr als die Goldschürfer verdienten.

Colorado hat allein 54 der 78 *fourteeners* der USA, der Gipfel, die die magische 14 000-Feet-Marke (= 4267 m) überschreiten, und viele davon grenzen an das weite **Upper Arkansas Valley**. Zwei Kilometer östlich von Buena Vista überblickt ein fabelhafter Aussichtspunkt die Collegiate Range. Die nach den berühmtesten US-Universitäten benannten Mount Harvard (4393 m), Mount Princeton (4327 m) und Mount Yale (4326 m) erheben sich 1900 Meter über dem Tal, das selbst schon über 2400 Meter hoch in der klaren Luft der Rockies

Feuchtes Vergnügen: Whitewater Rafting auf dem Arkansas River nahe Buena Vista

2 Reißende Flüsse und hohe Gipfel

liegt. Dem Vernehmen nach sollen Studenten aus Princeton den Gipfel des Mount Yale um einige Steine »erleichtert« und auf die heutige Höhe reduziert haben. Bei den allseits bekannten Rivalitäten zwischen den beiden Eliteuniversitäten wird »Princeton« nunmehr sicherlich mit Genugtuung auf das ein Meter niedrigere »Yale« hinabschauen.

Mount Princeton im Wanderparadies der Rocky Mountains kann trotz seiner Höhe im Hochsommer auf schneefreiem Weg erreicht werden, und zwar südwestlich von Buena Vista ab Mount Princeton Hot Springs auf dem Highway 322. Die knapp fünf Kilometer lange Wanderstrecke mit weniger als 1000 Meter Höhenunterschied folgt dem Weg zur Hortense Mine, einer längst verlassenen Goldmine, bevor sie dann den steilen Berghang zum Gipfel erklimmt.

Nach diesem Exkurs für Bergwanderer begeben wir uns in die Tallagen von **Buena Vista** zurück. Die etwa 2700 Einwohner zählende Kleinstadt im Tal des Arkansas River macht ihrem spanischen Namen »Gute Sicht« angesichts des fabelhaften Bergpanoramas vor dem weiten Tal alle Ehre. In der Umgebung von Buena Vista werden Viehzucht, Landwirtschaft und Bergbau betrieben, doch liegt im Sommer das Hauptaugenmerk auf dem Tourismus. Neben exzellenten Wander- und Mountainbike-Bedingungen geht es hier vor allem um Wildwasserfahrten. Der Ort nennt sich nicht umsonst »Whitewater Capital of Colorado«, denn er ist das Zentrum des River-Rafting an einem der besten Wildwasserflüsse des Westens.

In seinem Oberlauf ab der Quelle bei Leadville (vgl. S. 198) bewältigt der insgesamt 2348 Kilometer lange **Arkansas River** ein enormes Gefälle – ein Traum für Wildwasserfahrer in Schlauchbooten und Kajaks. Dem widmen sich erfahrene Outfitters, die in Buena Vista und Umgebung angesiedelt sind und Varianten wilder Schlauchboot- oder Kajaktrips bis zu gemütlichen Floßfahrten anbieten. Bis in den September hinein geht die Wildwassersaison mit dem Höhepunkt der Fluten von Juni bis Anfang Juli.

Einer der populärsten Flussabschnitte ist **Brown's Canyon** südlich von Buena Vista, eine Schlucht aus rosafarbenem Granit, durch die sich der Arkansa River mit rasanten Stromschnellen, wuchtigen Wellen und scharfen Kurven hindurchzwängt. Die Ufervegetation zeigt sich mit verstreuten Ponderosakiefern und Wacholderbüschen schon deutlich wüstenhafter als weiter nördlich. Die Schlucht, die das Herzstück des 2015 gegründeten Naturparks **Brown's Canyon National Monument** bildet, bleibt Nicht-Raftern weitgehend verschlossen, nur wenige Abstecher führen zum Flussufer. Dort enden die Halbtagestouren ab Buena Vista, während die Ganztages-Rafter noch wildere Stromschnellen erleben.

Die US 50 verlässt in der kleinen Ortschaft **Poncha Springs** das Tal des Arkansas River und zweigt nach Westen ab. Eine fantastische Route mit vielen Panoramablicken und Fotostopps beginnt: im Süden die wilden Bergketten der San Juans und der Sangre de Cristos, nach Norden hin die Sawatch Mountains mit ihren Viertausendern. Über den 3448 Meter hohen **Monarch Pass** überqueren wir die kontinentale Wasserscheide zwischen Atlantik und Pazifik. Von dort fährt die Monarch Crest Scenic Tramway, eine Seilbahn, zum Aussichtspunkt auf rund 3700 Metern hinauf. Am frühen Abend wird **Gunnison** erreicht, eine am Freizeitsport und Outdoor-Tourismus orientierte Stadt mit knapp 6100 Einwohnern im breiten Tal des Gunnison River.

Durch das Tal des Arkansas River

2 Service & Tipps

🏛 South Park City
4th & Front Sts., Fairplay, CO 80440
✆ (719) 836-2387, www.southparkcity.org
Mitte Mai–Mitte Okt. tägl. 9–17, Ende Mai–Anfang Sept. bis 19 Uhr, Eintritt $ 10/0–4
Freilichtmuseum mit rekonstruierter Minenstadt des 19. Jh.

Buena Vista und Monarch Pass

ℹ Buena Vista Chamber of Commerce
343 US 24 S., Buena Vista, CO 81211
✆ (719) 395-6612
www.buenavistacolorado.org

✕ Casa del Sol
303 US 24 N., Buena Vista, CO 81211
✆ (719) 395-8810
www.casadelsolbuenavista.com
Tägl. außer Mi 12–14.30 und 17–21 Uhr
Mexikanisches Restaurant in historischer Goldgräberhütte. $$–$$$

✕ Colorado Rafting & Zipline Tours
40671 Hwy. 24 N., Buena Vista, CO 81211
✆ (940) 423-7031 und 1-877-723-8464
www.coloradorafting.net
Von familienfreundlichen Schlauchbootfahrten bis zu Wildwassertouren der Klasse V ist alles zu haben – auf acht Flüssen. Auch im Angebot: Klettern und Ziplining.

✕ River Runners
24070 CR 301, Fishing Bridge, 8 km südl. von Buena Vista, CO 81211
✆ (719) 395-2466 und 1-800-732-8987
www.whitewater.net, ab $ 60
Einer der größten Whitewater-Rafting-Veranstalter Colorados mit vielen täglichen Abfahrten zu Halb- und Ganztagestouren.

Brown's Canyon National Monument
www.fs.fed.us/visit/browns-canyon-national-monument

Monarch Crest Scenic Tramway
24500 W US Hwy. 50, Salida, CO 81201
✆ (719) 539-4091, www.monarchcrest.net
Mitte März–Mitte Sept. tägl. 8.30–17.30 Uhr
Fahrpreis $ 10/0–7
Kabinenseilbahn, vom Monarch Pass (3448 m) am Hwy. 50 zu einem Aussichtspunkt auf 3661 m Höhe.

Gunnison

ℹ Gunnison-Crested Butte Tourism Association
202 E. Georgia Ave., Suite B
Gunnison, CO 81230
✆ (970) 379-5498, 1-877-213-5357
www.gunnisoncrestedbutte.com

🛏 Water Wheel Inn
37478 US 50 W., Gunnison, CO 81230
✆ (970) 641-1650 und 1-800-642-1650
www.waterwheelinnatgunnison.com
Angenehmes Motel in parkähnlicher Umgebung. Einige Zimmer mit Balkon. $$–$$$

KOA Gunnison
105 CR 50, südl. von Downtown
Gunnison, CO 81230
✆ (970) 641-1358 und 1-800-562-1248
www.gunnisonkoa.com, Mai–Okt.
110 Stellplätze, 50 Vollanschlüsse. Für die Übernachtungsgäste: Fischteich, Fahrrad- und Tretbootverleih. $

✕ Garlic Mike's
2674 N. Hwy. 135, 5 km nördl. der Stadt
Gunnison, CO 81230
✆ (970) 641-2493, www.garlicmikes.com
Populäres italienisches Lokal. $$–$$$$

Freilichtmuseum South Park City

3 Von der schwarzen Schlucht zur silbernen Stadt

Vom Black Canyon of the Gunnison National Park nach Durango

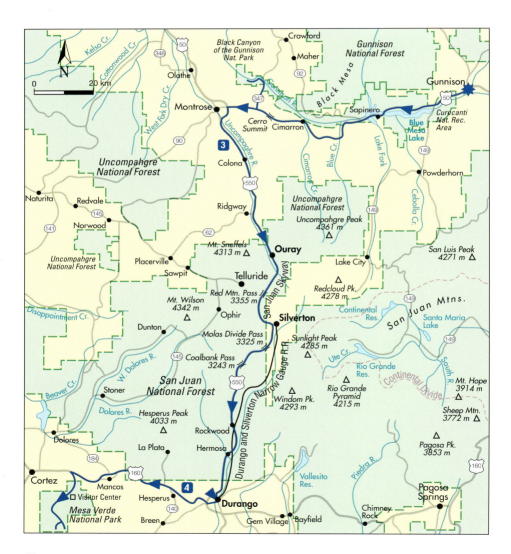

3. Tag: Gunnison – Black Canyon of the Gunnison National Park – Ouray – Silverton – Durango (323 km/201 mi)

km/mi	Zeit	Route
0	8.00 Uhr	Ab **Gunnison** US 50 nach Westen, rechts ab auf den Hwy. 347 bis zum Visitor Center des
105/65	10.00 Uhr	**Black Canyon of the Gunnison National Park**, South Rim Rd. bis zum High Point. Zurück auf Hwy. 347 bis US 50, rechts ab bis zur östlichen Ortsumgehung von **Montrose**, dann US 550 nach Süden
208/129	14.30 Uhr	**Ouray**, weiter US 550 über Red Mountain Pass 3355 m
245/152	15.30 Uhr	**Silverton**, weiter US 550 über Molas Divide Pass (3325 m) nach
323/201	18.00 Uhr	**Durango**.

Westlich der Stadt Gunnison wird in der **Curecanti National Recreation Area** der Gunnison River aufgestaut – zunächst zum großen Blue Mesa Lake und direkt anschließend zu den beiden kleineren Seen Morrow Point Lake und Crystal Lake. Die US 50 schlängelt sich über 30 Kilometer am **Blue Mesa Lake** entlang, wo Windsurfer und Jetskifahrer deutlich machen, dass hier Wassersport in allen Varianten großgeschrieben wird. Boote und Angelausrüstungen kann man leihen, Camping in Wassernähe ist auch sehr populär. Deutlich ruhiger geht es am Morrow Point Lake zu; zur Anlegestelle der Morrow Point Lake Boat Tours gelangt man über den einen Kilometer langen Pine Creek Trail. Die durchaus lohnenswerten Bootstouren führen durch den beginnenden Canyon des Gunnison River.

Von der US 50 zweigt man ab in einen der schönsten und am wenigsten überlaufenen Naturparks Colorados. Beiderseits der über 800 Meter tief eingeschnittenen Schlucht des Gunnison River rahmt der **Black Canyon of the Gunnison National Park** eine fantastische Landschaft ein, die 1873 erstmals von Weißen gesichtet wurde. Das 1999

Black Canyon of the Gunnison National Park

3 Von der schwarzen Schlucht zur silbernen Stadt

zum Nationalpark erklärte Naturschutzgebiet ist Teil eines rund 85 Kilometer langen Flusscanyons, dessen spektakulärste 20 Kilometer im Park liegen, wo die Schlucht mehr als doppelt so hoch ist wie in der viel besuchten Royal Gorge (vgl. S. 68 f.). Oben reißt sie bis zu 340 Meter weit auf, während sie sich im unteren Bereich stellenweise auf schmale zwölf Meter verjüngt.

Nach so viel Vorfreude wird die 13 Kilometer lange Parkstraße am Südrand allen Lobeshymnen durchaus gerecht. Im Kilometerabstand reiht sich ein exzellenter Aussichtspunkt an den anderen, der Blick auf den Talboden und auf die gegenüberliegende Seite mit der geschotterten nördlichen Parkstraße ist einfach glanzvoll. Dabei erschließt sich auch die Namengebung, denn nach unten dringen nur wenige Stunden am Tag Sonnenstrahlen, und im Schatten wirken die ohnehin dunklen Felswände fast schwarz *(black)*.

Aus der Fülle der Kurzwanderungen ragen drei sehr schöne Wege heraus. Auf dem nur 500 Meter kurzen **Cedar Point Nature Trail** spaziert man zu zwei Aussichtspunkten, von denen die von hellerem Felsmaterial durchzogene, fast marmoriert wirkende Painted Wall, die mit fast 700 Metern die höchste durchgehende Felswand Colorados sein soll, zu sehen ist. Und vom Ende der Straße am High Point, wo der Fluss 820 Meter tiefer liegt, führt der knapp einen Kilometer lange **Warner Point Nature Trail** zu einem fabelhaften Aussichtspunkt.

Absoluter Höhepunkt ist die fantastische, etwa eineinhalb Kilometer lange **Gunnison Route** vom Visitor Center am Südrand zum 550 Meter tiefer gelegenen Canyonboden. Dabei folgt der Weg anfangs dem ebenen Oak Flat Trail; ab dem Schild »River Access« geht es dann zunächst in Serpentinen sachte abwärts, ehe die Route sich in der zweiten Hälfte durch einige sehr steile Rinnen quasi direkt in die Tiefe stürzt. Für den Abstieg benötigt man eine Stunde, für den Aufstieg eher die doppelte Zeit.

Vom Black Canyon of the Gunnison fahren wir Richtung **Montrose**. Die rund 19 100 Einwohner zählende Stadt ist wirtschaftliches Zentrum für ein weites, flaches Tal mit Ranches und Farmen. Seit etwa hundert Jahren wird das Wasser des Gunnison River über einen Kanal abgeleitet und zur künstlichen Bewässerung der Felder und Obstgärten genutzt. Die Stadt wurde in den 1880er Jahren als Versorgungszentrum der Prospektoren gegründet, die auf der Suche nach schnellem Reichtum einst dem Uncompahgre River südwärts in die silberreichen San Juan Mountains folgten. Auch wir ändern hier unseren bisherigen Westkurs und setzen uns auf die historische Fährte.

Nach einem kurzen Aufenthalt im Tal warten ab Ridgway wieder die Höhenlagen der **San Juan Mountains** auf uns. Passend heißt der Abschnitt der landschaftlich reizvollen US 550 bis Durango **San Juan Skyway**, und wahrlich erweist sich die Strecke als »Himmelsweg« durch die Berge. Als Zweitnamen trägt die US 550 bis Durango die Bezeichnung **Million Dollar Highway**. Die Frage, ob sich der Name auf die immensen Kosten für den Straßenbau, den gewaltigen Wert der Goldfunde in der Region oder das unbezahlbare Panorama bezieht, bleibt offen, sicher ist, dass der Million Dollar Highway mit mehreren hohen Pässen eine der sehenswertesten Bergstraßen der südlichen Rocky Mountains ist.

Etwas Jugendlich-Ungestümes haftet diesen rau und schroff aufragenden Bergen an, die noch nicht von Wind und Wetter abgeschliffen wurden. In einem schönen, engen Tal, umringt von mar-

Vom Black Canyon of the Gunnison National Park nach Durango

Ouray: Das Outdoor-Paradies in den San Juan Mountains von Colorado nennt sich »Switzerland of America«

kanten Gipfeln, liegt **Ouray** am Uncompahgre River – die »Schweiz Amerikas«, wie sich das Örtchen ein wenig übermütig nennt. Der Name (»der Pfeil«) stammt vom gleichnamigen Ute-Häuptling, dessen Stammesmitglieder sich hier noch vor den ersten Silberfunden 1875 in den heilkräftigen, heißen Quellen geaalt hatten.

Während nach der Silberpanik von 1893 zur Jahrhundertwende Gold der wirtschaftliche Stabilisator für die Region wurde, hat heute längst der Tourismus die Hauptrolle übernommen, obwohl die Berge immer noch beachtliche Goldmengen hergeben. Anziehend wirkt der **Ouray Hot Springs Pool** an den Quellen, in denen die Ureinwohner einst badeten. In all ihrer faszinierenden Schönheit reizt die Gegend zum Wandern und lockt Mountainbiker auf die Bergpfade. *Jeeping* ist sehr populär: Zahllose alte Minenstraßen führen in die wilden Berge zu den historischen Goldgruben und dienen als Abenteuerpisten für 4-Wheel-Drive-Touren – sowohl professionell geleitete wie auch auf eigene Faust.

Direkt vom Ortsausgang geht es steil bergan, und von oben bietet sich ein grandioser Blick auf Ouray. Verschiedene Wasserfälle stürzen sich am Highway zu Tal, am eindrucksvollsten sind die tosenden **Bear Creek Falls**, die unter der Straße hindurch in einen tiefen Canyon rauschen. Anschließend geht es steil hoch zum 3355 Meter hohen **Red Mountain Pass**.

Im 2750 Meter hoch gelegenen nostalgisch-revitalisierten Ort **Silverton** herrscht die Atmosphäre einer Minenstadt des alten Westens. Auf den kahlen Berghängen unterhalb spitzer, jäh aufragender Gipfel künden verblichene

3 Von der schwarzen Schlucht zur silbernen Stadt

Viktorianisches Bergstädtchen par excellence: Silverton

Minenschäfte von den Tagen vor dem Tourismus, als seit 1871 millionenschwere Silber- und Goldfunde der Stadt zu Wohlstand verhalfen. Mit Ankunft der Denver & Rio Grande Railroad anno 1882 waren seinerzeit die Transportprobleme gelöst, und die Stadt boomte. Aus jenen Tagen stammen (heutige Besucher-)Bergwerke, das Gerichtsgebäude mit der goldenen Kuppel und das Grand Imperial Hotel, in dem die Silberbarone abzusteigen pflegten.

Oft weht ein kalter Wind durch das Örtchen, doch heute erfreut uns ein blauer Himmel, und der Sonnenschein lässt die Farben der hübsch restaurierten »falschen Fassaden« der alten Häuser wunderbar leuchten. Die Fülle der *false front buildings* (mit herausgeputzter Fassade zur Hauptstraße hin, aber zumeist simplen, schlichten Bauten dahinter) macht die Blair Street, die oft schon als Filmkulisse für Westernfilme diente, mit ihren kleinen Cafés und Geschäften zum größten Anziehungspunkt im Ort. Mitten im Zentrum halten schmauchend die Nostalgiezüge der **Durango & Silverton Narrow Gauge Railroad**, ohne deren Touristenstrom die Stadt wohl längst in Vergessenheit geraten wäre. So aber herrscht in den Mittagsstunden stets geschäftiges Treiben in den Straßen.

Die Exkursion mit der Durango & Silverton Narrow Gauge Railroad ist die wohl schönste Eisenbahnfahrt in den USA. Der nostalgische Schmalspurdampfzug von 1882, der einst Nachschub und Erze transportierte, folgt auf 72 Kilometern weitgehend dem Verlauf des **Animas River** zwischen Silverton und Durango. Er zuckelt mal hoch am steilen Flussufer entlang, schnauft mal Seite an

Vom Black Canyon of the Gunnison National Park nach Durango

Seite auf gleicher Höhe mit dem rauschenden Fluss oder überquert ihn auf einer zerbrechlich erscheinenden Stelzenbrücke. Unterwegs legt der Zug einen Zwischenstopp zum Nachfüllen von Wasser ein. Die Passagiere können aus dem Fenster die wilde Landschaft der San Juan Mountains betrachten und fühlen sich dabei in ein Abenteuer aus dem 19. Jahrhundert versetzt, wenn die schwer arbeitende Lokomotive im Anstieg mit ihren Qualmwolken den Zug einnebelt.

Auch die Weiterfahrt mit dem Auto von Silverton aus dem Tal des Animas River hinauf über den Molas Divide Pass (3325 m) wartet mit fantastischen Ausblicken auf. Auf der anderen Seite geht es zurück ins Flusstal, wo man wieder auf die Durango & Silverton Narrow Gauge Railroad trifft. Zwischen Rockwood und Hermosa kreuzt die schnaubende und qualmende Eisenbahn zweimal die Straßentrasse.

Durango liegt am südlichen Ende des San Juan Skyway. Die Stadt mit dem hübschen viktorianischen Zentrum, die im Jahr 1880 als Eisenbahnstadt der Denver & Rio Grande Railroad geplant war und während der Gold- und Silberbooms heranwuchs, zählt rund 18 000 Einwohner. Hier wurde das Erz aus den Minen in Schmelzwerken weiterverarbeitet.

Rancher mit großen Cowboyhüten und Farmer aus dem Umland kommen heute zum Einkaufen hierher, doch vor allem sind es die Touristen, die die Main Avenue bevölkern, um mit dem historischen Schmalspur-Dampfzug der Durango & Silverton Narrow Gauge Railroad, gemieteten Mountainbikes oder Wildwasserschlauchbooten auf dem ungebändigten Animas River zu fahren und die Ruinen der alten Anasazi-Siedlungen in den Canyons des Mesa Verde National Park, 58 Kilometer weiter westlich, zu besichtigen.

Eisenbahnromantik vom Feinsten: mit dem Dampfzug von Durango nach Silverton

3 Service & Tipps

Gunnison

Curecanti National Recreation Area
102 Elk Creek, Gunnison, CO 81230
℃ (970) 641-2337, www.nps.gov/cure
Eintritt frei, East Portal $ 15
Wassersportmöglichkeiten auf dem Blue Mesa Lake, Bootstour auf dem Morrow Point Lake. Elk Creek Visitor Center 24 km westl. von Gunnison. Camping- und Picknickplätze.

Morrow Point Boat Tours
Ab Pine Creek Trail/US 50, Curecanti N. R. A.
℃ (970) 641-2337, www.nps.gov/cure
Ende Mai–Anfang Sept. tägl. außer Di 10 und 12.30 Uhr, Tour $ 24/0–12
90-minütige kommentierte Bootstouren auf dem Morrow Point Lake und in den Black Canyon of the Gunnison. Zugang zum Bootsanleger via 1-km-Wanderweg und über 232 Stufen.

Black Canyon of the Gunnison National Park
102 Elk Creek, Gunnison, CO 81230
℃ (970) 641-2337
Visitor Center, Hwy. 347, www.nps.gov/blca
Eintritt pro Auto $ 15 (7 Tage), $ 80 Annual Pass (vgl. S. 285)
Naturpark beiderseits der spektakulären Schlucht des Gunnison River. Hauptattraktion sind die Parkstraße (Hwy. 347), Wanderwege und Aussichtspunkte am südl. Canyonrand. Visitor Center und Campingplatz.

Ouray

Natural Hot Springs Pool
1200 Main St., Ouray, CO 81427
℃ (970) 325-7073
www.ourayhotsprings.com
Juni–Anfang Sept. tägl. 10–22, sonst Mo–Fr 12–21, Sa/So 11–21 Uhr, Eintritt $ 12/0–8
Swimmingpool mit 3,8 Millionen Liter heißem Quellwasser.

Switzerland of America Tours
226 7th Ave., Ouray, CO 81427
℃ (970) 325-4484 und 1-866-990-5337
www.soajeep.com
Halb- oder ganztägige Jeeptouren ins Hinterland der Berge. Jeepverleih, ab $ 164 pro Tag. Wildwasserfahrten, Ausritte, Ballonfahrten.

Silverton

Silverton Area Chamber of Commerce
414 Greene St., Silverton, CO 81433
℃ (970) 387-5654 und 1-800-752-4494
www.silvertoncolorado.com

Grand Imperial Hotel
1219 Greene St., Silverton, CO 81433
℃ (970) 387-5527 und 1-800-341-3340
www.grandimperialhotel.com
Viktorianisches Grandhotel mit 40 Zimmern und dem Restaurant »Gold King Saloon«. $$$$

Handlebars Food & Saloon
117 W. 13th St., Silverton, CO 81433
℃ (970) 387-5395
www.handlebarssilverton.com
Restaurant im Westerndekor mit Livemusik. $$

Durango & Silverton Narrow Gauge Railroad
479 Main Ave., Durango, CO 81301
℃ (970) 247-2733, www.durangotrain.com
Mai–Okt. bis zu 3 Abfahrten tägl.: 8.45 Uhr ab Durango, 14.30 Uhr ab Silverton, Reservierungen notwendig, Fahrpreis $ 89, unter 12 J. $ 55 (Hin- und Rückfahrt)
Die schönste Eisenbahnfahrt in den USA dauert 9,5 Stunden (hin und zurück), einschließlich 2,5-stündigem Aufenthalt in Silverton.

Durango

Durango Area Visitor Center
802 Main Ave., Durango, CO 81301
℃ (970) 247-3500 und 1-800-525-8855
www.durango.org

The Strater Hotel
699 Main Ave., Durango, CO 81301
℃ (970) 247-4431, www.strater.com
Viktorianisches Hotel von 1887 in Downtown Durango, nördlich des Eisenbahndepots.

Vom Black Canyon of the Gunnison National Park nach Durango

93 elegante Zimmer. Gutes Restaurant mit Saloon. Tägl. Broadway-Show im Henry Strater Theatre (© 970-375-7160, www.henrystratertheatre.com). $$$–$$$$

Iron Horse Inn
5800 N. Main Ave., Durango, CO 81301
© (970) 259-1010 und 1-800-748-2990
www.ironhorseinndurango.com
141 Suiten mit Kamin. Frühstück und Dinner im Restaurant. $$–$$$

KOA Durango
30090 US 160 E., 11 km östl. von Durango
Durango, CO 81303
© (970) 247-0783 und 1-800-562-0793
www.koa.com/campgrounds/durango
Anfang Mai–Mitte Okt. geöffnet
Komfort-Camping mit beheiztem Swimmingpool; 95 Stellplätze, 33 *full hookups*, 33 mit Wasser und Strom.

Ore House
147 E. College Dr., Durango, CO 81301
© (970) 247-5707
www.orehouserestaurant.com, tägl. ab 17 Uhr
Etabliertes, populäres Steakrestaurant mit Westerndekor. Steaks, Tex-Mex-Spezialitäten, Salatbar. Nur Dinner. $$$–$$$$

Olde Tymer's Café
1000 Main Ave., Durango, CO 81301
© (970) 259-2990, www.otcdgo.com
Tägl. 11–22 Uhr
Seit 1981 Durangos beste Burger. Bar und Terrasse. $–$$

Steamworks Brewing Co.
801 E. 2nd Ave., Durango, CO 81301
© (970) 259-9200 und 1-877-372-9200
www.steamworksbrewing.com
Tägl. 11–24, Sa/So bis 2 Uhr
Populäre Hausbrauerei in Downtown, mit Restaurant. $$–$$$

Durango Bike Tours
233 A Jenkins Ranch Rd., Durango, CO 81301
© (970) 749-5328
www.durangobiketours.com
Mountainbiketouren und -verleih für Anfänger und Fortgeschrittene (geführte Touren ab $ 90/2 Std., MTB-Leihgebühren ab $ 25/4 Std.).

Bar D Chuckwagon Suppers
8080 County Rd. 250, Durango, CO 81301
© (970) 247-5753
www.bardchuckwagon.com
Ende Mai–Anfang Sept. tägl. um 19.30, Show um 20.30 Uhr, Dinnershow $ 26–36/0–12
Dinner auf der »Bar D«-Ranch mit Bohnen, Bratkartoffeln, Speck und Steak, anschließend Bühnenshow vor bis zu 700 Zuschauern mit Liedern und Geschichten aus dem Wilden Westen, seit 1969.

Strater Hotel in Durango

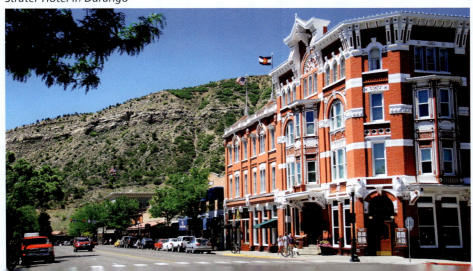

4 Geheimnisumwitterte Klippenwohnungen der Anasazi
Mesa Verde National Park

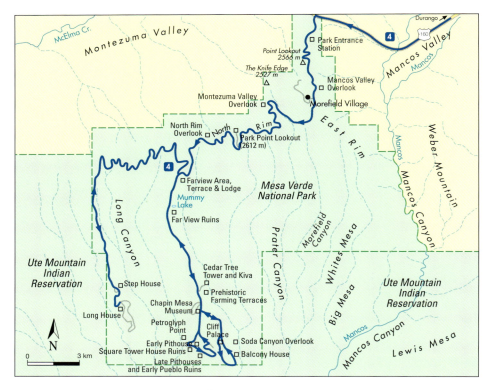

4. Tag: Durango – Mesa Verde National Park (180 km/112 mi)

km/mi	Zeit	Route	
			Route Durango bis Mesa Verde vgl. Karte S. 46.
0	8.00 Uhr	**Durango**, US 160 nach Westen, links in den **Mesa Verde National Park**, im **Far View Visitor Center** Tickets für Führungen kaufen, dann **Chapin Mesa Road** und östlichen Zweig der **Ruins Road** zum	
95/59	10.00 Uhr	**Cliff Palace**. Weiterfahrt zum	
97/60	12.00 Uhr	**Balcony House**, weiter östlichen und westlichen Zweig der Ruins Road. Zurück nach Far View, **Wetherill Mesa Road** zum	
143/89	16.00 Uhr	**Step House**, zurück Richtung Parkeingang zum	
180/112	18.00 Uhr	**Morefield Village**.	

> **Extratag:** Ein Spaß für die ganze Familie ist der Besuch der **Crow Canyon Archaeological Center**. Das archäologische Forschungszentrum 6 km nordwestlich von Cortez bietet ein Tagesprogramm. Mai–Sept. Mi und Do, Beginn 8.45 Uhr, mit Besichtigung des Forschungslabors und der Aktivitäten in den Ausgrabungsstätten, inkl. Lunch, Ende 16.30 Uhr (Preis Erwachsene $ 60, Kinder ab 10 J. $ 35). Reservierungen notwendig, Anmeldung auch online möglich. 23390 Rd. K, Cortez, CO 81321, © (970) 565-8975 und 1-800-422-8975, www.crowcanyon.org.

Mit dem **Mesa Verde National Park** erreichen wir eine der bedeutendsten archäologischen Fundstätten der USA. Zwar ist das plötzliche, geheimnisvolle Verschwinden der Anasazi (»der Alten«) Ende des 14. Jahrhunderts ein Mysterium der Geschichte, aber ihre größten und besterhaltenen *cliff dwellings* (Klippenwohnungen) haben versteckt in steilen Canyons unter weit ausladenden Felsüberhängen die Zeit beinahe unversehrt überstanden.

Vom Eingang windet sich die Parkstraße kurvenreich auf das 600 Meter höher gelegene waldige Hochplateau mit dem spanischen Namen »Mesa Verde« hinauf. Der nach Süden leicht geneigte »grüne Tisch« wirkt zunächst eher unauffällig. In den Serpentinen erhaschen wir immer wieder schöne Blicke auf das tief unten gelegene Montezuma Valley im Norden. Vom Feuerwachturm am **Park Point** (2612 Meter) eröffnet sich ein fast unbegrenztes Panorama, das an klaren Tagen vom südwestlichen Colorado bis nach Arizona, New Mexico und Utah hineinreicht, aber keine Spuren seiner Ureinwohner zeigt.

Unser Ziel liegt am Südende des Nationalparks, wo Mesa Verde sein zweites und hochinteressantes Antlitz preisgibt. In diesem anscheinend unwirtlichen Land, das zwischen Chapin Mesa, Wetherill Mesa und zahllosen kleineren, lang gestreckten Hochplateaus in schmale, tief eingeschnittene Canyons mit unzugänglichen Steilwänden ausfranst, vermutete niemand Ansiedlungen. Die USA waren bereits gut erforscht, als die Cowboys Charles Mason und Richard Wetherill 1888 zufällig die ersten Ruinen entdeckten und die staunende Weltöffentlichkeit von einer einst blühenden, längst vergessenen Kultur erfuhr, deren Stätten 1906 zum Mesa Verde National Park und 1978 zum UNESCO-Weltkulturerbe deklariert wurden.

Bedeutende Fundstätte: Mesa Verde

4 Geheimnisumwitterte Klippenwohnungen der Anasazi

Einige Gebäude im Mesa Verde National Park sind nur über Leitern zu erreichen

Große Teile der Anasazi-Geschichte haben sich anhand der gut erhaltenen Cliff Dwellings und dank der pragmatischen Abfallentsorgung bestens rekonstruieren lassen. Der einfach aus den Klippenwohnungen in die Tiefe geworfene Unrat der Ureinwohner, der sich auf dem Canyonboden angesammelt hatte, erwies sich Jahrhunderte später als exzellente archäologische Fundstätte.

Während der Korbflechter-Periode ab Mitte des 6. Jahrhundert lebten die frühen Anasazi in Mesa Verde, zunächst in Gruben-, 200 Jahre später auch in oberirdischen Holzbehausungen. Anfang des neuen Jahrtausends erfolgte dann der Sprung in eine höhere Kulturstufe. Mit Lehmziegeln (Adobe) entstanden erste *pueblos*, um einen Innenhof arrangierte mehrstöckige Gebäudekomplexe. Während der klassischen Periode von Mesa Verde von 1100–1300 erbauten die Anasazi die noch heute beeindruckenden Cliff Dwellings, die oft nur über Leitern oder in den Fels gehauene Fuß- und Handgriffe erreichbar waren.

Ausgerechnet zur Blütezeit der Kultur, die sich ziemlich genau auf das ausgehende 13. Jahrhundert datieren lässt, verließen sie ihre Siedlungen spurlos. Warum die Anasazi erst mit viel Mühen ausgeklügelte Klippenwohnungen erbauten und diese nach wenigen Jahren wieder im Stich ließen – dieses Rätsel wird wohl nie entschlüsselt werden.

Vielleicht lockte irgendwo die Aussicht auf ein besseres Leben ohne die tagtägliche Kraxelei zu den Höhlen. Wissenschaftler ziehen auch religiöse Gründe, die Auslaugung der Böden, Erosion oder die von 1276 bis zum Jahrhundertende andauernde Trockenperiode als mögliche Gründe in Erwägung. Vermutlich zogen die Anasazi als Ahnen der modernen Pueblo nach Südosten in den Rio-Grande-Bereich.

Far View ist das touristische Zentrum des Parks mit Hotel, Restaurant, Park-Museum und Visitor Center, wo man möglichst früh Tickets für die Führungen durch Cliff Palace, Balcony House und Long House kaufen sollte. Diese drei Cliff Dwellings können nur auf rangerbegleiteten Touren besichtigt werden, und der weitere Tagesablauf wird im Wesentlichen von den festen Terminen der Führungszeiten bestimmt.

Hinter Far View gabelt sich die Straße südwestwärts zur Wetherill Mesa und südwärts zur **Chapin Mesa**, dem interessanteren der beiden großen Plateaus mit den meisten und größten Cliff Dwellings. Die **Chapin Mesa Road** durchquert weite, offene Landstriche mit Kiefern, sperrigen Yuccas und duftenden Salbei- und Wacholderbüschen, bevor sie schließlich zum **Chapin Mesa Archeological Museum** führt. Dioramen und archäologische Exponate informieren dort über die Geologie der erodierten Canyons, die Parkgeschichte und den neuesten Stand der Forschungen bezüglich der rund 600 Cliff Dwellings im Park.

Nahe dem Museum kann man von einigen Aussichtspunkten aus den sehr gut erhaltenen Komplex des **Spruce Tree House** im Spruce Canyon sehen. Hinter hohen Mauern verstecken sich über 100 Wohnräume mit Fenstern und Vorratsspeichern. Zu ihren Füßen liegen acht kreisrunde Kivas, die vermutlich als Zeremonienräume dienten. Spruce Tree House ist seit Ende 2015 wegen Steinschlaggefahr vorläufig geschlossen. Experten suchen nach Lösungen.

Am Spruce Canyon teilt sich die **Ruins Road** in zwei populäre Rundfahrten, die östliche führt zum fantastischen **Cliff Palace**. Wenn man aus dem Wald herauskommt und plötzlich mitten in der nahezu senkrechten Westwand des Cliff Canyon die schutzsuchend unter eine Felsenhöhlung geschmiegte komplette Adobekleinstadt aus Stein erspäht – das Wahrzeichen des Nationalparks –, erscheint das Panorama schlicht und einfach überwältigend.

Während rund drei Viertel der Anasazi-Klippenwohnungen nur einen Raum bis höchstens fünf Räume aufweisen, nimmt der Cliff Palace, mit 217 Räumen und 23 Kivas die größte und besterhaltene Cliff Dwelling der USA, eine unangefochtene Ausnahmestellung ein. Die versteckte Lage bot den über 200 Einwohnern hervorragenden Schutz vor der heißen Sommersonne, den winterlichen Stürmen, vor Feinden und wilden Tieren.

Über vier Leitern und Dutzende von Stufen gelangen wir zu der kleinen Stadt hinunter. In der Fantasie entsteht ein Bild, in dem Anasazi-Männer an den Häusern werkeln, Frauen Getreide mahlen und Kinder mit den als Haustieren gehaltenen Truthähnen spielen.

Wohnen in steiler Wand: die Ruinen des Cliff Palace im Mesa Verde National Park

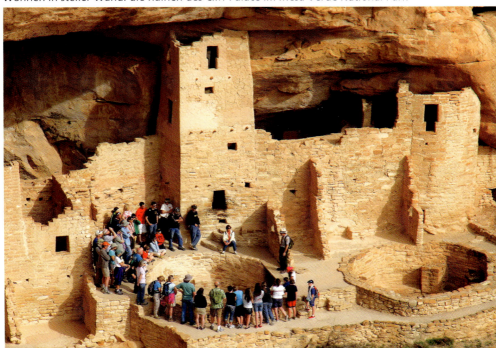

4 Geheimnisumwitterte Klippenwohnungen der Anasazi

Originale Petroglyphen im Mesa Verde National Park

Verglichen mit dem trutzigen Cliff Palace wirkt **Balcony House** in der Ostwand des steilen Soda Canyon erst recht wie ein kleines Bollwerk. Man gelangt über eine fast zehn Meter hohe Leiter zum Balcony House und durch einen drei Meter langen Tunnel, den ursprünglichen Haupteingang des Komplexes, wieder hinaus. Der heute wie eine akrobatische Herausforderung erscheinende Zugang diente dem Schutz der Bewohner. Tatsächlich war das festungsartige Balcony House seinerzeit das uneinnehmbarste der Cliff Dwellings und gehörte mit zwei Kivas und etwa 35 Räumen für rund 50 Anasazi zu den mittelgroßen. Auf dem westlichen Ast der Ruins Road überschauen wir zunächst die 70 Räume zählenden **Square Tower House Ruins** im Navajo Canyon mit dem markanten viereckigen Turm. Im Gegensatz zu vielen anderen Cliff Dwellings besaß es einen von der Mesa recht bequem erreichbaren Zugang und eine eigene Quelle.

Im Verhältnis zur ausgeklügelten Bautechnik der Cliff Dwellings wirken die rekonstruierten Grubenhäuser *(pit houses)* aus dem 7. Jahrhundert, auf die wir wenig später an der Straße treffen, fast primitiv. Es sind in Erdmulden erbaute, einfache Schutzhütten aus Ästen und kleineren Baumstämmen, die mit Zweigen und Schlamm sorgfältig abgedeckt wurden. Grubenhäuser waren sowohl in den Felshöhlungen als auch auf der Mesa errichtet worden.

Vom **Sun Point** und vom benachbarten **Sun Temple** bietet sich insbesondere beim Licht der tief stehenden Sonne am späten Nachmittag das beste Panorama des Cliff Palace. Der in der Form eines riesigen »D« gemauerte, allerdings unvollendete Sun Temple, der vielleicht aks Zeremonilagebäude geplant war, ruht seit dem späten 13. Jahrhundert am Vorsprung zwischen Fewkes Canyon und Cliff Canyon. Seine mutmaßliche Funktion beschäftigt seit langer Zeit die Archäologen.

Auf der **Wetherill Mesa** ist der Besucherandrang deutlich niedriger als an der Chapin Mesa. Am Ende der 19 Kilometer langen, kurvenreichen Straße, etwa einen Kilometer vom Parkplatz entfernt, liegen die **Step House Ruins**. Diese klassischen Cliff Dwellings mit Felszeichnungen sowie Grubenhäusern aus der Zeit der Basket-Maker-Kultur im 7. Jahrhundert kann man auf eigene Faust erkunden. Ein kleines Bähnchen fährt am Canyonrand entlang und hält an unterschiedlichen Aussichtspunkten und an einigen Wanderwegen zu den Ruinen.

Die **Long House Ruins** sind nur auf rangergeführten Touren zu besichtigen. Ein Spaziergang von einem Kilometer bringt uns zum fotogenen Long House, der mit 150 Räumen und 21 Kivas nach Cliff Palace größten Ruinenanlage des Parks. Vor den Gebäuden befindet sich ein wohl zu zeremoniellen Zwecken oder Versammlungen genutzter, großer Platz. Von hier aus geht es allmählich wieder zurück in die Eingangsbereiche des Parks.

Mesa Verde National Park 4

4 Service & Tipps

Mesa Verde National Park
Mesa Verde N.P., CO 81330
✆ (970) 529-4465, www.nps.gov/meve
Eintritt Ende Mai–Anfang Sept. $ 15 pro Auto (7 Tage), sonst $ 10, $ 80 Annual Parks Pass (vgl. S. 285)
Nationalpark mit den besterhaltenen Anasazi-Klippenwohnungen in den USA.

Mesa Verde Visitor Center
Headquarters Loop Rd.
Mesa Verde N.P., CO 81330
✆ (970) 529-4465
Ende Mai–Anfang Sept. 7.30–19 Uhr, sonst kürzer
Neues, nach modernsten ökologischen Standards errichtetes Visitor Center am Parkeingang. Bis zu zwei Tage im Voraus kann man die Tickets für Führungen von Balcony House, Cliff Palace und Long House besorgen (je $ 5). Zur Hochsaison erhält man oft nicht gleichzeitig Tickets für Balcony House und Cliff Palace.

Far View Lodge
Mesa Verde N.P., CO 81330
✆ (970) 564-4300 und 1-800-449-2288
www.visitmesaverde.com
Mitte April–Mitte Okt.
150 Hotelzimmer mit Balkon und weiter Aussicht. Kein Fernsehen und kein Telefon. Zur Lodge gehört ein Restaurant. Abendliche Multimediashow »Anasazi«. $$$$

KOA Cortez/Mesa Verde
27432 E. Hwy. 160, Cortez, CO 81321
✆ (970) 565-9301 und 1-800-562-3901
www.koa.com, April–Mitte Okt.
Erstklassiger Campingplatz mit beheiztem Swimmingpool 12 km westlich des Mesa Verde National Park. 90 Stellplätze, 35 *full hookups*. $

Morefield Campground
Mesa Verde N.P., CO 81330
✆ 1-800-449-2288
www.visitmesaverde.com
Ende April–Mitte Okt.
267 Stellplätze, nur 15 *hookups*. $

Chapin Mesa
Auf dem 14 km langen östlichen Mesa im Nationalpark liegen die meisten Cliff Dwellings, z.B. Cliff Palace und Balcony House.

Chapin Mesa Archeological Museum
Mesa Verde N.P., CO 81330
✆ (970) 529-4465, Anfang April–Mitte Okt. tägl. 8–18.30 Uhr, sonst kürzer
Museum mit historischen Dioramen und archäologischen Funden. Ein kurzer Spazierweg führt zum Spruce Tree House (derzeit gesperrt), 32 km vom Parkeingang entfernt.

Ruins Road
Am Südende der Chapin Mesa zwei je 10 km lange Rundfahrten zu Cliff Palace (Führungen Mitte Mai–Anfang Nov. tägl. 9–18 Uhr) und Balcony House (Führungen Ende April–Anfang Okt. tägl. 9–17 Uhr) bzw. Square Tower House und Sun Temple.

Wetherill Mesa
19 km lange, kurvige Zufahrt zur westlichen Mesa; nur für Fahrzeuge bis 25 ft.
Ende Mai–Anfang Sept.
Am Straßenende Long House (Führungen tägl. 10–16 Uhr) und Step House mit Aussichtspunkten und Ruinen.

Spruce Tree House im Mesa Verde National Park

5 Der größte Sandkasten der USA
Durch den Südwesten Colorados

5. Tag: Mesa Verde National Park – Durango – Great Sand Dunes National Park (356 km/221 mi)

km/mi	Zeit	Route
0	9.00 Uhr	Ab **Mesa Verde** rechts ab (nach Osten) auf US 160 über
68/42	10.00 Uhr	**Durango**, weiter US 160, Hwy. 151 nach rechts und kurzer Abstecher zur
140/87	11.00 Uhr	**Chimney Rock Archaeological Area**.
171/106		**Pagosa Springs**, weiter US 160 bis
265/165	15.00 Uhr	**Del Norte**, links auf Hwy. 112, in Hooper rechts auf Hwy. 17, links auf Six Mile Rd., links abzweigen zum
356/221	16.00 Uhr	**Great Sand Dunes National Park**.

Morgens verlassen wir **Mesa Verde** und folgen der US 160, die für heute weitgehend unser Leitfaden sein wird, über **Durango** ostwärts an den welligen Südhängen der **San Juan Mountains** entlang. Etwa nach zwei Dritteln der Strecke tauchen rechter Hand zwei steil aufragende Bergspitzen auf. Sie gehören zur **Chimney Rock Archaeological Area**. Auf dem rund 16 Quadratkilometer großen Gebiet befinden sich Dutzende, teilweise restaurierte Ruinen aus dem 11. Jahrhundert, in denen einst 2000 Anasazi (vgl. auch Mesa Verde N. P. S. 54 ff.) gelebt haben. Archäologen, die zwischen den Pueblo-Häusern, Kivas

Heiß und heilsam: die mineralhaltigen Quellen von Pagosa Springs

5 Der größte Sandkasten der USA

und Lagerräumen ein reiches Betätigungsfeld finden, gehen aufgrund der Bau- und Nutzungsweise von religiösen Hintergründen der Siedlung aus. Besichtigungen sind nur im Rahmen von Führungen mit Rangern des National Forest Service möglich.

Schon die Ute betrachteten die **Pagosa Springs**, die sie »heilende Wasser« nannten, als ein Geschenk des Großen Geistes. Das Wasser der Pagosa Springs, die dem Ort seinen Namen gaben und mit 67 Grand Celsius zu den heißesten Mineralquellen der Welt gehören, beheizt heute kommunale Gebäude und füllt die Swimmingpools von Spring Inn Resort und The Spa@Pagosa Springs.

Ab Pagosa Springs wird die Strecke überaus reizvoll, allmählich steigt die Straße über 1000 Meter an. In den Höhenlagen der San Juan Mountains sind die Wälder saftig grün, das Schmelzwasser speist viele kleine und größere Seen und wilde, saubere Flüsse, die durch ursprüngliche Gebirgslandschaften fließen. Am 3216 Meter hohen **Wolf Creek Pass** überqueren wir einmal mehr die kontinentale Wasserscheide und gelangen in den **Rio Grande National Forest** und das Gebiet des jungen Rio Grande.

Die herrliche Strecke durch grüne Wälder unter hohen Gipfeln folgt dem Lauf des South Fork, eines Quellflusses des Rio Grande. Am Wege liegen zahlreiche National Forest Campgrounds, auf denen man, wie etwa am Big Meadow Lake Campground, gut picknicken kann. Ein kurzer Rundweg führt um den schön gelegenen, von Bergen umrahmten See, an dem es auch an warmen Sommertagen immer ein wenig windig ist.

Bei **Del Norte** gelangen wir in das semiaride **San Luis Valley**, ein rund 200 Kilometer langes und 80 Kilometer breites Tal, das in Urzeiten der Boden eines

Sees war. Heute wird das Tal mit dem Wasser des Rio Grande bewässert und ist eines der produktivsten Landwirtschaftsgebiete Colorados.

Del Norte ist Ausgangspunkt für Wander-, Angel-, Reit- und Jeeptouren in den umgebenden National Forest. Wuchtig hängen die Wolken des nachmittäglichen Gewitters noch dunkel über den schneebedeckten, bis zu 4350

Durch den Südwesten Colorados 5

Unweit des Wolf Creek Pass liegt die Kinderstube des Rio Grande

Meter hohen Gipfeln der **Sangre de Cristo Mountains**, zu deren Füßen riesige, goldglänzende Sandberge einen fast überirdischen Anblick bieten. Vor diesen Berghängen, am nordwestlichen Rand des großen, breiten San Luis Valley, liegt der **Great Sand Dunes National Park**. Man glaubt kaum seinen Augen zu trauen, denn wo sollen, so weit vom Ozean entfernt, die höchsten und größten Sanddünen Nordamerikas herkommen. Hier vor den Bergen fallen seit Tausenden von Jahren die aus dem San Luis Valley aufgewirbelten und in nordöstliche Richtung getriebenen Sandkörner nieder. Fotogen präsentieren sich die Kontraste der dunkel bewaldeten Berge und der hellen, kahlen Sanddünen, auf denen mit den ziehenden Wolken Licht und Schatten einander abwechseln. Und

5 Der größte Sandkasten der USA

Super-Sandkasten: der Great Dunes National Park

Veränderung ist einer der bedeutendsten Aspekte hier, denn der Wind arbeitet unaufhörlich an den Dünen, kreiert immer neue Kammlinien und Wellenmuster. Der mit 154 Quadratkilometern gewaltigste Sandkasten der Rockies wurde im Jahre 2000 zum Nationalpark deklariert.

Am Fuße der Sanddünen entlang zieht sich die Straße durch den äußersten Südosten des Parks. Wenige hundert Meter hinter dem Parkeingang befindet sich das **Visitor Center**, das einen kurzen Einführungsfilm und informative Ausstellungen über die phänomenalen Sande zeigt. Fast immer umschwirren Kolibris das Visitor Center.

Wir beschließen eine Wanderung auf die Dünen. Über eine Furt wird der flache **Medano Creek** überquert, der im Frühsommer Schmelzwasser führt, das eiskalt und in merklichen Schwällen heranrollt. Im Spätsommer verliert sich der Medano Creek, denn er versickert allmählich in den unendlichen Sandmassen. Am anderen Ufer beginnt bald der Aufstieg auf die große Sanddüne, ein Kilometer ist es bis ganz oben. Es gibt keinen festen Weg, aber man kann den Trittspuren der »Vorgänger« folgen. Der lose Sand vermittelt wenig Halt – zwei Schritte vor, einen zurück – der Aufstieg ist dennoch nicht frustrierend, denn das Panorama inmitten dieses gigantischen Sandkastens ist brillant, und schließlich geht der Abstieg um so leichter vonstatten. Von oben herab kommen uns Leute entgegen, die in großen Sprüngen durch den lockeren Sand hüpfen und mit den Sandmassen »abfahren«, *sandsurfing* nennt sich diese spaßige Fortbewegungsart.

Durch den Südwesten Colorados 5

5 Service & Tipps

Chimmney Rock und Pagosa Springs

Chimney Rock National Monument
5 km südl. der US 160 via Hwy. 151
Chimney Rock, CO 81147
(970) 883-5359, www.chimneyrockco.org
Visitor Center tägl. 9–16.30 Uhr, Mitte Mai–
Ende Sept. tägl. 9.30, 10.30, 13 und 14 Uhr
2,5-stündige Führungen, Eintritt $ 12/0–5
Zwei markante Felsnadeln und aus dem
11. Jh. stammende Pueblo-Ruinen.

Ramon's Mexican Restaurant
56 Talisman Dr., Pagosa Springs, CO 81147
(970) 731-3012
www.ramonspagosa.net
So–Do 11–21, Fr/Sa 11–22 Uhr
Authentische mexikanische Küche. Köstliche
Margaritas. $–$$$

The Springs Resort
165 Hot Springs Blvd., Downtown
Pagosa Springs, CO 81147
(970) 264-4168 und 1-800-225-0934
www.pagosahotsprings.com
Ende Mai–Anfang Sept. tägl. 7–24, sonst 7–23
Uhr, Eintritt $ 26/0–14
Baden in mineralhaltigen, heißen Quellen.
23 Pools mit Temperaturen von 32–45 °C.
Hotel mit 50 Zimmern. $$$$

Healing Waters Resort & Spa
317 Hot Springs Blvd.
Pagosa Springs, CO 81147
(970) 264-5910 und 1-800-832-5523
www.pshotsprings.com, tägl. 8–22 Uhr
Eintritt $ 17/0–13, Hotelgäste frei
Swimmingpools von 35–40 °C. Hotel mit 21
Zimmern und RV Park. $$–$$$$

Great Sand Dunes (Mosca und Alamosa)

Great Sand Dunes National Park
11999 Hwy. 150, Mosca, CO 81146
(719) 378-6395
www.nps.gov/grsa, tägl. geöffnet
Eintritt $ 15 pro Auto und Insassen (7 Tage),
$ 80 Annual Pass (vgl. S. 285)

Größtes Dünengebiet in den USA am Fuße
der Sangre de Cristo Range. Filme, Ausstellungen und Informationen im Visitor Center.

Piñon Flats Campground
Great Sand Dunes N.P., Mosca CO 81146
www.recreation.gov
Einfacher Campground, 88 Stellplätze. $

Best Western Alamosa Inn
2005 Main St., Alamosa, CO 81101
(719) 589-2567 und 1-800-780-7234
www.bestwestern.com
Hotel am westlichen Stadtrand mit 120 Zimmern, Restaurant und kleinem Hallenbad.
$$$

KOA Alamosa
6900 Juniper Lane, 6 km östl. der Stadt über
US 160, Alamosa, CO 81101
(719) 589-9757 und 1-800-562-9157
www.koa.com/campgrounds/alamosa
Ganzjährig geöffnet
Komfortabler Campground, 52 Stellplätze,
14 *full hookups*, 28 mit Wasser und Strom. $

Juanito's Mexican Kitchen
1019 Sixth St., Alamosa, CO 81101
(719) 589-0277
www.juanitosmexicankitchen.com
Tägl. 11–21 Uhr
Etabliertes mexikanisches Familienrestaurant.
$–$$

Badespaß in den Pagosa Springs

6 Goldrausch in den Bergen
Über Cripple Creek nach Colorado Springs

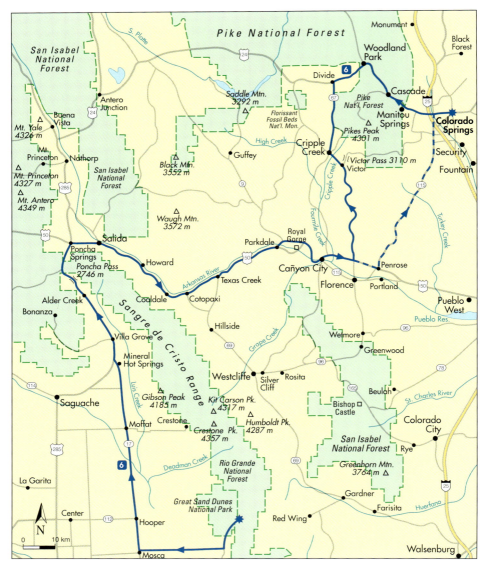

6. Tag: Great Sand Dunes National Park – Royal Gorge – Cripple Creek – Colorado Springs (340 km/211 mi)

km/mi	Zeit	Route
0	8.00 Uhr	Ab **Great Sand Dunes National Park** zurück zum Hwy. 17, nordwärts nach Poncha Springs und von dort US 50 über Salida ostwärts zur
220/137	11.00 Uhr	**Royal Gorge**. Weiter auf US 50, 11 km östl. von Cañon City links auf **Phantom Canyon Road** (Hwy. 67) bis Victor, weiter bis
301/187	14.00 Uhr	**Cripple Creek**. Von dort weiter nordwärts bis zum
340/211	16.30 Uhr	US Hwy. 24. Weiter in westlicher Richtung bis zur I-25 South (Auffahrt 141). Exit 140 nehmen und auf SR 115 South und via Cheyenne Blvd. zum **Cheyenne Mountain Zoo** und zum **Will Rogers Shrine** in **Colorado Springs** (vgl. Karte S. 74).

Alternativroute: Bei Schlechtwetter oder mit größeren Wohnmobilen sollte man von Cañon City statt der Phantom Canyon Road die 75 km längere, asphaltierte Route nach Colorado Springs (Hwy. 50/115) wählen, die genauso viel Fahrtzeit in Anspruch nimmt.

Kühne Konstruktion: die Royal Gorge Bridge

6 Goldrausch in den Bergen

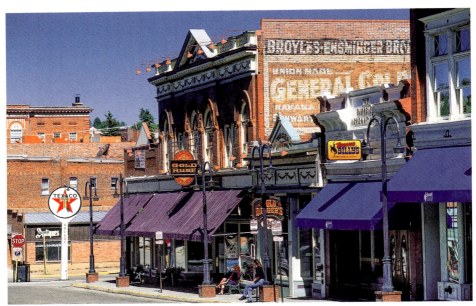

Authentisches aus alten Goldgräbertagen: Cripple Creeks nostalgische Fassaden

Wir verabschieden uns von den Great Sand Dunes und fahren nordwärts durch das breite San Luis Valley und beobachten einen erstaunlicher Landschaftswechsel: Während gestern noch dichte Bergwälder am Oberlauf des 3057 Kilometer langen Rio Grande den Weg begleiteten, überwiegen heute trockene Tallagen, in denen die Bäche aus den weit entfernten Bergen stillschweigend versickern.

Über den eher unauffälligen Poncha Pass (2746 Meter) verlassen wir das Flusssystem des Rio Grande. Ab **Salida** begleitet uns der Oberlauf des schäumenden Arkansas River ostwärts, doch ist der Fluss an dieser Stelle längst nicht so ungestüm wie im Brown's Canyon (vgl. S. 44) stromaufwärts oder insbesondere in der Royal Gorge stromabwärts und eignet sich deshalb hier als populäre Wildwasserstrecke für Familienausflüge.

Cañon City, eine von hohen Bergen umringte kleine Stadt, liegt am Ende der **Royal Gorge**, der »königlichen Schlucht«, und ist neben Buena Vista und Salida das wichtigste Zentrum des Whitewater Rafting am Arkansas River. Als eine der höchsten Hängebrücken der Welt überspannt abseits der US 50 die **Royal Gorge Bridge** die 321 Meter tiefe Schlucht des Arkansas River. 1929 als einspurige Mautbrücke erbaut, darf sie heute nur von Autos, aber nicht von Wohnmobilen überquert werden. Unten am schmalen Flussufer verkehrt auf der Strecke der Denver & Rio Grande Railroad seit wenigen Jahren wieder ein Ausflugszug. Zum Royal-Gorge-Komplex gehören noch eine Zahnradbahn an der steilen Granitwand hinab zum Grund der Schlucht und eine Seilbahn darüber.

Die schönste Route von der Royal Gorge nach Cripple Creek führt über die 49 Kilometer lange **Phantom Canyon Road**. Auf der ehemaligen Eisenbahntrasse der Florence & Cripple Creek Railroad geht

Über Cripple Creek nach Colorado Springs

es sachte, aber stetig hinauf durch eine lang gezogene Schlucht zum 1200 Meter höher gelegenen Goldrauschörtchen **Victor** und von dort weiter nach Cripple Creek. Allerdings ist die ansonsten gut ausgebaute Piste aufgrund ihrer schmalen, in den Fels gehauenen Tunnel und engen Kurven für größere Wohnmobile keinesfalls geeignet und auch bei schlechtem Wetter aufgrund von möglichen Auswaschungen und Steinschlägen nicht empfehlenswert.

Nur wenige Orte in Colorado blicken auf eine ähnlich wechselhafte Geschichte zurück wie das 2900 Meter hoch in den Bergen gelegene Goldrauschstädtchen **Cripple Creek**. Den ersten Goldfunden von Bob Womack 1890 wurde noch keine große Bedeutung beigemessen. Als der Silbermarkt 1893 kollabierte und Silberboomtowns wie Aspen, Georgetown oder Leadville in den Ruin getrieben wurden und beinahe ganz Colorado in den wirtschaftlichen Abgrund stürzte, erlebte der Staat in Cripple Creek gleichzeitig seinen letzten großen Goldrausch und einen der bedeutendsten in den USA.

Buchstäblich aus dem Nichts entstand eine große Stadt in den Bergen. Die Independence Mine machte Winfield Scott Stratton bereits 1894 zum ersten Millionär der Schürfregion um Cripple Creek, aus deren Tiefen eine der reichsten Goldausbeuten Amerikas stammen – über 22 Millionen Feinunzen im heutigen Wert von sieben Milliarden Dollar.

Cripple Creek, das auf seinem Höhepunkt im Jahr 1904 rund 50 000 Einwohner zählte, wäre beinahe als winziges Örtchen im Nichts der Geschichte versunken, hätten ihm nicht seit 1990 die Legalisierung des Glücksspiels und die Einrichtung nostalgischer Kasinos in einer Art modernem Goldrausch wieder neues Leben eingehaucht. Kasinos wie

Auch sie lockte einst Goldgräber in diese Berge: die Theresa Mine bei Cripple Creek

6 Goldrausch in den Bergen

Blick vom Garden of the Gods zum Pikes Peak, dem Schicksalsberg der Goldsucher

»Midnight Rose«, »J. P. McGills« und »The Brass Ass« laden heute in den alten Geschäftshäusern von Cripple Creek zu Poker und Blackjack. Die Einwohnerzahlen der Region haben sich seither wieder auf 1200 in Cripple Creek und 400 im ruhigeren Nachbarort Victor gesteigert.

In ihrem ersten »Leben« war die **Cripple Creek & Victor Narrow Gauge Railroad** eine Bergbaueisenbahn. Heute zuckelt der Touristenzug ab dem Cripple Creek Museum im alten Bahnhof der Midland Railroad über eine Bockbrücke, vorbei an ausgedienten Goldminen und urigen Geisterstädten durch die karge Bergwelt. Ein Blick in die Umgebung offenbart das Erbe von einem Jahrhundert Bergbau, kein Stein steht mehr auf dem anderen, alles wurde auf der Suche nach dem schnellen Reichtum mehrfach durchpflügt, von Stollen und Schächten durchlöchert. Als Besucherbergwerk wurde die 1898–1961 kontinuierlich aktive Goldmine »Mollie Kathleen« hergerichtet.

Unsere weitere Fahrtroute ab Cripple Creek führt uns nordwärts weiter durch die atemberaubende Bergwelt allmählich bis zur US 24, der wir in östlicher Richtung rasch bis zur viel befahrenen I-25 folgen. Bald gelangen wir in die fantastische Umgebung der steilen Berghänge und tiefen Schluchten am Ortseingang von **Colorado Springs**, das sich am Übergang von den Prärien in die Rocky Mountains ausbreitet.

Die rund 457 000 Einwohner zählende moderne Stadt rund 100 Kilometer südlich von Denver ist die zweitgrößte Stadt Colorados. Sie ist zugleich eine der attraktivsten, was neben ihrem jugendlichen Flair natürlich auf ihr hervorra-

Über Cripple Creek nach Colorado Springs

gendes sonnenreiches und trockenes Klima im Regenschatten der Rockies wie auch auf ihre spektakuläre Lage direkt am Fuße des mächtigen **Pikes Peak** (4301 m) zurückzuführen ist, der weithin sichtbar die Stadt um fast 2500 Meter überragt. Nirgendwo in den Rockies schiebt sich ein ähnlicher Bergriese so weit unmittelbar an den Rand der Prärie vor.

Als General William J. Palmer im Jahr 1871 seine Denver & Rio Grande Railroad nach Westen trieb, hat er wahrscheinlich das touristische Potenzial erkannt. Geschäftstüchtig wie er war, gründete er im Angesicht der Berge ein detailliert geplantes Ferienziel für Reiche von der Ostküste und aus Europa. Wenige Kilometer abseits des vornehmlich von Bergarbeitern bewohnten Colorado City entstanden Villen, Parks, ein College und Bewässerungskanäle.

Diejenigen, die sich dort niederließen, scheffelten Millionen mit den Goldbergwerken in Cripple Creek, führten ansonsten ein vornehmes Leben und suchten Erholung und Linderung von allerlei Gebrechen in den Mineralquellen des zehn Kilometer westlich gelegenen Manitou Springs. Allmählich absorbierte das schnell heranwachsende Colorado Springs das kleinere Colorado City.

Am Ende der Gold Camp Road biegen wir rechts ab zum **Cheyenne Mountain Zoo**. Rund 500 Tiere leben in den Gehegen des schönen, kleinen Tierparks am Cheyenne Mountain. Ein Spaziergang dort erlaubt darüber hinaus fast unbegrenzte Blicke über die Stadt und die Prärie im Osten. Fährt man etwas weiter auf der Straße den Berg hinauf, gelangt man zum **Will Rogers Shrine of the Sun**, einem Denkmal in Form eines granitenen Turms, der dem berühmten amerikanischen Humoristen Will Rogers (1879–1935) gewidmet ist. Rund 800 Meter über der Stadt bietet sich ein exzellentes Panorama.

Etwas nördlich der Gold Camp Road gelangen wir über die gewundene South Cheyenne Canyon Road zu den **Seven Falls**, einer Sequenz von sieben kleineren Wasserfällen des South Cheyenne Creek, die bis spätabends illuminiert werden. Eagle's Nest, der beste Aussichtspunkt, kann mit dem Aufzug oder zu Fuß über 185 Stufen erreicht werden, Treppen führen auch entlang den Wasserfällen nach oben.

Von den Seven Falls könnte man direkt nach Downtown Colorado Springs fahren. Viel schöner lässt sich der Tag aber mit einem halbstündigen Exkurs (Einbahnstraße) in die steilen Berghänge am westlichen Stadtrand beschließen. Die attraktive Routenführung über die North Cheyenne Canyon Road und den High Drive bergauf sowie die Bear Creek Road zurück ins Tal gehört zu den schönsten Strecken in Colorado Springs.

Klimawechsel für Langhälse: von der afrikanischen Savanne in den Cheyenne Mountain Zoo bei Colorado Springs

6 Service & Tipps

Cañon City

ℹ Greater Cañon City Chamber of Commerce
403 Royal Gorge Blvd., Cañon City, CO 81212
℃ (719) 275-2331
www.canoncity.com

✗ Echo Canyon River Expeditions
45000 US 50 W., Cañon City, CO 81212
℃ 1-800-755-3246, www.raftecho.com
Mitte April–Sept. tägl., z.B. Bighorn Sheep Canyon halbtägig $ 67, ganztägig $ 114
Halb- und ganztägige Wildwasserfahrten in der Royal Gorge des Arkansas River.

Royal Gorge Bridge and Park
13 km westl. von Cañon City via US 50, dann 1 km südwärts via Hwy. 3A, 4218 Fremont County Rd. 3A, Cañon City, CO 81212
℃ (719) 275-7507 und 1-888-333-5597
www.royalgorgebridge.com
Themenpark und Brücke ganzjährig ab 10, Ende Mai–Anfang Sept. bis 19 Uhr
Eintritt $ 26/0–21
Hängebrücke über die 321 m tiefe Schlucht des Arkansas River. Gleich nebenan gibt es einen Vergnügungskomplex aus Seilbahn quer über die Schlucht, Zahnradbahn zum Boden der Schlucht, Zipline, Wildpark und anderen Attraktionen.

✗ Raft Masters
2315 E. Main St., Cañon City, CO 81212
℃ (719) 275-6645 und 1-800-568-7238
www.raftmasters.com, Mitte April–Mitte Sept.
Halb- und ganztägige Wildwasserfahrten in der Royal Gorge des Arkansas River, z.B. Bighorn Sheep Canyon halbtägig $ 59, ganztägig $ 105.

Royal Gorge Route Railroad
401 Water St., Cañon City, CO 81212
℃ (719) 276-4000 und 1-888-724-5748
www.royalgorgeroute.com
Ende Mai–Anfang Nov. tägl. 9.30, 12.30, 15.30 und 18.30 Uhr
Nostalgische Eisenbahnfahrten durch die »königliche Schlucht«, z.B. zweistündige Ausflugsfahrten in der »Coach Class« ($ 44, Kinder $ 39) oder mit dem Panoramawaggon »Vista Dome Car« ($ 69, Kinder $ 64) und weitere Fahrten, die man auch mit einem Dinner aufwerten kann. Abendfahrten dauern drei Stunden.

Phantom Canyon Road
www.goldbeltbyway.com
Die 49 km lange, stellenweise schmale, aber gut instand gehaltene Schotterstraße (SR 67) zweigt 11 km östlich von Cañon City ab und führt nordwärts zum 1200 m höher gelegenen Victor. Als alternative Zufahrt müssen größere Wohnmobile die asphaltierten Highways 24 und 67 von Norden her nehmen. Enge Brücken und Tunnel unterwegs.

Cripple Creek

J. P. McGills Hotel and Casino
256 E. Bennett Ave., Cripple Creek, CO 80813
℃ 1-800-635-5825
www.triplecrowncasinos.com
Spielkasino, Hotel, Grillrestaurant. $$–$$$$

Mollie Kathleen Gold Mine
9388 SR 67, Cripple Creek, CO 80813
℃ (719) 689-2466, www.goldminetours.com
Mitte Mai–Mitte Sept. tägl. 8.45–18, Mitte Sept.–Okt. tägl. 9.45–17 Uhr, Eintritt $ 20/0–12
Einstündige Führungen in einer alten Goldmine 300 m unter Tage oder Besuch eines Goldtagebaus.

Cripple Creek & Victor Narrow Gauge Railroad
520 E. Carr St., Cripple Creek, CO 80813
℃ (719) 689-2640
www.cripplecreekrailroad.com
Mitte Mai–Mitte Okt. tägl. 10–17 Uhr
Tickets $ 15/0–10
Alle 45 Min. dreiviertelstündige Bahnfahrten ab dem Cripple Creek Museum.

Gold Camp Road
www.cospringstrails.com/hikes/goldcamproad.html
Tunnelreiche, staubige und raue Piste zwischen Colorado Springs und Cripple Creek, sehr be-

Über Cripple Creek nach Colorado Springs | 6

liebt bei Wanderern und Moutainbikern. Der Wegzustand ist jeweils vor Ort zu erfragen. Wegen des eingestürzten Tunnels Nr. 3 ist sie seit 1988 für den Autoverkehr gesperrt. Weiter südlich erreicht man die Old Stage Road, die nach Cripple Creek führt. Viele Mountain Biker kehren aber um und genießen die Talfahrt zurück zum Ausgangspunkt des Trails.

Colorado Springs

Colorado Springs Experience
515 S. Cascade Ave.
Colorado Springs, CO 80903
✆ (719) 635-7506 und 1-800-888-4748
www.visitcos.com

Blue Skies Inn
402 Manitou Ave., Manitou Springs, CO 80829
✆ (719) 685-3899 und 1-800-398-7949
www.blueskiesbb.com
Bed & Breakfast mit zwölf interessant dekorierten Suiten und malerischen Gartenanlagen. $$$$

The Broadmoor Resort
1 Lake Ave., Colorado Springs, CO 80906
✆ (719) 623-5112 und 1-855-634-7711
www.broadmoor.com
Luxushotel von 1918 mit 744 Zimmern/Suiten. Antiquitäten und Kunstgegenstände prägen das Ambiente. Mit Restaurants, Bar, Tennis- und Golfplätzen. $$$$

Howard Johnson Express Inn
1231 S. Nevada Ave., I-25, Ausfahrt 140
Colorado Springs, CO 80903
✆ (719) 634-1545 und 1-800-221-5801
www.hojo.com
Motel mit 42 Zimmern. $$–$$$

KOA Colorado Springs South
8100 Bandley Dr., 14 km südl. von Colorado Springs, I-25, Ausfahrt 132
Fountain, CO 80817
✆ (719) 382-7575 und 1-800-562-8609
www.koa.com
Großzügige, komfortable Anlage mit 241 Plätzen; 184 *full hookups*. $

Cheyenne Mountain Zoo
4250 Cheyenne Mountain Zoo Rd., I-25, Ausfahrt 138, Colorado Springs, CO 80906
✆ (719) 633-9925, www.cmzoo.org
Ende Mai–Anfang Sept. tägl. 9–18, sonst bis 17 Uhr
Eintritt $ 14.75–24.75/10.75–19.75 (3–11 J.)
Schöner kleiner Zoo mit 500 Tieren auf den unteren Hängen des Cheyenne Mountain. Weiter oben am Berg der **Will Rogers Shrine of the Sun**, ein Denkmal für den Humoristen Will Rogers.

The Broadmoor Seven Falls
2850 S. Cheyenne Canyon Rd., 11 km westl. von Colorado Springs
Colorado Springs, CO 80906
✆ (719) 632-0765, www.broadmoor.com/broadmoor-adventures/seven-falls
Eintritt $ 14/0–12
Serie von Wasserfällen im South Cheyenne Canyon. Nächtliche Illumination.

Flying W Ranch Chuckwagon Suppers
www.flyingw.com
Populäres, 1953 gegründetes Westernstädtchen, das am 26. Juni 2012 durch das Waldo Canyon Fire in Schutt und Asche gelegt wurde. Die Zukunft der Anlage bleibt ungewiss. Den aktuellen Stand bitte erfragen.

Bon Ton's Café
2601 W. Colorado Ave.
Colorado Springs, CO 80904
✆ (719) 634-1007, www.bontonscafe.com
Tägl. geöffnet
Frühstücks- und Lunchrestaurant in der charmanten Altstadt von Colorado Springs. $$

Phantom Canyon Brewing Company
2 E. Pikes Peak Ave.
Colorado Springs, CO 80903
✆ (719) 635-2800, www.phantomcanyon.com
Tägl. ab 11 Uhr
Mikrobrauerei serviert acht bis zehn verschiedene Biersorten, dazu Mahlzeiten und Snacks. $$–$$$

Weitere Infos zu Colorado Springs finden Sie bei Tag 7 auf S. 79.

7 Hohe Gipfel und wilde Pferde

Rund um Colorado Springs

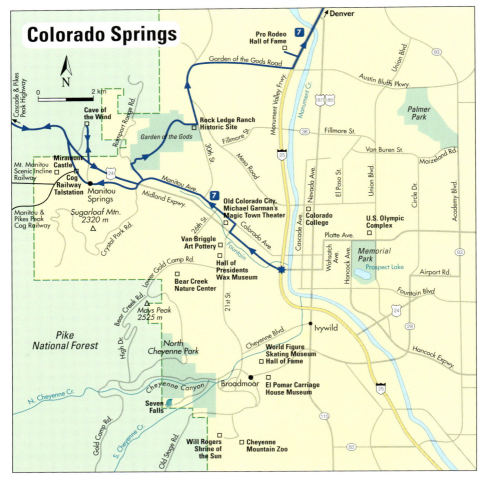

Rund um Colorado Springs 7

7. Tag: Colorado Springs – Manitou Springs – Pikes Peak – Garden of the Gods – Denver (203 km/126 mi)

km/mi	Zeit	Route
0	8.30 Uhr	**Colorado Springs**, US 24 nach Westen, parallel zur US 24 auf Manitou Ave. durch **Manitou Springs**, am westlichen Ortsaus-gang liegen die Talstation zur **Cog Railway** und die **Cave of the Winds**. Zurück auf US 24 nach Cascade und dort links auf Pikes Peak Hwy. zum
50/31	11.00 Uhr	**Pikes Peak**-Gipfelhaus. Zurück auf US 24 nach Manitou Springs, nach Norden auf Gardens Drive in den
88/55	13.00 Uhr	**Garden of the Gods**, links auf 30th St., rechts auf Garden of the Gods Rd. zur I-25, nächste Abfahrt (Nr. 147) zur
101/63	16.00 Uhr	**Pro Rodeo Hall of Fame**. Weiter I-25 nördl. nach
203/126	18.00 Uhr	**Denver**.

Von Colorado Springs in Richtung Manitou Springs liegt südöstlich des Garden of the Gods **Old Colorado City**, die Keimzelle der Stadt, wo man durch die malerischen Gassen und Straßenzüge zwischen 24th und 27th Street bummeln kann. In den restaurierten Backsteingebäuden haben sich heute Westernshops, Boutiquen und hübsche Läden niedergelassen.

Manitou Springs (5350 Einwohner) wurde durch seine neun kohlen-

Manitou Springs: Das Bild des historischen Stadtzentrums wird noch heute von Gebäuden im viktorianischen Stil geprägt

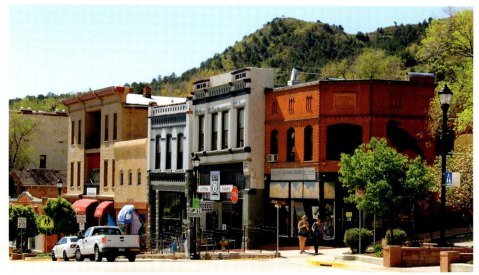

7 Hohe Gipfel und wilde Pferde

säure- und mineralhaltigen Quellen bekannt, deren Heilkraft die Ureinwohner schon früh erkannten und die sie nach Manitou, dem Großen Geist, benannten. Sehr bald lernten auch die Weißen die Vorzüge der Quellen kennen. Von dem englischen Arzt Dr. William Bell und von General Palmer, dem Begründer von Colorado Springs, wurde Manitou Springs als Kurort für Lungenkranke nach dem Vorbild europäischer Badeorte geplant und auch teilweise realisiert. Es sollten Badehäuser, Hotels und Parks entstehen und an den Berghängen die schönsten viktorianischen Villen emporwachsen.

Wenn auch eine finanzielle Krise die Pläne weitgehend zunichte machte, gedieh Manitou Springs zu einem populären Badeort mit schönen Hotels, Pavillons über den Quellen und Attraktionen wie einer Zahnradbahn auf den Pikes Peak und wurde von namhaften Persönlichkeiten frequentiert. Erst als das Auto Eisenbahn und Kutsche ablöste und statt Badegästen immer mehr Touristen kamen, wandelte sich die Stadt vom Kurort zum Ferienziel in den Rockies.

Das Bild des historischen Stadtzentrums wird heute noch von den überdachten Quellen, Geschäften und Restaurants im viktorianischen Stil belebt. In den malerischen Straßen reihen sich hübsche Häuser, kleine Hotels und Bed & Breakfasts aneinander. Manitou Springs zog und zieht auch viele Künstler an, die ihre Werke in zahlreichen Galerien und Geschäften ausstellen und verkaufen, und deren Skulpturen Straßenecken und Plätze zieren.

Am westlichen Ortsausgang befindet sich die etwas stark kommerzialisierte Tropfsteinhöhle **Cave of the Winds**, wo Führungen zu unterirdischen Kammern mit beleuchteten Stalagmiten, Stalaktiten und anderen Kalksteinformationen angeboten werden und wo an Sommerabenden die Wände des Williams Canyon den Hintergrund für eine bunte Lasershow bilden.

Weil im Sommer nachmittags häufig Gewitter niedergehen, sollte man den meist klaren, aber auch relativ kühlen Vormittag zu einem Ausflug auf den **Pikes Peak** (4301 m) nutzen. Direkt in Manitou Springs beginnt ein Wanderweg über den 19 Kilometer langen, gut ausgebauten und schneefreien **Barr National Recreation Trail** am Parkplatz der Cog Railway. Und einmal im Jahr findet der Pikes Peak Marathon statt, ein Berglauf auf einen der höchsten und bekanntesten Gipfel Colorados.

Wesentlich bequemer gelangt man per Auto auf dem 30 Kilometer langen **Pikes Peak Highway** nach oben. Die höchste Gipfelstraße in den USA beginnt in Cascade, 16 Kilometer westlich von Colorado Springs und steigt knapp über 2000 Meter an. Schnell geht es über die Baumgrenze hinaus in steinerne Höhen, in denen neben Dickhornschafen und plüschigen Murmeltieren nur noch die härtesten alpinen Pflanzen zu Hause sind. Auch die im oberen Teil geschotterte Straße ist Ort eines Rennens, und zwar des Pikes Peak International Hill Climb am Wochenende des 4. Juli, des nach dem »Indy 500« zweitältesten Autorennens der USA.

Eine der interessantesten Aufstiegsmöglichkeiten auf den Pikes Peak bietet die **Manitou & Pikes Peak Cog Railway**. Die alte rote Zahnradbahn verkehrt seit 1891 regelmäßig im fotofreundlichen 20-Stundenkilometer-Tempo zwischen der Talstation in Manitou Springs und der Gipfelstation.

Bei so vielen Wegen herrscht auf dem Gipfelplateau natürlich wenig Einsamkeit, zumal dort ein **Summit House** samt Cafeteria steht, in dem es die hochgelob-

Rund um Colorado Springs

Rundumpanorama garantiert: mit der Zahnradbahn Manitou & Pikes Peak Cog Railway auf den Gipfel des 4301 Meter hohen Pikes Peak

ten »Pikes Peak High Altitude Donuts« gibt. Aber der Aufwand eines jeden Aufstiegs lohnt sich, denn von dem freistehenden Gipfel bietet sich wie von kaum anderswo ein exzellentes Rundumpanorama. Zu Füßen des Berges breitet sich Colorado Springs aus, das rund 100 Kilometer entfernte Denver ahnen wir im Norden, im Osten folgen unsere Blicke den schier endlosen Prärien, während weit im Westen die anderen Bergriesen der Rocky Mountains aufragen. Auf dem Gipfel des Pikes Peak wird zu jedem Jahreswechsel von Mitgliedern einer lokalen Klettergruppe ein Riesenfeuerwerk veranstaltet.

Colorado Springs wartet am Fuße des Pikes Peak mit einer weiteren Top-Attraktion auf. Wo die Prärie auf die Gipfel der Rockies trifft, breitet sich im 5,3 Quadratkilometer großen Naturpark **Garden of the Gods** wie auf dem Präsentierteller eine unvergleichliche Landschaft aus. Gespickt mit rostroten und weißen Felsen namens Kissing Camels und Sleeping Giant gesellen sich Steinmonolithen in lockeren natürlichen Arrangements malerisch zueinander. Balanced Rock, ein tonnenschwerer Fels auf schmalem Sockel, verblüfft den Betrachter am südlichen Parkeingang. Schmale Autostraßen queren dieses schöne Gebiet, der Juniper Way Loop umzirkelt als Einbahnstraße die Hauptgruppe der Felsen.

Zu den besten Wanderungen im Park gehört der **Perkins Central Garden Trail**, ein bequemer 2,5-Kilometer-Rundweg ab dem North Main Parking Lot entlang der höchsten Felsformationen. Der rund einen Kilometer kurze **Siamese Twins Trail** ist eine einfache Rundwanderung zu den »Siamesischen Zwillingen«, durch die man einen hübschen Blick auf den Pikes Peak erhascht.

Gleich am Osteingang des Parks befindet sich ein modernes Visitor Center samt Museum und Multimediaschau über die Entstehungsgeschichte der roten Felsen. Von der Terrasse genießen wir die fabelhafte Aussicht über den Park. Am

7 Hohe Gipfel und wilde Pferde

südwestlichen Rand des Felsenparks bietet seit Ende der 1920er Jahre in einem Adobebau der Garden of the Gods Trading Post, der »größte Souvenirladen Colorados«, eine herrliche Auswahl an Westernsouvenirs, bunte Wollteppiche und Sandbilder der Navajos sowie Töpferwaren der Pueblo und anderes Kunsthandwerk der Ureinwohner an.

Zum Tagesabschluss vermittelt die **Pro Rodeo Hall of Fame** am nördlichen Ortsausgang von Colorado Springs einen Einblick in die Geschichte des Rodeos und in den modernen Rodeosport und preist zugleich alle Cowboys sowie die größten Rodeoreiter aller Zeiten. Multimediaschauen, audiovisuelle Programme, Ausstellungen von Gebrauchs- und Kunstgegenständen aus der Rodeobranche vervollständigen das Bild dieser Facette des amerikanischen Westens.

Ob man Rodeo als Sport, Geschäft oder als Lebensart betrachtet, es ist ein Teil des Westens, der sich aus der Rancharbeit des 19. Jahrhunderts zum spektakulären Zuschauersport und lukrativen Multimillionendollargeschäft entwickelt hat, bei dem Rodeoprofis an jedem Wochenende zu einem anderen Rodeo hetzen.

Jedenfalls gelangen wir an diesem Ort zu dem lang ersehnten Überblick über die verschiedenen Rodeodisziplinen wie das klassische *bareback bronc riding* auf einem ungesattelten, wild bockenden Pferd, das spektakuläre *bull riding* auf muskulösen Brahma-Texas-Bullen oder das *calf roping* (Einfangen eines Kalbs mit gezieltem Lassowurf vom Pferd aus).

Nach dem kleinen Ausflug in die Welt des Rodeos setzen wir uns wieder hinter das Lenkrad und kehren – die Rockies links im Blickfeld – auf der I-25 in nur knapp einer Stunde zurück nach **Denver**, dem Ausgangspunkt unserer Fahrt durch Colorado.

Kreation der Götter am Fuße der Rocky Mountains: Garden of the Gods

7 Service & Tipps

ℹ️ Manitou Springs Chamber of Commerce
354 Manitou Ave., Manitou Springs, CO 80829
✆ (719) 685-5089, www.manitousprings.org

👁 Cave of the Winds
100 Cave of the Winds Rd. an der US 24
Manitou Springs, CO 80829
✆ (719) 685-5444, www.caveofthewinds.com
Ende Mai–Anfang Sept. tägl. 9–21, sonst 10–17 Uhr
Gehen Sie in die Unterwelt: auf der 45-minütigen *Discovery Tour* ($ 21/15) oder der 90-minütigen *Lantern Tour* ($ 31/18) im Stil der ersten Erforscher. Dazu findet allabendlich eine Lasershow statt.

👁 Pikes Peak Highway
5089 Pikes Peak Hwy., Cascade, CO 80809
✆ 1-800-525-2250
www.pikes-peak.com/attractions/pikes-peak-americas-mountain
Ende Mai–Anfang Sept. tägl. 9–17 Uhr, Eintritt $ 15/0–5 pro Person, max. $ 50 pro Auto
Höchste Gipfelstraße in den USA.

🏃 Pikes Peak Marathon
3. So im Aug. www.pikespeakmarathon.org
Barr Trail zum Gipfel und zurück.

🏁 Pikes Peak International Hill Climb
An einem So Mitte Juli, www.ppihc.com
Autorennen auf dem 20 km langen **Race to the Clouds**.

🚂 Manitou & Pikes Peak Cog Railway
515 Ruxton Ave., Manitou Springs, CO 80829
✆ (719) 685-5401 und 1-800-745-3773
www.cograilway.com, ganzjährig geöffnet,
Mitte Juni–Mitte Aug. tägl. 8–17.20 Uhr
8 Fahrten, sonst weniger, Ticket $ 40/0–22
Zahnradbahn auf den Pikes Peak. Die Hin- und Rückfahrt dauert ca. drei Stunden inkl. einer halben Stunde auf dem Gipfel.

ℹ️🏛 Garden of the Gods Visitor Center
1805 N. 30th St., Manitou Springs, CO 80904
✆ (719) 634-6666
www.gardenofgods.com, Ende Mai–Anfang Sept. tägl. 8–19, sonst 9–17 Uhr

Colorado Springs Labor Day Lift Off

Visitor Center mit naturwissenschaftlichem Museum und Multimediaschau.

👁🌳 Garden of the Gods
Parkzufahrt via US 24 und 31st St. oder I-25, Ausfahrt 146 bis 30th St.
Manitou Springs, CO 80904
✆ (719) 634-6666, www.gardenofgods.com
Mai–Okt. tägl. 5–23, sonst bis 21 Uhr
Eintritt frei
Gigantische, rostrote, rund 150 m hohe Sandsteinmonumente mit dem Pikes Peak dahinter. Kurzwanderungen.

🛍 Garden of the Gods Trading Post
324 Beckers Lane, Manitou Springs, CO 80829
✆ (719) 685-9045 und 1-800-874-4515
www.gardenofthegodstradingpost.com
Im Sommer tägl. 8–20.30, sonst 9–17 Uhr
Einer der besten Souvenirshops Colorados mit Kunst und Kunsthandwerk der Cowboys und der Ureinwohner.

🏛🤠 Pro Rodeo Hall of Fame
101 Pro Rodeo Dr., I-25, Ausfahrt 147
Colorado Springs, CO 80919
✆ (719) 528-4764
www.prorodeohalloffame.com
Ende Mai–Anfang Sept. tägl. 9–17 Uhr, sonst nur Mi–So, Eintritt $ 8/0–5
Museum des Rodeosports, mit Ruhmeshalle und Museum of the American Cowboy.

🎈 Colorado Springs Labor Day Lift Off
Drei Tage Anfang Sept.
✆ (719) 219-3333
www.coloradospringslabordayliftoff.com
Farben- und formenreiches Ballon-Spektakel am Pikes Peak.

ZENTRALE ROCKY MOUNTAINS UND WILDER WESTEN

1 Mormonenhauptstadt zwischen Skibergen und Salzwüste

Salt Lake City – »This is the Place«

Salt Lake City – »This is the Place« 1

Surreal und sonnendurchglüht: der Große Salzsee in Utah

1. Tag: Salt Lake City

Vormittag Spaziergang vom **Salt Lake City Visitor Information Center** nach Norden zum **Temple Square** mit Kirche und Tabernacle. Auf der östlichen Seite des Temple Square liegen das **Brigham Young Monument** und das **LDS Church Office Building** mit Aussichtspunkt im 26. Stockwerk. Im selben Straßenblock an der Südseite befinden sich auch **Lion** und **Beehive House**. Südl. des Temple Square grenz das **City Creek Center** an. Von dort führt auch die Straße 100 South zum **Clark Planetarium**.

Nachmittag Die State St. in Richtung Norden zum **State Capitol**. Danach der State St. südwärts folgen, links abbiegen in die 400 South St., dem E. University Blvd. folgen (wird dann zur E. 500th St.), links abbiegen in die Sunnyside Ave. und nach Osten fahren zum **Emigration Canyon**. Über die 500 South St. gelangt man nach Downtown zum **Historic Trolley Square**.

Abend Restaurants und Entertainment im **Historic Trolley Square**.

1 Mormonenhauptstadt zwischen Skibergen und Salzwüste

»Dieses ist der Platz!« – hatte der Mormonenführer Brigham Young angesichts der hellen, offenen Weite des **Great Salt Lake** vor den Wasatch Mountains ausgerufen. Und das Helle, das Offene prägt noch heute am Anfang des dritten Jahrtausends Salt Lake Citys Antlitz, obwohl 193 700 Einwohner in den Stadtgrenzen leben und der Großraum heute mit über einer Million, das sind etwa 40 Prozent aller Einwohner Utahs, bevölkert ist. Die bemerkenswert adretten und breiten Straßen – bei deren Planung darauf geachtet wurde, dass ein Ochsenkarren oder ein Kutschgespann darauf problemlos wenden kann – sind im großzügigen Schachbrettmuster angelegt.

Unbestritten resultieren Salt Lake Citys Vorzüge aus den fantastischen geografischen Gegensätzen: Direkt vor der östlichen Haustür und nur wenige Autominuten von Downtown entfernt, bieten die wie mächtige Titanen bis zu 3300 Meter aufragenden **Wasatch Mountains** alpine Skiparadiese von Weltrang – Alta, Brighton, Snowbird – mit wunderbarem Pulverschnee von etwa Mitte November bis Mitte April, den die Einheimischen *greatest snow on earth,* »den besten Schnee der Welt«, nennen. Und der Ruhm hat sich herumgesprochen, denn Salt Lake City war zwar Austragungsort der Olympischen Winterspiele 2002, aber seine modernen Skiorte waren schon viele Jahre zuvor für den alpinen Skiweltcup ebenso bestens gerüstet wie für die ganz normalen Brettlfans.

Der Blick in Richtung Westen assoziiert alles andere als Berge und Skilaufen, denn dort breiten sich gleißend und hitzeflirrend die große, karge Salzwüste und der immense Salzsee aus. Zu Füßen der Wasatch Mountains beginnt rund 25 Kilometer nordwestlich der Stadt

Zufahrt nach Antelope Island: der Great Salt Lake Causeway

Salt Lake City – »This is the Place«

Der Antelope Island State Park im Great Salt Lake ist bekannt für seine Bisons

der **Große Salzsee**, dessen Maße – 5592 Quadratkilometer, über 100 Kilometer lang, aber nur maximal acht Meter tief – ebenso beeindrucken wie seine Veränderungen: Bei Hochwasser überschwemmt er die Autobahn I-80 wie im Jahre 1983 und bei Niedrigwasser wie 1963 verwandelt er acht von zehn Inseln in merkwürdige Hügel, die sich aus dem trockenen Seeboden erheben. Größte dieser Inseln ist die bergige Antelope Island, auf der eine Herde Bisons frei lebt. Der Great Salt Lake ist ein Relikt des noch um ein Vielfaches größeren, prähistorischen Lake Bonneville, der auch das heutige Stadtgebiet bedeckte. Zwischen 15 und 25 Prozent schwankt sein Salzgehalt und macht ihn damit nach dem Toten Meer zum zweitsalzigsten Gewässer der Erde, bedingt durch mineralhaltige Zuflüsse, die in den tief liegenden, abflusslosen See hinein- aber nicht mehr herauslaufen, und die Verdunstung, die die Salzkonzentration erhöht.

Nach diesem gedanklichen Exkurs kehren wir zurück in die Stadt. Salt Lake City, Utahs Hauptstadt, ist zugleich das geistige Zentrum der 1830 von Joseph Smith im Bundesstaat New York gegründeten Mormonenkirche, der »Church of Jesus Christ of Latter-Day Saints« (»Kirche Jesu Christi der Heiligen der Letzten Tage«). Joseph Smith verkündete, dass das von ihm verfasste »Book of Mormon« die Übersetzung eines auf Goldplatten in Altägyptisch geschriebenen Textes sei, den ihm der Engel Moroni gegeben habe. Es beschreibe die an biblischen Vorbildern orientierte Geschichte Amerikas und gilt neben der Bibel als Glaubensgrundlage.

Joseph Smith, der die Polygamie propagierte, musste 1839 mit seinen Anhängern vor Anfeindungen nach Illinois flie-

Mormonenhauptstadt zwischen Skibergen und Salzwüste

hen. 1844 geriet er in Schwierigkeiten mit dem Gesetz, als er mit seinem Bruder das Büro und die Presse einer rivalisierenden Mormonenzeitung zerstörte, die sich gegen Polygamie aussprach. Joseph Smith wurde zusammen mit seinem Bruder von einem Mob wütender Bürger im Gefängnis gelyncht.

Sein glückvollerer Nachfolger Brigham Young führte 1846/47 eine Gruppe mormonischer Siedler in das über 2000 Kilometer entfernte, abgelegene Tal am Großen Salzsee, wo er am 24. Juli 1847 seinen berühmt gewordenen Satz »This is the place!« von den Bergen in die Wüste hinausrief. Visionen hatte er von dem Tal als »dem« Ort, wo er und seine Anhänger frei von Verfolgung ihre Religion ausüben und den eigenen Kirchenstaat Deseret gründen konnten. Sein Pech war, dass 1848 im Frieden von Guadalupe-Hidalgo das seinerzeit noch zu Mexiko gehörige Land an die USA fiel, auf deren Territorium sich ein selbstständiges Deseret nicht verwirklichen ließ.

Mit einem weinenden und einem lachenden Auge integrierten sich die Mormonen notgedrungen in das US-amerikanische Gefüge. Sie mussten etwa der Vielehe abschwören – eine Frau im Haus hatte zu genügen. Knapp 50 Jahre später, 1896, war Utah ein von Mormonen dominierter Bundesstaat der USA. Jetzt, nach einem weiteren Jahrhundert, bekennen sich etwa 62 Prozent der Bevölkerung als »Latter-Day Saints«.

Mit diesen geschichtlichen Ereignissen im Hinterkopf spazieren wir vom Visitor Center am **Salt Palace Convention Center** nordwärts zum **Temple Square**, dem Mittelpunkt der Innenstadt und dem Herzen der Mormonenkirche. Ist

Mehrere religiöse Sehenswürdigkeiten konzentrieren sich am Temple Square von Salt Lake City: u. a. der Tempel und der Tabernakel

Salt Lake City – »This is the Place«

Beehive House: Wohnhaus des Stadtgründers Brigham Young in Salt Lake City

es ein wenig Ehrfurcht oder die fünf Meter hohe, die Stadtgeräusche dämpfende Mauer, die den Temple Square als ungemein friedvollen Park erscheinen lässt. Beflissene Tour Guides erwarten die Besucher an den Toren, zwei gut ausgestattete Visitor Centers machen mit Geschichte und Glauben der Kirche vertraut. Der sechstürmige, 64 Meter hohe **Salt Lake Temple**, das 1853–93 erbaute Wahrzeichen der Stadt mit der vergoldeten Statue des trompeteblasenden Engels Moroni an der Spitze, bleibt Nicht-Mormonen verschlossen.

Wir wenden uns nun dem benachbarten **Tabernacle** zu. 1867 entstand unter einer großen, freitragenden Dachkuppel die Konzerthalle für 6500 Zuhörer – weltweit bekannt für ihre 11 623 Pfeifen zählende, hervorragende Orgel und die fabelhafte Akustik. In diesem stimulierenden Ambiente gibt der Mormon Tabernacle Choir mit 325 Stimmen Gratiskonzerte, die seit 1929 im Radio übertragen werden.

Auf der Ostseite des Platzes fällt das **Brigham Young Monument** mit der Bronzestatue des Stadtgründers auf. Einen eindrucksvollen Anblick bietet dahinter das **Joseph Smith Memorial Building**; das einstige »Hotel Utah« dient heute der Kirche als Verwaltungssitz. In unmittelbarer Nachbarschaft genießen wir aus dem 26. Stock des **Church Office Building** die prächtige Aussicht auf das zu Füßen liegende Salt Lake City.

Östlich des Temple Square sehen wir **Lion** und **Beehive House**, zwei der Residenzen von Brigham Youngs vielköpfiger Familie, hatte doch der Kirchenführer gemäß der bis 1890 (dem Jahr der Abschaffung der Polygamie) geltenden Tradition mehrere Frauen und entsprechend viele Kinder.

2006/07 sind die großen Downtown-Einkaufszentren ZCMI Center

Mormonenhauptstadt zwischen Skibergen und Salzwüste

State Capitol in Salt Lake City, Regierungssitz des Bundesstaates Utah von außen (o.) und ...

... von innen

Mall und Crossroads Plaza abgerissen worden. Nachfolger des historischen Kaufhauses aus dem 19. Jahrhundert an derselben Stelle ist das moderne **City Creek Center**, das dem Stadtzentrum in direkter Nachbarschaft zum Mormonentempel ein modernes Ambiente verleiht. Aber es wird wohl auch in Zukunft dabei bleiben, dass – ganz ungewohnt für die einkaufsfreudigen USA – die Geschäfte am Sonntag geschlossen sind.

Ein weltliches Highlight in Downtown ist das **Clark Planetarium** knapp westlich des Stadtzentrums (schräg gegenüber dem Delta Center). Dort entflieht man der Sommerhitze mit Sternentrip-Simulationen und hinreißenden Laser-Musikshows. Original-Mondgestein gibt es nur im Museum, jedoch nicht im ansonsten gut sortierten Museumsshops.

Das mit einer kupfernen Kuppel besetzte **State Capitol**, Regierungsgebäude

Salt Lake City – »This is the Place«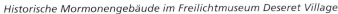

des Staates Utah, thront, von manikürten Parkanlagen umgeben, auf einem sonnenverdörrten Hügel im Norden, der sich wie ein Keil ins Stadtbild schiebt. Es wurde 1916 mit Granit aus Utah und Marmor aus Georgia erbaut und ähnelt wie so viele Regierungsgebäude dem US Capitol in der Hauptstadt Washington, D. C. Von den Südstufen des Kapitols eröffnet sich ein fabelhafter Blick über die Stadt.

Anschließend steht ein Ausflug zum **Emigration Canyon** an. Durch diese Schlucht ließen 1847 die ersten Mormonen die Berge endgültig hinter sich, und hier wies ihnen Brigham Young das gelobte Tal des Great Salt Lake als ihre neue Heimat aus. Dies beendete den über ein Jahr dauernden Treck nach Westen. Unübersehbar gedenkt das »This Is The Place Monument« der Erstsiedler, und Bronzestatuen ehren bekannte Mormonen-Führer. Gleich nebenan befindet sich das Freilichtmuseum **This Is The Place Heritage Park**, wo eine rekonstruierte, typische Gemeinde aus Wohnhäusern, Kolonialwaren-, Frisörladen etc. die Stimmung der Anfangszeit hervorruft. Auch das **Brigham Young Farm House** von 1863 kann besichtigt werden. Zeitgenössisch gekleidete »Einwohner« aus den 1840er bis 1860er Jahren beleben das historische Ambiente.

Etwas südöstlich von Downtown lädt der **Historic Trolley Square** zum Bummel ein. Das 1941 geschlossene Straßenbahndepot hat sich zu einem schmucken, viel besuchten Treff entwickelt. In den restaurierten Hallen haben sich zahlreiche Geschäfte, Restaurants und Kinos angesiedelt. Tagsüber ist der Historic Trolley Square ein beliebtes Ziel für die gesamte Familie, die Nachtschwärmer kommen dann bis in die frühen Morgenstunden in Bars und Clubs auf ihre Kosten.

Historische Mormonengebäude im Freilichtmuseum Deseret Village

1 Service & Tipps

ℹ️ Salt Lake Visitor Information Center
90 S. West Temple, Salt Lake City, UT 84101
✆ (801) 534-4900 und 1-800-541-4955
www.visitsaltlake.com, tägl. 9–17 Uhr

Unterkünfte

🛏️❌🍸 Little America Hotel
500 S. Main St., Salt Lake City, UT 84101
✆ (801) 596-5700 und 1-800-821-7899
www.saltlake.littleamerica.com
Modernes, 17-stöckiges Hotel am Rande der Innenstadt mit 850 (!) Zimmern. Mit Cocktailbar und Restaurants. $$$$

🛏️ Doubletree Hotel by Hilton
110 W. 600 South, Salt Lake City, UT 84101
✆ (801) 359-7800 und 1-855-610-8733
http://doubletree3.hilton.com
Komfortables All-Suitenhotel in Downtown. 11 km bis zum Flughafen. $$$–$$$$

🛏️❌ Red Lion Downtown Hotel
161 W. 600 South, Salt Lake City, UT 84101
✆ (801) 521-7373 und 1-800-733-5466
www.redlion.com/salt-lake
Downtown-Hotel mit 393 komfortablen, großen Zimmern, zum Teil mit Aussicht über Stadt und Berge. Mit großem Außenpool, Diner und Lounge sowie Gratis-Zubringerbus zum 8 km entfernten Flughafen. $$$–$$$$

🛏️❌ Salt Lake City Plaza Hotel
122 W. South Temple
Salt Lake City, UT 84101
✆ (801) 521-0130, www.plaza-hotel.com
Großes, modernes Innenstadthotel mit 150 luxuriösen Zimmern und Suiten unweit des Temple Square. Frühstück, Lunch und Dinner im hauseigenen Familienrestaurant. $$$–$$$$

🛏️ Marriott Springhill Suites
625 S. 300 West, Salt Lake City, UT 84101
✆ (801) 238-3000 und 1-888-236-2427
www.marriott.com/slcsh
Modernes Innenstadthotel mit allen Annehmlichkeiten. 86 Mini-Suiten. Frühstücksbuffet, Gratis-Zubringerbus zum Flughafen. $$$

🚐🏕️♨️⛵ Cherry Hill Camping Resort
1325 S. Main St., Kaysville, UT 84037
✆ (801) 451-5379, www.cherry-hill.com
Komplett ausgestatteter Camping- und Wohnmobilplatz mit angeschlossenem Wasser- und Freizeitpark auf einer ehemaligen Kirschplantage. $

🚐🏕️⛵ East Canyon State Park
5535 S. Hwy. 66, Morgan, UT 84050
45 nordöstl. von Salt Lake City, I-80, Ausfahrt 134 auf SR 65
✆ (801) 829-6866 und 1-800-322-3770
www.stateparks.utah.gov
Parkeintritt $ 10
Dixie Creek Campground am East Canyon Reservoir mit Badestrand und Bootsverleih.

🚐 Mount Timpanogos Campground
Südl. von Salt Lake City, I-15, Ausfahrt 284 auf den kurvigen SR 92 (Alpine Scenic Loop) American Fork Canyon, Pleasant Grove
UT 84062
✆ 1-877-444-6777, www.reserveamerica.com
Ende Mai–Ende Okt., 27 Stellplätze; schön gelegener Campground unterhalb des Mount Timpanogos im Uinta National Forest.

Museen & Sehenswürdigkeiten

🏛️👁️⛲ This Is The Place Heritage Park/ Deseret Village
2601 E. Sunnyside Ave., am östlichen Stadtrand zu Beginn des Emigration Canyon
Salt Lake City, UT 84108
✆ (801) 582-1847, www.thisistheplace.org
Tägl. 9–17 Uhr, Monument tagsüber immer zugänglich, Eintritt Dorf $ 13/0–9, Monument frei
Freilichtmuseum Deseret Village und Mormonendenkmal »This Is The Place Monument«.

🏛️⛲👁️ Utah Museum of Natural History
Rio Tinto Center, 301 Wakara Way
Salt Lake City, UT 84108
✆ (801) 581-6927 oder -4303 (Informationsband), https://nhmu.utah.edu
Tägl. 10–17, Mi bis 21 Uhr, Eintritt $ 13/0–11
In den östlichen Vorbergen des Salt Lake Valley eröffnete 2012 das interaktive Museum der University of Utah zur Naturgeschichte

Salt Lake City – »This is the Place«

des Staates. Als »Trailhead of Utah« dient es auch als exzellenter Startpunkt für eine Reise durch den Bundesstaat. Besonders beeindruckend sind die Dinosaurierskelette. Café und Museumsshop; Ausflüge in den Range Creek Canyon.

Beehive House
67 E. South Temple, Salt Lake City, UT 84150
(801) 240-2681, www.templesquare.com/explore/beehive-house
Führungen tägl. 9.30–20.30 Uhr, Eintritt frei
Wohnhaus von Brigham Young.

Clark Planetarium
110 S. 400 West St., Salt Lake City, UT 84101
(801) 456-7827 und (385) 468-7827
www.slco.org/clark-planetarium
So–Mi 10.30–19, Do bis 22, Fr/Sa bis 23 Uhr
Eintritt $ 9/0–9, jede IMAX-Show $ 7 zusätzlich
Planetarium mit Sternentrip-Simulationen, Sternenbeobachtungen und zahlreichen Aktivitäten, IMAX-Kino mit tollen Filmen und Laser-Musikshows. Neben authentischen Bildern aus dem Universum ist auch Original-Mondgestein zu sehen.

LDS Church Office Building
50 W. North Temple, Salt Lake City, UT 84150
(801) 531-1000
www.templesquare.com/explore/lds-church
Mo–Fr 9–11 und 13–16 Uhr, Eintritt frei
Mit 28 Etagen Salt Lake Citys höchstes Gebäude. Verwaltungszentrum der Mormonenkirche. Zwei Aussichtsdecks im 26. Stock.

Temple Square North Visitor Center
50 W. North Temple, Salt Lake City, UT 84150
(801) 240-4872, www.templesquare.com/explore/north-visitors-center
Tägl. 9–21 Uhr, Eintritt frei
Besucherzentrum des Tempels, der das religiöse Zentrum der Kirche Jesu Christi der Heiligen der Letzten Tage ist. Nicht-Mormonen haben keinen Zutritt zur Kirche.

The Tabernacle Choir
50 W. North Temple, Salt Lake City, UT 84150
(801) 570-0080 und 1-866-537-8457
www.templesquare.com/explore/mormon-tabernacle-choir
Kostenlose Orgelkonzerte Mo–Sa 12, So 14, Ende Mai–Anfang Sept. auch Mo–Sa 14 Uhr, Chorprobe Do 20, Chorkonzert So 9.30 Uhr
Eintritt frei
Konzerthalle mit berühmter Orgel und fabelhafter Akustik, regelmäßige Chorauftritte.

Utah State Capitol
420 N. State St., Salt Lake City, UT 84114
(801) 538-1800
www.utahstatecapitol.utah.gov
Führungen Mo–Fr 9–17 Uhr
Täglich werden Führungen durch Utahs knapp ein Jahrhundert altes Regierungsgebäude angeboten.

Restaurants & Nachtleben

La Caille
9565 S. Wasatch Blvd., Little Cottonwood Canyon, Sandy, UT 84092
(801) 942-1751, www.lacaille.com, Di–Sa 17–21, So 16–20, Sa auch 10–14, So 10–15 Uhr
Französische Küche in romantischen Country Estate am südöstlichen Stadtrand von Salt Lake City. Nur Dinner. $$$$

Fleming's Prime Steakhouse & Wine Bar
The Gateway, 20 S. 400 West St.
Salt Lake City, UT 84101
(801) 355-3704
www.flemingssteakhouse.com

»This is the Place Monument« in Salt Lake City

Service & Tipps

Mo–Do 17–22, Fr/Sa 17–22.30, So 17–21 Uhr
Klassisches Steakvergnügen mit einem Dutzend Fleischgerichten und 100 Weinsorten im Glas. Nur Dinner. $$$–$$$$

✖ New Yorker
60 W. Market St., Salt Lake City, UT 84101
✆ (801) 363-0166, https://newyorkerslc.com
Mo–Fr 11.30–14, Mo–Do auch 17.30–21, Fr/Sa 17.30–22 Uhr
Amerikanische Küche, elegantes Ambiente, konstant gute Qualität seit 1978 im New York Hotel. $$$–$$$$

✖ The Roof Restaurant
15 E. South Temple, 10th Floor
Salt Lake City, UT 84150
✆ (801) 539-1911, www.templesquare.com/dining/the-roof-restaurant
Tägl. ab 17 Uhr
Elegantes Dinnerbuffet im Joseph Smith Memorial Building. Mit fantastischem Panorama auf die Stadt. Internationale Küche und ein einzigartiges Dessertangebot. $$$

☕ Salt Lake Roasting Co./Library Square
320 E. 400 South, Salt Lake City, UT 84111
✆ (801) 363-7572 und 1-800-748-4887
www.roasting.com, tägl. außer So 7–22 Uhr
40 Sorten Kaffee werden hier geröstet und serviert, außerdem gibt es Gebäck, Lunch und Dinner. $–$$

Anmerkungen zu den Alkoholausschankbestimmungen: Private Clubs mit eigenen Kurzmitgliedschaften gibt es dank geänderter Alkoholgesetze in Utah nicht mehr, Bier kann man in neu gegründeten, trendigen *taverns* und *breweries* trinken, in Restaurants darf man zum Essen Bier oder Wein bestellen.

🍺✖ Red Rock Brewing Company
254 S. 200 West St., Salt Lake City, UT 84101
✆ (801) 521-7446, www.redrockbrewing.com
Gute Mikrobrauerei mit Restaurant. Lunch und Dinner, Sa/So Brunch. $$–$$$

🍺✖ Desert Edge Brewery at the Pub
273 Trolley Sq., Salt Lake City, UT 84102
✆ (801) 521-8917
www.desertedgebrewery.com

Stimmungsvolle Mikrobrauerei im Historic Trolley Square. $$

🍺 Beerhive Pub
128 S. Main St., Salt Lake City, UT 84101
✆ (801) 364-4268, Mo–Sa 12–1, So 12–22 Uhr
Fabelhafte Fülle von Biersorten, darunter lokale und regionale Brauerzeugnisse. Legeres Ambiente, Sport-TV im Hintergrund. $

Shopping & Feste

🛍✖🛒 City Creek Center
50 S. Main St., Salt Lake City, UT 84101
✆ (801) 521-2012
www.shopcitycreekcenter.com
Mo–Do 10–21, Fr/Sa 10–22 Uhr
Seit 2012 verbinden sich hier edles Shopping und exklusives Wohnen in einem parkähnlichen Ambiente südl. des Temple Square. Dazu zählen über 100 Geschäfte, Restaurants und Cafés. Zu den Highlights gehören ein sich automatisch öffnendes Glasdach, eine verglaste Fußgängerbrücke und ein Bach.

🛍✖ The Gateway
18 N. Rio Grande St., Salt Lake City, UT 84101
✆ (801) 456-0000, www.shopthegateway.com
Mo–Sa 10–21, So 12–18 Uhr
Über 130 Geschäfte und Restaurants südlich des Stadtzentrums im Komplex des 1908 erbauten Union Pacific Depot, dem sehenswert instand gesetzten einstigen Bahngebäude in französischer Renaissance-Architektur.

🛍✖🛒🍴 Historic Trolley Square
600 South/700 East., Salt Lake City, UT 84102
✆ (801) 521-9877, www.trolleysquare.com
Mo–Sa 10–21, So 12–17 Uhr, Bars und Restaurants sind länger geöffnet
Nostalgisch-elegante Atmosphäre eines einstigen Straßenbahndepots, umgewandelt in 80 Geschäfte, Kunstgalerien, Bars, Restaurants und Kinos.

🎉 The Days of '47
www.daysof47.com
Mitte Juli, Parade am 24. Juli ab 9 Uhr
Am 24. Juli 1847 erreichte der Mormonenführer Brigham Young das Tal des Großen Salzsees. Im Gedenken an seine Ankunft finden

Salt Lake City – »This is the Place«

Mitte Juli unter dem Motto »Days of '47« in Utah zahlreiche Festivitäten statt, in Salt Lake City z. B. Rodeo, Kunstschauen, Marathon, Kinder- und Pferdeumzüge. Als Höhepunkt durchquert am Morgen des 24. Juli die »The Days of '47 Parade« die Innenstadt.

Utah Arts Festival
www.uaf.org, Ende Juni
Utahs vielseitiges Kunstfestival an Library und Washington Square.

Ausflugsziele

Lagoon Amusement Park
I-15, Ausfahrt 325 (Lagoon Dr.), 25 km nördl. von Salt Lake City
375 Lagoon Dr., Farmington, UT 84025
☏ (801) 451-8000, www.lagoonpark.com
Ende Mai–Anfang Sept. tägl. 11–23, April/Mai, Sept. Sa/So ab 11 Uhr
Eintritt $ 56/0–40, Parken $ 10
Der größte Vergnügungspark der Region im Stil einer Frontier-Siedlung des 19. Jh.: mit Zug- und Planwagenfahrten, über 40 Fahrattraktionen, Wasserpark und Wildwest-Shows.

Thanksgiving Point
3003 N. Thanksgiving Way, an der I-15 ca. 32 km südlich von Salt Lake City, Lehi, UT 84043
☏ (801) 768-2300 und 1-888-672-6040
www.thanksgivingpoint.org
Entertainmentkomplex mit zahlreichen Geschäften und Restaurants, dem **Museum of Ancient Life** (tägl. außer So 10–20 Uhr, Eintritt $ 15/0–12), Kinozentrum, Farm (tägl. außer So 10–20 Uhr, $ 8), Golfplatz und den gepflegten **Gardens at Thanksgiving Point** (tägl. außer So 9–20 Uhr, Eintritt $ 15/0–12).

Kennecott Utah Copper's Bingham Canyon Mine
I-15 Ausfahrt 301, dann SR 48 (Bingham Hwy.) nach Copperton, 35 km südwestl. von Salt Lake City, 12800 South SR 111
Bingham Canyon, UT 84006
☏ (801) 204-2000, www.kennecott.com
Besichtigungen derzeit nur virtuell möglich
Die Copper's Bingham Canyon Mine besteht aus einem terrassenförmigen Krater von 4 km Durchmesser (von Rand zu Rand) und 800 m Tiefe. Wo einst ein Berg aufragte, transportieren heute riesige, von oben wie Spielzeug wirkende Lkws und Schaufelbagger im Zeitlupentempo ihre Ladungen. Die virtuelle Führung gibt einen ausgezeichneten Überblick über Geschichte und Geologie, Technologie, Produktion und Endprodukte des 1906 in Betrieb genommenen, größten Kupfertagebaus der Welt.

Antelope Island State Park
I-15, Ausfahrt 332 bei Layton, dann über SR 108 und eine Dammstraße westwärts, 45 km nordwestl. von Salt Lake City, 4528 West 1700 South, Syracuse, UT 84075
☏ (801) 725-9263, www.stateparks.utah.gov
Juli–Sept. 6–22 Uhr, sonst kürzer, Eintritt $ 10
Camping-Reservierung: ☏ (801) 322-3770
Ein- oder zweistündige Ausritte ab Fielding Garr Ranch, mit R&G Horse and Wagon, ☏ (801) 726-9514, $ 55/110
Naturpark auf der größten Insel im Great Salt Lake, weitläufiges Grasland mit Marschen, Sanddünen, Bisongehege mit 500 Tieren, Segelboothafen, Campingplatz, Sandstrand mit Duschen. Restaurant »Island Buffalo Grill«.

Dank des Salzgehaltes im See treibt man beim Schwimmen immer an der Wasseroberfläche. Wanderwege führen am Seeufer entlang von der Bridger Bay zur White Rock Bay und auf die Hügel Buffalo Point, von dem man die schönen Sonnenuntergänge über dem Salt Lake beobachten kann.

Great Salt Lake Desert
Die I-80 führt rund 100 km westlich von Salt Lake City bis zur 200 km entfernten Grenze zum Nachbarstaat Nevada mitten durch die eindrucksvolle, fast vegetationslose Weite der Salzwüste. Einem Schneefeld gleich erstreckt sich scheinbar endloses Weiß, über dem die extreme Hitze flimmert.

Bester Beobachtungspunkt ist ein Rastplatz rund 25 km vor Nevada, wo man gut picknicken und nach einem Spaziergang auch das Salz von Füßen und Schuhen mit Wasser abwaschen kann. In nicht allzu weiter Ferne erstreckt sich der 16 km lange und 400 m breite **Bonneville Speedway**. Auf dem glatten Salzboden wurden zahlreiche Geschwindigkeitsweltrekorde für Autos aufgestellt.

2 Zwischen Wildwasser und Pistolenduellen
Über Logan Canyon und Snake River nach Jackson

2. Tag: Salt Lake City – Logan Canyon – Bear Lake – Afton – Jackson (441 km/274 mi)

km/mi	Zeit	Route
0	8.00 Uhr	In **Salt Lake City** auf die I-15 nach Norden, an der Ausfahrt 354 rechts ab auf US 89, der die Route ab hier durchgehend folgt.
137/85	10.00 Uhr	Wanderung auf dem **Wind Cave Trail** im schönen **Logan Canyon**.
177/110	12.30 Uhr	**Bear Lake Summit** (2377 m), über die Grenze nach Idaho, Grenze nach Wyoming und den **Salt River Pass** (2320 m) nach
314/195	15.00 Uhr	**Afton**, Abzweigung rechts auf Swift Creek Rd., Stichstraße zur **Intermittent Spring** und zurück, rechts auf US 89, in **Alpine** Brücke über den Snake River und Weiterfahrt durch den **Grand Canyon des Snake River** bis
441/274	18.00 Uhr	**Jackson**, Revolverduell am Town Square.

Prächtiger, blumengeschmückter Bahnhof in Ogden

Über Logan Canyon und Snake River nach Jackson 2

Von der Mormonenmetropole Salt Lake City führt die Autobahn zügig nach Norden. Unterwegs könnte man in **Ogden**, das mit 84 250 Einwohnern bereits zu den größten Städten Utahs zählt, der fotogen mit Blumenkörben dekorierten **Union Station** eine kurze Aufwartung machen. Der historische Bahnhof dient heute als Museumskomplex.

Die US 89 strebt aus dem Tal des Großen Salzsees den Bergen zu. Die Häuser, Scheunen, Obstgärten, Wiesen und Felder der 50 Hektar großen **American West Heritage Center**, einer rekonstruierten Farm von 1917 zehn Kilometer vor **Logan**, versetzt ihre Besucher im Handumdrehen in die Erschließungsgeschichte Utahs zurück. Noch authentischer wirkt das Ganze durch Demonstrationen landwirtschaftlicher Aktivitäten wie der Schafschur und des Dreschens.

Der Höhepunkt der heutigen Route wird östlich der 50 700-Einwohner-Stadt Logan erreicht: Der **Logan Canyon Scenic Byway**, wie die US 89 hier heißt, verläuft durch den reizvollen, rund 50 Kilometer langen Logan Canyon, beiderseits umgeben von Bergen und den lang gestreckten Kalksteinklippen der »China Wall«, herrlichen Wildblumenwiesen, im Herbst besonders farbenprächtigen Wäldern mit roten Ahornbäumen und bis zum Bear Lake weiten, offenen Hochflächen. In der überaus attraktiven Region könnte man auch einen Zwischenstopp zum Wandern und Campen einlegen. Viele Bewohner des heißen Salt Lake City verbringen in der frischen Bergluft die Sommerwochenenden.

Populärster Trail ist der zwei Kilometer lange Anstieg zur **Wind Cave**, einer natürlichen Höhle auf der Spitze der China Wall. Nach fünf Kilometern parallel zu einem rauschenden Bergbach und sachte ansteigend endet der **Jardine Juniper Trail** an dem mit mindestens 1500

Jahren mutmaßlich ältesten Wacholderbaum der Welt. Von der hohen Warte eines Bergrückens überblickt der Baum-Methusalem den Logan Canyon.

Ab dem **Bear Lake Summit** geht es dann mit mindestens einem Fotostopp abwärts. Direkt hinter dem Sunrise

Campground mit seinen schönen Stellplätzen und herrlichem Panorama halten wir am Bear Lake Overlook. Unter dem strahlend blauen Sommerhimmel kommt die Farbenpracht des in intensiven Türkis- und Blautönen schimmernden Bear Lake so richtig zur Geltung. Verantwortlich dafür sind die im Wasser schwebenden winzigen Kalksteinpartikel, die das Licht absorbieren und nuancenreich reflektieren. Und die klare Luft macht uns die beachtliche Ausdehnung des über 30 Kilometer langen, bis zu 13 Kilometer breiten und maximal 63 Meter tiefen Sees erst bewusst.

Der **Bear Lake** ist im kurzen Hochsommer ein populäres Ferienziel. Wassersportzubehör kann man in dem Touristenörtchen Garden City leihen. Den schönsten, zwei Kilometer langen Sandstrand hat Rendezvous Beach im Bear Lake State Park, rund 13 Kilometer südlich von Garden City.

Die US 89 folgt dem Seeufer zielstrebig nordwärts nach **Idaho**, bevor sie dann schließlich nach **Montpelier** abschwenkt. Das Städtchen liegt am historischen Oregon Trail, auf dem ab den 1840er Jahren Hunderttausende Siedler nach Westen zogen. Das aufregendste Ereignis der Stadtgeschichte geht auf das Jahr 1896 zurück, als Butch Cassidy, Anführer der berüchtigten »Wild Bunch«-Bande, die lokale Bank um rund 7000 Dollar beraubte – seinerzeit ein kleines Vermögen.

Nach dem kurzen Exkurs in den äußersten Südosten Idahos erreichen wir den Cowboystaat Wyoming. Über den **Salt River Pass** geht es nach Norden in das lang gestreckte Star Valley, wo Rinderherden auf schier endlosen Weiden grasen und wo sie auch den schneereichen Winter im Freien verbringen.

Bei einem kurzen Aufenthalt an einer Straßenbaustelle entwickelt sich ein Gespräch mit einem Rancher, der mit seinem Truck eine Ladung Rinder nach Jackson transportiert. Wir unterhalten uns über Cowboys, Viehzucht und die Politik hüben und drüben und dabei wird deutlich, dass die in Westernfilmen gern als Helden romantisierten Cowboys auch heute noch einen oft gering bezahlten, einsamen und harten Job ausüben und dass viele Viehzüchter schon bei Preisschwankungen auf dem Fleischmarkt oder bei verheerenden Blizzards um ihre Existenz bangen müssen.

Inmitten des Star Valley weist die Kleinstadt **Afton** außer einem Bogen aus rund 3000 Hirschgeweihen über die Washington Street im Ortszentrum eigentlich nichts Aufregendes auf, wäre nicht in dieser entlegenen Prärie »Aviat Aircraft« angesiedelt. In den 1940er Jahren stellte die Firma Sprühflugzeuge für die Landwirtschaft her, heute produziert sie vorwiegend Maschinen des Typus »Pitts«, des weltweit von den meisten Kunstflugstaffeln genutzten Propellerflugzeugs.

Afton überrascht noch ein zweites Mal. Über die geschotterte Swift Creek Road stoßen wir in die Ausläufer der Salt River Range vor, und statt weiter Prärie breiten sich plötzlich grüne Wälder und steile Canyons aus. Über uns taucht an einem steilen, 60 Meter hohen Hang die **Intermittent Spring** (Periodic Spring) auf. Die Quelle ist wegen ihres geysirartigen Verhaltens einzigartig zu nennen. 18 Minuten lang schießen große Mengen eiskalten Wassers aus der Öffnung, und anschließend tritt eine ebenso lange Pause ein. Dieser Zyklus bleibt neun Monate im Jahr sehr konstant, nur mit dem verstärkten Zufluss nach der Schneeschmelze im Gebirge von Mitte Mai bis Mitte August schwankt er, wobei der Wasserausstoß dann nicht vollständig aussetzt.

2 Zwischen Wildwasser und Pistolenduellen

Die schlangenförmigen Bögen des rauschenden Snake River kurz vor Jackson sind das populärste Wildwasserrevier in Wyoming. Direkt an der US 89 zwischen Sheep Gulch und dem Ausgangspunkt der Trips am West Table Creek kann man eine Pause einlegen und einen Blick auf die wendigen Schlauchboote werfen, die im Hochsommer unentwegt durch den steilen, bewaldeten **Grand Canyon des Snake River** hinabschießen. Auch auf den »Lunch Counter Rapids«, den wildesten Stromschnellen hier, die man nach einem kurzen Fußweg erreicht, sind weitere Schlauchboote auf Abenteuerkurs.

Wer rechtzeitig in **Jackson** eintrifft, kann bei den **Gunfights** an dem mit einem urigen Bogen aus Hirschgeweihen dekorierten Town Square zuschauen. In bester Wildwestmanier liefern sich Banditen täglich um 18.15 Uhr spektakuläre Schusswechsel mit den gesetzestreuen Mannen des Sheriffs. Nur am Sonntag, dem christlichen Pausentag, setzen sie aus. Aber auch ohne Pistolenduelle entzückt das Stadtzentrum um den Town Square mit hölzernen Fassaden und Bürgersteigen im Westernflair. Restaurants, Saloons, schicke Boutiquen sowie kleine Westerngeschäfte laden zum Bummel ein.

Jackson liegt am südlichen Ende des **Jackson Hole** (engl. *hole*, »Loch«, bedeutete »geschütztes Tal« in der Trappersprache), eines von den Grand Tetons, der Wind River Range und den Gros Ventre Mountains umschlossenen, 80 Kilometer langen und bis zu 20 Kilometer breiten Tals südlich des Yellowstone National Park. Das 1897 gegründete Städtchen war seinerzeit schnell zum Zentrum für die Rancher, Trapper und die ersten Urlauber in der Region geworden.

Die winterliche Heimat der Wapitihirsche (Elk): das National Elk Refuge bei Jackson

Über Logan Canyon und Snake River nach Jackson

Heute ist Jackson mit seinen 10 500 Einwohnern sommers wie winters die bedeutendste Touristenstadt Wyomings und offeriert das beste Freizeitangebot in den nördlichen Rocky Mountains: Wandern, Reiten, Mountainbiking, Seilbahn- und Sommerbobfahrten, populäre Wildwassertouren auf den Stromschnellen des Grand Canyon of the Snake River und Floßfahrten auf den ruhigeren Fluss-Schleifen im Grand Teton National Park. Jackson gehört aber auch zu den absoluten Top-Wintersportadressen in den Rocky Mountains. Diverse Skilifte und Seilbahnen überziehen die Berghänge. Die seit Sommer 2010 wieder in Dienst gestellte **Jackson Hole Aerial Tram** auf den 3185 m hohen **Rendezvous Mountain** verzeichnete mit 1262 Metern den größten Höhenunterschied aller Skigebiete Nordamerikas. In nur neun Mi-

»Wilder Westen« in Jackson Hole

nuten gelangt man zum Gipfel. Zu jeder Jahreszeit bietet der Berg eine schöne Aussicht auf das Tal.

Es verwundert nicht, dass diese herrliche Umgebung die Touristen in Shoppinglaune versetzt und sie das eine oder andere Bündel Dollars in den wunderbaren Kunstgalerien und Museumsshops von Jackson ausgeben. Einen der besten Museumsshops der Region hat das **National Museum of Wildlife Art**, wo Kunstreproduktionen, Literatur, T-Shirts mit Tiermotiven und andere schöne Gegenstände zum Thema verkauft werden.

Das in einen Hang gebaute, aus Naturstein gemauerte und architektonisch hervorragend an seine Umgebung angepasste Museum zeigt über 2500 Gemälde und Skulpturen nordamerikanischer Wildtiere, u. a. von Charles M. Russell, George Catlin und Carl Rungius.

Gegenüber dem Museum am Stadtausgang erstreckt sich auf einer großen Ebene das 1912 eingerichtete **National Elk Refuge**. Seit den schweren Wintern 1909–11 suchen jährlich bis zu 11 000 Wapitihirsche *(= elks)* aus einer der größten Herden Nordamerikas die winterlichen Futterplätze des Reservats auf. Im Sommer ziehen sich die Tiere allerdings weitestgehend ins Hinterland zurück.

2 Service & Tipps

ℹ️◉🏛✕ Union Station
2501 Wall Ave., Ogden, UT 84401
✆ (801) 393-9890
www.theunionstation.org
Tägl. außer So 10–17 Uhr, Eintritt je $ 5/0–4 für die drei Museen, Familientagespass $ 15
Historischer Bahnhof von 1924 und Museumskomplex. Tourist Information der Stadt.

🏛 American West Heritage Center
4025 S. Hwy. 89/91, 10 km südl. von Logan
Wellsville, UT 84339
✆ (435) 245-6050, www.awhc.org
Juni–Anfang Sept. Di–Sa 11–17 Uhr
Eintritt $ 7/0–2
Lebendiges Museum: Demonstrationen landwirtschaftlicher Aktivitäten auf einer rekonstruierten Farm von 1917.

Logan und Bear Lake

ℹ️ Logan Ranger District Visitor Center
Wasatch-Cache National Forest, 1500 E. US 89, 3 km östl. der Stadt, Logan, UT 84321
✆ (435) 755-3620
Mi–Sa 10–16, Nov.–März nur Mi–Fr
Visitor Center für den Logan Canyon.

🚶 Wind Cave Trail
Ausgangspunkt des Rundwegs über 5,5 km: gegenüber dem Guinavah-Malibu Campground im Logan Canyon.

🚶 Jardine Juniper Trail
Ausgangspunkt: ab Wood Camp Hollow Campground im Logan Canyon
17,5-km-Rundwanderung zum ältesten Wacholderbaum der Welt.

⛺🏖 Rendezvous Beach
Bear Lake State Park, 13 km südl. von Garden City, UT 84028
✆ (435) 946-3343
Camping-Reservierung ✆ 1-877-444-6777
http://utahstateparks.reserveamerica.com
Parkeintritt $ 10
2 km langer Badestrand am blauen Bear Lake mit Campground. An der Grenze Utah-Idaho.

Afton

◉ Aviat Aircraft
672 S. Washington St., Afton, WY 83110
✆ (307) 885-3151
www.aviataircraft.com, Führungen Juni–Aug.
Mo–Fr 10 und 14.30 Uhr, Eintritt frei
Fabrikation von Propellerflugzeugen für Kunstflugstaffeln.

◉ Intermittent Spring (Periodic Spring)
Swift Creek Rd., 8 km östl. von Afton
1 km langer Fußweg zur geysirartigen Quelle.

Jackson

ℹ️ Jackson Hole and Greater Yellowstone Visitor Center
532 N. Cache St., Jackson, WY 83001
✆ (307) 733-3316
www.jacksonholechamber.com, im Sommer tägl. 8–19, im Winter tägl. 9–17 Uhr

🛏 Elk Refuge Inn
1755 N. Hwy. 89, Jackson, WY 83001
✆ (307) 200-0981, www.elkrefugeinn.net
Motel am Elk Refuge nördlich des Stadtzentrums. 23 Zimmer. $$$$

🛏🍽🏊 Goosewing Ranch
Goosewing Ranch Lodge Rd.
Jackson Hole, WY 83001
✆ (307) 733-5251 und 1-888-733-5251
www.goosewingranch.com
Abgelegene Gästeranch im Gros Ventre River Valley. Diverse andere Aktivitäten. 11 rustikal-komfortable Blockhütten, Lodge mit Kamin, Swimmingpool und Hot Tub. Übernachtungspreise inkl. Mahlzeiten, Getränke, aller Aktivitäten. Drei Nächte Minimum. $$$$

🛏 The Lodge at Jackson Hole
80 Scott Lane, Jackson, WY 83002
✆ 1-800-458-3866, www.lodgeatjh.com
154 Zimmer. Frühstücksbuffet inkl. $$$$

🛏🍽🍷 The Wort Hotel
50 N. Glenwood St., Jackson, WY 83001
✆ (307) 733-2190 und 1-800-322-2727
www.worthotel.com
Historisches Hotel nahe des Town Square.

Über Logan Canyon und Snake River nach Jackson

55 Zimmer. Mit Restaurant und »Silver Dollar Bar«. $$$$

◼ Cowboy Village Resort
120 S. Flat Creek Dr., Jackson, WY 83001
℗ (307) 733-3121 und 1-800-483-8667
www.townsquareinns.com
Blockhütten nahe dem Skilift. Jede Hütte mit Picknicktisch und Grill. $$$–$$$$

◼ Elk Country Inn
480 W. Pearl Ave., Jackson, WY 83001
℗ (307) 733-2364 und 1-800-483-8667
www.townsquareinns.com
Gemütliches, komfortables Hotel im Blockhüttenstil. 65 Zimmer und 25 Blockhäuser mit jeweils zwei Räumen. $$$–$$$$

◼◼ Jackson South Snake River Park KOA
9705 S. US 89, 2 km nördl. von Hoback Junction, Jackson, WY 83001
℗ (307) 733-7078 und 1-800-562-1878
www.koa.com, Mitte April–Mitte Okt.
Komfortabler Campground am Snake River, 96 Stellplätze, inkl. 32 *full hookups*; veranstaltet Whitewater-Rafting-Touren (https//:snakeriverwhitewater.com).

🏛 National Museum of Wildlife Art
2820 Rungius Rd., Jackson, WY 83001
℗ (307) 733-5771
www.wildlifeart.org
Mo–Sa 9–17, So 11–17 Uhr, Eintritt $ 14/0–6
Museum mit Gemälden und Skulpturen nordamerikanischer Wildtiere.

◼◼ National Elk Refuge
532 N. Cache St., Jackson, WY 83002
℗ (307) 733-9212
www.fws.gov/refuge/national_elk_refuge
Ende Mai–Anfang Sept. tägl. 8–19 Uhr
Visitor Center für das große Hirschschutzgebiet sowie für die Gebiete Jackson Hole und Greater Yellowstone. Fahrt über die Refuge Road durch das Schutzgebiet.

◼ Snake River Grill
84 E. Broadway, Jackson, WY 83001
℗ (307) 733-0557, www.snakerivergrill.com
Tägl. ab 17.30 Uhr
Exquisites Restaurant im rustikalen Block-hausdekor, Spezialitäten Fisch- und Kalbsmenüs, Riesenweinsortiment. $$$–$$$$

◼◼ Snake River Brewing Company Restaurant & Brewery
265 S. Millward St., Jackson, WY 83001
℗ (307) 739-2337
www.snakeriverbrewing.com, tägl. 11–23 Uhr
Brauereirestaurant mit Pizza, Brot, Sandwiches, Pasta und natürlich Bier. $$–$$$

🍸 Million Dollar Cowboy Bar
25 N. Cache St., Jackson, WY 83001
℗ (307) 733-2207
www.milliondollarcowboybar.com
Tägl. 11–2 Uhr
Eine Institution an der Westseite des Town Square. Westernsättel als Barhocker. Das Publikum, vornehmlich Touristen, dazwischen ein paar »echte« Cowboys. Country Music und Tanz. $–$$

◼ Sands Wild Water River Trips
1450 South Hwy. 89, Jackson, WY 83002
℗ (307) 733-4410 und 1-800-358-8184
www.sandswhitewater.com
13 km langer und 3,5-stündiger Whitewater-Trip durch den Grand Canyon des Snake River, $ 75/63, außerdem spezielle Hochwassertouren im Frühjahr, turbulente Wildwasserfahrten und gemütliche Schlauchboottrips.

🚠 Jackson Hole Aerial Tram
3265 West Village Dr., Teton Village, WY 83025
℗ (307) 733-2292
www.jacksonhole.com/summer-tram.html
Tägl. ab 9 Uhr, Fahrpreis $ 37/0–22, alle 15 Min.
Die rote Seilbahn von Jackson Hole bringt in 9 Minuten Skiläufer und Wanderer auf den 3185 m hohen Rendezvous Mountain.

3 Salbeiwiesen und Bergriesen
Grand Teton National Park

3. Tag: Jackson – Grand Teton National Park (156 km/97 mi)

km/mi	Zeit	Route
0	8.30 Uhr	Aus **Jackson** US 26/89/191 in den **Grand Teton National Park**, hinter dem Parkeingang an der Gros Ventre Junction rechts auf Gros Ventre River Rd., an der Ortschaft Kelly vorbei, in den Bridger Teton National Forest zur
31/19		**Gros Ventre Slide**. Zurück in den Park, rechts abbiegen, über Antelope Flats Rd. weiter bis US 26/89/191, rechts abbiegen, 13 km bis zum
61/38	10.30 Uhr	**Snake River Overlook**, dann US 26/89/191 zurück Richtung Jackson, Stopp an **Blacktail Ponds Overlook**, in Moose Junction rechts auf die Teton Park Rd. abzweigen. Rechts abbiegen zu
79/49		**Chapel of the Transfiguration** und **Menor's Ferry**. Weiter Teton Park Rd. bis
90/56	12.30 Uhr	**Jenny Lake Visitor Center**. Wanderung zu **Hidden Falls** und **Inspiration Point**. Weiter Teton Park Rd., ab North Jenny Lake Junction links auf den Jenny Lake Scenic Drive (Einbahnstraße) und zurück nach South Jenny Lake Junction, links wieder auf Teton Park Rd. nach Norden, rechts Straße auf den **Signal Mountain** und zurück. In Jackson Lake Junction rechts abbiegen bis
143/89	16.30 Uhr	**Oxbow Bend Turnout:** Fotostopp. Zurück nach Jackson Lake Junction und weiter bis
156/97	17.30 Uhr	**Colter Bay Visitor Center**.

Der **Grand Teton National Park** besteht aus zwei völlig unterschiedlichen Arealen: im Osten aus dem **Jackson Hole**, dem breiten, trockenen Tal mit dem mäandernden **Snake River**, im Westen aus der aus dem flachen Tal übergangslos und steil aufragenden, schneebedeckten Teton Range mit dem Grand Teton (4197 Meter). Dazwischen haben die Gletscher der letzten Eiszeit vor 12 000 Jahren eine Kette von acht größeren und einigen kleineren, waldumrahmten Seen hinterlassen, in denen sich wunderschön die schroff gezackten Gipfel widerspiegeln.

Die **Teton Range** ist eine der geologisch jüngsten Bergketten des Kontinents. Sie entstand vor etwa fünf bis neun Millionen Jahren, als sich durch Verwerfungen zwei Milliarden Jahre altes Gestein nach oben schob. John Colter

Grand Teton National Park

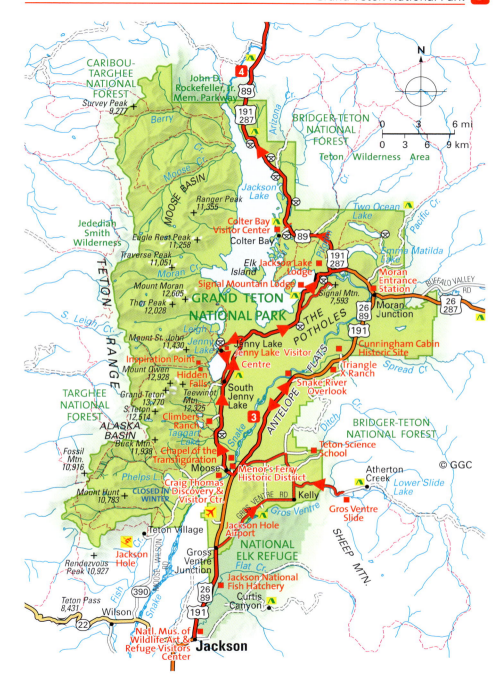

3 Salbeiwiesen und Bergriesen

Wanderer in der hochalpinen Szenerie der Grand Tetons

war im Winter 1807/08 vermutlich der erste Weiße im Tal von Jackson Hole. Ihm folgten Trapper verschiedener Pelzhandelsgesellschaften auf der Jagd nach Bibern. Romantische Gedanken hegten sicherlich die französischen Pelzhändler, die den Bergspitzen ihren Namen »grandes tétons«, »große Brüste«, gaben. Als Biberhüte allmählich nicht mehr gefragt waren, erging es Jackson Hole ebenso. Erst 1872 kam der junge Geologe Ferdinand V. Hayden auf seiner Erkundung der Yellowstone-Region zu Vermessungsarbeiten in das einsame Jackson Hole. Teilnehmer seiner Expedition waren u. a. der Maler Thomas Moran und der Fotograf William Jackson, die die Naturwunder dokumentierten. Erste weiße Siedler folgten aber erst im ausgehenden 19. Jahrhundert.

Der schon 1929 gegründete **Grand Teton National Park** umfasste mit rund einem Drittel der heutigen Größe zunächst nur die Berge der Teton Range. John D. Rockefeller Jr. hatte rund 130 Quadratkilometer des am Fuße der Berge liegenden Ranchlandes gekauft und es 1949 an den Park gespendet, der im Folgejahr durch die Hinzufügung weiter Gebiete der Flussebenen und des Jackson Lake auf seine jetzige Größe von knapp 1255 Quadratkilometern anwuchs.

Bei der Parkvergrößerung musste man den bisherigen Nutzern Zugeständnisse machen, die für Nationalparks ansonsten unüblich sind: Einige Rancher besitzen hier lebenslange Weiderechte, daher kann man im Jackson Hole bis auf den heutigen Tag Cowboys, weidende Rinder und Pferde beobachten. Grand

Grand Teton National Park

Teton ist der einzige Nationalpark, in dem noch – mit Genehmigung – gejagt werden darf, und auch der Flughafen Jackson Hole Airport liegt auf Nationalparkgelände. Der weithin auffälligste Eingriff in die Natur ist die künstliche Regulierung der Wassermenge des Snake River durch den Jackson Lake Dam. Bereits vor der Gründung des Nationalparks hatten 1916 Farmer aus Idaho die Erhöhung des Staudamms auf seine jetzige Höhe finanziert, wodurch der Seepegel um zwölf Meter stieg. Und genau für diese oberen zwölf Meter des Jackson Lake besitzen sie noch heute die Rechte zur Bewässerung ihrer trockenen Felder.

Anfangs stand man im Jackson Hole, das lange zu den ärmsten Landkreisen in Wyoming zählte, dem neu geschaffenen Nationalpark kritisch gegenüber. Doch schnell stellten die Bewohner fest, dass sie eigentlich nur die kargen, landwirtschaftlich kaum nutzbaren Böden am Snake River gegen den Tourismus als neues, krisensicheres Lebenselixier eintauschten. Mussten sie früher oft mit dem letzten Spargroschen sich und ihr Vieh über den harten Winter bringen, verdienen sie heute besonders zur winterlichen Hochsaison gutes Geld.

Nach diesem Blick in die Vergangenheit begeben wir uns zurück in die Gegenwart. Morgens erleuchtet das Sonnenlicht die Berge der Teton Range wunderschön, deshalb sind am Vormittag die prachtvollen Aussichtspunkte im östlichen Parkteil unser Ziel. Der erste Stopp hinter der kleinen Ortschaft **Kelly** gilt einer verwitterten Holzhütte. Die wind- und wettergegerbte Fassade wurde 1953 für den Westernklassiker »Shane« mit Alan Ladd erbaut und ist heute ein nettes Fotomotiv mit einsamen Salbeiwiesen vor der grandiosen Hochgebirgskulisse des Nationalparks.

Grasende Bisons vor der John Moulton Barn im Grand Teton National Park

3 Salbeiwiesen und Bergriesen

Knapp außerhalb südöstlich des Nationalparks liegt die **Gros Ventre Slide**, wo 1925 ein gewaltiger Erdrutsch den Gros Ventre River zu einem großen See aufstaute. Zwei Jahre lang blickte man gespannt auf den natürlichen Staudamm aus Geröll, Schlamm und Bäumen. Dann zerbarst er und in seinen Fluten versank das Örtchen Kelly mit sechs Todesopfern. Ein kurzer Spazierweg überquert das Erdrutschgebiet.

Wir kehren zurück auf den Highway, der die Hauptverkehrsverbindung von und nach Jackson ist, und unternehmen einen Abstecher zum **Snake River Overlook**. An diesem wohl schönsten Aussichtspunkt des Parks kommt man nicht aus dem Schwärmen heraus. Vor unseren Augen breitet sich bis zu den Bergen ein silbergrauer Salbeiteppich aus, jäh unterbrochen von dem großen, tief eingeschnittenen Bogen des mächtigen **Snake River**, auf dem immer wieder Wildwasserschlauchboote zu sehen sind. Die Ruhe der Landschaft scheint auf den Fluss überzugehen, denn hier zeigt sich der Snake River wesentlich gelassener als südlich von Jackson. Nicht Whitewater Rafting steht im Vordergrund, sondern eher gemütliches Treibenlassen – ein Familienausflug vor fabelhafter Kulisse.

Ebenfalls von der Hauptstraße aus erreicht man den kurzen Pfad zum **Blacktail Ponds Overlook**, der – aus einem leicht anderen Blickwinkel – dieselbe eindrucksvolle Komposition aus kargen Wiesen im Vordergrund und den mehr als 2000 Meter höheren, verschneiten Zacken der Tetons im Hintergrund bietet. Trotz der Höhe sind die Berge kaum vergletschert, und auch der Schnee schmilzt bis zum Spätsommer rapide dahin.

Die **Teton Park Road** führt westlich des Snake River zur Seenplatte am Fuß der Berge. Vorher stoppen wir an der pittoresken **Chapel of the Transfiguration**. Aus dem schlichten Inneren der einräumigen Blockhauskirche von 1925 fällt der Blick durch das Panoramafenster hinter dem Altar auf den Grand Teton. Hier beginnt auch der ein Kilometer lange Spazierweg zur **Menor's Ferry**. Die 1894 von William D. Menor eingerichtete Fährverbindung über den Snake River bot seinerzeit weit und breit die einzige Möglichkeit zur Überquerung des noch ungezähmten Flusses. Heute kann man den Nachbau der Fähre und das Wohnhaus des Gründers anschauen.

Der waldumrahmte **Jenny Lake** ist der zweitgrößte See des Parks und zugleich das populärste Ausflugsziel und bestes Wanderterrain. Ihn umgibt ein zehn Kilometer langer Rundweg. Zur Beliebtheit dieser Ecke des Parks trägt wohl auch die Fähre über den schönen, klaren See bei, die viele Strecken erheblich verkürzt, auch wir nutzen diese Möglichkeit. Am Westufer beginnt die Wanderung in den schönen **Cascade Canyon** am Fuße der mächtigen Berge. Minimal-

Pause: Sonst trägt dieses Pferd Touristen durch den Grand Teton National Park

Grand Teton National Park 3

Rund 2000 Meter über dem Snake River: die Gipfel der Grand Tetons

ziel sind die **Hidden Falls**, einen knappen Kilometer vom See entfernt, 500 Meter weiter folgt der **Inspiration Point**, 120 Meter hoch über dem See mit Blick über Jackson Hole.

Bei der anschließenden Weiterfahrt führt der **Jenny Lake Scenic Drive** noch einmal direkt an das Ostufer des Sees heran – der kurze Umweg lohnt sich, denn vom **Jenny Lake Overlook** bietet sich ein Bilderbuchpanorama, das Cascade Canyon und Inspiration Point einschließt. Auf einer acht Kilometer langen Straße geht es durch den Wald hinauf zum freistehenden Aussichtsberg **Signal Mountain**. Doch auf dem Gipfel, 250 Meter oberhalb des Jackson Lake, ist die Fernsicht wegen der vielen Bäume eher eingeschränkt.

Am Ende der Teton Park Road wenden wir uns ostwärts zum **Oxbow Bend Turnout**, einem Top-Aussichts- und Fotopunkt. In den üppigen Niederungen verzweigt sich der Snake River in viele Arme und Altarme. Hier stehen nicht mehr die Berge im Vordergrund des Interesses, denn vorwiegend in den Dämmerungsstunden kann man Elche erspähen, die sich an den Weidendickichten gütlich tun, und auch Biber sind aktiv. Wer damit kein Glück hat, nutzt den kurzen Abstecher für einen Schnappschuss vom massiven **Mount Moran** (3842 m), der sich fotogen im Wasser spiegelt.

Den Abschluss des Tages bildet ein Besuch des Museums im **Colter Bay Visitor Center**, das Kunst und Kultur der Prärieindianer thematisiert. Hier sind u. a. Mokassins, Schmuckstücke, Felle, Kleidung und Kachinapuppen ausgestellt, im Sommer stellen Künstler der Native Americans ihr Handwerk vor, mit Verkauf.

Der malerische Jackson Lake im Grand Teton National Park

Grand Teton National Park

3 Service & Tipps

Grand Teton National Park
201 Headquarters Loop, Moose, WY 83012
(307) 739-3300, www.nps.gov/grte
Eintritt pro Auto $ 30 (7 Tage, inkl. Yellowstone), $ 80 Annual Parks Pass (vgl. S. 285)

Barker-Ewing River Trips
45 W. Broadway, Jackson, WY 83001
(307) 733-1000 und 1-800-448-4202
www.barker-ewing.com
Ende Mai–Mitte Sept.; ab $ 60 bzw. 80
Floß- und Wildwasserfahrten auf dem Snake River, ruhig am Grand Teton Park, wild durch Snake River Canyon.

Moose

Craig Thomas Discovery & Visitor Center
19 km nördl. von Jackson
Moose, WY 83012
(307) 739-3399, www.nps.gov/grte
Tägl. 8–17, im Sommer bis 19 Uhr

Dornan's Chuck Wagon Restaurant
200 Moose St., Moose, WY 83012
(307) 733-2415, www.dornans.com
Juni–Sept.
Einfaches Restaurant, seit 1948. $–$$$

Jenny Lake

Jenny Lake Visitor Center
13 km nördl. von Moose am Jenny Lake
Juni–Anfang Sept. tägl. 8–19, sonst bis 17 Uhr

Jenny Lake Boating
Moose, WY 83012
(307) 734-9227
www.jennylakeboating.com
Tägl. Mitte Juni–Anfang Sept. 7–19, Mitte Mai–Mitte Juni 9–17 und Sept. 10–16 Uhr
Fährboot zum Cascade Canyon und zurück $ 15/0–8, alle 15. Min., Seerundfahrt ($ 19/0–11).

Hidden Falls/Inspiration Point Trail
Schönster Wanderweg im Nationalpark, ab Jenny Lake Visitor Center, 4 km bis Hidden Falls, 4 km bis Inspiration Point, bei Bootbenutzung 3 km kürzer.

Jackson Lake/Moran

Jackson Lake Lodge Corral
Reservierung vgl. Jackson Lake Lodge
www.gtlc.com, Ende Mai–Mitte Okt.
Ausritte ab Jackson Lake Lodge, $ 75 für 2 Std.

Signal Mountain Lodge
1 Inner Park Rd., Moran, WY 83013
(307) 543-2831
www.signalmountainlodge.com
Zimmer und Hütten direkt am Jackson Lake.
Floßtrips auf dem Snake River. $$$$

Signal Mountain Campground
Mitte Mai–Mitte Okt.
81 Stellplätze in bester Lage mit Blick auf den Jackson Lake und die Berge, keine Reservierung möglich. $

Jackson Lake Lodge
Moran, WY 83013
(307) 543-2811, www.gtlc.com
Mitte Mai–Anfang Okt.
348 Cottages, 37 Zimmer in der auf einer Anhöhe gelegenen Main Lodge; Panoramafenster für den Blick auf den Grand Teton. Gutes Essen bietet das Hotelrestaurant; Live-Entertainment in der Lounge. $$$$

Colter Bay

Colter Bay Visitor Center
Colter Bay Marina Rd., Moran, WY 83013
(307) 739-3594, www.nps.gov/grte
Tägl. 8–17, im Sommer bis 19 Uhr
Parkinfo mit Museum.

Colter Bay Log Cabins/Tent Cabins
Moran, WY 83013
(307) 543-3100, Ende Mai–Sept.
Areal mit zahlreichen Blockhütten in sehr unterschiedlicher Ausstattung, mit Restaurant.
$$$–$$$$

Colter Bay RV Park
Moran, WY 83013
(307) 543-3100, www.gtlc.com
Ende Mai–Sept.
Komfort-Campingplatz mit 112 Stellplätzen im Colter Bay Village.

4 Und ewig sprühen die Geysire

Im Yellowstone National Park

Im Yellowstone National Park 4

4. Tag: Grand Teton National Park – West Thumb Geyser Basin – Upper Geyser Basin mit Old Faithful – Norris Geyser Basin – Mammoth Hot Springs (177 km/110 mi)

km/mi	Zeit	Route
0	8.00 Uhr	Von **Colter Bay** (vgl. Karte S. 101) aus dem Grand Teton National Park über die US 89/191/287 in den **Yellowstone National Park**, an der Abzweigung Richtung Fishing Bridge rechts und sofort wieder rechts zum
64/40		**West Thumb Geyser Basin**. Zurück links abbiegen, sofort an der Straßengabelung rechts zum
92/57	10.30 Uhr	**Upper Geyser Basin, Old Faithful:** Lunchpause, Spaziergang bis **Morning Glory Pool** und zurück. Weiter Parkstraße, rechts abzweigen auf den parallel verlaufenden Firehole Lake Drive, am Straßenende auf der gegenüberliegenden Seite zu
108/67	15.30 Uhr	**Grand Prismatic Spring/Midway Geyser Basin**, weiter Parkstraße bis zum
143/89		**Norris Geyser Basin**, weiter Parkstraße bis zu den
177/110	18.30 Uhr	**Mammoth Hot Springs**.

Naturspektakel mit Publikum: der Old Faithful Geyser im Yellowstone National Park

4 Und ewig sprühen die Geysire

Yellowstone ist der älteste Nationalpark der Welt. Er besitzt rund 10 000 thermal aktive Stellen, davon knapp 300 Geysire. Nur Island, Kamtschatka und Neuseeland verfügen über ähnlich aktive Thermalbecken. Die fantastischen Naturschauspiele basieren auf einer sehr dünnen Erdkruste von stellenweise nur drei Kilometern, unter der vulkanische Aktivitäten in der stets unruhigen »Unterwelt« das Gestein erhitzen, eindringendes Regen- und Schmelzwasser erwärmen und wieder nach oben pressen.

Vielfältig präsentieren sich die thermalen Spielarten. *Geysire* wie der weltberühmte Old Faithful stoßen ihr Wasser mehr oder minder in Fontänen aus. *Heißen Quellen* fehlt die Kraft für Eruptionen, sie lassen das Wasser ruhig abfließen. Neben den Mineralien sorgen vor allem Algen für eine oft brillante Farbgebung der heißen Quellen, die von Blau in der heißen Mitte über Grün und Gelb bis zu Orange-Braun am kälteren Rande reichen. *Fumarolen* fehlt ausreichend Flüssigkeit, statt Wasser stoßen sie nur noch heißen Dampf aus, manchmal mit Schwefelschwaden als weniger wohlriechende Beigaben. Unter ähnlichem Wassermangel leiden die dumpf blubbernden *mud pots*, die »Schlammtöpfe«, aus deren dickflüssigem Matsch verschiedenfarbige, durch Säuren aufgelöste Gesteine einen *paint pot*, einen »Farbtopf«, machen.

Fast alle thermalen Erscheinungen befinden sich im zentralen Parkteil innerhalb der rund 2300 Meter hoch gelegenen **Yellowstone Caldera**, einem weiten, von Bergketten umrahmten Hochplateau, das vor 600 000 Jahren entstand, als der Krater eines urzeitlichen Vulkans schüsselförmig einbrach.

Als vermutlich erster Weißer erreichte der Trapper John Colter im Winter 1807/08 die Geysirbecken in der Yellowstone Caldera. Nach seinen Beschreibungen von den ungeheure Kräften aus dem Erdinneren nannte man das Gebiet »Colter's Hell«, »Colters Hölle«.

Im Jahr 1871 erforschte und vermaß Ferdinand V. Hayden auf einer groß angelegten Expedition das Gebiet des Yellowstone. Bereits im Folgejahr deklarierte der amerikanische Kongress die einmalige Naturlandschaft zum ersten Nationalpark der Welt, augenscheinlich schrieb man dem Gebiet keinen wirtschaftlichen Nutzen zu. Ureinwohner durchstreiften die Region eher beiläufig, lediglich die nomadischen Sheepeater, ein unbedeutender Unterstamm der Shoshonen, lebten völlig abgeschieden im Yellowstone.

1988 machte Yellowstone weltweit mit den verheerendsten Waldbränden seiner Geschichte Schlagzeilen. Nach einem bis dato noch nie erlebten Sommer ohne Niederschläge und mit überdurchschnittlichen Temperaturen brannten – größtenteils ausgelöst durch Blitzschläge und menschliche Fahrlässigkeit – 36 Prozent des Parks nieder. Angesichts verkohlter Wälder fürchtete die Nation um das Kronjuwel des amerikanischen Nationalparksystems. Was auf Fernsehbildern wie die dunkelste Stunde des Yellowstone aussah, war nur der dramatische Höhepunkt eines natürlichen Ökokreislaufs. Altes Holz musste weichen, damit neues wie von jeher ungestört zu einem gesunden Wald nachwachsen kann.

Yellowstone nimmt, grob gesehen, ein Quadrat von jeweils knapp 100 Kilometer Seitenlänge im Nordwesten Wyomings mit schmalen Streifen von Montana und Idaho ein. Mit seiner immensen Ausdehnung ist er eines der größten Wildnisgebiete der USA und außerhalb der **Grand Loop Road**, der 229 Kilometer langen, achtförmigen Park-

Old Faithful: der »alte Getreue« des Yellowstone National Park

4 Und ewig sprühen die Geysire

straße, und ihren fünf Zufahrten samt der touristischen Infrastruktur praktisch unerschlossen.

Schier endlose Wälder bieten viel Raum für wilde Tiere, von denen die Bären wie keine andere Tierart die unzerstörte Wildnis repräsentieren. Grizzlys stromern durch abgelegene Hochlandregionen, und ihre etwas kleineren Verwandten, die Schwarzbären, lassen sich gelegentlich an den Straßenrändern blicken. Früher wurden die Bären öffentlich im Park gefüttert, kamen sogar bis ans Autofenster. Leider hat Meister Petz danach falsch kombiniert und Menschennähe stets mit Futter gleichgesetzt. Aufgrund unerfreulicher Zusammenstöße ist das Bärenfüttern längst eingestellt worden und heute strengstens untersagt, jeder einzelne Abfallkorb besitzt nunmehr einen bärensicheren Verschluss. Seitdem es nichts mehr aus Menschenhand zu ergattern gibt, haben die Bären sich wieder zurückgezogen.

Über den zehn Kilometer langen **John D. Rockefeller Jr. Memorial Parkway** gelangen wir von Süden in den Yellowstone National Park. In den südöstlichen

Auf Boardwalks kommt man als Besucher den heißen Quellen und Geysiren ganz nah

Im Yellowstone National Park

Parkgefilden liegt der 352 Quadratkilometer große **Yellowstone Lake**, der größte Bergsee Nordamerikas. Aufgrund der Höhenlage von 2357 Metern ist dieser See auch einer der kältesten und bleibt bis in den Juni hinein zugefroren. Manch einer, der von weit her sein Boot mitgebracht hat, staunt nicht schlecht über das Eis im Frühsommer und geht dann doch lieber mit dem Auto auf Sightseeingtour und angelt vom Flussufer aus. Auch ans Baden denkt wohl kaum jemand, selbst wenn Park Ranger erzählen, dass sich die Seeoberfläche irgendwann im Spätsommer auf 16 Grad erwärmen soll. Wurde die Temperatur vielleicht direkt neben einer heißen Quelle gemessen? Davon gibt es nämlich am **West Thumb Geyser Basin** mehr als genug.

Am frühen Morgen sieht es dort abenteuerlich aus, überall qualmt und dampft es aus Quellen, Löchern und Rinnsalen. Mitten durch das malerisch pastellfarbene Thermalbecken mit seinen Geysiren, klaren Heißwasserpools und den blubbernden Schlammquellen, die von unablässigen Aktivitäten unterhalb der Erdoberfläche zeugen, führt eine der schönsten Kurzwanderungen des Parks. Heißes Quellwasser sucht sich seinen Weg unter den Holzstegen hindurch zum See, wo es sich nach zähem Ringen mit dessen eiskaltem Wasser vermischt. Es dauert eine geraume Zeit, bis das Sonnenlicht die tanzenden Nebelschwaden durchdrungen hat.

Einige unter der Wasseroberfläche liegende Geysire kommen erst bei gesunkenem Wasserstand zum Vorschein, nur der kurios wirkende **Fishing Cone**, dessen heiße Quelle dem Seeboden entspringt, ragt, wie ein kleiner Vulkan geformt, aus dem Wasser. Jenseits des West Thumb, des »westlichen Daumens«, beginnt das Hauptareal der weiten, glitzernden Oberfläche des Yellowstone Lake.

Nach diesem morgendlichen Appetithappen begeben wir uns zum **Upper Geyser Basin** am Firehole River, das nicht nur die weltgrößte Konzentration an Geysiren, sondern mit dem **Old Faithful** auch das Wahrzeichen des Parks besitzt. Obwohl er längst nicht der größte und auch nicht der regelmäßigste Geysir im Park ist, bleibt Old Faithful dank seiner schon seit 1870 notierten Verlässlichkeit der »alte Getreue«. Seit Anbeginn der Messungen hat er nie eine der eineinhalb bis fünf Minuten dauernden

Und ewig sprühen die Geysire

Eruption ausgelassen. Durchschnittlich katapultiert er alle 92 Minuten bis zu 32 000 Liter heißes Wasser 27 bis 55 Meter hoch in die Luft. Im Einzelfall können allerdings zwischen 35 und 120 Minuten bis zur nächsten Eruption vergehen.

Bereits eine halbe Stunde vor der vorhergesagten Eruption versammelt sich eine Menschenmenge auf den wie in einem Amphitheater angeordneten Sitzreihen. Jedes Rumpeln im Erdinneren wird mit Wohlwollen bedacht, die allmählich aufsteigenden Dampfwolken genießen besondere Aufmerksamkeit, bevor es dann endlich losgeht mit den kraftvollen Eruptionen.

Tausende von Besuchern bevölkern das Upper Geyser Basin an Hochsommertagen. Wie zur Begrüßung flattern die Flaggen über den hölzernen Giebeln des nur einen Katzensprung entfernten **Old Faithful Inn**. Das 1904 aus dicken Baumstämmen erbaute Hotel zählt zu den größten Blockhäusern der Welt. Ein aus Naturstein gemauerter, riesiger Kamin ist der Mittelpunkt der 23 Meter hohen, gemütlichen Lobby. Als hervorragender Pausenplatz in der Sommersonne fungiert die angenehm warme Dachterrasse, von der man den Old Faithful beobachten kann.

Auf der Ostseite des vom heißen Geysirwasser gewärmten **Firehole River** erhebt sich der **Geyser Hill**. Jeder Geysir scheint hier sein eigenes Spielchen zu spielen. Alle sieben bis zehn Minuten illustriert **Anemone Geyser** die typischen Stadien einer Eruption: Erst füllt sich der Pool lautlos, läuft über, große Blasen blubbern hervor, plötzlich schießt das Wasser bis zu zweieinhalb Meter hoch, um schließlich mit einem Gurgeln wieder im Erdinneren zu verschwinden.

Bergabwärts gelangen wir zum **Grand Geyser**, dem weltgrößten Geysir mit vorhersagbaren Eruptionen. Alle sechs bis 15 Stunden erreichen seine kraftvollen, neun bis zwölf Minuten dauernden Eruptionen bis zu 61 Meter Höhe. Genauere Daten stehen auf einer Tafel am Geysir.

Eigentlich stünde die Auszeichnung als höchster Geysir sicher dem **Giant Geyser** auf der gegenüberliegenden Seite des Firehole River zu. Gelegentliche Eruptionen des kegelförmigen Geysirs dauern mindestens eine Stunde, zuweilen auch mehrere, und erreichen 75 bis 80 Meter Höhe. Allerdings kommen sie seit 1955 nur nach oft langen Intervallen der Inaktivität vor. Am 7. Juli 2017 brach Giant Geyser erstmals wider aus, nachdem er 2016 gänzlich verschlafen hatte. Bis 2015 hatte er sogar eine fünfjährige Pause eingelegt.

Sein wankelmütiges Verhalten ist ein Paradebeispiel für die unentwegten Verschiebungen thermaler Aktivitäten. Seitdem der Giant Geyser sich rar macht, zieht der verspielt spritzende, benachbarte **Grotto Geyser** mehr Aufmerksamkeit auf sich. Unter der eigentümlichen Gestalt des beeindruckenden, gräulich-weißen Kieselsinterkegels erahnt man die Struktur eines einstigen Baumes, von Geyserit-Ablagerungen überdeckt. Ganz in der Nähe eruptiert der **Riverside Geyser** alle fünfeinhalb bis sieben Stunden für etwa 30 Minuten und schickt einen großen Wasserbogen in den Fluss.

Am regenbogenfarbenen **Morning Glory Pool** erreichen wir schließlich den Endpunkt unserer Wanderung. Der wohl schönste und farbenreichste Pool im Park ist nach der prächtigen Blüte der Purpurwinde benannt. In der Mitte prangt ein wundervolles Türkisblau, außen herrschen gelblich-orange und bräunliche Farbtöne vor. Leider haben Besucher mit hineingeworfenen Münzen, Steinen und Hölzern den ungehinderten Wasserfluss des Morning Glory teilweise unterbun-

Im Yellowstone National Park

Morning Glory Pool im Yellowstone National Park

den, wodurch die Wassertemperaturen sanken und die Farben gegenüber früheren Zeiten an Brillanz verloren.

Der zwei Kilometer lange, direkte Rückweg zum Old Faithful führt am Westufer des Firehole River zum **Castle Geyser**, dem vielleicht ältesten Geysir im Upper Geyser Basin. Der größte Kieselsinterkegel des Parks erinnert an die Spitze eines Schlossturms *(castle turret)*. Er eruptiert nur alle neun bis elf Stunden, und nach einer bis zu 20-minütigen »Arbeitszeit« mit 27 Meter hohen Fontänen dampft er noch eine halbe Stunde lang unentwegt. Nebenan brodelt der fast konstant kochende, stahlblaue **Crested Pool** in seinem hübsch verkrusteten *(crested)* Rand.

Auf der Weiterfahrt treffen wir nach Black Sand Basin, Biscuit Basin und Midway Geyser Basin, drei weiteren tollen Geysirbecken, auf den **Firehole Lake Drive**. Die Einbahnstraße in Nordrichtung führt zum **Great Fountain Geyser**, dessen bis 67 Meter hohe und alle neun bis fünfzehn Stunden auftretenden Eruptionen von ein bis zwei Stunden denen seiner Kollegen im Upper Geyser Basin nicht nachstehen. Attraktiv nebenan auch der vier Meter hohe Sinterkegel des **White Dome Geyser**, der nicht blütenweiß ist, sondern einen leichten Grauton besitzt.

Auf der andere Straßenseite führt ein Steg zu einem weiteren Juwel des Yellowstone, die in wunderbarem Tiefblau

4 Und ewig sprühen die Geysire

und umrahmt von Regenbogenfarben prangende **Grand Prismatic Spring**, die zum **Midway Geyser Basin** gehört. Die größte Thermalquelle der USA ist etwa 113 Meter im Durchmesser und 37 Meter tief, aus ihr strömen minütlich rund 2000 Liter 71 Grad heißes Wasser.

Heißestes und ältestes Geysirbecken des Parks ist das **Norris Geyser Basin**. Das dortige, anschaulich gestaltete Museum vermittelt das notwendige Rüstzeug zu Theorie und Praxis der hiesigen geothermalen Aktivitäten. Anschließend blicken wir vom **Porcelain Terrace Overlook** auf das von Dampfschwaden umnebelte pastellfarbene **Porcelain Basin** im Nordteil des Norris Geyser Basin, das zu den malerischsten Ecken des Parks gehört und von einem Holzsteg umrundet wird.

Zurück am Aussichtspunkt wenden wir uns nach links in das rund dreimal so große **Back Basin**. Weg und Steg führen hier zu den schnaubenden Geysiren und bunten Quellen des nur karg bewachsenen, allerorten dampfenden Beckens.

Ein Erdbeben verursachte hier im Jahr 1994 das Wiedererwachen des **Monarch Geyser**, der ein halbes Jahrhundert lang in einen Dornröschenschlaf versunken war. Die irregulären Eruptionen des **Steamboat Geyser**, des mit 90 Meter hohen Fontänen welthöchsten Geysirs, finden in Intervallen von mehreren Jahren statt. In den langen schöpferischen Pausen reicht es immerhin noch zu häufigen drei bis fünf Meter hohen Eruptionen. Regelmäßig zeigt sich der benachbarte **Echinus Geyser** ungefähr alle 35 bis 75 Minuten mit bis zu 18 Meter hoch tanzenden Wasserfontänen.

Wir machen uns auf den Weg nach Norden zum heutigen Tagesziel, dem nur noch 34 Kilometer entfernten **Mammoth Hot Springs**. Dabei passieren wir den rechter Hand gelegenen **Obsidian Cliff**, einen Hügel aus schwarzem vulkanischen Glas, das schon vor über 10 000 Jahren von den Ureinwohnern zur Herstellung von Speerspitzen und Messern benutzt wurde.

Grand Prismatic Spring: famoser Formen- und Farbenreichtum der Quellen und Geysire

Im Yellowstone National Park **4**

4 Service & Tipps

Yellowstone National Park
2 Officers Row, Yellowstone N.P.
WY 82190
✆ (307) 344-7381
www.nps.gov/yell
Eintritt pro Auto $ 30 (7 Tage, inkl. Grand Teton), $ 80 Annual Parks Pass (vgl. S. 285)
Straßeninfo im Yellowstone NP: ✆ (307) 344-2117 (Bandansage) oder www.nps.gov/yell/planyourvisit/parkroads.html

Yellowstone National Park Lodges/ Allgemeine Reservierungsnummer
Reservierung für alle aufgeführten Hotels, Restaurants und Campingplätze sowie Ausritte und *cookouts* unter: ✆ (307) 344-7311, www.yellowstonenationalparklodges.com
Rechtzeitig, d. h. Monate im Voraus, sollte man für die Hochsaison von Ende Juni bis Mitte August buchen, vor allem die Hotelzimmer. Die Zimmer sind einfach, ohne TV und Telefon und nicht gerade preiswert.

Old Faithful Visitor Education Center
✆ (307) 344-2751
Ende Mai–Ende Sept. tägl. 8–20 Uhr, sonst kürzer
Informationen zu den geothermalen Aktivitäten, »Stundenpläne der Geysire« mit Vorhersagen zu den Eruptionszeiten etc.

Old Faithful Inn
Yellowstone N.P., WY 82190
Anfang Mai–Anfang Okt.
Denkmalgeschützte Lodge von 1904 am Old Faithful, mit prachtvoller Lobby. Reservierung (via Yellowstone National Park Lodges) empfehlenswert. 325 Zimmer, die preiswerteren haben kein Bad. Mit Restaurant (Reservierung möglich; $$–$$$). $$$–$$$$

Old Faithful Snow Lodge
Yellowstone N.P., WY 82190
Mai–Mitte Okt.
1999 in traditioneller Blockbauweise errichtete, modern ausgestattete Lodge. Reservierung via Yellowstone National Park Lodges. In der Lodge im Old-Faithful-Komplex befindet sich auch das Familienrestaurant **Geyser Grill** (keine Reservierung; $–$$). $$$–$$$$

Mammoth Hot Springs Hotel & Cabins
Yellowstone N.P., WY 82190
Ganzjährig geöffnet
Traditionsreiches und attraktives Hotel aus den 1930er Jahren nahe den eindrucksvollen Sinterterrassen, mit Restaurant (Mammoth Hotel Dining Room, $$–$$$). 97 Hotelzimmer, 116 Hütten (Reservierung via Yellowstone National Park Lodges).
Zu den preiswerten Zimmer gehört kein Bad. $$–$$$$

Grant Village Campground
Yellowstone N.P., WY 82190
Anfang Juni–Mitte Sept.
400 Stellplätze, Reservierung über Yellowstone National Park Lodges möglich. Am Südende des Yellowstone Lake.

Indian Creek Campground
14 km südl. von Mammoth Hot Springs
Mitte Juni–Mitte Sept.
71 Stellplätze.

Madison Campground
An der Ausfahrt Richtung West Yellowstone
Ende April–Mitte Okt.
277 Stellplätze, Reservierungen über Yellowstone National Park Lodges möglich.

Mammoth Campground
Mammoth Hot Springs, 8 km südlich des Yellowstone-Nordeingangs,
Ganzjährig geöffnet
85 Stellplätze.

Upper Geyser Basin
5 km langer Rundweg über Old Faithful, Anemone Geyser, Grand Geyser, Morning Glory Pool und Castle Geyser.

Norris Geyser Basin Museum
Ende Mai–Sept. tägl. 9–17 Uhr
Museum mit wissenschaftlichen Erläuterungen zum Thema Geysire.

Weitere Infos zum Yellowstone N. P. finden Sie bei Tag 5 auf S. 124 f.

5 Sinterterrassen, Schluchten und Schwefeldämpfe
Im Yellowstone National Park

5. Tag: Mammoth Hot Springs – Tower Fall – Grand Canyon of the Yellowstone – Hayden Valley – Mud Volcano – Fishing Bridge – Tower-Roosevelt (153 km/95 mi)

km/mi	Zeit	Route	Karte vgl. Tag 4 auf S. 108.
0	8.30 Uhr	In **Mammoth Hot Springs** Spaziergang zu den Lower Terraces, danach Parkstraße nach Osten, kurz vor **Tower-Roosevelt** (= Tower Junction + Roosevelt Lodge Historic District) Abstecher zum **Petrified Tree**, in Tower-Roosevelt rechts Richtung Canyon, Stopp am	
35/22	11.00 Uhr	**Tower Fall Trail**. Weiter auf der Parkstraße, in **Canyon Village** Lunchpause. Anschließend links auf **North Rim Drive**, Stopp am **Grandview Point**; vom **Lookout Point** auf den	
64/40	13.30 Uhr	**Red Rock Point Trail** und weiter zum	
66/41		**Brink of the Lower Falls Trail**, North Rim Drive weiter bis Parkstraße, links ab zum **South Rim Drive** über den Yellowstone River bis	
69/43	15.00 Uhr	Uncle Tom's Trail, weiter zum **Artist Point**, dort wenden. South Rim Drive zurück, links auf Parkstraße über **Hayden Valley**, Bisonbeobachtung. Weiter bis	
87/54	17.00 Uhr	**Mud Volcano Nature Trail**, weiter Parkstraße bis	
97/60		**Fishing Bridge**, wenden und Parkstraße zurückfahren bis	
153/95	18.30 Uhr	**Tower-Roosevelt**.	

Am Morgen machen wir einen Spaziergang durch das Örtchen **Mammoth Hot Springs**. Unbeeindruckt, weil touristenerprobt, begegnet uns vor dem gut erhaltenen Fort Yellowstone eine Herde äsender Wapitihirsche. Von hier aus betreute die US-Armee ab 1886 den Park, kümmerte sich um die Belange der Touristen, verhinderte Wilderei. Erst 1916 wurde die Armee durch die neu gegründete Nationalparkverwaltung abgelöst.

Ein kurzer Fußweg führt zum markanten **Liberty Cap**. Der elf Meter hohe Sinterkegel einer ausgetrockneten heißen Quelle steht am Fuße der **Minerva Terrace** und markiert den Beginn einer Wanderung durch die Wunderwelt der Mammoth Hot Springs, wo über einen langen Zeitraum Kalkablagerungen des heißen Quellwassers märchenhafte Travertinterrassen mit pastell- und türkisfarbenen Teichen hinterlassen haben.

Im Yellowstone National Park

Tolle thermale Terrassen: Mammoth Hot Springs im Norden des Yellowstone

Permanent rinnt ein ruhiger, kalkhaltiger Wasserstrom über den Abhang, der sich immer andere Wege sucht, der Bäume umschließt und deren Stämme wie Mahnmale ihrer Vergänglichkeit aus den Kalksteinbecken herausschauen. Für die Farbgebung sind winzige Algen und Bakterien verantwortlich – weiß und gelb sieht es mitten im Heißwasser aus, orangefarben, braun und grün etwas entfernt von der heißen Quelle. Obwohl die thermalen Aktivitäten und der Wasserfluss insgesamt über die Jahre hinweg relativ konstant geblieben sind, ändert sich nirgendwo im Nationalpark die Landschaft schneller als an den Mammoth Hot Springs. Während **Canary Spring** überwiegend in Gelbtönen schimmert, ist die Minerva Terrace teilweise und die **Jupiter Terrace** sogar vollständig ausgetrocknet, und was im Wasser dereinst pastellfarben schimmerte, wirkt ausgetrocknet nur blassgrau und leblos.

Kurz vor **Tower-Roosevelt** führt der nächste Abstecher zum **Petrified Tree**.

5 Sinterterrassen, Schluchten und Schwefeldämpfe

Der versteinerte alte Baum hatte bereits mehrere hundert Jahre auf dem Buckel, ehe er vor rund 50 Millionen Jahren, so wie er stand, von vulkanischer Asche begraben und auf diese Weise für die Nachwelt konserviert wurde. Tower-Roosevelt ist das ruhigste der touristischen Zentren im Nationalpark. Hier findet man rustikale Blockhütten aus den 1920er Jahren und ein Restaurant, das ein ausgezeichnetes Barbecue anbietet. Geradezu typisch *western* sind Ausritte in die umgebende Wildnis und ein abendliches »Old West Cookout« am Planwagen.

Knapp vor seiner Mündung in den Yellowstone River stürzt sich der **Tower Creek** in einem 40 Meter hohen Wasserfall zwischen eigentümlich geformten, braunen Basaltsäulen in die Tiefe. Sozusagen als Einstimmung auf die später folgenden höchsten Wasserfälle im Nationalpark wandern wir den kurzen Serpentinenweg hinab zum Fuße des Tower Fall.

Südlich der **Tower Junction** beginnt der **Grand Canyon of the Yellowstone**, auf den wir aber erst im **Canyon Village** treffen. Über eine Strecke von 30 Kilometern hat der Yellowstone River eine bis zu 360 Meter tiefe Schlucht in den »gelben Stein« hineingefressen. Seine Farbe erhält das oben noch graue, leicht pinklavendelfarben getönte Gestein, das nach unten immer gelblicher wird, von Eisenbestandteilen in unterschiedlichen Mengen. Namengeber des Flusses Yellowstone sollen aber nicht die gelben Schluchtwände, sondern die gleichfarbigen Sandbänke an seiner Mündung in den Missouri sein, die zuerst entdeckt wurden.

Bison im Bad: beim Überqueren des Yellowstone River

Im Yellowstone National Park

Fluss mit Tiefenwirkung: der Yellowstone River im gleichnamigen Canyon

Bekanntester und spektakulärster Teil des Grand Canyon of the Yellowstone sind die beiden Wasserfälle am Ausgangspunkt der engen Schlucht. Nur ein Kilometer trennt die **Lower Falls**, die mit 94 Meter höchsten Wasserfälle des Parks, von den 33 Meter hohen **Upper Falls**. Direkt am panoramareichen **North Rim Drive**, einer Einbahnstraße entlang dem Nordrand, erreichen wir einige fantastische Aussichtspunkte. Einen malerischen Blick in die beeindruckende Schlucht sowohl flussauf- als auch flussabwärts bietet der **Grandview Point**. An einigen Stellen treten heiße Dämpfe aus den Canyonwänden aus – ein sichtbares Zeichen für die unentwegte Aktivität im Erdinneren.

Das beste Panorama über die Lower Falls hat man vom **Lookout Point** und insbesondere von dem etwas tiefer und näher am Wasserfall gelegenen **Red Rock Point**. Beide verbindet ein 300 Meter langer Wanderweg. Doppelt so lang ist der ebenfalls gut ausgebaute **Brink of the Lower Falls Trail**, der direkt zum oberen Rand der glasklaren Lower Falls führt. Die grünliche Färbung in der Mitte stammt von den Algen auf dem Felsengrund.

Am Südrand der Schlucht, den man über den **South Rim Drive** erreicht, gehen wir zunächst zum Aussichtspunkt auf die Upper Falls. Am selben Parkplatz beginnt auch der ein Kilometer lange **Uncle Tom's Trail**. 160 Meter tiefer steht man schließlich den tosenden Wassermassen der Lower Falls gegenüber – zweifellos der Höhepunkt auf der Südseite. Als letzter am South Rim Drive erlaubt der dem Grandview Point gegenüber gelegene **Artist Point** einen exzellenten Ausblick in beide Canyonrichtungen.

5   Sinterterrassen, Schluchten und Schwefeldämpfe

Ein erneuter, beeindruckender Szenenwechsel folgt: Weit, flach und grün breitet sich das aus dem Bett eines eiszeitlichen Sees entstandene **Hayden Valley** aus, durch das der Yellowstone River friedvoll mäandert. Am späten Nachmittag ist das marschige Land an den Flussschlingen der beste Punkt für Tierbeobachtungen. Insbesondere Bisons lieben die saftigen Wiesen beiderseits der Straße – und die alltäglichen Verkehrsstaus künden es schon von Weitem an: Vorsicht! Bisons überqueren die Straße!

Vor der Ankunft der Weißen streiften rund 60 Millionen dieser mächtigen Tiere über die Prärien. Um den Ureinwohnern ihre Lebensgrundlage zu nehmen, wurden die Bisons dann so gnadenlos abgeschlachtet, dass Ende des 19. Jahrhunderts sage und schreibe nur noch rund 1000 Tiere übrig geblieben waren. Doch die Geschichte fand eine relativ glimpfliche Wendung, denn einige verständige Rancher nahmen Bisons in ihre Obhut, wo sie sich wieder zu vermehren. Heute existieren viele Bisonherden vor allem in den Naturparks des Westen. Insgesamt rund 5500 Bisons, eine der größten Konzentrationen der USA, leben hier im Yellowstone, wo sie grast und wandert und ihre Kälber großzieht wie noch im 19. Jahrhundert.

Anrüchige Schwefeldämpfe verkünden die Nähe des **Mud Volcano**, und eben dieser Schwefel ist auch für die gelbe Farbe verantwortlich. Durch schwefelige Säuren aufgelöste Gesteine vermischen sich mit dem Wasser zu geheimnisvoll und dumpf blubbernden, dickflüssigen *mud pots*, den »Schlammtöpfen«. Auf einem ein Kilometer langen Holzsteg durchqueren wir das thermisch aktive Areal und werfen einen Blick auf den tosenden, siedenden Brei im Schlund des Mud Volcano, dessen Geräusche an eine Waschmaschine im Hauptwaschgang erinnern.

Bei **Fishing Bridge** fließt der Yellowstone River aus dem Yellowstone Lake heraus. Die 1937 erbaute Brücke galt jahrzehntelang als eine der populärsten Stellen zum Forellenangeln, auch unter Grizzlybären, was zwangsläufig zu Konflikten zwischen Mensch und Meister

Im Yellowstone National Park **5**

Für alle Zeiten geschützt: das malerische Hayden Valley

Petz führte. Seit 1973 ist das Angeln – für Menschen – verboten, dafür kann man nun die im Juni und Juli laichbereite Forellen flussabwärts an den Stromschnellen beobachten, insbesondere an den Le Hardy Rapids, wo sie besonders hoch springen.

Für die morgige Weiterfahrt über den Beartooth Pass kehren wir nach **Tower-Roosevelt** zurück. Wer sich für die **Alternativroute** durch das von vielen Tieren bevölkerte Wapiti Valley entschieden hat, für den ist Fishing Bridge das Tagesziel (vgl. S. 127).

5 Service & Tipps

Weitere Infos zum Yellowstone N. P. finden Sie bei Tag 4 auf S. 117.

ℹ️ Albright Visitor Center
Yellowstone N. P., WY 82190
✆ (307) 344-2263, Ende Mai–Anfang Sept. tägl. 8–19, sonst tägl. 9–17 Uhr
Informationen zu Geschichte und Gründung des Yellowstone National Park in Mammoth Hot Springs.

ℹ️ Yellowstone National Park Lodges/ Allgemeine Reservierungsnummer
Reservierung für alle aufgeführten Hotels, Restaurants und Campingplätze sowie Ausritte und *cookouts* unter: ✆ (307) 344-7311, www.yellowstonenationalparklodges.com
Rechtzeitig, d.h. Monate im Voraus, sollte man für die Hochsaison von Ende Juni bis Mitte August buchen, vor allem die Hotelzimmer. Die Zimmer sind einfach, ohne TV und Telefon und nicht gerade preiswert.

Fauna im Yellowstone National Park: Grauwölfe im Winterdress ...

🏞 Lower Terraces Trail
2 km langer Wanderweg um die Lower Terraces von Liberty Cap bis Canary Spring und zurück, alternativ 300 m langer ebener Weg vom Parkplatz an den Upper Terraces zur Canary Spring.

🚣 Yellowstone Raft Company
111 2nd St., Gardiner, MT 59030
8 km nördl. von Mammoth Hot Springs
✆ (406) 848-7777 und 1-800-858-7781
www.yellowstoneraft.com, Ende Mai–Anfang Sept. mehrmals tägl., ab $ 43
Dreistündiges Whitewater Rafting auf dem Yellowstone River. Ganzer Tag $ 86.

Tower-Roosevelt

🏨 Roosevelt Lodge & Cabins
Anfang Juni–Anfang Sept..
62 einfache Blockhütten aus den 1920er Jahren. Preiswertere Zimmer ohne Bad. Zur Anlage gehört ein Familienrestaurant mit »Old West«-Atmosphäre, Barbecue als Spezialität. Reservierungen über Yellowstone National Park Lodges möglich. $$-$$$

⛺ Tower Fall Campground
5 km südl. von Tower-Roosevelt
Ende Mai–Sept., 32 Stellplätze.

⛺ Slough Creek Campground
16 km östl. von Tower-Roosevelt
Mitte Juni–Okt., 29 Stellplätze.

🍽 Old West Dinner Cookout
Roosevelt Lodge, Reservierungen über Yellowstone National Park Lodges möglich
Juni–Aug.
Essen wie im alten Westen am Planwagen: $ 63 mit Fahrt im Planwagen, $ 87 eine Stunde mit Pferd, $ 94 zwei Stunden auf dem Pferd.

🐎 Trail Rides
Ausritte ab Roosevelt Lodge
Anfang Juni–Aug., 1 Std. $ 49, 2 Std. $ 72
Reservierungen über Yellowstone National Park Lodges möglich

🏞 Tower Fall Trail
Ab Tower Fall General Store

Im Yellowstone National Park

Ein 1 km langer Wanderweg führt in einigen Serpentinen zum Fuß des Tower Fall.

Canyon Village

ℹ️ Canyon Visitor Center
Yellowstone N.P., WY 82190
✆ (307) 344-2550
Ende Mai–Sept. tägl. 8–20 Uhr, sonst kürzer
Informationen und Film u. a. zur Geologie des Parks.

🛏️✖️ Canyon Lodge & Cabins
Ende Mai–Sept., 480 Blockhäuschen und 79 Motelzimmer nahe dem Grand Canyon of the Yellowstone, mit Restaurant
Reservierungen über Yellowstone National Park Lodges möglich. $$$$

⛺ Canyon Campground
Am Südende des Grand Canyon of the Yellowstone
Ende Mai–Ende Sept., 272 Stellplätze
Reservierung über Yellowstone National Park Lodges möglich.

🅿️ Mud Volcano Nature Trail
Parkstraße 16 km südl. von Canyon Village: der 1 km lange Wanderweg führt um die dickflüssigen, heißen Mud Pots.

🐎 Trail Rides
Ausritte ab Canyon Village
Mitte Juni–Aug., 1 Std. $ 49, 2 Std. $ 72
Reservierungen über Yellowstone National Park Lodges möglich.

Fishing Bridge/Yellowstone Lake

ℹ️ Fishing Bridge Visitor Center
✆ (307) 344-2450
Ende Mai–Sept. tägl. 8–19 Uhr, sonst kürzer
Parkinformation mit Ausstellungen über Tiere und die Geologie des Parks.

🛏️✖️ Lake Yellowstone Hotel & Cabins
Mitte Mai–Anfang Okt.
1891 erbautes, im Stil der 1920er Jahre restauriertes Hotel am Yellowstone Lake nahe der Fishing Bridge. Luxuriöse Hotelzimmer bis rustikale Hütten. 194 Zimmer, mit Restaurant.

Der Herr der Lüfte über dem Yellowstone National Park: Weißkopfseeadler

Reservierungen über Yellowstone National Park Lodges möglich. $$$$

🛏️ Lake Lodge Cabins
Mitte Juni–Sept., 186 Blockhütten am Yellowstone Lake
Reservierungen über Yellowstone National Park Lodges möglich. $$–$$$$

⛺ Bridge Bay Campground
Mitte Mai–Mitte Sept., 432 Stellplätze am Yellowstone Lake. Bridge Bay Marina mit Motor- und Ruderbootverleih, Reservierung über Yellowstone National Park Lodges möglich.

⛺ Fishing Bridge RV Park
Anfang Mai–Mitte Sept.
344 Stellplätze für Wohnmobile, einziger Platz im Nationalpark mit *full hookups*, Reservierung möglich.

... und Grizzly-Junges auf Entdeckungstour

6 Buffalo Bill – die große Westernlegende
Über den Bärenzahnpass nach Cody

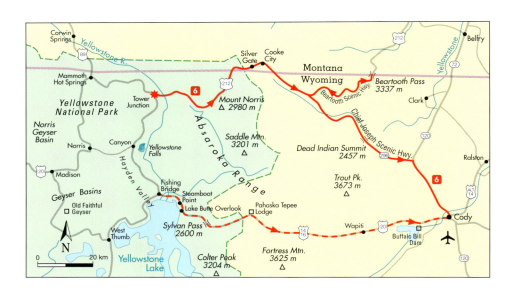

6. Tag: Yellowstone National Park – Beartooth Pass – Cody (245 km/152 mi)

km/mi	Zeit	Route
0	8.00 Uhr	**Tower-Roosevelt**, US 212 (Beartooth Scenic Hwy.) Richtung Osten aus dem Yellowstone N. P. hinaus über Cooke City und Silver Gate, über den **Beartooth Pass** (3337 m, Anfang Juni bis Mitte Oktober geöffnet) hinweg bis zur Grenze Wyoming/Montana.
117/73	10.30 Uhr	Von der Grenze wieder zurück nach Wyoming, Abzweigung nach links auf den Hwy. 296 (Chief Joseph Scenic Hwy.) zum
201/125	12.00 Uhr	**Dead Indian Summit** (2457 m), weiter Hwy. 296, rechts abbiegen auf den Hwy. 120 nach
245/152	13.00 Uhr	**Cody**, Lunchpause, Spaziergang. **Buffalo Bill Dam Visitors Center**, **Buffalo Bill Historical Center**.
	20.30 Uhr	**Cody Night Rodeo**.

Über den Bärenzahnpass nach Cody

Alternative: US 14/16/20 (in der Karte S. 126 rot gestrichelt) von Fishing Bridge im Yellowstone National Park über das Wapiti Valley nach Cody (127 km/79 mi). Auf dem Weg zum östlichen Parkausgang lohnt sich zunächst ein Zwischenstopp am **Steamboat Point**. Neben der heißen Fumarole mit dem passenden Namen »Dampfer« bietet sich ein schönes Panorama über den angrenzenden Yellowstone Lake. Noch besser sind die Aussichten vom **Lake Butte Overlook** rund 200 m über dem Wasserspiegel, der sich über eine 1 km lange Seitenstraße erreichen lässt.

Über den 2600 m hohen Sylvan Pass hinweg gelangen wir 3 km östlich des Parkausgangs zur **Pahaska Tepee Lodge**, einem Komplex aus Hotel und Restaurant, zu dem auch das 1904 von dem berühmten William F. »Buffalo Bill« Cody erbaute »Pahaska Tepee« gehört. In dem gealterten, zweistöckigen Blockhaus mit dem Bisonschädel über dem Kamin unterhielt »Pahaska« (»Langes Haar«), wie ihn die Sioux nannten, Gäste aus aller Welt.

Ab hier folgt der landschaftlich reizvolle **Buffalo Bill Cody Scenic Byway** dem jungen, ungestümen **North Fork Shoshone River**, der die Fahrt durch das **Wapiti Valley** bis nach Cody begleitet. Rote Klippen und ungewöhnliche Felsformationen säumen den Weg, oft deuten Zufahrten auf abseits gelegene Lodges, Sommerhäuser und Gästeranches, auf denen man mit Ausritten in die Wildnis, Lagerfeuern und Viehtrieben noch richtige Cowboyferien verbringen kann. Am Weg liegt auch eine Fülle einfacher, idyllischer Campingplätze des National Forest Service.

Heute steht eine der schönsten Gebirgsetappen der Rocky Mountains auf dem Programm. Durch das **Lamar Valley** verlassen wir den Yellowstone über die mit Abstand ruhigste Straße des Parks. Auch in der Hochsaison sind die Campingplätze hier erst relativ spät am Tag belegt. Direkt am Parkausgang treffen wir auf zwei kleine Orte aus Goldgräbertagen. **Silver Gate** und das benachbarte **Cooke City** erlebten die aufregendste Zeit ihrer Geschichte während des großen Waldbrandes 1988, als die lodernden Flammen ihre Häuser und Straßen um nur wenige Meter verschonten. Weitgehend wehr- und machtlos blickten die Menschen damals auf das Flammeninferno mit seinen ungeheuren Naturgewalten. Als verwitterte Mahnmale ragen noch heute die verbrannten, kahlen Bäume an den Berghängen empor.

Die fantastische und auch für Wohnmobile gut ausgebaute Straße zum **Beartooth Pass** (Bärenzahnpass) ist die höchste asphaltierte Straße nördlich von Colorado. Auf der nur von Anfang Juni bis Mitte Oktober für den Verkehr freigegebenen Straße kurven wir empor zu baumlosen alpinen Höhen mit herrlichen Bergseen und -wiesen und grandiosen Panoramen. Hier oben sollte man als Abstecher noch die wenigen Kilometer bis zur Grenze nach **Montana** fahren, um die Landschaft in ihrer ganzen kargen Dramatik auszukosten.

Aber auch die weitere Route in Richtung Cody ist reizvoll. Der **Chief Joseph Scenic Highway** oder die Sunlight Basin Road, wie die Einheimischen die Strecke nennen, zweigt vom Beartooth Scenic Highway ab und folgt zunächst dem Clarks Fork River. Die Namengebung des Highway geht auf die Nez Percé un-

6 Buffalo Bill – die große Westernlegende

ter Häuptling Chief Joseph zurück, die durch das unwegsame Tal die verfolgende US-Armee abschütteln konnten.

Im Talausgang überquert die Straße auf der höchsten Brücke Wyomings den dann Sunlight Creek und steigt anschließend in Serpentinen zum **Dead Indian Summit** auf. Von dort bietet sich eine wunderbare Aussicht auf das Sunlight Basin. Auf der Ostseite des Passes verlässt man die bewaldeten Rocky Mountains, und es geht hinab in das Bighorn Basin; die Vegetation wird karger, das Klima trockener mit warmen, fast schon heißen Sommertagen.

Das rund 9800 Einwohner zählende **Cody**, das »östliche Tor zum Yellowstone«, ist eine Touristenstadt mit Cowboy- und Wildnisflair, eine attraktive Kombination, die schon der Geschäftsmann Buffalo Bill in ihren Anfängen gefördert hatte. Der im Jahr 1896 inmitten von Weiden entstandene Ort wurde zu Werbezwecken nach seinem Mitbegründer Buffalo Bill alias Colonel William F. Cody benannt. Der geschäftstüchtige Mr. Cody ließ u. a. Bewässerungskanäle bauen und zu Anfang des 20. Jahrhunderts die Eisenbahn hierher verlegen, auch um die anreisenden Touristen dann per Postkutsche weiter zum Yellowstone National Park zu befördern. Die Bemühungen um die Besucher zahlen sich immer noch aus, denn Cody besitzt im Gegensatz zu vielen von Absatzflauten betroffenen Bergbauorten Wyomings eine ausgezeichnete, krisensichere touristische Infrastruktur und verzeichnet nach Jackson die meisten Sommerbesucher.

Ein kurzer Stadtbummel durch Codys Innenstadt führt entlang der **Sheridan Avenue** und ihren Seitenstraßen mit vielen Geschäften und Boutiquen, Restaurants, Galerien mit Westernkunst und Souvenirläden. Verschiedene An-

Von Buffalo Bill erbaut und nach seiner Tochter benannt: Irma Hotel in Cody

Über den Bärenzahnpass nach Cody

bieter von Floßtrips auf dem **Shoshone River**, der die Stadt auf ihrer Nordseite umfließt, sind im Stadtzentrum angesiedelt. Von der Ecke 12th Avenue grüßt das **Irma Hotel**, das Buffalo Bill 1902 als touristische Wegstation zum Yellowstone erbaut und nach seiner Tochter benannt hatte und das wie eh und je Zimmer vermietet.

Vom frühen 20. Jahrhundert an verkehrte im Saloon mit der 100 000-Dollar-Bar aus Kirschbaumholz eine buntgemischte Clique aus Ranchern, Cowboys und Schafzüchtern, auch heute noch trifft man hier viele Einheimische, beispielsweise beim Frühstücksbuffet am Wochenende. Mit der kostspieligen Bar hatte sich eine sehr amüsierte Queen Victoria bei Buffalo Bill für den Spaß und die informative Unterhaltung bei seiner Wildwestshow bedankt. Auf der großen Veranda des Irma Hotel spielt die Schaustellertruppe der »Cody Gunfighters« an beinahe jedem Sommerabend Westernszenen nach.

Zu den besten Museen der Rocky Mountains zählt das **Buffalo Bill Historical Center**, ein großer Gebäudekomplex mit fünf hervorragenden Westernmuseen. An der Nordseite, am westlichen Ende der Sheridan Avenue, steht Buffalo Bills überlebensgroße Bronzestatue **The Scout**, die den extravaganten Westernhelden mit dem weißen Spitzbart als berittenen Armee-Scout in jungen Jahren und mit einem Gewehr in der hochgereckten Hand darstellt.

Wie kein anderer personifiziert William Frederick Cody (1846–1917), alias »Buffalo Bill«, den Wilden Westen. Er war bereits Viehtreiber, Trapper, Goldsucher und Botenreiter, ehe er als 14-Jähriger einige Monate lang als Pony-Express-Reiter anheuerte. Ob als Scout im Sezessionskrieg zwischen Nord- und Südstaaten, Hotelbetreiber oder

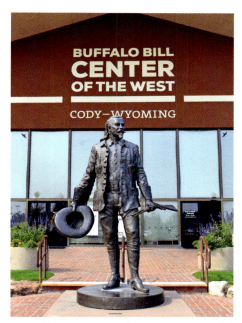

Im Buffalo Bill Center of the West in Cody (o.) gibt es täglich Kochvorführungen am Chuck Wagon (u.)

6 Buffalo Bill – die große Westernlegende

Landspekulant – Codys wechselhafte Berufskarriere war für den Wilden Westen jener Zeiten keine Ausnahme. Der Wendepunkt erfolgte 1867/68. Zu Ruhm und seinem jetzigen Beinamen gelangte er zunächst als Bisonjäger mit manchmal mehr als 100 erlegten Tieren pro Tag (Bisons als deutsche Übersetzung für *buffalos*), dann als erfolgreicher Haupt-Scout der Kavallerie in den »Indianerkriegen«.

Wenig später erschienen bereits erste Groschenhefte mit Buffalo Bill in der Titelrolle. Daneben vollzog er als Westernheld auf Schauspielbühnen oder Jagdführer für Vermögende wie den russischen Großherzog Alexander und den monegassischen Prinzen Albert, den Sprung in seine zweite Karriere. Cody wirkte als Schauspieler, der auf der Bühne sein alltägliches Leben darstellte, besonders glaubwürdig. Sein Nimbus als Westernheld erlangte unbeschreibliche Ausmaße, als er 1876 den Cheyenne-Unterhäuptling Yellow Hair im Kampf tötete.

Unsterblich wurde Buffalo Bill mit seiner bombastischen Wildwestshow mit Hunderten von Darstellern, Pferden, Rindern und Bisons, die die Figur des Cowboys und das Leben im Westen mit Indianer- und Banditenüberfällen glorifizierte und zum »Mega Event« schlechthin machte. Ab 1883 rissen die Shows in Amerika und ab 1887 auch in Europa das Publikum von den Stühlen, Prominente, Reiche und Adlige wie die britische Queen Victoria gehörten zu seinen größten Fans, Präsidenten zu seinen Gästen. Buffalo Bill zählte zu den weltweit bekanntesten Personen. Als Geschäftsmann hatte William F. Cody letzten Endes weniger Erfolg. Chancenlos gegen das neue Medium Film, rutschte seine Wildwestshow 1913 in die Pleite.

Das **Buffalo Bill Museum** verfügt über eine unvergleichliche Sammlung an persönlichen Gegenständen, Showplakaten und Sätteln, Bühnenkleidung etc. und stellt eine Beziehung des legendären Westernhelden zur zeitgenössischen Geschichte und dem Mythos des Westens her. Originalfilme vermitteln einen Eindruck von den Shows.

Größtes der Westernmuseen ist das **Plains Indian Museum**. Es präsentiert Einblicke in die Verwendungsweisen und

In Cody findet im Sommer täglich ein sogenannter Street Gunfight statt

Bedeutungen von Kunsthandwerk, Kleidung, Waffen und Zeremoniengegenständen der Arapaho, Cheyenne, Crow, Shoshone, Sioux und anderer Stämme vorwiegend aus den nördlichen Prärien. Zu den Höhepunkten zählen ein authentisches Sioux-Camp um 1880, fantastische traditionelle Tanzkostüme, eindrucksvoller Häuptlingsschmuck und eine hervorragende Mokassinsammlung.

Die **Whitney Western Art Museum** beherbergt umfangreiche Kunstsammlungen mit Skulpturen, Gemälden und Zeichnungen aus dem alten Westen von berühmten Künstlern wie Frederic Remington, Charles M. Russell, George Catlin, Thomas Moran und Albert Bierstadt. Als viertes Museum stellt das **Cody Firearms Museum** eine komplette Kollektion Winchester-Gewehre und andere bedeutende amerikanische Waffen vom 16. Jahrhundert bis heute aus. Es beleuchtet die Rolle der Waffen bei der Besiedlung des Westens, ein nicht uninteressanter Aspekt.

Als fünftes Museum eröffnete 2002 das **Draper Museum of Natural History** mit umfangreichen Sammlungen und interessanten interaktiven Ausstellungen zu Geologie, Flora und Fauna und der menschlichen Besiedlung des Yellowstone-Gebiets.

Der berühmteste Sohn der Stadt fungierte auch mehrfach als Namengeber: Westlich von Cody zwängt sich der Buffalo Bill Cody Scenic Byway (US 14/16/20, siehe oben) durch den engen Shoshone Canyon am 108 Meter hohen **Buffalo Bill Dam** vorbei. Der bei seiner Fertigstellung 1909 höchste Damm der Welt staut im Buffalo Bill State Park das Buffalo Bill Reservoir zu einem der besten Windsurfing-Reviere der Rockies auf. Dank konstanter Winde huschen in Neoprenanzüge gehüllte Surfer mit ihren bunten Segeln pausenlos über das kalte Wasser.

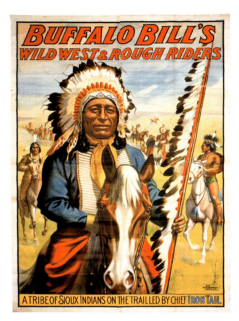

Buffalo Bill's Wild West Show: Die von William Frederick Cody alias »Buffalo Bill« initiierten Shows waren in den USA und Europa kommerziell sehr erfolgreich

Zum Tagesausklang sollte man das im Sommer allabendlich veranstaltete **Cody Night Rodeo** auf keinen Fall verpassen. 5500 Zuschauer finden auf den Rängen Platz zu einem der beliebtesten Rodeos in Wyoming, das seit 1938 eine Institution in der Stadt ist, die sich selbst gern »Rodeo Capital of the World« nennt. Typisch amerikanisch ist die Flaggenparade mit Nationalhymne zu Beginn, anschließend üben sich harte Kerle in *bronc* und *bull riding, steer wrestling* und *calf roping* (vgl. S. 78). Eine klassische Damendisziplin ist dagegen das *barrel racing*, Kinder fangen Kälber und Schafe. Warme Kleidung und Decken sollte man mitnehmen, denn in dieser Höhenlage wird es auch an Sommerabenden empfindlich kühl.

6 Service & Tipps

ℹ Cody Chamber of Commerce
836 Sheridan Ave., Cody, WY 82414
℅ (307) 587-2777
www.codychamber.org
Ende Mai–Anfang Sept. tägl. 8–19 Uhr, sonst kürzer

Unterkünfte

🛏 AmericInn Lodge and Suites of Cody
508 Yellowstone Ave., Cody, WY 82414
℅ (307) 587-7716 und 1-800-634-3444
www.americinn.com
Gepflegtes Motel im Blockhausstil. 65 Zimmer, westlich des Ortes. $$$$

🛏🍴 Crossed Sabres Ranch
829 North Fork Hwy., Cody, WY 82414
℅ (307) 587-3750
www.crossedsabresranch.com
Gästeranch 13 km vor dem Osteingang des Yellowstone N. P., 1898 als Postkutschenstopp errichtet. Übernachtung in rustikalen Blockhütten mit einem oder zwei Zimmern. $$$$

🛏♨ Holiday Inn at Buffalo Bill Village
1701 Sheridan Ave., Cody, WY 82414
℅ (307) 587-5555 und 1-800-465-4329
www.ihg.com
Modernes Downtownhotel mit 188 Zimmern, Restaurant und Pool. $$$$

🛏❌🍺 Irma Hotel & Saloon
1192 Sheridan Ave., Cody, WY 82414
℅ (307) 587-4221 und 1-800-745-4762
www.irmahotel.com
1902 erbautes, nach Buffalo Bills Tochter Irma benanntes Hotel. 40 Zimmer, darunter 15 viktorianisch möblierte Suiten. Beliebtes Restaurant, preiswerter Saloon. $$$$

🛏❌▽🍴 Pahaska Tepee Lodge
183 North Fork Hwy. (US 14/16/20), am Osteingang des Yellowstone N. P.
℅ (307) 527-7701 und 1-800-628-7791
www.pahaska.com
50 Zimmer, Restaurant, Bar, Reitstall, mit Buffalo Bills einstiger Jagdlodge. $$$$

🛏❌🍴 Shoshone Lodge & Guest Ranch
349 North Fork Hwy. (US 14/16/20), 5 km vor dem Osteingang des Yellowstone N.P.
℅ (307) 587-4044, www.shoshonelodge.com
Gäste-Ranch mit komfortablen Blockhütten und Mahlzeiten in einer Lodge aus den 1920er Jahren. $$$$

🛏 Cody Lodging Company
1026 19th St., Cody, WY 82414
℅ (307) 587-6000 und 1-800-587-6560
www.codylodgingcompany.com
Buchungsagentur für Bed & Breakfasts und Ferienwohnungen. $$–$$$$

🛏 Salsbury Avenue Inn B&B
1226 Salsbury Ave., Cody, WY 82414
℅ (307) 587-1226, www.salsburyinncody.com
1914 erbautes B&B mit vier Zimmern. Nur drei Blocks vom Stadtzentrum. Leckeres Frühstück inklusive. $$$

🛏 KOA Cody
5561 Greybull Hwy., Cody, WY 82414
℅ (307) 587-2369 und 1-800-562-8507
www.koa.com, Mai–Anfang Okt.
Komfortcamping auf baumlosem Platz. 228 Stellplätze, 64 Vollanschlüsse. Gratis-Pendelbus zum Rodeo, Pancake-Frühstück.

🛏 Ponderosa Campground
1815 8th St., Cody, WY 82414
℅ (307) 587-9203, www.codyponderosa.com
Mitte April–Mitte Okt.
165 Stellplätze auf Campground in Flussnähe, 135 Vollanschlüsse.

Museen & Sehenswürdigkeiten

🏛♿🛍 Buffalo Bill Historical Center
720 Sheridan Ave., Cody, WY 82414
℅ (307) 587-4771, www.centerofthewest.org
Tägl. Mai–Mitte Sept. 8–18, Okt. 8–17, sonst ab 10 Uhr
Eintritt $ 19/0–11 (zwei Tage/fünf Museen)
Museumszentrum mit Buffalo Bill, Cody Firearms, Draper Museum of Natural History und Plains Indian Museum und der Whitney Western Art Museum. Exzellenter Museumsshop zu den Themen Buffalo Bill und Wilder Westen.

Über den Bärenzahnpass nach Cody

Buffalo Bill Dam Visitors Center
4808 North Fork Hwy., 11 km westl. von Cody
Cody, WY 82414
✆ (307) 527-6076, www.codychamber.org
Mai–Sept. tägl. 8–20 Uhr, Eintritt frei
108 m hoher Staudamm mit Sicht auf den Shoshone Canyon. Kleines Museum.

Restaurants & Einkaufen

Cassie's Supper Club & Dance Hall
214 Yellowstone Ave., Cody, WY 82414
✆ (307) 527-5500, www.cassies.com
Tägl. 11–22 Uhr
Seit 1922: Dinner, Drinks, Tanz und Live-Westernmusik. Erstklassige Steaks. $$$–$$$$

Cody Hong Kong Restaurant
1201 17th St., Cody, WY 82414
✆ (307) 527-6420, www.codychinese.com
Tägl. 15–24 Uhr
Familienfreundliches chinesisches Restaurant im Stadtzentrum. Tägl. Lunch und Dinner, preiswertes Lunch Buffet. $$

Wayne's Boot Shop
1250 Sheridan Ave., Cody, WY 82414
✆ (307) 587-5234, www.waynesbootshop.com
Mo–Fr 9–17.30, Sa 9–17 Uhr
Große Auswahl an Cowboystiefeln, Hüten, Mokassins, Gürteln und Schnallen.

Aktivitäten & Feste

River Runners
1491 Sheridan Ave., Cody, WY 82414
✆ (307) 527-7238 und 1-800-535-7238
www.riverrunnersofwyoming.com
Mitte Mai–Mitte Sept. je nach Wasserstand
Familientaugliches Whitewater Rafting auf dem Shoshone River durch Red Rock Canyon (2 Std., 33/29 $) bzw. Northfork des Shoshone River (halber Tag, $ 78/68). Höchster Flusspegel ist Anfang Juli.

Wyoming River Trips
233 Yellowstone Hwy., Cody, WY 82414
✆ (307) 587-6661 und 1-800-586-6661
www.wyomingrivertrips.com
Mai–Sept., Lower Canyon bis Ende Aug., North Fork bis Ende Juli

Touren durch den Red Rock Canyon des Shoshone River (1,5 Std., $ 34/32), Lower Canyon des Shoshone (2,5 Std., $ 46/44), North Fork des Shoshone ab Ausgang des Yellowstone N. P. (4–5 Std., $ 75)

Buffalo Bill Cody Stampede
519 W. Yellowstone Ave., Cody, WY 82414
✆ (307) 587-5155
www.codystampederodeo.com
Vier Tage um den Unabhängigkeitstag, den 4. Juli, Eintritt $ 20–25
Rodeos, Paraden auf der Sheridan Avenue, Tänze, Shows, Kirmes und Feuerwerk.

Cody Gunfighters
Cody, WY 82414, ✆ (307) 587-4221
Juni–Sept. tägl. außer So 18 Uhr, Eintritt frei
»Shootouts« und andere Westernszenen, auf der Veranda des Irma Hotel.

Cody Nite Rodeo
519 W. Yellowstone Ave., Cody, WY 82414
✆ (307) 587-5155, www.codystampederodeo.com/events/cody-nite-rodeo
Juni–Aug. tägl. 20 Uhr, Eintritt $ 20/0–10
Cowboys, Bullen und Pferde in der Rodeoarena. Zubringer zur Arena am US 14/16/20 3 km westl. der Stadt: Rodeo-Shuttlebus.

Plains Indian Museum Powwow
Buffalo Bill Historical Center
✆ (307) 587-4012, www.centerofthewest.org/event/plains-indian-museum-powwow
Mitte Juni, Eintritt $ 10/0–5
Zweitägiges Festival der Prärieindianer, Kunsthandwerk, Sing- und Tanzwettbewerbe etc.

Weitere Informationen zu Cody finden Sie bei Tag 7 auf S. 140.

Cody: Touristenstadt mit Cowboyflair

7 Teufelsschlucht und Medizinrad
Durch die Bighorn Mountains

7. Tag: Cody – Bighorn Canyon N.R.A. – Bighorn Mountains – Sheridan (312 km/194 mi)

km/mi	Zeit	Route
0	Morgens	Spaziergang durch das **Museum of the Old West** in Cody. Abfahrt von **Cody** auf US 14A nach Osten über Powell nach Lovell zum Visitor Center der **Bighorn Canyon National Recreation Area**. Weiter US 14A, hinter Lovell links abbiegen auf Hwy. 37 in die Bighorn Canyon National Recreation Area bis zum
111/69	12.00 Uhr	**Devil Canyon Overlook**. Zurück auf Hwy. 37, links abbiegen zum **Horseshoe Bend** und dort Picknickpause. Wieder auf Hwy. 37, links auf US 14A, links zum
191/119	14.00 Uhr	**Medicine Wheel**. Zurück zum US 14A, in Burgess Junction Einmündung auf US 14, dieser bis I-90 hinter Dayton folgen, I-90 nach Osten bis nach
312/194	17.30 Uhr	**Sheridan**.
	21.00 Uhr	Abends Besuch des **Wyo Theater**.

Durch die Bighorn Mountains 7

An Codys westlichem Stadtrand liegt in der Nachbarschaft der Rodeoarena das rekonstruierte Pionierstädtchen **Museum of the Old West**, das in seiner authentischen Schlichtheit und mit einem Schuss Nostalgie die Atmosphäre der Wildwestära wieder aufleben lässt, u. a. mit einer Postkutschenstation, einer Blockhütte von Billy the Kid und Butch Cassidy, einem Pionierfriedhof, dem Museum of the Old West mit Gewehren, Kutschen, Farmgeräten und Gegenständen der Ureinwohner.

Östlich von Cody beginnt die unglaublich beeindruckende Weite des **Bighorn Basin**, im Hochsommer eine trockene, sonnengegerbte Landschaft, eine Westernszenerie ohne allzu viele zivilisatorische Anhaltspunkte für uns Mitteleuropäer. Erst im ausgehenden 19. Jahrhundert kamen weiße Siedler in diese einer riesigen Schüssel ähnelnde Beckenlandschaft, die etwa 110 Kilometer lang und 150 Kilometer breit und von drei Seiten von hohen Bergen und im Norden von niedrigeren Vorbergen abgeschirmt ist.

Die heutige Route führt durch das nördliche Bighorn Basin. **Powell** mit rund 6400 Einwohnern ist eine der vielen unauffälligen *American small towns*. Man lebt zufrieden hier in der Kleinstadt, die als Versorgungszentrum für die Gemeinden in dem von Bewässerungskanälen durchzogenen Farmland und die Ölfelder im nördlichen Wyoming dient. Nahe dem **Heart Mountain** westlich der Stadt

Auch für »City Slickers«: Reiterferien in den Bighorn Mountains

7 Teufelsschlucht und Medizinrad

waren während des Zweiten Weltkrieges 11 000 Japaner und japanischstämmige Amerikaner interniert, was das Lager seinerzeit zur drittgrößten Stadt Wyomings anschwellen ließ.

Das um die Jahrhundertwende gegründete **Lovell** nennt sich wegen der Rosenbüsche in seinen Gärten und Parks selbst gern »Rose City of Wyoming«. Die vielversprechende Beschreibung hilft dem touristisch unbeleckten Kleinstädtchen am Rande des kargen Bighorn Basin auch nicht weiter. Sein Reiz liegt vornehmlich in der Funktion als Ausgangsort zur attraktiven **Bighorn Canyon National Recreation Area**.

Der 114 Kilometer lange Stausee des Bighorn River reicht weit bis nach Montana hinein. Unser Abstecher von 26 Kilometern passiert zunächst die **Horseshoe Bend Area**, wo es Camping- und Picknickplätze, Badebuchten und Bootsanleger mit Bootsverleih gibt, und führt dann noch etwas weiter bis nach Montana hinein. Für Autofahrer präsentiert sich die Landschaft eher wie ein hügeliges Hochplateau ohne nennenswerte Einschnitte. Umso überraschter stehen wir am **Devil Canyon Overlook** vor dem Ausblick – gewissermaßen aus der Vogelperspektive – in die Tiefe der von der Seite hinzustoßenden »Teufelsschlucht«. Einfach grandios wirkt auch der im Sonnenlicht glänzende Stausee in der mehr als 300 Meter tief in den grauen Kalkstein eingefrästen felsigen Schlucht.

Westlich der Bighorn Canyon N.R.A. schließt sich das unwegsame Gelände der **Pryor Mountain Wild Horse Range** an, wo rund 200 Mustangs frei und wild leben, allerdings wird man sie wohl kaum zu Gesicht bekommen. Weithin sichtbar dagegen ragt das mächtige Bollwerk der bis in den Hochsommer hi-

»Mustangs on the Mountain«: Wildpferde in den Hügeln der Pryor Mountains

Durch die Bighorn Mountains

Unerwartet tiefe Einblicke gewährt der Bighorn Canyon

nein schneebedeckten **Bighorn Mountains** fast 3000 Meter über den Rand des Bighorn Basin empor. Das unnahbar wirkende, wolkenumrahmte Gebirge mit dem Cloud Peak (4019 m) als höchstem Gipfel setzt einen vollkommenen Landschaftskontrast zum benachbarten Bighorn Basin. Hier gibt es alpine Wildblumenwiesen, mächtige, alte Nadelwälder, weite Aussichten, idyllische National Forest Campgrounds an reißenden Wildbächen und forellenreichen Flüssen und Wanderwege durch die Bergeinsamkeit.

In dieser idyllischen Umgebung liegt die Heimat der *bighorn sheep*, der Dickhornschafe, die der Region ihren Namen gaben. Und es ist durchaus nicht ungewöhnlich, Rinder- und Schafherden grasen zu sehen, denn das weite Gebiet darf auch als Viehweide genutzt werden. Nicht immer war es in den Bighorn Mountains so friedlich. Ab Mitte des 19. Jahrhundert gab es zunächst Konflikte zwischen Ureinwohnern und Weißen, im ausgehenden 19. Jahrhundert stritten sich schließlich in zum Teil blutigen Kämpfen Großrancher mit verfeindeten Kleinfarmern.

Die von Ende Mai bis Mitte Oktober befahrbare US 14A, auch **Medicine Wheel Passage** genannt, ist die kurvenreichste Route mit den längsten Steigungen durch die Bighorn Mountains. Rund 40 Kilometer östlich von Lovell gelangen wir nach einem kurzen Spaziergang zu den **Five Springs Falls**, wo ein 33 Meter hoher Wasserfall über vertikale Granitklippen stürzt. In der durch die feinen Sprühnebel beständig feuchten Umgebung gedeihen einige seltene Pflanzenarten. Zu den Fällen gelangt man vom Five Springs Falls Campground mit einem hübschen Picknickplätzchen.

7 Teufelsschlucht und Medizinrad

Ein wenig weiter östlich liegt auf dem Bald Mountain das **Medicine Wheel**, eine etwas ungleichmäßig radförmige Anordnung von verschieden geformten, flachen, weißen Steinen. Das vermutlich Mitte des 18. Jahrhunderts erbaute und heute zuweilen wieder zeremoniell genutzte »Medizinrad« mit seinen 28 Speichen und einem Durchmesser von 24 Metern wurde erstmals 1903 fotografiert, seither ranken sich um die geheimnisumwitterte Steinanlage der Ureinwohner viele Spekulationen bezüglich ihrer Bedeutung. Einige Astronomen

Eingebettet in die Einsamkeit: die Felsen und Schluchten der Bighorn Mountains

interpretieren das Rad als zeremoniell genutztes Observatorium, in dem die Verlängerungen der Speichen den Sonnenaufgangspunkt bei der Sommer- und Wintersonnenwende sowie den Stand bestimmter Sterne markieren. Andere Theorien sprechen von einer religiösen Verwendung, dabei könnten die Speichen zur Aufstellung bei traditionellen Sonnentänzen gedient haben.

Nach diesem gedanklichen Ausflug holt uns die Realität kurviger Straßen bald wieder ein. Zunächst fahren wir auf dem Highway 14A noch kurz ein Stück bis zur Passhöhe auf 2874 Metern hinauf, dann geht es auf dem US 14, dem **Bighorn Scenic Byway**, weiter. Serpentinenreich führt er talwärts durch den Tongue River Canyon in Richtung Dayton – zur ersten kleinen Ortschaft nach vielen Kilometern Einsamkeit und Natur. Kurz vorher kann man vom **Sand Turn** Drachenflieger starten sehen, ihre bunten Segel sind hübsche Fotomotive.

Downtown **Sheridan** besitzt viele original erhaltene Häuser aus dem späten 19. und frühen 20. Jahrhundert. Im 1893 erbauten, liebevoll restaurierten und unlängst wieder eröffneten **Historic Sheridan Inn** übernachteten einst Ernest Hemingway und Theodore Roosevelt. Zu den Hotelbesitzern gehörte Buffalo Bill Cody, der von der Frontveranda Schauspieler für seine Wildwestshow aussuchte. Das mit 69 Giebeln besetzte, markante Haus beherbergte zwischendurch auch ein Museum.

Sommer in den Bighorn Mountains: Elchkuh zwischen blühenden blauen Lupinen

7 Service & Tipps

Weitere Informationen zu Cody finden Sie bei Tag 6 auf S. 132.

🏛 Museum of the Old West & Old Trail Town
1831 Demaris Dr., Cody, WY 82414
✆ (307) 587-5302
www.museumoftheoldwest.org
Mitte Mai–Sept. tägl. 8–19 Uhr, Eintritt $ 9/0–5
Freilichtmuseum am westlichen Ortseingang mit 26 Gebäuden aus den Jahren 1879–1901, 100 Kutschen.

🍴 Peter's Cafe & Bakery
1219 Sheridan Ave., gegenüber dem Irma Hotel in Downtown, Cody, WY 82414
✆ (307) 527-5040, tägl. außer So 6.30–19 Uhr
Die Plätze auf dem Bürgersteig eignen sich bestens zum *people watching* während des Frühstücks. Frisch gebackenes Brot und Bagels. $

Lovell

ℹ️ Bighorn Canyon National Recreation Area Visitor Center
20 US 14A, Lovell, WY 82431
✆ (307) 548-5406, www.nps.gov/bica
Ende Mai–Anfang Sept. tägl. 8–18 Uhr
Eintritt $ 5 pro Auto, Annual Parks Pass $ 80 (vgl. S. 285)

👁 Medicine Wheel National Historic Landmark
Zufahrt via US 14 A und Forest Service Rd. 12
✆ (307) 548-6551, m Sommer tägl. 8–18 Uhr
Geheimnisvoller indianischer Steinkreis ca. 50 km östlich von Lovell. Zugang 2 km vom Parkplatz zur historischen Stätte.

Sheridan

ℹ️ Sheridan Travel and Tourism Bureau
1517 E. 5th St., Sheridan, WY 82801
✆ (307) 673-7120, www.sheridanwyoming.org

Nachgestellte Geisterstadt: Museum of the Old West & Old Trail Town in Cody

Durch die Bighorn Mountains 7

🛏✕ Sheridan Inn
856 Broadway, Sheridan, WY 82801
✆ (307) 655-7861
www.sheridaninn.com
Originalgetreu restauriertes Hotel von 1893 mit 22 Zimmern und Restaurant ($$$). $$$

🛏 Best Western Sheridan Center
612 N. Main St., 3 km südl. der I-90, Ausfahrt 20, Sheridan, WY 82801
✆ (307) 674-7421 und 1-800-780-7234
www.bestwestern.com
Komfortables 139-Zimmer-Hotel der nationalen Kette im Stadtzentrum. $$–$$$

🛏✕ Candlewood Suites
1809 Sugarland Dr., I-90, Ausfahrt 24
Sheridan, WY 82801
✆ (307) 672-2100, www.ihg.com
Bequemes Hotel mit 212 Zimmern und Restaurant. $$–$$$

🚐 Peter D's RV Park
1105 Joe St., Sheridan, WY 82801
✆ (307) 674-0597 und 1-888-673-0597
www.wyomingrvpark.com, Mai–Okt.
Komfortabler Wohnmobilplatz mit 54 *full hookups*. $

🚐 Sheridan/Bighorn Mountains KOA
63 Decker Rd., östl. von Sheridan
Sheridan, WY 82801
✆ (307) 674-8766 und 1-800-562-7621
www.koa.com, ganzjährig geöffnet
Ruhiger, komfortabler Campingplatz mit 120 Stellplätzen, abends großes Barbecue. $

✕ Wyoming Rib & Chop House
847 N. Main St., Sheridan, WY 82801
✆ (307) 673-4700
www.ribandchophouse.com
Restaurant mit Westernflair. Herzhafte Steakteller, auch Salate, Fisch- und Nudelgerichte. $$$–$$$$

✕ Cowboy Café
135 N. Main St., Sheridan, WY 82801
✆ (307) 672-2391
www.cowboycafewyo.com
Familienrestaurant mit Westernflair in Downtown. Frühstück und Lunch, Fr/Sa Dinner. $$

Die geheimnisumwitterte runde Steinanlage Medicine Wheel wird heute noch von Besuchern geschmückt

🎭 Sheridan Wyo Rodeo
✆ (307) 751-1832, Tickets ✆ 1-888-695-0888
www.sheridanwyorodeo.com
3 Tage Anfang Juli, jeweils ab 19 Uhr
Eintritt $ 18.50–35, online günstiger
Drei Abende »Rodeo Action« mit *bull riding, bronc riding, steer wrestling, calf roping, barrel racing* etc. Dazu tagsüber Beiprogramm aus Kirmes, Chuckwagon-Frühstück, Barbecue u. a.

🎭 Wyo Theater
42 N. Main St., Sheridan, WY 82801
✆ (307) 672-9084, www.wyotheater.com
Entertainment auf Westernart: mit Lokaltheater, Konzerten und diversen Shows, die häufig das Westernerbe deutlich machen, aber auch andere Darbietungen.

🛏🎭🏇 Eatons' Ranch
Wolf, WY 82844
✆ (307) 655-9285 und 1-800-210-1049
www.eatonsranch.com
Seit 1904 im Familienbesitz, am Fuße der Bighorn Mountains, eine der ältesten Gästeranches von Wyoming mit aktiver Landwirtschaft und Viehzucht.
 Cowboyfeeling pur durch freies Reiten und Ausritte in die Berge. 51 Hütten für Gäste. Angeln und Schwimmen möglich. $$$$

8 Vom Teufelsturm zu den schwarzen Hügeln

Vom Bozeman Trail über den Devils Tower in die Black Hills

8. Tag: Sheridan – Buffalo – Devils Tower National Monument – Lead – Deadwood (414 km/257 mi)

km/mi	Zeit	Route
0	8.00 Uhr	In **Sheridan** I-90 East, Ausfahrt 37 rechts ab Richtung Banner, links auf US 87, an **Fetterman Battle Site** vorbei, rechts auf Hwy. 193, sofort links auf Zufahrt zum
34/21		**Fort Phil Kearny State Historic Site**. Rechts auf Hwy. 193, rechts auf US 87, rechts auf I-90 über Buffalo bis Ausfahrt 153, rechts auf US 14, links auf Hwy. 24, links auf Hwy. 110 zum
264/164	12.00 Uhr	**Devils Tower National Monument**. Zurück bis US 14, links nach Sundance, auf I-90 nach Osten, in South Dakota an der Ausfahrt 10 abfahren, rechts auf US 85, hinter Spearfish rechts auf US 14A, den **Spearfish Canyon National Scenic Byway**, in Cheyenne Crossing links auf US 85 nach Norden bis **Lead** zum
409/254	16.00 Uhr	**Black Hills Mining Museum**. Weiter zur **Homestake Gold Mine**, kurzer Blick vom Visitor Center auf die Mine. Weiter US 85 nach
414/257	18.00 Uhr	**Deadwood**, Spaziergang über Mount Moriah Cemetery.

Vom Bozeman Trail über den Devils Tower in die Black Hills 8

Auf der Ostseite der Bighorn Mountains treffen wir zunächst auf den historischen **Bozeman Trail**, der in etwa dem heutigen I-25/I-90-Korridor von Wyoming nach Montana folgt. Die einstige Planwagenroute zu den 1863 entdeckten Goldfeldern in Virginia City, Montana, stand nie unter einem guten Stern. Um den andauernden Überfällen durch Ureinwohner zu begegnen, hatte die US-Armee 1866 **Fort Phil Kearny** und zwei weitere Forts am Trail erbaut.

Das aus groben Steinen gemauerte Schlachtdenkmal der **Fetterman Battle Site** an der US 87 nordöstlich von Story erhebt sich auf einer weiten, offenen Ebene mit dunkel bewaldeten Hügeln am Horizont. Es gedenkt der bis dato verheerendsten Niederlage für die US-Armee während der »Indianerkriege«. 1866 wurde Captain William Fettermans Einheit von 81 Soldaten zunächst von Sioux-Häuptling Crazy Horse aus dem sicheren Fort Phil Kearny in eine Falle gelockt und anschließend von über tausend Kriegern unter Sioux-Häuptling Red Cloud vollständig getötet. Zwei Kilometer südlich von Story hatte sich die Situation im Jahr darauf beim Wagon Box Fight völlig gekehrt. Verschanzt hinter einer Wagenburg und ausgerüstet mit neuen Repetiergewehren, brachten Soldaten von Fort Phil Kearny den Natives eine katastrophale Niederlage bei.

An der **Fort Phil Kearny State Historic Site** informiert ein Museum über die Geschehnisse um das alte Palisadenfort, das unter konstantem Angriff der Sioux unter Häuptling Red Cloud gelegen hatte. Es wurde 1868 verlassen und von den Sioux niedergebrannt. Dennoch war der US-Truppenrückzug vom kostspielig zu bewachenden Bozeman Trail eher ein Pyrrhussieg der Ureinwohner. Die USA konzentrierten ihre Kräfte zunächst auf den Bau der weiter südlich verlaufenden

Geier in einem Baumgerippe am Devils Tower

transkontinentalen Eisenbahn Union/Central Pacific quer durch Wyoming und Utah, denn mit dieser Linie erreichte man Montana schneller als über den Bozeman Trail.

Die 4600 Seelen zählende Ranchgemeinde **Buffalo** ist Verwaltungssitz des Johnson County. Seit hundert Jahren hat die Main Street im Stadtzentrum ihr Gesicht kaum verändert. Das dortige **Jim Gatchell Museum** stellt unzählige Westernrelikte aus und präsentiert Szenen aus der regionalen Geschichte. Mit viel Pulver und Blei demonstrierte der Johnson Country War 1892 eindrucksvoll, wie im Westen des ausgehenden 19. Jahrhunderts Rancher und Farmer das Gesetz in ihre eigene Hände nahmen. Ein Westernfilm hätte nicht fantasievoller inszeniert werden können. Großrancher, die sich zunehmend von den eingezäunten Arealen der Kleinfarmer eingeengt fühlten und die die Kleinbauern – teilweise zu Recht – des Viehdiebstahls bezichtigten, engagier-

Vom Teufelsturm zu den schwarzen Hügeln

ten eine kleine Armee von 25 texanischen Revolvermännern. Mit deren Hilfe stürmten sie dann die KC Ranch und erschossen zwei Kleinrancher.

Daraufhin belagerten rund 200 zu allem entschlossene Kleinfarmer die Revolvermänner auf der TA Ranch mit dynamitbeladenen Wagen. Nur dank guter Beziehungen zu hohen politischen Würdenträgern konnten die Großrancher buchstäblich in letzter Minute die US-Armee anfordern und ihre Männer vor der sicheren Vernichtung retten. Den Mördern von der KC-Ranch wurde allerdings nie der Prozess gemacht.

Ab Buffalo geht es nun endgültig ostwärts in die endlosen Prärien. Als weithin sichtbares Wahrzeichen im nordöstlichen Wyoming erwartet uns der seit dem Jahr 1906 unter Naturschutz gestellte **Devils Tower**. Wahrlich bietet der »Teufelsturm« einen erhabenen, ja beinahe unglaublichen Anblick. Wie ein kolossaler steinerner Baumstumpf mit riesigen durchgehenden Rillen erhebt er sich 386 Meter hoch über dem Belle Fourche River, der sich unterhalb des Berges tief in den Prärieboden eingefressen hat. Angesichts dieser monumentalen Exponiertheit diente der Berg gar als ein Schauplatz für den 1977 inszenierten Kinohit »Begegnungen der dritten Art«.

Die Ureinwohner nannten ihn »Mateo Tipi«, »Bau des Bären«. Der Legende zufolge flüchteten sieben Mädchen vor einem Bären auf einen Baumstumpf, der plötzlich immer höher emporzuwachsen begann. Während die Tatzen des Bären tiefe Furchen hineinzogen, stiegen die sieben jungen Frauen als Sternbild des Großen Bären auf, das noch heute am Himmel zu sehen ist. Nach einer mehr wissenschaftlich begründeten These wurde der Devils Tower vor 60 Millionen Jahren aus Magma geboren, die

keinen Auslass aus den Steinschichten fand, dort säulenförmig erkaltete, und die, als das Land allmählich erodierte, wieder zum Vorschein kam.

1893 wurde der 264 Meter hohe Devils Tower erstmals erfolgreich bestiegen. Fragmente der damals benutzten Leiter lassen sich noch heute in einer der Verschneidungen ausmachen. Knapp hundert Jahre später zählt man annähernd 5000 Kletterer pro Jahr. Wir können den Berg aber auch mit beiden Füßen auf dem sicheren Erdboden bestens erleben. Der asphaltierte **Tower Trail** umrundet zwei Kilometer lang den Felsen und bietet immer wieder ideale Fotomotive der agilen Kletterer in ihren bunten Outfits. Etwa ein Kilometer hinter dem Parkeingang lohnt sich auch ein Stopp an den Aussichtspunkten vor der Präriehundkolonie. Die putzigen Nager, die trotz des Namens nicht mit Hunden verwandt sind, setzen sich oft kameraversiert, aber immer wachsam vor ihren Bau.

Östlich des Devils Tower erheben sich allmählich die bewaldeten Berge der **Black Hills** von **South Dakota**. Nach der langen Fahrt durch karges Prärieland freuen wir uns über ein völlig anderes Szenario auf dem kurvenreichen **Spearfish Canyon National Scenic Byway** (US 14A). Besonders reizvoll wirkt die knapp 30 Kilometer lange, enge Fels- und Waldschlucht während der herbstlichen Laubfärbung.

Nächstes Ziel ist das hoch in den Bergen gelegene kleine Minenstädtchen **Lead**, wo das **Black Hills Mining Museum** diverse Bergbautechniken erläutert. Neben umfangreichen Ausstellungen bietet es Führungen durch eine rekonstruierte Mine und Goldwaschen an. Danach steht die nahegelegene **Homestake Gold Mine** auf dem Programm. Die am längsten operierende Goldmine der Welt, deren immense Lagerstätten wäh-

Devils Tower: monumentales Wahrzeichen im Nordosten Wyomings

8 Vom Teufelsturm zu den schwarzen Hügeln

Stilvoll restaurierte Häuser in Deadwood

rend des Black Hills Gold Rush 1876 entdeckt wurden, fördert noch heute aus Untertageminen bzw. im Obertageabbau pro Jahr weit über 200 000 Feinunzen Gold. Direkt von der Aussichtsplattform im Visitor Center überblickt man den beeindruckend tiefen Minencanyon am besten, noch näher heran geht es auf einer geführten Bustour.

Nach nur wenigen Kilometern folgt **Deadwood** im engen Tal des Deadwood Creek. Die kleine Spielerstadt in den Black Hills machte mit dem Goldrausch 1876 Karriere, wurde zu einer der turbulentesten Städte des Westens und erlebte aber mit Erschöpfung der Goldvorräte wie die meisten Boomtowns einen unaufhaltsamen Niedergang. Vielleicht wäre Deadwood im Nichts der Geschichte versunken, wenn nicht 1989 das Glücksspiel legalisiert worden wäre, was den Weg in eine profitable Zukunft geebnet hat. Die meisten Einkünfte kommen nunmehr aus den »einarmigen Banditen«, den pausenlos arbeitenden Spielautomaten.

Doch die knapp 1300 Einwohner zählende Stadt ist beileibe keine Touristenfalle, ganz im Gegenteil, sie lässt diese neue Goldgrube für sich arbeiten. Deadwoods Altstadt gehört zu den größten nationalen Restaurierungsprojekten, die durch Kasinoeinnahmen mitfinanziert werden, und das Ergebnis kann sich sehen lassen. Stilvoll restaurierte Wohn- und Geschäftshäuser und historische Hotels mit nostalgisch gestylten Spielkasinos säumen die **Historic Main Street**, die man tagsüber und auch abends noch sicher entlangschlendern kann.

Berühmtester Sohn der Stadt ist der 1837 in Illinois geborene James Butler Hickock, alias »Wild Bill Hickock«, einer der bekanntesten Revolverhelden seiner Zeit. Er war einer, der nicht untätig herumsitzen konnte, er war Scout und Scharfschütze der Unionsarmee und Marshall im wilden Abilene, Kansas. 1872/73 tourte er mit Buffalo Bills Wildwestshow durch die Lande, er war passionierter, trinkfester Pokerspieler, den es zur Goldrauschzeit nach Deadwood zog. Allerdings konnte er seinen Ruhm nicht lange genießen. Als Wild Bill nur einmal gegen seine Prinzipien verstieß und beim Pokern mit dem Rücken zur Tür saß, wurde er 1876 im **Saloon No. 10 Casino** von Jack McCall hinterrücks erschossen. Sein damaliges Blatt aus zwei Paaren schwarzer Asse und Achten ist seither als »Deadman's Hand« bekannt.

Passend zur Wildwesttradition der Stadt haucht »Wild Bill« heute mehrmals täglich in dem 1879 abgebrannten und wieder neu aufgebauten Saloon »No. 10« sein Leben aus. Das Attentat und Jack McCalls Verurteilung kann man auch in der **Old Town Hall**, dem alten Rathaus, als ausführlicheres Westernschauspiel mitverfolgen. Nicht minder oft fällt auch der Name »Calamity Jane« (1852–1903). Martha Jane Cannary, wie die Dame mit bürgerlichem Namen hieß, war Prostituierte und Goldsucherin und tauchte während des Goldrauschs in den Black Hills als eine der ersten Frauen in eine fast reine Männergesellschaft ein. Calamity Jane erregte Aufmerksamkeit, weil sie sich den rüden Umgangsformen anpasste, sie schoss, trank Unmengen und wurde dabei laut und vulgär. Für Romantik sorgte ihre angebliche Liaison mit Wild Bill Hickock.

Ein kurzer Spaziergang bringt uns den steilen Hügel hinauf zum **Mount Moriah Cemetery** oberhalb der Altstadt. Auf dem Wildwestfriedhof fand neben Wild Bill Hickock auch Calamity Jane ihre letzte Ruhestätte.

Wer mehr über die Wildwestgeschichte der Stadt erfahren möchte, besucht das **Days of '76 Museum**. Mit

Schild am Saloon No. 10, wo die Wildwest-Legende McCall starb

Postkutsche, Waffen, Kleidern, traditionellen und alltäglichen Gegenständen der Ureinwohner und weißen Einwanderer bringt das moderne Museum dem Besucher das Leben jener turbulenten und nicht immer leichten Epoche näher.

Auch heute noch gehören Rodeos im Wilden Westen zu jedem Fest

8 Service & Tipps

🏛 Fort Phil Kearny State Historic Site
528 Wagon Box Rd., Banner, WY 82832
✆ (307) 684-7629, www.fortphilkearny.com
Tägl. Mitte Mai–Sept. 8–18, sonst 12–16 Uhr
Eintritt $ 4/0–4
Kleines Museum an der Stelle des historischen Fort Phil Kearny.

Buffalo und Devils Tower

🛏❌🍴 Occidental Hotel
10 N. Main St., Buffalo, WY 82834
✆ (307) 684-0451
www.occidentalwyoming.com
14 mit Antiquitäten und allem modernen Komfort ausgestattete Zimmer. Saloon von 1908, Café und Restaurant. $$$–$$$$

🏛 Jim Gatchell Memorial Museum
100 Fort St., Buffalo, WY 82834
✆ (307) 684-9331, www.jimgatchell.com
Ende Mai–Anfang Sept. Mo–Sa 9–18, So 12–18 Uhr, sonst kürzer, Eintritt $ 5/0–3
Westernmuseum.

Historische Türgriffe in der Altstadt von Deadwood

🎯 Devils Tower National Monument
Devils Tower, WY 82714
✆ (307) 467-5283, www.nps.gov/deto
Eintritt pro Auto $ 15 (7 Tage), $ 80 Annual Parks Pass (vgl. S. 285)
Der 264 m hohe, freistehende Felsturm ist das Wahrzeichen des nordöstlichen Wyoming.

Lead und Deadwood

🏛🎯 Black Hills Mining Museum
323 W. Main St., Lead, SD 57754
✆ (605) 584-1605
www.blackhillsminingmuseum.com
Mai–Sept. Mo–Sa 9–17, So 12–17 Uhr, sonst kürzer, Führung $ 10, Goldwaschen $ 10 extra
Museum zur Geschichte des Bergbaus in den Black Hills. 40-min. Führungen durch eine rekonstruierte Mine.

🎯🎯 The Homestake Gold Mine Surface Tour & Visitor Center
160 W. Main St., Lead, SD 57754
✆ (605) 584-3110
Führungen Mitte Mai–Sept. tägl. 9–15.30 Uhr, Eintritt $ 7.50/0–6.50
Bis 2002 die älteste ununterbrochen aktive Goldmine der Welt.

ℹ Deadwood Chamber of Commerce
767 Main St., Deadwood, SD 57732
✆ (605) 578-1876 und 1-800-999-1876
www.deadwood.com

🛏❌🎰 Silverado Franklin Historic Hotel & Gaming Complex
709 Main St., Deadwood, SD 57732
✆ (605) 578-3670 und 1-800-584-7005
www.silveradofranklin.com
Kasinohotel der Jahrhundertwende in der Altstadt; 80 Zimmer. So–Do (16.30–21 Uhr) preisgünstiges Grand Buffet ($$) im Spielkasino, Fr/Sa Crab Buffet (16.30–22.30 Uhr). $$$–$$$$

🛏❌🎰 Historic Bullock Hotel
633 Main St., Deadwood, SD 57732
✆ (605) 578-1745 und 1-800-336-1876
www.historicbullock.com
Altehrwürdiges Downtown-Hotel mit Restaurant, Spielkasino, 28 Zimmer. $$$

Vom Bozeman Trail über den Devils Tower in die Black Hills

Das Flair des Wilden Westens versprüht die Lobby des Occidental Hotel in Buffalo

Penny Motel
818 Upper Main St.
Deadwood, SD 57732
(605) 578-1842 und 1-877-565-8140
Motel nahe dem historischen Distrikt.
15 Zimmer. $$

Deadwood KOA
11484 US 14 Alt, Deadwood, SD 57732
(605) 578-3830 und 1-800-562-0846
www.koa.com, Ende April–Mitte Okt.
Nächster Campingplatz an Deadwood, 73 Stellplätze, 37 Vollanschlüsse. Gratis-Pendelbus zu den Kasinos. $

Days of '76 Museum
18 Seventy Six Dr.
Deadwood, SD 57732
(605) 578-1657
www.deadwoodhistory.com
Mai–Sept. tägl. 9–17, sonst Di–Sa 10–16 Uhr
Eintritt $ 8/0–3
Kutschen, eine Dampflok, Kunsthandwerk der Ureinwohner u.a. Die Exponate erzählen vom Leben im späten 19. Jh.

Jakes Atop The Midnight Star
677 Main St., Deadwood, SD 57732
(605) 578-1555, www.themidnightstar.com
Spitzenrestaurant im 4. Stock des Midnight Star Casino. $$$

Saloon No. 10 Casino
657 Main St., Deadwood, SD 57732
(605) 578-3346 und 1-800-952-9398
www.saloon10.com
Tägl. Kasino 8–2, Fr/Sa bis 4, Restaurant 11–21, Fr/Sa bis 22 Uhr, Eintritt frei
Hier wurde Wild Bill Hickock erschossen. Mehrmals tägl. Neuinszenierungen. $

»The Trial of Jack McCall«
715 Main St., Deadwood, SD 57732
Im Deadwood Theater, Masonic Temple
(605) 578-1876 und 1-800-344-8826
Ende Mai–Ende Sept. tägl. außer So 20 Uhr
Eintritt $ 6/0–3
Das Westernschauspiel im Masonic Temple stellt das Attentat auf Wild Bill Hickock und die Verurteilung Jack McCalls nach. Shoot-Out auf der Main Street ist stes um 19.30 Uhr.

9 Bizarre Hügel im »schlechten Land«
Badlands National Park

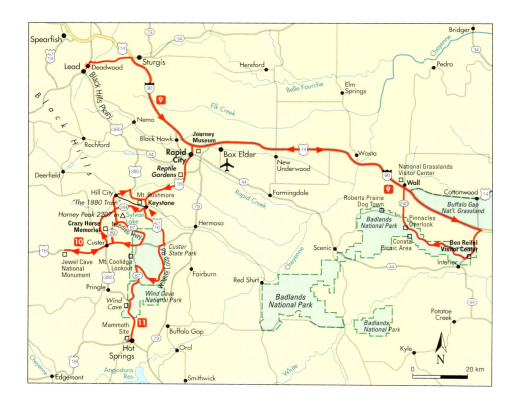

9. Tag: Deadwood – Badlands National Park – Wall – Rapid City – Keystone (362 km/225 mi)

km/mi	Zeit	Route
0	8.00 Uhr	Von **Deadwood** US 14A nach Sturgis, auf die I-90 East, über Wall, an der Ausfahrt 131 rechts auf Hwy. 240 in den **Badlands National Park**.
191/119	10.30 Uhr	**Door Trail**, anschließend **Window Trail** und **Cliff Shelf Nature Trail**. Weiter bis

195/121	12.00 Uhr	**Ben Reifel Visitor Center**; auf der Badlands Loop Rd. über **Fossil Exhibit Trail**, Hwy. 240 aus dem Park bis
246/153	14.00 Uhr	**Wall**, I-90 westwärts zurück nach **Rapid City** bis Ausfahrt 58, links in die Haines Ave., links zum
331/206	16.00 Uhr	**Journey Museum**. Aus der Innenstadt US 16 (Mt. Rushmore Rd.), eventuell Stopp an den **Black Hills Reptile Gardens**, weiter US 16 und US 16A nach
362/225	19.00 Uhr	**Keystone**.

Wie oft hat man sie auf der langen Autobahnfahrt unterwegs gesehen? »Wall Drug Store – 5 cent coffee«, »free ice water« nur noch 40, 30, 20, 10 Meilen … auf Hunderten von Kilometern längs der I-90 verfolgten wir die markanten Wall-Drug-Werbeplakate, und weil es sonst nicht viel Buntes zu sehen gab unterwegs, haben wir sie auch alle gelesen. So erreichen wir schließlich den **Wall Drug Store** – neugierig auf Amerikas wohl preiswertesten Becher Kaffee, das kostenlose Eiswasser und das, was dahinter stecken mag. Der Wall Drug Store entpuppt sich als kurioses, straßenblockgroßes *shopping emporium* mit einer klimatisierten Mischung aus Restaurant, Touristenattraktion, Galerien und Geschäften mit Verkaufsschlagern wie Gold aus den Black Hills, Westernkleidung, Cowboystiefel, Töpferwaren der Ureinwohner und Waren »Made in South Dakota«.

Aber wir nutzen den Morgen nicht zum Einkaufsbummel, sondern als Fototermin im **Badlands National Park**, dessen Landschaften aus Kevin Costners oscarprämierten Filmhit »Der mit dem Wolf tanzt« vielen Cineasten bestens bekannt sind. Noch heute wird dieses Land zwischen Cheyenne und White River, das sich wie eine gezackte Insel aus den Prärien erhebt, als »schlechtes Land« bezeichnet. So wie es die französischen Pelztierjäger auf ihrem Weg zu den Bibergründen im Westen »les mauvaises terres à traverser« nannten oder die Ureinwohner »mako sica«.

Fast 40 Jahre gab es keine Dickhornschafe im Badlands National Park, sie wurden 1996 neu angesiedelt

9 Bizarre Hügel im »schlechten Land«

Doch wir sehen die Badlands als Wunderland aus erodierten Hügeln aus Vulkanasche und Sedimentablagerungen, mit rötlichbraunen und hellen Bändern, aus dem Gewittergüsse und kontinuierliche Winde scharfe Kanten, spitze Türmchen und Zinnen geschaffen haben, in dem enge Canyons sich urplötzlich in ausgedehnte, flache Areale mit Präriegras öffnen.

Diese kargen Grasflächen – nur im kurzen Frühjahr saftig, sonst ausgedörrt – sind Fragmente des riesigen Prärielands, das den Großteil der westlichen Prärien bis zu den Rocky Mountains bedeckte und auf dem 60 Millionen Bisons lebten. Rund 500 dieser mächtigen Tiere – »Tatanka« in der Sprache der Lakota – grasen im Park. Präriehunde legen ihre unterirdischen Kolonien gern auf den Weidegründen der Bisons an, weil diese das Land frei von Buschwerk halten, umgekehrt sprießen auf dem Aushub der Präriehundkolonien stets frische Gräser.

Den **North Unit**, den nördlichen und schönsten Teil des Nationalparks, durchquert die 45 Kilometer lange Badlands Loop Road. Mondähnlich, ja außerirdisch wie keine andere Landschaft, erscheint uns das karge Hügelland – der Charakter des Badlands National Park präsentiert sich an jedem der neun verschiedenen Aussichtspunkte entlang der Route vollkommen anders. Direkt hinter dem Parkeingang bietet der **Big Badlands Overlook** ein brillantes Panorama der bunt gestreiften Hügel, lässt den Blick über die zivilisationslose Szenerie gleiten, die scheinbar unbeschadet die Jahre überdauert hat.

An Tagen wie heute, wo die Sonne vom blauen Himmel strahlt, schwelgt das ganze Land besonders am frühen Morgen oder Spätnachmittag in den schönsten Erdfarben von Weiß (Vulkanasche) über Beige und Grau (Sand und Kies) bis hin zu Rot und Orange (Eisenoxide). Bei bedecktem Himmel aber versinkt auch die Landschaft in grauem, eindringlichem Schweigen.

Aber erst auf den vier schönsten Spazierwegen erlebt man die Badlands auf intensive Weise, die Hitze, den Wind, vielleicht den Regen, das Gras, die Einsamkeit …, alles setzt sich wie in einem Puzzle zusammen und hinterlässt bleibende Erinnerungen. Zur Einführung geleitet uns der **Door Trail** durch die »Tür« einer Felsenwand mitten hinein in die wild erodierten Badlands.

Badlands National Park

Einen ähnlichen Eindruck vermittelt nur wenige Meter weiter auch der kurze **Window Trail**, der zu einem »Fenster« in der Felswand mit hervorragendem Blick auf die ausgewaschenen Canyons führt. Dagegen besitzt der 800 Meter lange **Cliff Shelf Nature Trail** einen völlig anderen Charakter, er führt durch eine kleine bewaldete Prärieoase, die erfolgreich der ausgedörrten Prärie trotzt.

Angenehme Abkühlung in der Mittagshitze bringt ein Besuch im **Ben Reifel Visitor Center**, das mit naturwissenschaftlichen Ausstellungen und audiovisuellen Programmen die Geologie des Parks erläutert. Die Fossilien von Säugetieren aus dem Oligozän, die in Schaukästen auf dem kurzen **Fossil Exhibit Trail** ausgestellt sind, stammen von den ausgezeichneten Fundstellen im Nationalpark. Denn vor etwa 35 bis 23 Millionen Jahren existierte hier statt der lebenswidrigen Badlands ein subtropisches Marschland, in dem u. a. Säbelzahntiger und Riesenrhinozerosse lebten.

Ein kurzer Abstecher führt zur **Conata Picnic Area**, wo man an überdachten

Badlands – so schön kann das »schlechte Land« sein

9 Bizarre Hügel im »schlechten Land«

Wo früher Dinosaurier und Säbelzahntiger zu Hause waren, haben sich heute eher Kleintiere den kargen Bedingungen der South Dakota Badlands angepasst: wachsame Schwarzschwanz-Präriehunde (oben) und ein mümmelndes Baumwollschwanzkaninchen

Picknicktischen am Fuße graublauer bis beigefarbener Hügel aus Vulkanasche und Sedimentablagerungen eine Siesta halten kann. Hinter dem **Pinnacles Overlook** bietet sich noch ein acht Kilometer kurzer Abstecher zur **Roberts Prairie Dog Town** an, die putzigen Präriehunde lassen sich dort am Wegesrand bestens beobachten.

Dann verlassen wir wieder den Park, und durch die weite gräserne Einsamkeit des **Buffalo Gap National Grassland** geht es zurück nach Wall, eine Ortschaft, die uns wie eine vom Kommerz bestimmte Oase unter der glühenden Sonne South Dakotas vorkommt. Zu Recht bezieht der Ort seinen Namen von den südlich gelegenen Badlands, die wie ein rauer Festungswall aufragen. Die Badlands sind der östlichste Punkt der Rundfahrt, hier kehrt man den Prärien endgültig den Rücken auf dem Weg nach **Rapid City** (73 600 Einwohner), das sich an den Nordosthängen der Black Hills ausbreitet. Die zweitgrößte Stadt South Dakotas war bereits 1876, zwei Jahre nach den Goldfunden in den Black Hills, gegründet worden, der große Boom setzte 1886 mit der Ankunft der Eisenbahn ein. Heute ist Rapid City eine moderne Stadt und das größte Bevölkerungs- und Wirtschaftszentrum im Umkreis der Black Hills.

Auf der Fahrt dorthin sollte man dem **The Journey Museum** einen Besuch abstatten. Das fabelhafte Museum präsentiert mehrere interaktive und audiovisuelle Ausstellungen mit dem Themenschwerpunkt South Dakota. Am Beginn der Zeitreise durch zwei Milliarden Jahre steht ein viertelstündiger Einführungsfilm. Danach beleuchten zwei Museumskomplexe die Geologie South Dakotas und der Black Hills im Besonderen sowie die Archäologie mit seltenen Fossilien, Dinosaurierknochen und anderen Fundstücken.

Badlands National Park 9

Unterwegs im Badlands National Park, South Dakota

Historische Ausstellungen wiederum beschäftigen sich mit den frühen Jägern und Sammlern, die am Ende der letzten Eiszeit in den Black Hills ihre Nahrung fanden, berichten vom Leben und von den Schicksalen der Goldsucher und Siedler, die das Territorium der Ureinwohner in den Black Hills überrannten, ihre Claims und ihr Farmland absteckten, und sie rufen die »Indianerkriege« in Erinnerung mit den Kämpfen am Little Bighorn River und dem Massaker von Wounded Knee.

Als Schwerpunkt erläutert das Journey Museum die Kultur der Prärieindianer, insbesondere der Lakota-Sioux. Für den westlichsten der Sioux-Stämme waren die heiligen Black Hills das »Zentrum des Universums«.

An der US 16 auf dem Weg in die Black Hills bietet sich ein Zwischenstopp in den **Black Hills Reptile Gardens** an, einer der ältesten Attraktionen der Stadt. Der kleine, aber unterhaltsam-informative Reptilienzoo zeigt Alligatoren, Krokodile, Schlangen, Amphibien und Insekten in Gehegen und Terrarien, Shows mit Raubvögeln, Papageien und Alligatoren etc.

Nun ist es nicht mehr weit nach **Keystone**, das 1883 als Bergbausiedlung entstand. Die heutige kleine Touristenstadt im Herzen der Black Hills bietet ihren Besuchern mit Geschäften an malerischen Straßen, mit einer historischen Dampfeisenbahn, einer Goldmine, der Rushmore Cave und nicht zuletzt dem Mount Rushmore einiges.

9 Service & Tipps

Wall Drug Store
510 Main St., I-90, Ausfahrt 109
Wall, SD 57790
℃ (605) 279-2175
www.walldrug.com
Juni–Aug. tägl. 7–22 Uhr, sonst kürzer
Große Werbung mit 5-Cent-Kaffee; Galerien und Geschäfte in einem Einkaufszentrum im Westernstil, Western Art Gallery Restaurant mit Bisonburgers, Sandwiches. $–$$

Badlands National Park
25216 Ben Reifel Rd., Interior, SD 57750
℃ (605) 433-5361
www.nps.gov/badl
Eintritt pro Auto $ 20 (7 Tage), $ 80 Annual Parks Pass (vgl. S. 285)
Erodierte Hügel mit rötlichbraunen und hellen Bändern bestimmen das Bild im 976 km^2 großen Park. Die 45 km lange Park Loop Road führt durch den attraktiven Nordteil; Aussichtspunkte, Kurzwanderungen. **Ben Reifel Visitor Center** (im Sommer tägl. 7–19 Uhr, sonst kürzer) am Cedar Pass mit Fossilien und audiovisuellen Programmen.

Cedar Pass Lodge
20681 SR 240, Interior, SD 57750
℃ (605) 433-5460 und 1-877-386-4383
www.cedarpasslodge.com, April–Mitte Okt.
Lodge am Visitors Center, Unterkünfte in individuellen Hütten. Souvenirs und Kunst im Geschäft der Oglala-Sioux. Im Restaurant mit Badlands-Blick die *Indian Tacos* probieren! $$$

Door Trail
3 km nördl. des Ben Reifel Visitor Center
Wanderweg (1,2 km hin und zurück) mitten hinein in die wild erodierten Badlands durch eine »Tür« *(door)* in einer Felswand.

Window Trail
2 km nördl. des Ben Reifel Visitor Center
200 m langer Pfad zu einem natürlichen »Fenster« *(window)* in einer Felswand mit hervorragendem Blick auf die trockenen Canyons.

Cliff Shelf Nature Trail
1 km nördl. des Ben Reifel Visitor Center
800 m langer Rundweg durch eine bewaldete Prärieoase, umgeben von ausgedörrter Prärie.

Fossil Exhibit Trail
8 km westl. des Ben Reifel Visitor Center
Auf dem 400 m langen Rundweg sind Fossilien der einst in den Badlands lebenden Tiere ausgestellt.

Rapid City

Rapid City Area Convention & Visitors Bureau
444 Mt. Rushmore Rd., Rapid City, SD 57701
℃ (605) 718-8484 und 1-800-487-3223
www.visitrapidcity.com

Black Hills Visitor Information Center
1851 Discovery Circle (I-90, direkt an der Ausfahrt 61), Rapid City, SD 57701
℃ (605) 355-3700
www.blackhillsbadlands.com
Tägl. 8–17 Uhr, im Sommer länger

Hotel Alex Johnson
523 6th St., Rapid City, SD 57701
℃ (605) 342-1210 und 1-888-729-0708
www.alexjohnson.com
Traditionshotel von 1928 mit 143 Zimmern, Restaurant und Pub. $$–$$$

The Journey Museum
222 New York St., Rapid City, SD 57701
℃ (605) 394-6923
www.journeymuseum.org
Mai–Sept. Mo–Sa 9–18, So 11–17, sonst Mo–Sa 10–17, So 13–17 Uhr
Eintritt $ 10/0–7
Hightechmuseum mit interaktiven und audiovisuellen Ausstellungen zu Geologie, Archäologie und zur Kultur der Lakota-Sioux und der Geschichte der Siedler. Gut sortierter Museumsshop.

The Historic Freighthouse Grill & Taphouse
306 7th St., Rapid City, SD 57701
℃ (605) 721-1463, tägl. 11–22 Uhr
Umfangreiche Speisekarte und Bierauswahl im rustikalen Ambiente eines ehemaligen Güterschuppens. $$

Firehouse Brewing Company
610 Main St., Rapid City, SD 57701
✆ (605) 348-1915
www.firehousebrewing.com
Mo–Do 11–23, Fr/Sa 11–24, So 11–22 Uhr Uhr Hausbrauerei mit exzellentem Restaurant in Downtown. $

Prairie Edge Trading Co.
606 Main St., Rapid City, SD 57701
✆ (605) 342-3086 und 1-800-541-2388
www.prairieedge.com
Mo–Sa 9–21, So 10–17 Uhr
Attraktive Auswahl an Native-American-Kunsthandwerk in Downtown.

Bear Country U.S.A.
13820 S. Hwy. 16, Rapid City, SD 57702
✆ (605) 343-2290, www.bearcountryusa.com
Juni–Aug. tägl. 7.30–19 Uhr, sonst kürzer
Eintritt $ 17/0–11
5 km lange Autofahrt durch Freigehege mit Schwarzbären, Bisons und anderen Tieren.

Black Hills Reptile Gardens
8955 S. Hwy. 16, 10 km südlich von Rapid City
Rapid City, SD 57709
✆ (605) 342-5873 und 1-800-335-0275
www.reptilegardens.com
Ende Mai–Anfang Sept. tägl. 8–18, sonst tägl. ab 9 Uhr, Eintritt $ 17.50/0–11.50, im Frühjahr und Herbst $ 13.50/0–9.50
Reptilienzoo mit Alligatoren, Krokodilen, Schlangen, Amphibien, Shows mit Raubvögeln, Papageien etc.

Keystone

Rushmore Express
320 Old Cemetery Rd., Keystone, SD 57751
✆ (605) 666-4483 und 1-800-323-6476
www.rushmoreexpress.com
April–Mitte Nov.
Modernes Motel mit 44 Zimmern, wenig abseits der Hauptstraße. $$$$

Holy Smoke Resort
24105 US 16 A, 7 km von Mount Rushmore
Keystone, SD 57751
✆ (605) 666-4616 und 1-866-530-5696
www.holysmokeresort.com

Mitakuye-Oyasin-Bronzeskulptur auf der Main Street in Rapid City

19 Blockhütten und Campground auf ehemaligem Miningcamp. Mit Restaurant. $$–$$$

Powder House Lodge & Restaurant
24125 US 16 A, 2 km nördl. von Keystone
Keystone, SD 57751
✆ (605) 666-4646 und 1-800-321-0692
www.powderhouselodge.com
Mitte Mai–Mitte Okt.
Restaurant in einem rustikalen Blockhaus. Rippchen, fangfrische Forellen und herzhaftes Bisonfleisch. Übernachtung in gemütlichen Blockhütten und Motelzimmern der Lodge. $$–$$$

Horsethief Lake Campground
Hwy. 244, 8 km östl. der Kreuzung mit US 16, im Black Hills National Forest
Keystone, SD 57751
✆ (518) 885-3639 und 1-877-444-6777
www.recreation.gov, Ende Mai–Mitte Sept.
36 einfache Stellplätze an malerischem See. $

Mt. Rushmore KOA and Palmer Gulch Resort
12620 SR 244, 8 km westl. von Mount Rushmore, Hill City, SD 57745
✆ (605) 574-2525 und 1-800-562-8503
www.koa.com, www.palmergulch.com
Ende April–Anfang Okt.
Wunderbar gelegener, großzügiger Komfort-Campingplatz mit 465 Stellplätzen und 120 Vollanschlüssen ($), gutes Hotel mit 62 Zimmern und 36 Cabins ($$$), Ausritte.

10 Steinerne Präsidenten und Sioux-Häuptlinge
Mount Rushmore und die Black Hills

10. Tag: Keystone – Mount Rushmore – Crazy Horse Memorial – Hill City – Keystone (154 km/96 mi)

km/mi	Zeit	Route	Karte vgl. Tag 9 auf S. 150.
0	8.00 Uhr	Ab **Keystone** US 16A nach Westen, rechts halten auf Hwy. 244 zum 5 km entfernten **Mount Rushmore**: Frühstück mit Mount-Rushmore-Blick. Weiter Hwy. 244, rechts auf Hwy. 87 zum	
35/22	10.30 Uhr	**Sylvan Lake**, Spaziergang um den See, Lunchpause. Weiter Hwy. 87 (Needles Hwy.), der schmalste Tunnel auf dem Needles Hwy. ist nur 2,60 m breit und 3,50 m hoch. Kleine Wohnmobile passen mit eingeklappten Außenspiegeln hindurch (größere Wagen müssen die Alternativroute über den Hwy. 89 südwärts nach Custer nehmen). Am Ende des Needles Hwy. rechts auf US 16A nach Westen, in Custer US 16 nach Westen zum	
92/57	13.30 Uhr	**Jewel Cave National Monument**. Zurück über **Custer** auf US 16 zum	
122/76	16.30 Uhr	**Crazy Horse Memorial**. Über Hill City weiter US 16, rechts auf US 16A nach	
154/96	18.00 Uhr	**Keystone**.	
	21.00 Uhr	Illumination am **Mount Rushmore**.	

Die heutige Rundfahrt führt durch das Herz der **Black Hills**, das mit dem Mount Rushmore eine der amerikanischen Top-Attraktionen besitzt. Die Ureinwohner nannten das höchste Gebirge zwischen Atlantik und Rocky Mountains »paha sapa«, »schwarze Hügel«, wegen der dichten, dunklen Bestände an Ponderosakiefern.

Bereits im Friedensvertrag von Fort Laramie 1851 wurden den Sioux u. a. die Black Hills als Siedlungsgebiet garantiert. Dennoch drang die Armee dort ein, auf einer Expedition benannte sie den höchsten Berg, den Harney Peak, nach ihrem General. Ein erneuter Friedensvertrag von Laramie bestätigte 1868 die Besitzrechte der Native Americans noch einmal ausdrücklich, aber Gerüchte um Goldvorkommen hielten die Weißen wie hungrige Wölfe auf der Fährte. Und tatsächlich fand Colonel George A. Custer 1874 mit seinen Soldaten der 7. Kavallerie und einigen Gold-

Mount Rushmore und die Black Hills

suchern im Schlepptau bei der Erkundung der Black Hills Gold. Schlagartig waren die Friedensverträge keinen Pfifferling mehr wert.

Auf der Suche nach dem Edelmetall durchpflügten Zehntausende Prospektoren die Berge und keiner dachte daran, die »schwarzen Hügel« so bald wieder zu verlassen. Als die Sioux wenig später den erzwungenen Verkauf ihrer Heimat ablehnten, wurden sie kurzerhand ausgewiesen. Dermaßen provoziert, mobilisierten die Ureinwohner zum letzten großen Kampf gegen die weißen Eindringlinge. Sie verzeichneten zunächst den größten Erfolg ihrer Geschichte am Little Bighorn River, wo sie Custers Truppen vernichtend schlugen. Im folgenden Winter mussten sie jedoch ausgehungert den traurigen Gang in die von Weißen festgelegten Reservationen antreten – die Goldfunde der Black Hills hatten bittere und blutige Folgen.

In diesem Zusammenhang klingt es wie Ironie, dass sich ausgerechnet am **Mount Rushmore** in den Black Hills wenige Kilometer westlich von Keystone eines der bedeutendsten patriotischen Monumente der USA befindet. Die monumentale Skulptur mit den vier in Granit gemeißelten Präsidentenköpfen – von links nach rechts George Washington, Thomas Jefferson, Theodore Roosevelt und Abraham Lincoln – ist zum nationalen Symbol geworden und eine Pilgerstätte amerikanischer Touristen, die zur abendlichen Illumination ergriffen der Nationalhymne lauschen.

Das **Lincoln Borglum Museum** am Ende der **Avenue of Flags**, wo sämtliche Flag-

Mount Rushmore: politische Prominenz in hartem Granit

10 Steinerne Präsidenten und Sioux-Häuptlinge

gen der US-Bundesstaaten wehen, dokumentiert die Geschichte des Mount Rushmore von der Geologie des Berges über die Pläne des Bildhauers Gutzon Borglum (1867–1941) und die Entstehungsgeschichte des Monuments. Es zeigt Fotos und Darstellungen der knapp 400 Arbeiter sowie ihre Arbeitsweisen und Gerätschaften. Nur mit Dynamitsprengungen und Presslufthämmern konnte man damals dem eisenharten Granit beikommen, zuvor mussten in Feinarbeit kleine Löcher gebohrt und der Felsen vorsichtig abgeschlagen werden. Etwas abseits am Presidential Trail zeigt das **Sculptor's Studio**, der Arbeitsraum des Bildhauers, Modelle und weitere Werke.

Gutzon Borglum begann sein Meisterstück, das ihn mit einem Schlag weltberühmt machte, im Jahre 1927. Bei seinem Tod wurden die Arbeiten eingestellt und der ursprüngliche Plan, Skulpturen von Kopf bis Taille zu schaffen, wegen finanzieller Probleme fallen gelassen. Aber auch die Gesichtsmaße sind beeindruckend genug: über 18 Meter sind es vom Kinn bis zur Stirn, sechs Meter allein misst die Nase, fast genauso breit ist der Mund.

Das Licht am Morgen ist am besten geeignet, um die monumentalen Antlitze von mehreren Stellen aus in Augenschein zu nehmen – von der **Grand View Terrace** an der **Avenue of Flags** und auch von dem knapp einen Kilometer langen **Presidential Trail**, der an den Fuß des Berges heranführt. Allabendlich findet im 2500 Sitze zählenden **Amphitheater** eine patriotische Show mit Film, Illumination und amerikanischer Nationalhymne statt, die man sich nicht entgehen lassen sollte. Über die ungeheure Popularität der »Lightning Ceremony« geben allein schon die riesigen, oft vollständig belegten Parkplätze Auskunft.

An der Einmündung des Highway 89 in den Highway 87 befindet sich im äußersten Westen des **Custer State Park** der überaus malerische, von Felsen umrahmte **Sylvan Lake** mit Bootsverleih und Badestrand. Der ein Kilometer lange **Sylvan Lake Shore Trail**, der rund um den See und an riesigen Granitfelsen vorbeiführt, ist einer der schönsten Spazierwege im Park. Aber auch den Gipfelstürmern bietet die Umgebung des Sees ein ideales Terrain, hier beginnt mit der prachtvollen Route auf den **Harney Peak** (2207 Meter) der populärste Wanderweg in die Black Hills. Nach nur fünf Kilometern steht man auf dem höchsten Berg östlich der Rocky Mountains und genießt von dem alten, längst außer Dienst gestellten Feuerwachtturm eine grandiose Aussicht über all die tiefer liegenden Berge.

Auf einen Glanzpunkt folgt im Custer State Park gleich der nächste. Mit seinen Haarnadelkurven und engen Tunnels (wegen der Größenbegrenzung siehe Routenbeschreibung) ist der **Needles Highway** (SR 87) die wohl schönste Panoramastrecke der Black Hills. Durch tiefe Kiefernwälder führt sie vorbei an den Needles, den markanten Granitzacken, die dem Highway seinen Namen gaben. Unterwegs legen die meisten Besucher einen Zwischenstopp am **Needles Eye** ein. Dank einer schmalen Felsenöffnung kann man durch die 15 Meter lange, aber nur knapp über einen Meter breite Granitnadel hindurchschauen. Großartig wirken auch die unter Sportkletterern beliebten **Cathedral Spires** – wie Kirchturmspitzen ragen die bizarren Felstürme empor.

Ein lohnenswerter Abstecher endet am **Black Hills Playhouse** an der Straße Nr. 753 zwischen Needles Highway und Iron Mountain Road. Das kleine Theater führt seit rund 70 Jahren populäre Theaterstücke, Musicals, Komödien und Dramen auf.

Ungewöhnliche Felsformationen in den Black Hills: die Needles

10 Steinerne Präsidenten und Sioux-Häuptlinge

Von der quirligen Kleinstadt Custer im touristischen Herzen der südlichen Black Hills fahren wir zum **Jewel Cave National Monument**. Die schönste Höhle in den Black Hills präsentiert bei kühlen neun Grad eine unterirdische Wunderwelt von Kalzitkristallen, Stalaktiten, Stalagmiten unter anderen Gesteinsformationen. Einen kleinen Eindruck von der drittlängsten erforschten Höhle der Welt bekommt man auf asphaltiertem und beleuchtetem Weg bei der **Scenic Tour**. Die **Historic Candlelight Tour** dagegen, bei der die Teilnehmer nostalgische Lampen erhalten, führt vom historischen Eingang auf nicht asphaltierten und unbeleuchteten Pfaden in die Höhle. Vor interaktiven Computern, Videos und einer zwei mal sechs Meter großen Karte des Höhlensystems kann man sich im Visitor Center die in den Sommermonaten häufig längere Wartezeit vertreiben.

Nach dem Weg in die Unterwelt geht es zurück zum **Crazy Horse Memorial**. 1939 wollte der Sioux-Häuptling Henry Standing Bear den Weißen vermitteln, dass es unter den »roten Männern« ebenfalls allseits verehrte Helden gab. Er beauftragte den Bildhauer Korczak Ziolkowski (1908–82) mit der Erschaffung einer Riesenskulptur als Gegenstück zum Mount Rushmore.

Der resolute Sioux-Häuptling Crazy Horse (ca. 1843–1877) war an den beiden bedeutendsten Siegen gegen die US-Armee maßgeblich beteiligt: an der Fetterman Battle 1866 (vgl. S. 143) und 1876 an der Schlacht am Little Bighorn River gegen Colonel George A. Custer.

Seit Jahren kann man aus weiter Ferne die Bohrungen und gelegentliche Sprengungen beobachten. Korczaks Kinder führen das 1949 begonnene Jahrhundertprojekt sozusagen als Familienerbe weiter. 1998 wurde das steinerne Antlitz des legendären Häuptlings vollendet. Innerhalb der nächsten 50 (oder 100?) Jahre soll die gigantische Skulptur Crazy Horse zeigen, der mit entschlossenem

Felsformation am Sylvan Lake im Custer State Park

Mount Rushmore und die Black Hills

Gegenstück zum Mount Rushmore: Crazy Horse Memorial

Gesichtsausdruck und ausgestrecktem Arm über eine wehende Pferdemähne gebeugt, weithin sichtbar auf dem Berggipfel für immer und alle sichtbar gen Osten reitet. Mit 172 Metern Höhe und 195 Metern Länge wird das Gesamtwerk zehnmal höher als Mount Rushmore und höher als die Pyramiden von Gizeh sein.

Mit Ausblick auf diese Dimensionen wundern sich viele Zeitgenossen über Sinn und Zweck der jahrhundertelangen Großsprengungen. Ob das Selbstwertgefühl der Ureinwohner steigt, wenn der in Stein gehauene Crazy Horse die amerikanischen Präsidenten in Mount Rushmore um ein Vielfaches übertrifft? Darüber hinaus erregt das Bauprojekt selbst unter den Ureinwohnern die Gemüter; einige beklagen die Entweihung des heiligen Black Hills und führen an, dass es keine Bildnachweise von Crazy Horse gebe, weil dieser nie fotografiert werden wollte.

Zu Füßen des Crazy Horse befinden sich das **Memorial Indian Museum of North America** und das **Native American Educational and Cultural Center** mit umfangreichen Kollektionen von Kunstgegenständen sowie einheimischen Kunsthandwerkern, die ihre Projekte demonstrieren. Maßstabgetreue Modelle und audiovisuelle Programme informieren über Geschichte und den Fortgang der Sprengungen. Zum Abschluss geht es zurück nach Keystone mit einem kurzen Umweg über **Hill City**. In dem zur Goldrauschzeit gegründeten Touristenstädtchen lohnt sich ein kurzer Bummel über die Historic Main Street mit seinen interessanten Geschäften und Kunstgalerien.

10 Service & Tipps

Weitere Informationen zu Keystone finden Sie bei Tag 9 auf S. 157.

◉ 🏛 Mount Rushmore National Memorial
13000 SR 244, Keystone, SD 57751
☏ (605) 574-3165, www.nps.gov/moru
Tägl. Mitte März–Sept. 5–23, Okt.–Mitte März 5–20 Uhr, Eintritt frei, Parken $ 10
Berühmte Granitskulptur mit vier Präsidentenköpfen. Visitor Center, Lincoln Borglum Museum, Bildhauerstudio, allabendliche Illumination.

⊠ Carvers Cafe
Mount Rushmore National Memorial
SD 57751
☏ (605) 574-2515
www.mtrushmorenationalmemorial.com
Frühstück, Lunch oder Dinner mit exzellentem Blick auf die steinernen Köpfe. $$

Custer State Park/Custer

▦ Custer State Park
296 km² großer Naturpark in den Black Hills mit drei schönen Panoramastraßen: Needles Highway, Iron Mountain Road und Wildlife Loop Drive.

ℹ️ 🏨 Custer State Park Visitor Center
US 16 A/Wildlife Loop Rd., Custer, SD 57730
☏ (605) 255-4515, www.gfp.sd.gov
Camping-Reservierungen:
☏ 1-800-710-2267, www.campsd.com
Eintritt $ 4 pro Person oder $ 20 pro Auto (für 7 Tage)

🛏 Blue Bell Lodge
25453 SR 87, Custer State Park, SD 57730
☏ 1-888-875-0001
www.custerresorts.com
Malerische Gästeranch. Ausritte, Wanderungen, Barbecues am Lagerfeuer, Restaurant etc. 29 Unterkünfte von komfortablen Blockhäusern bis hin zu rustikalen Hütten. $$$$

🛏⊠⊠ Sylvan Lake Lodge
24572 SR 87, Custer State Park, SD 57730
☏ 1-888-875-0001
www.custerresorts.com
Hotel mit Blick auf den malerischen Sylvan Lake und Harney Peak, Blockhütten, Bootsverleih. Durchgehend geöffnetes Restaurant, Bison- und Rindersteaks, Fisch.
$$$–$$$$

🛏⊠⊠🏨 Legion Lake Lodge
12967 US Hwy. 16 A
Custer State Park, SD 57730
☏ 1-888-875-0001
www.custerresorts.com
1913 erbautes Hotel mit Blockhütten, Restaurant, Boots- und Fahrradverleih. $$

🏕 Sylvan Lake Campground
www.custerresorts.com
Mai–Sept.
39 Stellplätze in der Nähe des Sylvan Lake im Custer State Park.

🥾 Sylvan Lake – Harney Trail
5 km langer Wanderweg auf den Gipfel des Harney Peak, des höchsten Berges östlich der Rocky Mountains. Nur 350 m Höhenunterschied.

◉ Needles Highway
Granitzacken *(needles)*, tiefe Wälder, Haarnadelkurven und enge Tunnel (max. 2,60 m breit, 3,50 m hoch) kennzeichnen die schönste Panoramastrecke der Black Hills (23 km).

🎭 Blackhills Playhouse
24834 S. Playhouse Rd.
Custer State Park, SD 57730
☏ (605) 255-4141 und 1-855-584-4141
www.blackhillsplayhouse.com
Juni–Aug. Di–Sa 19.30, Mi, So 14 Uhr
Tickets ab $ 34/0–16
Seit über 70 Jahren werden in diesem Theater im Custer State Park Theaterstücke, Musicals, Komödien und Dramen aufgeführt.

◉ Jewel Cave National Monument
11149 US Hwy. 16, Custer, SD 57730
☏ (605) 673-8300
www.nps.gov/jeca
Scenic Tour ganzjährig, Lantern Tour Juni–Anfang Sept., beide Höhlentouren je 1,5 Std.,

Mount Rushmore und die Black Hills

$ 12/0–8. Wild Caving Tour $ 31, dabei geht es weiter und tiefer in die zweitlängste Höhle der Welt.

Crazy Horse Memorial
12151 Ave. of the Chiefs
US 16/385, 7 km nördl. von Custer
Crazy Horse, SD 57730
© (605) 673-4681
www.crazyhorsememorial.org
Ende Mai–Mitte Okt. tägl. 7 Uhr bis zum Ende der Lasershow, sonst 8–17 Uhr
Eintritt Museen, Aussichtsplattform, Lasershow $ 11 pro Person oder $ 28 pro Auto, Bus zum Fuße des Denkmals $ 4
Mit den geplanten Maßen von 172 m Höhe und 195 m Breite die größte im Bau befindliche Steinskulptur der Welt. Indian Museum of North America. Allabendlich Multimedia-Lasershow »Legends in Lights«.

Crazy Horse Volksmarch
Erstes Juniwochenende, Sa/So jeweils ab 8, Anmeldung bis 13 Uhr, © (605) 673-4681
www.crazyhorsememorial.org/crazy-horse-volksmarch.html
Teilnahmegebühr $ 3 Spende
Die größte Volkswanderung der USA mit über 15 000 Teilnehmern, 10-km-Wanderung (hin und zurück) hinauf zum Gesicht des Häuptlings – die einzige Möglichkeit, nahe an die Skulptur heranzukommen.

Custer State Park Buffalo Roundup
© (605) 255-4515, www.gfp.sd.gov
Letzter Fr im Sept. ab 9.30 Uhr
Zusammentreiben der Bisons, die mit Brandzeichen versehen, geimpft und zum Verkauf aussortiert werden, umfangreiches Beiprogramm mit Kunstfestival (Fr–So), Pancake-Frühstück, Kochwettbewerben etc.

Ein landschaftliches Juwel in den Black Hills von South Dakota: der Sylvan Lake im Custer State Park

11 Paradies der Bisons
Durch die südlichen Black Hills

11. Tag: Keystone – Wind Cave National Park – Hot Springs (101 km/63 mi)

km/mi	Zeit	Route
		Karte vgl. Tag 9 auf S. 150.
	9.00 Uhr	Eisenbahnfahrt mit der **Black Hills Central Railroad** nach Hill City und zurück.
0	11.00 Uhr	Ab **Keystone** westl. auf US 16A (Iron Mountain Rd.), links abbiegen auf die
32/20	12.00 Uhr	**Wildlife Loop Road**, rechts abbiegen auf den Hwy. 87, links abbiegen auf US 385 in den
84/52	14.00 Uhr	**Wind Cave National Park:** Natural Entrance Tour. Weiter US 385, am Ortsausgang von **Hot Springs** rechts ab auf US 18 Truck Bypass zur
101/63	17.00 Uhr	**Mammoth Site**. Abends **Evans Plunge** an der US 385 am Nordende von Hot Springs.

Von **Keystone** zuckelt die **Black Hills Central Railroad** mehrmals täglich in das nur wenige Kilometer entfernte **Hill City**, wo wir bereits gestern gestoppt haben. Der Bilderbuchdampfzug mit einer

Black Hills Central Railroad

gewaltigen Baldwin-Lokomotive aus den 1880er Jahren schnauft durch den Wald und passiert ächzend und qualmend einstige Drehorte der beliebten Fernsehserie »Rauchende Colts«.

Das kleine Touristenstädtchen Keystone wird südwärts auf der im ersten Abschnitt besonders attraktiven **Iron Mountain Road** verlassen. Rückblicke durch die Tunnel rahmen wunderschön den Mount Rushmore ein – also den Fotostopp am Tunnelausgang einplanen. Reizvoll sind auch die Aussicht vom Norbeck Memorial Lookout und die Straßenführung an den Pigtail Bridges, den wie »Schweineschwänzchen« geringelten Brückenkonstruktionen.

Dort, wo die Iron Mountain Road in die Nordostecke des Custer State Park eintaucht, begegnet man häufig den bekannten *burros* der Black Hills. Die wild lebenden Esel stammen von den freigelassenen Arbeitstieren der Prospektoren im späten 19. Jahrhundert ab. Sie betteln gern um Möhren, Äpfel oder Brot und sind die einzigen Tiere im Park, die gefüttert werden dürfen.

Die 29 Kilometer lange **Wildlife Loop Road** führt durch vorwiegend offenes, hügeliges Prärieland im südlichen Teil des **Custer State Park**. Die Chancen, Bisons zu sehen, die hier die größte Attraktion sind, stehen besonders in den Morgen- oder Abendstunden ausgezeichnet. Im Park grast die mit rund 1300 Tieren zweitgrößte Bisonherde der USA. Die dunklen, zottigen Tiere bieten vor dem hellen Blond der Prärie einen eindrucksvollen Anblick, so als wäre seit dem 19. Jahrhundert, als Millionen von ihnen das Land bevölkerten, keine Zeit vergangen. Wie überall im Westen feiern die Bisons ein kräftiges Comeback, hier im Park scheint es Ihnen besonders gut zu gehen, was diesem wiederum zugute kommt, wenn am letzten Freitag im September beim **Custer State Park Buffalo Roundup** die Bisons zusammengetrieben werden, um die überzähligen Tiere auszusondern und zu verkaufen – eine Einnahmequelle, aus der sich der Park zu 20 Prozent finanziert.

Direkt an den Custer State Park grenzt der 112 Quadratkilometer große **Wind Cave National Park**, wo ebenso offenes, wildreiches Prärieland mit kiefernbewachsenen Hügeln dazwischen und Flusstäler vorherrschen. Immer wieder sieht man Gruppen von Bisons herüberlugen, gelegentlich spazieren die mächtigen Tiere auch schon mal über die Straße und sorgen für einen Verkehrsstau – eine gute Gelegenheit, sie zu beobachten.

Der Wind Cave National Park besitzt mit rund 130 Kilometer erforschten Gängen eines der größten Höhlensysteme

Höhlenbesichtigung im Wind Cave National Park

der USA. Die Höhle erhielt ihren Namen 1881 von den Brüdern Jesse und Tom Bingham, die sie wegen der aus ihrem Eingang strömenden starken Winde entdeckten. Sie ahnten nicht, was Wissenschaftler später in akribisch genauen Messungen festhielten, nämlich, dass Winde von bis zu 80 Stundenkilometer Geschwindigkeit die schwankenden Luftdruckverhältnisse zwischen dem konstant zwölf Grad kalten Inneren und der Außenluft ausgleichen und daher für die kräftige Brise am Höhleneingang sorgen.

Dort beginnt die Natural Entrance Tour, die 75 Minuten unter die Erde führt, wo man uraltes Felsgestein mit Tausenden von kleinen Nischen und kleinsten Ecken sieht, jedoch kaum spektakuläre Formationen, keine Stalagmiten

11 Paradies der Bisons

und Stalaktiten, wie in anderen Höhlen. Der Ranger lenkt die Aufmerksamkeit auf die ungewöhnlichen Formationen der *boxworks*, eines ausgeprägten, wabenähnlichen Netzes feiner Kalzitablagerungen an den Wänden und Decken, für die die Wind Cave berühmt ist. Eine Besucherin bemerkt treffend, dass man sie im heutigen Computerzeitalter vielleicht eher *websites* nennen würde.

Auf speziellen Führungen wie der zweistündigen Candlelight Tour erlebt man die Höhle stilecht – so wie die Forscher in alten Tagen – im Laternenlicht. Die oft längeren Wartezeiten vor den Höhlenführungen in der Hochsaison vertreibt man sich am besten bei den Ausstellungen im Visitor Center.

Mammoth Site: eine der größten Mammutfundorte der Welt

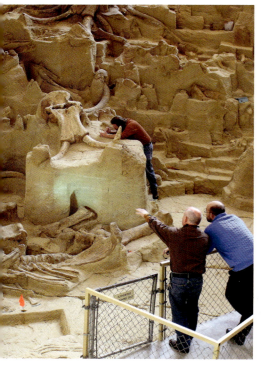

Hot Springs, ein nostalgischer, relativ ruhiger Ort in den südlichen Black Hills, der zur Jahrhundertwende als Badeort bekannt war, erstreckt sich ein Stück entlang der US 385. Seine größte Attraktion ist die **Mammoth Site**, eine der weltgrößten Mammutfundstätten. An dieser Stelle lag zur Eiszeit eine quellengespeiste Bodensenke, aus der vermutlich aufgrund der glitschigen, steilen Ufer Mammuts und andere Tiere nicht mehr herausklettern konnten und darin umkamen.

Ihre hervorragend konservierten Knochen erzählen heute ein Stück Urgeschichte. Frei gebaggert wurde die Stelle 1974 bei Ausschachtungsarbeiten für ein Neubauviertel. Seitdem ist die Originalausgrabungsstätte mit bisher über 50 freigelegten Mammutskeletten zwar überdacht und mit einem Museum samt Museumsshop versehen worden, aber an der Basis ist sie unverändert geblieben und die einzige in Nordamerika, wo man Mammutknochen direkt an der Fundstelle sehen kann.

Noch immer wird hier gearbeitet; im Juli kann man Archäologen bei ihrer geduldigen, akribischen Tätigkeit beobachten. Tafeln erläutern Funde und ihre Zusammenhänge, ein rekonstruiertes Mammut vermittelt einen vollständigen Eindruck dieser ausgestorbenen Elefanten-Verwandten mit den mächtigen, gebogenen Stoßzähnen.

Am Nordrand von Hot Springs befindet sich **Evans Plunge**, das weltgrößte von heißen Quellen gespeiste Hallenbad, unter anderem mit einem riesigen Schwimmbecken, Wasserrutschen, großen Schwimmreifen und einer Sauna. Pro Minute strömen knapp 19 000 Liter mineralienreiches Wasser in den Pool. Die heilenden Kräfte des Wassers hatten schon die Sioux und die Cheyenne zu schätzen gewusst.

11 Service & Tipps

The Black Hills Central Railroad – The 1880 Train
222 Railroads Ave., Hill City, SD 57745
(605) 574-2222
www.1880train.com
Ab Keystone Mai–Mitte Okt., Hochsaison tägl. 8.45, 11.15, 14.30, 17 und 20 Uhr, Fahrpreis $ 29/0–14, ab Hill City 7.30, 10, 13.15, 15.45 und 18.45 Uhr
Zweieinviertelstündige Fahrt (hin und zurück) zwischen Keystone und Hill City mit einer Dampfeisenbahn.

Custer State Park Buffalo Roundup
Vgl. S. 165.

Wind Cave National Park

Wind Cave National Park
26611 US 385, Hot Springs, SD 57747
(605) 745-4600
www.nps.gov/wica
Juni–Mitte Aug. tägl. 8–19 Uhr geführte Höhlentouren, Park Eintritt frei, Höhlen extra
Garden of Eden Tour: 1 Std., mit Aufzug, $ 10/0–5
Natural Entrance Tour: 75 Min., Zugang durch den natürlichen Höhleneingang, $ 12/0–6
Fairgrounds Tour: 1,5 Std., $ 12/0–6
Historic Candlelight Tour: 2 Std., durch den nicht beleuchteten Höhlenteil, $ 12/0–6
Wild Cave Tour: 4 Std., $ 30
Reservierungen nur für Wild Cave und Candlelight Tour unter o. g. Telefonnummer

Elk Mountain Campground
US 385, Wind Cave National Park, SD 57747
(605) 745-4600
75 einfache Stellplätze auf großzügigem, nicht reservierbaren Nationalpark-Campingplatz. $

Hot Springs

Hot Springs Chamber of Commerce
801 S. 6th St., Hot Springs, SD 57747
(605) 745-4140 und 1-800-325-6991
www.hotsprings-sd.com

Hot Springs Super 8 Motel
800 Mammoth St., Hot Springs, SD 57747
(605) 745-3888 und 1-800-800-8000
www.wyndhamhotels.com/super-8/hot-springs-south-dakota/super-8-hot-springs-sd/overview
Hotel mit 48 Zimmern an der Mammoth Site. $$–$$$

Dollar Inn
402 Battle Mountain Ave.
Hot Springs, SD 57747
(605) 745-3182 und 1-888-745-4149
www.dollarinnhotsprings.com
Modernes Motel mit 28 Zimmern. In Downtown-Nähe. $$

Hot Springs KOA
27585 SR 79, Hot Springs, SD 57747
(605) 745-6449 und 1-800-562-0803
www.koa.com, ganzjährig geöffnet
Angenehmer und schattiger Campingplatz östlich der Stadt. Pancake-Frühstück. $

Mammoth Site
1800 US 18 Bypass, Hot Springs, SD 57747
(605) 745-6017
www.mammothsite.com
Mitte Mai–Mitte Aug. tägl. 8–20, sonst 9–17 Uhr, Eintritt $ 10/0–8
Eine der weltgrößten Mammutfundstätten. Führungen durch Museum und Ausgrabungsstätte mit etwa 26 000 Jahre alten Mammutknochen.

Chops & Hops
27631 SR 79, Hot Springs, SD 57747
(605) 745-4677
Tägl. außer So 11–21 Uhr
Preiswertes Familienlokal. Steaks, Pommes, Burger. $–$$

Evans Plunge
1145 N. River St., Hot Springs, SD 57747
(605) 745-5165
www.evansplunge.com
Ende Mai–Anfang Sept. Mo–Fr 6–20, Sa/So 10–20 Uhr, sonst kürzer, Eintritt $ 14
Aus Quellen gespeistes Spaßbad mit Pools drinnen und draußen, Rutschen und Spielgerät.

12 Auf den Spuren von Trappern, Ureinwohnern und Siedlern
Über die weiten Prärien Nebraskas

12. Tag: Hot Springs – Chadron – Crawford – Scotts Bluff National Monument – Torrington (407 km/253 mi)

km/mi	Zeit	Route
0	8.00 Uhr	**Hot Springs** US 385 nach Süden, nach Nebraska bis **Chadron**, 5 km auf US 20 nach Osten zum
90/56	9.00 Uhr	**Museum of the Fur Trade**. US 20 zurück über Chadron und Crawford
137/85	11.00 Uhr	zum **Fort Robinson State Park**. Zurück auf den US 20 bis Crawford, dann Hwy. 2 nach Süden, in Alliance weiter auf US 385 gen Süden und in Bridgeport auf Hwy. 92/US 26 nach Westen zur
314/195	14.30 Uhr	**Chimney Rock National Historic Site**. Weiter auf Hwy. 92 zum
354/220	15.30 Uhr	**Scotts Bluff National Monument**. Weiter auf Hwy. 92, rechts auf Hwy. 29, links auf US 26 nach
407/253	18.00 Uhr	**Torrington**.

Country Roads: unterwegs bei Chadron, Nebraska

12 Auf den Spuren von Trappern, Ureinwohnern und Siedlern

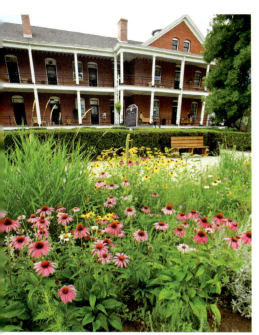

Im Fort Robinson State Park

Weite Prärieregionen begleiten die Route durch das westliche Nebraska bis hinein ins südöstliche Wyoming nach Torrington. Zunächst verlassen wir mit Hot Springs die südlichen Ausläufer der Black Hills und wenig später auch South Dakota. Rund 5700 Seelen leben in Nebraskas Kleinstadt **Chadron** und einige Unentwegte weit verstreut im Umland auf kleinen Farmen und weitläufigen Viehranches. In dieser Umgebung überrascht ausgerechnet ein Pelzhandelsmuseum, aber die Erkundung des Westens, so auch dieser Region, erfolgte vielfach durch Trapper und Pelzhändler. Und so residiert östlich der Stadt das **Museum of the Fur Trade** in einer rekonstruierten Handelsniederlassung der American Fur Company von 1837.

Das Pelzhandelsimperium gehörte John Jacob Astor, dem seinerzeit reichsten Amerikaner. In übersichtlichen Schaukästen hängt eine Fülle von Waffen, Pelzen, Decken, Tomahawks und anderen Waren der Bisonjäger, Trapper und verschiedenen Stämme der Ureinwohner aus dem 16. bis 19. Jahrhundert. Ausführlich und verständlich wird die Verarbeitung der Pelze zu Kleidung, Haushalts- und sonstigen Gebrauchsgütern erläutert. Neben einem rekonstruierten Grassodenhaus, das sich architektonisch und auch farblich blendend in die von hellem Trockengras geprägte, wellige Umgebung einfügt, werden im Garten alte Getreide- und Gemüsesorten der Prärieindianer angebaut.

Westlich von Chadron verrät die ruhige Kleinstadt **Crawford** nicht unbedingt auf den ersten Blick etwas über die turbulenten 1870er Jahre und das gespannte Verhältnis zwischen Soldaten und Ureinwohner. 1873 hatten sich hier die Sioux unter Häuptling Red Cloud auf der Red Cloud Indian Agency niedergelassen. Sie hatten den Kampf gegen die Weißen aufgegeben, wurden sesshaft und lebten weitgehend von den an sie verteilten Lebensmittelrationen. Nur im Sommer ritten sie, solange es noch ausreichend Bisons gab, in ihre traditionellen Jagdgründe.

Nach erfolgreichen Feldzügen der US-Armee mussten die letzten kriegerischen Sioux im Mai 1877 endgültig ihre Waffen strecken. Rund 900 Sioux unter Häuptling Crazy Horse, darunter 200 Krieger, gaben 2000 Pferde und sämtliche Waffen ab. Allerdings war der unzufriedene Crazy Horse auf der Red Cloud Indian Agency ein dauernder Unruhestifter. Im September 1877 wurde er bei seiner Verhaftung unter nicht genau geklärten Umständen erstochen.

Im **Fort Robinson State Park** stehen instand gesetzte Originalgebäude aus den Anfangstagen des Forts, das 1874 auf der Red Cloud Indian Agency errichtet wurde, darunter die Offiziersquartiere, die Soldatenbaracken, die Schmiede und Ställe. Das Gebäude der ehemaligen Fortverwaltung dient heute als Museum zur Geschichte des Forts. Höhepunkt der naturkundlichen Ausstellungen im Trailside Museum ist ein Mammutskelett. Daneben überzeugt der Fort Robinson State Park durch ein breites Freizeitangebot mit Schwimmbad, Radverleih, Reitstall, Jeeptouren, Kutsch- und Heuwagenfahrten u. v. a.

Ein möglicher Abstecher endet nach 28 Kilometern via SR 2 und Toadstool Road nordwestlich von Crawford im **Toadstool Geologic Park**. Aus der Prärie des Oglala National Grassland erheben sich weithin sichtbar ungewöhnlich erodierte Felsformationen, einige darunter erinnern gar an Riesenpilze.

Szenenwechsel an den North Platte River: Schon aus großer Entfernung lässt sich der **Chimney Rock** am Horizont ausmachen. Als wohl markantestes Wahrzeichen am **Oregon Trail** diente die isoliert stehende, schornsteinähnliche Felssäule unzähligen westwärtsziehenden Siedlern als Wegweiser. Auch wenn die Erosion unaufhörlich an dem weichen Gestein nagt, ragt Chimney Rock noch immer beeindruckende 150 Meter über dem North Platte River empor. Ein kleines Museum am Highway 92 gibt historische Hinweise auf den Oregon Trail.

Wie Chimney Rock dienten am Südufer des North Platte River auch die bis zu 250 Meter hohen Klippen des **Scotts Bluff** als Wegweiser auf dem Oregon Trail. Als erste Weiße entdeckten 1812 Trapper der American Fur Company den markanten Höhenzug aus unterschiedli-

Jährlich treffen sich Mitglieder verschiedener Stämme beim Intertribal Powwow in Fort Robinson

12 Auf den Spuren von Trappern, Ureinwohnern und Siedlern

chen Sedimentschichten. Er wurde 1828 nach dem hier ums Leben gekommenen Trapper Hiram Scott (*bluff* = Klippe) benannt. Wie treffend die Namengebung »Me-a-pa-te«, »der Hügel, den man nur schwer umgehen kann«, war, merkten die Siedler auf dem Oregon Trail. Sie mussten die große Felsbarriere über den Mitchell Pass zwischen Scotts Bluff und South Bluff überwinden. Noch heute erkennt man die Spuren, die Tausende Planwagen und Ochsenkarren in das weiche Gestein getrieben haben.

Das zwölf Quadratkilometer große **Scotts Bluff National Monument** liegt acht Kilometer südwestlich der 14 900 Einwohner zählenden Stadt Scottsbluff. Am Parkeingang informieren Visitor Center und Museum über den Oregon Trail, per Computerspiel kann man die entbehrungsreiche Route gen Westen mit all ihren Risiken nachvollziehen.

Direkt am Visitor Center beginnt auch der prachtvolle, zwei Kilometer lange **Saddle Rock Trail**. Der schönste Wanderweg weit und breit führt zunächst sachte aufwärts, dann durch einen Tunnel zur anderen Bergseite und mit fantastischen Ausblicken über das North Platte Valley hinauf zum Felsengipfel, den man auch über eine gleichlange Fahrstraße erreichen kann. Beim Spaziergang über das Gipfelplateau schweift der Blick in alle Richtungen, auch auf den unterhalb gelegenen Mitchell Pass.

Wie seinerzeit die Pioniere folgt diese Route dem North Platte River westwärts. Anders als der Oregon Trail verläuft die US 26 entlang dem nördlichen Flussufer. In dem von künstlicher Bewässerung und Landwirtschaft geprägten, trocken-heißen Flusstal liegt das Etappenziel **Torrington** mit rund 6700 Einwohnern. Einige der Pioniere des 19. und 20. Jahrhunderts blieben, um dem Prärieboden dieses südöstlichen Teils von Wyoming eine Existenz abzutrotzen.

Von diesen Pionieren erzählt das kleine **Homesteaders Museum** im historischen Union Pacific Train Depot. Original-Artefakte, Dokumente, Fotos und andere Quellen informieren über die Anfänge der Besiedlung des Goshen County, dem Homesteading, einer Phase, die offiziell 1834 begonnen und erst 1976 geendet hatte.

Sandsteinriese inmitten der Prärie Nebraskas: Scotts Bluff National Monument

12 Service & Tipps

Chadron und Fort Robinson

🏛 Museum of the Fur Trade
6321 Hwy. 20, 5 km östl. von Chadron
Chadron, NE 69337
✆ (308) 432-3843, www.furtrade.org
Mai–Okt. tägl. 8–17 Uhr, Eintritt $ 5
Museum des amerikanischen Pelzhandels.

✗ Helen's Pancake & Steak House
950 W. Hwy. 20, Chadron, NE 69337
✆ (308) 432-9958, www.chadron.com
Durchgehend geöffnetes Familienrestaurant, klassisch amerikanische Küche. $$

Fort Robinson State Park
US 20, 6 km westl. von Crawford
Crawford, NE 69339
✆ (308) 665-2900, www.stateparks.com
Camping-Reservierungen online unter:
www.reserveamerica.com
Ende Mai–Anfang Sept. tägl. 9–18 Uhr
Eintritt Park $ 5
Fort Robinson Museum:
www.nebraskahistory.org, Eintritt $ 2
Trailside Museum of Natural History:
www.trailside.unl.edu, Eintritt $ 3/0–1
Knapp 90 km² großer Naturpark um ein 1874 erbautes, gut instand gesetztes Fort. Zu Unterkünften umgebaute ehemalige Quartiere, Restaurant, Campingplatz, **Theater »Post Playhouse«** (Vorführungen Ende Mai–Mitte Aug., Di–Sa 20, So 14 Uhr, ✆ 308-665-1976, http://postplayhouse.com, ab $ 21).

Chimney Rock und Scotts Bluff

Chimney Rock National Historic Site
Chimney Rock Rd., 2 km südl. des Hwy. 92
Bayard, NE 69334, ✆ (308) 586-2581
www.nebraskahistory.org/sites/rock
Ende Mai–Anfang Sept. tägl. 9–17 Uhr
Eintritt $ 3 pro Person
Markante Felsnadel am historischen Oregon Trail. Visitor Center mit Infos zu den Trecks.

Scotts Bluff National Monument
190276 Old Oregon Trail, Gering, NE 69341
✆ (308) 436-9700, www.nps.gov/scbl
Park tägl. von Sonnenauf- bis -untergang, Eintritt pro Auto $ 5 (7 Tage), $ 80 Annual Parks Pass (vgl. S. 285)
Park mit 250 m hohem Sandsteinfelsen oberhalb des North Platte River, Straße (im Sommer tägl. 8–17.30 Uhr) und Wanderweg zum Gipfel, **Oregon Trail Museum** im Visitor Center (Ende Mai–Anfang Sept. tägl. 8–18, sonst bis 17 Uhr), Campingplatz.

Torrington

Holiday Inn Express & Suites
1700 East Valley Rd., Torrington, WY 82240
✆ (307) 532-7600 und 1-800-465-4329
www.ihg.com
Einfaches, aber gutes Hotel mit 67 Zimmern, Pool und Fitnesscenter. $$–$$$

🏛 Homesteaders Museum
495 Main St., Torrington, WY 82240
✆ (307) 532-5612
www.city-of-torrington.org/departments/museum
Juni–Aug. Mo–Mi 9.30–16, Do/Fr 9.30–19, Sa 12–18, sonst Mo–Fr 9.30–16 Uhr, Eintritt frei
Museum im alten Union Pacific Depot mit Ausstellungen über die ersten Siedler.

✗ Bucking Horse Steakhouse
6431 Rd. 49, Torrington, WY 82240
✆ (307) 532-8500
Steakrestaurant mit Weitblick. $$

Das markanteste Wahrzeichen am Oregon Trail: Chimney Rock

13 Auf historischer Route
Der Oregon Trail durch den Südosten Wyomings

13. Tag: Torrington – Fort Laramie – Guernsey – Cheyenne – Denver (380 km/236 mi)

km/mi	Zeit	Route
0	8.00 Uhr	**Torrington**, US 26 nach Westen bis zum Ort Fort Laramie, Hwy. 160 nach Süden zur
23/14		**Fort Laramie National Historic Site**. Zurück zum Ort, US 26 weiter nach Westen, in **Guernsey** südl. auf S. Wyoming Ave. zur
51/32	10.30 Uhr	**Oregon Trail Ruts State Historic Site** und **Register Cliff State Historic Site**. Zurück nach Guernsey, US 26 nach Westen bis zur I-25, diese nach Süden bis Ausfahrt 12, weiter nach
212/132	13.00 Uhr	**Cheyenne**, dort auf US 85 nach Süden, rechts in Kennedy Ave., links in Carey Ave. zu dem **Cheyenne Frontier Days Old West Museum**. Weiter Richtung Downtown, am **Wyoming State Capitol** vorbei, links in 21st St. zum **Historic Governor's Mansion**, rechts in House Ave., am Lincolnway nach links zum Holliday Park, zurück Lincolnway an der **Union Station** (nächste Parallelstraße) vorbei zur I-25
380/236	18.00 Uhr	nach **Denver**.

Der Oregon Trail durch den Südosten Wyomings 13

Für ewig eingefressen: Spuren der Planwagen auf dem Oregon Trail

Das Jahr 1841 markierte den entscheidenden Einschnitt bei der Erschließung des Westens: Erstmals wagten sich Siedler in einem Planwagentreck quer durch den Kontinent bis fast zur Pazifikküste. Ihnen folgten in den nächsten Jahrzehnten rund 400 000 Menschen, allein 52 000 im Jahre 1852. Diese Art sich fortzubewegen, die in unserem Zeitalter des schnellen Reisens kaum noch vorstellbar ist, lebt weiter in Westernfilmen, die die Impressionen endloser, staubaufwirbelnder Karawanen aus ächzenden Ochsenkarren, begleitet von buntgemischten Herden aus Rindern, Pferden und Schafen, in die Wohnzimmer bringen.

Ab Independence (bei Kansas City am Missouri River) folgten fast alle Trecks einer Art natürlichen »Autobahn« mit wenigen Hindernissen entlang von North Platte und Sweetwater River bis zum knapp 1500 Kilometer entfernten, sanft ansteigenden South Pass über die Rocky Mountains. Erst dahinter gabelten sich die Wege allmählich. Der 3100 Kilometer lange **Oregon Trail** strebte nach Oregon; ab 1847 zogen Mormonen auf dem Mormon Trail nach Salt Lake City, viele Siedler und 1849 die legendären *Forty-Niners*, die Goldsucher im kalifornischen Goldrausch, folgten dem California Trail. Die Pony-Express-Reiter wählten während ihrer kurzen Karriere 1860/61, bis die erste transkontinentale Telegrafenleitung ihre Aufgabe übernahm, die Route nach San Francisco.

In diesem Zusammenhang müssen wir noch die Vorstellung häufiger Schießereien im Wilden Westen über Bord werfen. Da die Ureinwohner Angriffe

Auf historischer Route

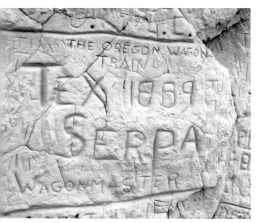

Namen von Siedlern aus dem Jahr 1859 im weichen Sandstein am Register Cliff

auf größere Trecks mit nächtlich zusammengestellten Wagenburgen generell vermieden, galt der Oregon Trail diesbezüglich als relativ sichere Route. Nach historischen Quellen fielen mehr Siedler versehentlich gelösten Schüssen als Überfällen durch die Ureinwohner zum Opfer.

1869 ersetzte mit der Vollendung der transkontinentalen Eisenbahn Union/Central Pacific eine vergleichsweise kurze, achttägige und komfortable Dampfrossfahrt den vier bis sechs Monate langen entbehrungsreichen Siedlertreck, und die Blütezeit des Oregon Trail war schlagartig beendet.

Auch wir folgen von Torrington entlang dem North Platte River dem Verlauf des Oregon Trail nach Fort Laramie. Fünf Kilometer südwestlich der Stadt liegt am Zusammenfluss von Laramie und North Platte River die **Fort Laramie National Historic Site**. 1834–49 unter dem Namen Fort William als Pelzhandelszentrum der Rocky Mountain Fur Company gegründet, wurde es nach dem Ankauf durch die US-Regierung zum wichtigsten Militärfort im Westen und zugleich zum bedeutendsten Zwischenstopp der Siedler auf dem Oregon Trail.

Ältestes noch erhaltenes Gebäude ist das Quartier des Fortkommandanten, das 1849 erbaute »Old Bedlam« mit seiner markanten doppelstöckigen Veranda. Die restaurierten Gebäude, das Visitor Center und die zeitgenössisch gekleideten »Fortbewohner« in Zivil und Uniform erzählen die bewegte Geschichte des Forts bis 1890, als es mit dem Versiegen der großen Westwärtsbewegungen aufgegeben wurde.

Im Verhältnis zwischen Ureinwohnern und Weißen spielte Fort Laramie immer eine zentrale Rolle. Zum ersten großen Friedenspalaver von Fort Laramie erschienen 1851 rund 10 000 Native Americans. Angelockt von einem Berg von Geschenken und der Aussicht einer Art jährlicher Mautzahlungen für die Durchgangsrechte, gaben sie das Versprechen ab, die Siedlertrecks der Weißen nicht zu attackieren.

Lange hielt der gegenseitige Friede nicht, drei Jahre später eröffnete Leutnant John L. Grattan nahe Fort Laramie das Feuer auf ein Sioux-Dorf, woraufhin sein 30 Mann starkes Kommando niedergemacht wurde. Keine Frage, dass daraufhin wiederum Vergeltungsaktionen der US-Armee folgten. Ein erneuter Friedensvertrag von Laramie 1868, der den Sioux u. a. als Reservationsgebiet den gesamten Westen South Dakotas zusprach, war sechs Jahre später mit dem Goldrausch in den Black Hills nicht einmal mehr das Papier wert, auf dem er stand.

Einen wahrhaftigen Eindruck von den Spuren, die die Siedlertrecks in der Geschichte der USA hinterlassen haben, erhalten wir einen Kilometer südlich von **Guernsey** an der **Oregon Trail Ruts State Historic Site**. Hier, wo der Oregon Trail mehrere hundert Meter leichter

Der Oregon Trail durch den Südosten Wyomings

Steigung bewältigen musste, haben sich aufgrund der Anstrengung – wie nirgendwo sonst auf dem Oregon Trail – die Räder der schwerbeladenen Ochsenkarren und Pferdekutschen bis zu 1,80 Meter tief in den weichen Sandsteinboden eingefressen. Die noch gut sichtbaren Spuren von Guernsey sind das besterhaltene Beweisstück des Oregon Trail.

Knapp drei Kilometer weiter folgt der **Register Cliff**, der zu der Zeit der großen Wagentrecks eine Tagesreise – heute gerade einmal ein Katzensprung von 18 Kilometern – von Fort Laramie entfernt lag. Wie in einem überdimensionalen Hotelregister trugen sich die vorbeiziehenden Siedler mit scharfen Gegenständen in den weichen Sandsteinfelsen ein. Noch heute bedecken Hunderte von Namen und Daten, Herkunfts- und Bestimmungsorten sozusagen als Riesengraffiti die unteren Bereiche des 45 Meter hohen Felsens.

In Guernsey wird der North Platte River verlassen und gleichzeitig die Aufmerksamkeit von den antiquierten Ochsenkarren auf die modernen Eisenbahnen gelenkt. Ab 1867 verband die Union Pacific Railroad **Cheyenne** als erste Stadt in Wyoming mit dem Osten der USA. Viehzucht und -transporte wurden zum wichtigsten Wirtschaftsfaktor. Ein turbulentes Wildweststädtchen entwickelte sich, das mit zig Saloons, Saufgelagen und Schießereien seinem Ruf als »Hell on Wheels«, als »Hölle auf Rädern«, gerecht wurde. Doch als es sich ausgetobt und sein Wildwestgehabe in den Griff gekriegt hatte, wurde Cheyenne 1890 als rapide anwachsender Verkehrsknotenpunkt zur Hauptstadt Wyomings ernannt.

Ganz im Zeichen ihrer Wildwesttradition steht die heute ansonsten eher ruhige Stadt bei den **Cheyenne Frontier Days** völlig auf dem Kopf. Seit 1897 kämpfen alljährlich zehn Julitage lang bekannte Rodeogrößen um die beträchtlichen Preisgelder dieses Rodeos, das zu den renommiertesten der USA gehört. *Saddle bronc riding, steer wrestling* und *calf roping* (vgl. S. 78), Wildpferderennen und weitere Rodeoveranstaltungen samt einem umfangreichen Beiprogramm aus Musikdarbietungen, Paraden und Pancake-Frühstücken ziehen ein großes Publikum an. An vielen Verkaufsständen kann man sich dann mit Cowboykleidung und Kunsthandwerk der Ureinwohner eindecken.

Diesem großen Rodeo ist das **Frontier Days Old West Museum** gewidmet, einer der Glanzpunkte von Cheyenne. Hier kann man auch einmal auf einem

Skulptur des Shoshone-Chief Washakie vor dem Capitol in Cheyenne

13 Auf historischer Route

Rodeo bei den Cheyenne Frontier Days

echten Rodeosattel sitzen, die Videoclips der aufregendsten Rodeoszenen anschauen oder Interessantes zum Thema lesen. Das Museum besitzt neben seinen vorzüglichen interaktiven Ausstellungen zur Rodeo- und Pioniergeschichte auch eine fantastische Kollektion an Kutschen, klassischer Westernkunst und indianischer Kleidung.

Zum Schluss werfen wir noch einen kurzen Blick ins Zentrum der mit 64 000 Einwohnern größten Stadt Wyomings. Mit einer weithin sichtbaren goldenen Kuppel überragt das im neoromanischen Stil gehaltene **State Capitol** die Skyline. Den 1888 aus Sandstein erbauten, staatlichen Regierungssitz schmücken korinthische Säulen im zentralen Gebäudeteil. Bis 1976 lebten die Regierungschefs ganz in der Nähe im **Historic Governor's Mansion**, das heute ein Museum beherbergt. Die bekannteste Bewohnerin war Nellie Tayloe Ross, die 1925 als erste Frau in den USA zum Gouverneur gewählt wurde.

Im südlichen Teil von Downtown erinnert das restaurierte **Union Pacific Railroad Depot** mit dem markanten Uhrturm an die Blütezeit der Eisenbahnen. Seit 2004 beherbergt der außen wie innen beeindruckende Bahnhof das attraktive **Cheyenne Depot Museum**. Etwas weiter östlich im Holliday Park steht mit der 1956 pensionierten **»Big Boy«** eine der weltgrößten Dampflokomotiven. Die Union Pacific stellte sie nach nur 15 Dienstjahren außer Betrieb – und beendete damit die glorreiche Ära der Dampflokomotiven.

Auf der Interstate 25 geht es dann nach zwei Tagen Prärie südwärts nach Colorado – mit dem Blick auf die Rocky Mountain Front Range im Westen und **Denver** als Ziel.

Der Oregon Trail durch den Südosten Wyomings **13**

13 Service & Tipps

◉ Fort Laramie National Historic Site
965 Gray Rocks Rd., Fort Laramie, WY 82212
✆ (307) 837-2221, www.nps.gov/fola
Park tägl. 8 Uhr bis Sonnenuntergang, Visitor Center Ende Mai–Anfang Sept. tägl. 8–19 Uhr, sonst kürzer, Eintritt frei
Militärfort aus dem 19. Jh. am Oregon Trail.

◉ Oregon Trail Ruts State Historic Site
S. Wyoming Ave., 5 km südl. Guernsey
Guernsey, WY 82214
✆ (307) 836-2334, http://wyoparks.state.wy.us
Eintritt frei
Tief eingegrabene Karrenspuren der Siedler.

◉ Register Cliff State Historic Site
S. Wyoming Ave., 5 km südl. von Guernsey
Guernsey, WY 82214, ✆ (307) 836-2334
http://wyoparks.state.wy.us, Eintritt frei
Sandsteinfelsen mit Pioniergraffiti auf dem Oregon Trail.

Cheyenne

ℹ Cheyenne Area Convention & Visitors Bureau
One Depot Sq., 121 W. 15th St.
Cheyenne, WY 82001
✆ (307) 778-3133 und 1-800-426-5009
www.cheyenne.org

🏛ℹ Cheyenne Depot Museum
One Depot Sq., 121 W. 15th St.
Cheyenne, WY 82001
✆ (307) 632-3905
www.cheyennedepotmuseum.org
Mai–Sept. Mo–Fr 9–18, Sa 9–17, So 11–17,
Okt.–April Mo–Fr 9–17, Sa 9–15, So 11–15 Uhr
Eintritt $ 8/0–8
Das neue Museum im alten Bahnhof informiert u. a. über die Geschichte der Eisenbahn, mit städtischem Visitor Center.

🏛 Cheyenne Frontier Days Old West Museum
4610 N. Carey Ave., am Frontier Park
Cheyenne, WY 82001
✆ (307) 778-7290, www.oldwestmuseum.org
Mo–Fr 9–17, Sa/So 10–17 Uhr

Eintritt $ 10/0–10
Rodeomuseum mit Kutschenkollektion und Westernkunst.

◉ Historic Governor's Mansion
300 E. 21st St., Cheyenne, WY 82009
✆ (307) 777-7878
http://wyoparks.state.wy.us
Juni–Aug. Mo–Sa 9–17, So 13–17, sonst Mi–Sa 9–17 Uhr, Eintritt frei
Bis 1976 Wohnsitz der Regierungschefs von Wyoming.

◉ Wyoming State Capitol
200 W. 24th St. Central Ave.
Cheyenne, WY 82002, ✆ (307) 777-7220
Mo–Fr 8–17 Uhr, auch Führungen, Eintritt frei
Ab 2019, nach dem Abschluss der Renovierungsarbeiten, wieder kostenlose Führungen durch das stattliche Regierungsgebäude von Wyoming.

✗ Poor Richard's Restaurant at Terry Bison Ranch
2233 E. Lincolnway, Cheyenne, WY 82001
✆ (307) 635-5114
www.poorrichardscheyenne.com
Tägl. außer So 11–14.30 und ab 17 Uhr
Gute Prime Ribs und Fischgerichte. $$–$$$

✗ The Senator's Steakhouse
51 I-25 Service Rd. E., Ausfahrt 2
Cheyenne, WY 82007
✆ (307) 634-4171, www.terrybisonranch.com
Tägl. außer So 11–21 Uhr
Populäres Steakhaus auf der Terry Bison Ranch.

✗ Estevan's Cafe
1820 Ridge Rd., Cheyenne, WY 82001
✆ (307) 632-6828, www.estevanscafe.com
Tägl. außer So 11–20 Uhr
Gutes mexikanisches Restaurant. $$

🎉 Cheyenne Frontier Days
www.cfdrodeo.com
Zehn Tage bis zum letzten Sonntag im Juli
Eines der weltgrößten Rodeos, mit Parade.

Informationen zu Denver finden Sie auf S. 38 ff.

14 Und ewig locken die Berge
Von Denver in die Universitätsstadt Boulder

14. Tag: Denver – Boulder – Estes Park (174 km/108 mi)

km/mi	Zeit	Route
0	9.00 Uhr	Abfahrt aus **Denver** auf der I-25 Richtung Norden,
11/7		Ausfahrt 217 auf US 36, die Autobahn wird zur Stadtstraße in
47/29		**Boulder**. Dort links auf Baseline Rd. abzweigen, die im Verlauf zur Flagstaff Rd. wird, hinauf zum Aussichtspunkt auf dem **Flagstaff Mountain** und wieder zurück zur Baseline Rd., Abzweig rechts in Bluebell Rd. zum
53/33	10.00 Uhr	**Chautauqua Park**: Spaziergang und Lunch. Zurück und rechts auf Baseline Rd., rechts auf Broadway, wird zum Foothills Hwy. (SR 93), rechts auf Eldorado Springs Dr. (CR 170) in den
66/41	13.00 Uhr	**Eldorado Canyon**. Zurück nach
79/49	14.30 Uhr	Downtown **Boulder**, Broadway kreuzt die Pearl Street Mall. Aus Boulder dem Canyon Blvd. (Hwy. 119), einer Parallelstraße der Pearl St., nach Westen folgen, in **Nederland** rechts nach Norden abbiegen auf den Hwy. 72, bei **Raymond** auf den einmündenden Hwy. 7, weiter nach Norden bis
174/108	18.00 Uhr	**Estes Park**.

Von Denver in die Universitätsstadt Boulder

Boulder ist eine reizende Universitätsstadt

Boulder ist »hip«, so sagt man hier, und wie keine andere bietet die 107 300 Einwohner zählende Universitätsstadt, die 1859 mit den ersten Goldfunden gegründet wurde, eine attraktive Kombination aus relativ trockenem Klima und großartiger Umgebung direkt am Fuß der Front Range – kurzum ein begehrtes Urlaubsziel der jungen, erfolgreichen, Abenteuer und Abwechslung suchenden Leute.

Mit der **University of Colorado**, an der heute rund 31 000 Studenten eingeschrieben sind, lockte man »saubere« Industrien her. Besonders Hightech-betriebe mit zukunftsorientierten Forschungs- und Entwicklungsprojekten siedelten sich an. Doch nicht nur Wissen ist gefragt, ein Hauch von Öko, Naturverbundenheit und Sportlichkeit haftet Boulder schon seit Jahrzehnten an. Die auf rund 1600 Metern gelegene Stadt ist dank ihrer Höhenluft und ihres abwechslungsreichen Terrains ein gesuchter Trainingsort für Hobbysportler und Oympiaathleten. Nirgendwo in Colorado gibt es so viele Lauf-, Rad- und Klettersportveranstaltungen wie hier, bewegen sich mehr Bewohner per Fahrrad durch die Stadt. Das fußgänger- und fahrradfreundliche Boulder samt seiner Umgebung kann man auf Wegen in allen Schwierigkeitsgraden bestens mit dem Mountainbike erkunden.

Für einen ersten Überblick geht's auf der kurvenreichen **Flagstaff Road** auf den **Flagstaff Mountain** 500 Meter oberhalb von Boulder, wo sich ein fantastisches Panorama der Stadt und der endlos ausgedehnten Prärien eröffnet. Im »Flagstaff House« auf dem Gipfel kann man die exzellente Aussicht mit einem ebensolchen Dinner verbinden. Auf der Rückfahrt ins Tal folgt am Fuß der

Baseline Road gleich der nächste Stopp bei den weithin sichtbaren, markanten, rötlichgrauen Sandsteinfelsen der **Flatirons** am Osthang des 2482 Meter hohen Green Mountain. Die Felsen ähneln aufgestellten Bügeleisen *(flatirons)* und sind ein Tummelplatz für Kletterer. Bei schönem Wetter ist das ausgedehnte Wanderwegenetz vom **Chautauqua Park Historic District** zu den Flatirons das populärste hiesige Ausflugsziel. Zur Lunch- pause bietet sich die gemütliche Veranda der romantischen, 1898 erbauten Chautauqua Dining Hall an.

Anschließend empfiehlt sich noch ein kurzer Abstecher Richtung Süden, wobei man auf dem Weg die Abzweigung zum **National Center for Atmospheric Research** passiert. Das Klima- und Wetterforschungszentrum, dessen Ausstellungen sich mit den Themen Klima- und Wetterphänomene, globale Erwärmung etc. beschäftigen, wurde vom Stararchitekten I. M. Pei entworfen und liegt im Grünen unweit der Flatirons.

Im **Eldorado Canyon State Park** im nächsten Tal befindet sich eines der Top-Klettergebiete der USA, aber auch auf zahlreichen Wanderwegen lässt sich die Region bestens erkunden. Der nur ein Kilometer kurze Spaziergang auf dem Fowler Trail wird mit exzellenten Blicken auf die Kletterfelsen und die drahtigen, bunt gekleideten Felsakrobaten auf der gegenüberliegenden Talseite belohnt. Am Visitor Center am Ende der Parkstraße beginnt der etwa fünfeinhalb Kilometer lange, landschaftlich reizvolle Eldorado Canyon Trail.

Nun ist es an der Zeit, der **Pearl Street Mall**, der baum- und brunnenbestandenen Fußgängerzone zwischen 9th und 15th Street und ihren Schmuck- und Souvenirgeschäften, den Kunstgale-

Die Fußgängerzone Pearl Street Mall im Herzen von Boulder

Von Denver in die Universitätsstadt Boulder 14

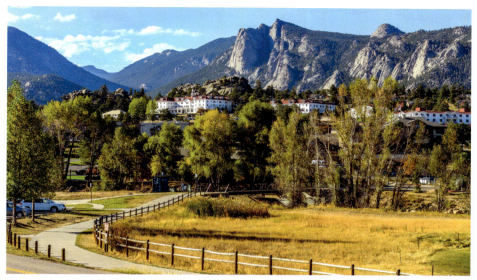

Filmfans bestens bekannt: das Stanley-Hotel in Estes Park, das Stephen King als Inspiration für »The Shining« diente

rien und Boutiquen Aufmerksamkeit zu schenken. Von Menschentrauben umlagert, zeigen Straßenmusikanten, Zauberkünstler und Kartenleser ihre Kunststücke – von einem der Straßencafés oder Restaurants kann man ihnen und den Passanten zuschauen.

Schließlich heißt es Abschied nehmen vom freundlichen Boulder. Anstelle des direkten Weges über den US Highway 36 folgen wir einer nur 34 Kilometer längeren Variante durch den **Boulder Canyon** bis zum kleinen Örtchen **Nederland**, dann weiter auf dem »**Peak to Peak**« **Scenic Byway** nach Norden immer parallel zu den Bergen. Die attraktive »Gipfel zu Gipfel«-Straße macht ihrem Namen alle Ehre – kilometerlang sticht der höchste Berg der Region, der **Longs Peak** (4345 m), als fotogener Wegweiser ins Auge. Schließlich wird **Estes Park** in einem von Bergen umrahmten, weiten Tal auf rund 2300 Meter Höhe erreicht. Joel Estes und sein Sohn siedelten sich 1859 als erste Weiße in dieser Region an, die einst zu den Jagdgründen der Ute und Arapaho zählte und heute als Touristenziel von ihrer hervorragenden Lage profitiert. Da es innerhalb des Nationalparks keine Hotelzimmer gibt, ist Estes Park das ideale Anlaufziel vor den Toren des Parks und bietet neben verschiedenen Hotels und Motels von Ausritten über Wildwasserschlauchbootfahrten und Mountainbiketouren bis zum Ausflug per Seilbahn alles, was das Urlauberherz begehrt.

Am Ankunftsabend im »Tor zum Rocky Mountain National Park«, wie sich der Ort nennt, bleibt keine Zeit mehr für größere Unternehmungen, aber sicher für einen Bummel über die betriebsame Hauptgeschäftsstraße Elkhorn Avenue, die neben attraktiven Geschäften und hübschen kleinen Plazas auch ein paar nette Restaurants zu bieten hat, wo man den Tag ausklingen lassen kann.

14 Service & Tipps

Boulder

ℹ Boulder Convention & Visitors Bureau
2440 Pearl St., Boulder, CO 80302
℡ (303) 442-2911 und 1-800-444-0447
www.bouldercoloradousa.com

◉ National Center for Atmospheric Research
1850 Table Mesa Dr., südwestl. von Boulder
Boulder, CO 80305
℡ (303) 497-1000, https://scied.ucar.edu/visit
Mo–Fr 8–17, Sa–So 9–16 Uhr, Eintritt frei
Forschungszentrum mit Ausstellungen zu Klima, Wetter, globaler Erwärmung etc.

✕ The Flagstaff House Restaurant
1138 Flagstaff Rd., Boulder, CO 80302
℡ (303) 442-4640, www.flagstaffhouse.com
Tägl. 18–22, Sa ab 17 Uhr
Exzellentes Restaurant mit attraktiver Zufahrt und tollem Panorama über Boulder. $$$$

✕ Chautauqua Dining Hall
900 Baseline Rd., Boulder, CO 80302
℡ (303) 440-3776
www.chautauqua.com/dining-hall
Tägl. ab 8 Uhr
Frühstück, Lunch, Dinner und Sunday Brunch

Downtown Boulder

Buffet in einem 1898 erbauten Restaurant mit gemütlicher Veranda. $$–$$$

🍺 Walnut Brewery
1123 Walnut St., Boulder, CO 80302
℡ (303) 447-1345, www.walnutbrewery.com
Tägl. 11–23, Fr/Sa bis 24 Uhr
Trendige Brauereikneipe mit sechs hausgebrauten Biersorten. $$

🚲 Republic Cycles
2626 Baseline Rd., Boulder, CO 80305
℡ (303) 413-0228
www.republiccyclesboulder.com
Mo–Fr 10–18, Sa 10–17, So 12–16 Uhr
Mountain-Bike-Verleih ab $ 75 pro Tag.

🎵 Colorado Music Festival
Im Chautauqua Park, 900 Baseline Rd.
Boulder, CO 80302
Tickets: ℡ (303) 440-7666
www.coloradomusicfestival.org
Ende Juni–Anfang Aug.
Festival klassischer Musik mit Musikern und Orchestern aus aller Welt. Boulders kultureller Glanzpunkt.

🎵 Colorado Shakespeare Festival
℡ (303) 492-8008
www.coloradoshakes.org, Juni–Aug.
Renommierte Shakespeare-Aufführungen im Mary Rippon Outdoor Theatre oder dem University Theatre auf dem Universitätscampus.

🏔 Eldorado Canyon State Park
9 Kneale Rd., Eldorado Springs, CO 80025
℡ (303) 494-3943
www.stateparks.com/eldorado_canyon_state_park_in_colorado.html
Tägl. von Sonnenauf- bis -untergang
Eintritt $ 8
Bergpark bei Boulder, mit hohen Sandsteinfelsen und steilen Klippen, einem bewaldeten Canyon, Kletterrouten sowie Wanderwegen verschiedener Kategorien.

Estes Park

ℹ Estes Park Convention & Visitors Bureau
500 Big Thompson Ave.
Estes Park, CO 80517

Von Denver in die Universitätsstadt Boulder

✆ (970) 577-9900 und 1-800-443-7837
www.visitestespark.com

🛏✕ Ridgeline Hotel
101 S. St. Vrain Ave., Estes Park, CO 80517
✆ (970) 586-2332 und 1-844-744-5525
https://ridgelinehotel.com
147-Zimmer-Hotel mit Restaurant. $$$$

🛏✕🍸🍺 The Stanley Hotel
333 Wonderview Ave.
Estes Park, CO 80517
✆ (970) 586-3371 und 1-800-976-1377
www.stanleyhotel.com
Grandhotel aus den Anfängen des 20. Jh.; 138 Zimmer; luxuriöses Restaurant **Cascades**, Bar und **Steamer's Café**. Im Norden der Stadt, mit prächtigem Bergblick. Mitinvestor des Hotels war der Erfinder F. O. Stanley. $$$$

🚐 Estes Park KOA
2051 Big Thompson Rd., Estes Park, CO 80517
✆ (970) 586-2888 und 1-800-562-1887
www.koa.com
Mai–Mitte Okt.
Zentral gelegener, guter Campground direkt vor den Toren des Rocky Mountain N. P., schöne Bergkulisse.

🚐 Moraine Park Campground
Bear Lake Rd., 2 km westl. von Estes Park
Rocky Mountain N. P., CO 80517
✆ (518) 885-3639 und 1-877-444-6777
Reservierung: www.recreation.gov
Ende Mai–Anfang Sept.
Schön gelegener Campingplatz mit 247 einfachen Stellplätzen.

🚐 Glacier Basin Campground
Bear Lake Rd., 8 km südwestl. von Estes Park
Rocky Mountain N. P., CO 80517
✆ (518) 885-3639 und 1-877-444-6777
Reservierung: www.recreation.gov
Ende Mai–Anfang Sept.
Schöner Campingplatz mit 150 einfachen Stellplätzen.

🚐 Aspenglen Campground
US 34, 8 km westl. von Estes Park
Rocky Mountain N. P., CO 80517
✆ (518) 885-3639 und 1-877-444-6777

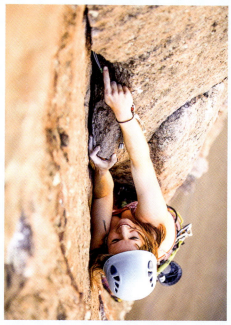

»Rock Climbing« im Eldorado Canyon State Park

www.recreation.gov
Campingplatz mit 54 Stellplätzen.

✕🛏 Twin Owls Steakhouse/Black Canyon Inn
800 MacGregor Ave., Estes Park, CO 80517
✆ (970) 586-9344 (Restaurant)
✆ (970) 586-8113 und 1-800-897-3730 (Hotel)
www.twinowls.net
www.blackcanyoninn.com
Fr–So ab 17 Uhr
Rustikal-elegantes Restaurant in einem Blockhaus von 1929, mit handbehauenen Stämmen und einem aus Stein gemauerten Kamin; Fisch und Muscheln, Wild, Pizza und Nudelgerichte. Lunch und Dinner. $$$–$$$$

✕ Grumpy Gringo
1560 Big Thompson Ave., Estes Park, CO 80517
✆ (970) 586-7705, www.grumpygringo.com
Mexikanisches Restaurant. Auf der Speisekarte: Salate, *burritos, tamales, fajitas* und andere Spezialitäten von *south of the border*. Gute Margaritas. Lunch und Dinner. $$

15 Auf dem Dach der Rockies
Durch den Rocky Mountain National Park

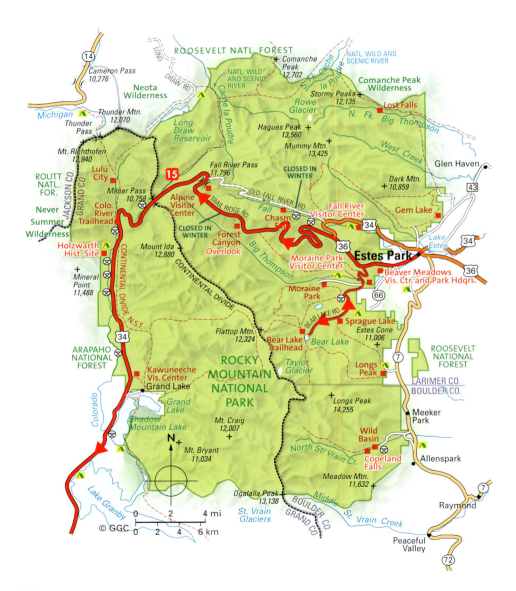

15. Tag: Estes Park – Rocky Mountain N.P. – Georgetown (214 km/133 mi)

km/mi	Zeit	Route	Routenfortsetzung außerhalb des N. P. vgl. Karte S. 196.
0	8.30 Uhr	**Estes Park** auf US 36 nach Westen in den Rocky-Mountain-Nationalpark, Abzweigung nach links auf Bear Lake Rd., Wanderung um **Sprague Lake**. Weiter auf Bear Lake Rd. bis	
23/14	10.00 Uhr	**Bear Lake**, Wanderung um den See. Zurück zur US 36, links **Trail Ridge Rd.**, unterwegs Wanderung zum Forest Canyon Overlook und Tundra Trail.	
76/47	14.00 Uhr	**Alpine Visitor Center**, Trail Ridge Rd. weiter nach Westen, im Tal kurze Wanderung zu Colorado River und Never Summer Ranch.	
109/68	16.30 Uhr	Parkausgang in **Grand Lake**, weiter US 34 nach Westen bis **Granby**, links abbiegen auf US 40, über den **Berthoud Pass** (3449 m) hinweg, rechts auf die I-40, im Westen liegt an der nächsten Ausfahrt	
214/133	18.30 Uhr	**Georgetown**.	

Die Trail Ridge Road, höchstgelegene asphaltierte Passstraße der USA

Auf dem Dach der Rockies

Westlich von Estes Park schützt der **Rocky Mountain National Park** fast 1100 Quadratkilometer pure Bergwildnis. Die Osthänge sind rau, steil, zerklüftet und steigen aus vom Gletscher geschliffenen Canyons zu schroffen Gipfeln empor; unter den zahlreichen 4000ern ist der Longs Peak (4345 m) der höchste. Im Westen zeigen sich die Berge sanfter abfallend und weniger spektakulär mit malerischen Wald- und Wiesenlandschaften, in denen auch der Colorado River entspringt.

Quer durch den Park verbindet die 77 Kilometer lange Trail Ridge Road den Osteingang (2380 m) bei Estes Park mit Grand Lake (2550 m) im Westen. Die bis auf über 3713 Meter ansteigende, asphaltierte Passstraße, die höchstgelegene der USA, überschreitet dabei die kontinentale Wasserscheide zwischen Pazifik und Atlantik. Abseits der wenigen Straßen im Park erschließen über 570 Kilometer markierte Wanderwege das praktisch gletscherfreie Hochgebirge. Ab Mitte Juli sind sogar die meisten Gipfelrouten schneefrei, wie auch der 13 Kilometer lange Weg auf den Longs Peak.

Die Höhenlagen der Rocky Mountains wurden kaum besiedelt, nur einige Weiße ließen sich im mineralienreichen

»Full Fall Color«: am Bear Lake im Rocky Mountain National Park

Durch den Rocky Mountain National Park

Westteil des heutigen Parks nieder. Pläne des jagdfreudigen englischen Lord of Dunraven, das Paradies in ein Jagdrevier umzuwandeln, scheiterten zum Glück, und der Naturschützer Enos Mills setzte sich für die Erhaltung der Natur ein. Seine Bemühungen waren von Erfolg gekrönt: 1915 wurde das Gebiet als Nationalpark unter Schutz gestellt.

Genug des Zahlenwerks und der Historie – noch ist der Himmel wolkenlos blau, doch für später werden, wie so oft an Sommernachmittagen, kurze Gewitter vorhergesagt – ein Argument, sich in den Rockies stets früh auf den Weg zu machen. Ein weiterer, ganz profaner Grund ist das knappe Parkplatzangebot an schönen Sommertagen, insbesondere auf der Bear Lake Road.

Am Morgen wirkt Estes Park noch ein wenig verschlafen. Wir fahren auf der 16 Kilometer langen **Bear Lake Road**, einer schmalen, kurvenreichen Straße, vorbei an wunderschönen Seen zum Wanderparadies um den Bear Lake. Auf den taufrischen Wiesen des Moraine Park grasen einige stattliche Wapitihirsche – eine schöne Einstimmung auf diesen Tag. Das **Moraine Park Museum** am Anfang der Straße informiert über die Ökologie des Parks, über die natürlichen Kräfte wie Wind und Wetter, Eis und Schnee, die diese Landschaften von jeher modellieren.

Zunächst lockt der ebene, nur ein Kilometer lange Uferweg rund um den reizvollen **Sprague Lake** mit dem viel fotografierten Panorama der spiegelnden Berge – wie dem unten erwähnten Flattop Mountain – im Hintergrund. Größter Anziehungspunkt am Ende der Bear Lake Road ist der auf 2888 Meter Höhe gelegene idyllische, kleine **Bear Lake**, ein besonders schöner, gletschergeschaffener See, den ein Pfad von einem Kilometer Länge umrundet. Kleine Bäche

Mountain Biking in den Colorado Rockies

plätschern in den See, Gipfel spiegeln sich in seiner glitzernden Wasserfläche.

Vom Bear Lake aus stößt eine Fülle von Wanderwegen in die Bergwälder der Umgebung vor, ein kurzer Aufstieg bringt uns nach einem knappen Kilometer an das Ufer des **Nymph Lake** oder relativ eben nach zwei Kilometern zum malerischen **Bierstadt Lake**. Höhepunkt im wahrsten Sinne des Wortes ist der sieben Kilometer lange **Flattop Mountain Trail**. Der gut ausgebaute Wanderweg endet auf dem flachen Grat des 3756 Meter hohen Berges.

Danach geht es über die **Trail Ridge Road** (US 34), eine straßenbautechnische Meisterleistung vom Beginn der 1930er Jahre, steilauf in hochalpine Gefilde. Unterwegs laden Aussichtspunkte mit uneingeschränktem Blick auf die grandiose Gipfelwelt der Rocky Mountains zum Verweilen ein. In der Regel ist die Passstraße zwischen Anfang Juni und Mitte Oktober geöffnet und schneefrei; an den Rändern türmen sich allerdings bis in den Sommer hinein noch hohe Schneewände auf. An der Trail Ridge Road beeindrucken rasche Vegetationswechsel: Aus den Tälern mit den samti-

15 Auf dem Dach der Rockies

gen Nadelwäldern und grünen Wiesen, den tiefen, weglosen Canyons mit den frühjahrstollen Wildbächen gelangen wir zunächst in langen Schleifen bergauf in die Zone karger Krummholzwälder mit windgestutzten, subalpinen Krüppelkiefern.

Ganz oben in hochalpinen Regionen bietet sich am **Forest Canyon Overlook** (3536 Meter) ein fantastischer kurzer Spaziergang an, der einen Blick auf den Canyon erlaubt.

Ebenso führt wenig weiter vom Aussichtspunkt am **Rock Cut** ein kurzer Spazierweg in die hochalpinen Tundrawiesen, eine karge, kalte, windzerzauste Welt, in der die winzigen Blütenpflanzen im allzu kurzen Sommer ein rührendes Farbenfeuerwerk entfachen, oft ummalt vom puren Weiß des Neuschnees. Den höhenungewohnten Touristen aus dem Flachland wird hier oben schon mal die Luft knapp und die ultravioletten Strahlen verbrennen unbemerkt die unbedeckten Hautflächen.

Über den meistbegangenen Wanderweg hier oben erreicht man die **Hoodoos**, eine Gruppe pilzförmig erodierter Gesteinstürmchen inmitten dieses hochalpinen Blumenteppichs. Wenige Kilometer westlich berührt die Trail Ridge Road ihren mit 3713 Metern höchsten Punkt.

Am **Alpine Visitor Center** legen wir einen verspäteten Lunchstopp ein, informieren uns über die Ökologie der Tundrawiesen und verfolgen bei dem weiten Blick aus dem Panoramafenster den Flug eines Adlers.

Am Visitor Center mündet die **Old Fall River Road**, die originale Passstraße durch den Nationalpark, in die Trail Ridge Road. Die geschotterte, 19 Kilometer lange Einbahnstraße biegt in Horseshoe Park von der US 34 ab und verläuft durch das Endovalley, wo sich in den 1980er Jahren der aus dem Dammbruch des Lawn Lake resultierende **Alluvial Fan**, ein großer Schwemmfächer aus Geröll, Holz und Gestein, ablagerte. Das sedimentbeladene Wasser aus dem Stausee hatte seinerzeit auch die heute hübsch restaurierte Innenstadt von Estes Park verwüstet.

Kurvenreich steigt die Old Fall River Road bergauf durch einen engen, zuweilen steilen Canyon – noch »machbar« mit Wohnmobilen bis 25 ft. –, vorbei an Wasserfällen, alten Gletschermoränen und mit fantastischen Ausblicken. In Kombination mit der Trail Ridge Road ermöglicht sie eine ideale Rundtour von und nach Estes Park.

Wir jedoch folgen der Trail Ridge Road weiter nach Westen über den 3279 Meter hohen, aber eher unspektakulären **Milner Pass** mit der kontinentalen Wasserscheide. In Serpentinen führt die Straße auf wenigen Kilometern in das **Kawuneeche Valley** hinunter. In diesen marschigen, saftig-grünen Wiesen am Fuße dunkler Bergwälder liegt das Quellgebiet des **Colorado River**. Der mächtigste Strom des Westens, der mit ungebändigter Kraft den tiefen Grand Canyon ausgewaschen hat, fließt hier klar und friedlich mäandernd und ist so flach, dass man hindurchwaten kann. Den kurzen Spaziergang durch die Wiesen zum Fluss sollte man sich nicht entgehen lassen.

Im Kawuneeche Valley wurde einst nach Gold, Silber und anderen Edelmetallen gesucht, nur wenige ließen sich dort auf Dauer nieder. Ein schöner Picknickplatz findet sich am Weganfang zur **Never Summer Ranch**. Trotz des wenig einladenden Namens lohnt sich der ein Kilometer lange Weg zur historischen Ranch, die im frühen 20. Jahrhundert Siedlern zum Broterwerb und Gästen als Sommerfrische diente.

Wanderin am Odessa Lake im Rocky Mountain National Park

15 Auf dem Dach der Rockies

Kurz hinter dem Kawuneeche Visitor Center verlassen wir den Park und fahren vorbei an der Ortschaft **Grand Lake** an den von dunklen Bergwäldern umrahmten See gleichen Namens, der ein geschäftiges Wassersportrevier und Angelparadies mit Lachsen und Forellen ist. Reines, klares Bergwasser aus dem Grand Lake wird durch lange Pipelines 26 Kilometer quer durch die Rockies zu dem im Regenschatten östlich des Rocky-Mountain-Hauptkamms gelegenen Estes Park transportiert.

Schon nach wenigen Kilometern außerhalb des Nationalparks ist es mit der natürlichen Herrlichkeit des Colorado River vorbei. Der gezähmte Fluss wird zu Shadow Mountain Lake und Lake Granby aufgestaut, beliebte Wassersportreviere mit Bootshäfen und touristischer Infrastruktur. Wie überall wird dem Fluss das kostbare Nass zur Trinkwasserversorgung und zur Bewässerung für die Landwirtschaft entzogen.

Parallel zum Colorado River geht es ein kurzes Stückchen flussabwärts. Eine weitere Hochgebirgsetappe steht auf dem Plan, und schon bald windet sich die US 40 aus den Niederungen zu einem nächsten Routenhöhepunkt hinauf. Am 3449 Meter hohen **Berthoud Pass** wird in dunkler, mit Schneeflecken besetzter Felsumgebung erneut die Continental Divide überschritten, wo das Wasser wieder gen Mississippi fließt.

Georgetown, das heutige Ziel im schmalen Clear Creek Canyon, führt seine Ursprünge auf ein Goldgräbercamp aus den 1860er Jahren zurück. Mit dem Silberboom im folgenden Jahrzehnt wuchs es auf 5000 Einwohner an und erlebte als Zentrum einer weiten Bergbauregion einen kurzen Boom. Später dann zogen die Minenarbeiter in das aufblühende Leadville weiter.

Nach jahrzehntelangem Dornröschenschlaf hat das pittoreske 1000-Einwohner-Städtchen den Zeitsprung in das dritte Jahrtausend gut überstanden. Mit rund 200 Häusern aus dem späten 19. Jahrhundert erlebt man den Ort als eine Art »lebendiges Museumsstädtchen« mit Geschäften und Restaurants, und noch immer künden feine Villen von der damaligen Prosperität.

Das enge Tal steht als **Georgetown – Silver Plume National Historic Landmark District** komplett unter Denkmalschutz. Der ganze Charme der viktorianischen Ära offenbart sich bei einem Spaziergang über die Sixth Street im Herzen der Altstadt mit hübsch restaurierten Fassaden. In einem authentischen Kolonialwarenladen kann man herumstöbern und auch Lebensmittel kaufen. Das 1875 eröffnete Hotel de Paris, das seinerzeit eine der feinsten Adressen weit und breit war, dient heute als Museum.

Lebendiges Museumsstädtchen Georgetown

Durch den Rocky Mountain National Park 15

15 Service & Tipps

Rocky Mountain National Park
1000 Hwy. 36, Estes Park, CO 80517
© (970) 586-1206
Camping-Reservierungen: © 1-877-444-6777
www.nps.gov/romo
Eintritt pro Person $ 10, pro Auto $ 20 (7 Tage),
$ 80 Annual Parks Pass (vgl. S. 285)
Nationalpark mit hochalpiner Panoramastraße durch die Front Range der Rocky Mountains.

Moraine Park Visitor Center
Bear Lake Rd., 1 km südl. der Beaver Meadows Entrance Station
© (970) 586-1206
Ende April–Anfang Okt. tägl. 9–16.30 Uhr
Infos über Ökologie der Rocky Mountains.

Moraine Park Riding Stables/ Sombrero Ranches
Moraine Park, Rocky Mountain N. P.
© (970) 586-2327, www.sombrero.com
Mitte Mai–Anfang Okt. Ausritte innerhalb des Nationalparks, 2–8 Std., $ 80–200

Shuttle Bus
www.nps.gov/romo/planyourvisit/shuttle_bus_route.htm
Vom Glacier Basin bis Bear Lake/Parkeingang, Moraine Park Route: Mitte Mai–Mitte Okt.
Hiker Shuttle Express: Ende Juni–Anfang Sept.
Kostenloser Pendelbus.

Forest Canyon Trail
Ausgangspunkt: Trail Ridge Rd., 10 km östl. des Alpine Visitor Center
Prachtvoller 1 km langer Wanderweg.

Alpine Visitor Center
Trail Ridge Rd. am Fall River Pass
Ende Mai–Anfang Okt. tägl. 10.30–16.30 Uhr
Parkinfo auf 3653 m Höhe mit Cafeteria.

Georgetown

Georgetown Visitor Center
404 6th St., Georgetown, CO 80444
© (303) 569-2555 und 1-888-569-1130
www.georgetown-colorado.org

Wapitihirsch im Rocky Mountain N. P.

Georgetown Mountain Inn
1100 Rose St.
Georgetown, CO 80444
© (303) 569-3201 und 1-800-884-3201
www.georgetownmountaininn.com
Komfortables Motel mit 33 Zimmern und Swimmingpool, im historischen Herzen Georgetowns. $$$$

America's Best Value Inn
1600 Argentine St.
Georgetown, CO 80444
© (303) 569-3211 und 1-800-454-3213
www.redlion.com/georgetown
Preiswertes Motel der landesweiten Kette. $$

Hotel de Paris Museum
409 6th St., Georgetown, CO 80444
© (303) 569-2311
www.hoteldeparismuseum.org
Ende Mai–Anfang Sept. Mo–Sa 10–17, So 12–17 Uhr, sonst kürzer
Eintritt $ 7/0–3
Hotel aus der Silberboomzeit, heute ein Museum.

Blue Sky Café
1510 Argentine St., Georgetown, CO 80444
© (303) 719-0317, tägl. 8–15 Uhr
Beliebtes Frühstücks- und Lunchlokal im Herzen der Stadt. Auf der Speisekarte stehen amerikanische Favoriten, wahlweise herzhaft oder süß. $–$$

16 Silberstädte, Supergipfel und Skiboom

Von der Teufelspforte zum Unabhängigkeitspass

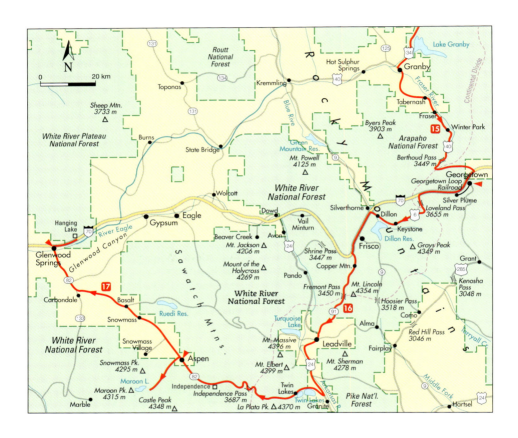

16. Tag: Georgetown – Leadville – Independence Pass – Aspen (203 km/126 mi)

km/mi	Zeit	Route
0	8.30 Uhr	**Georgetown**, auf I-70 nach Westen, Ausfahrt 226 nach
3/2	9.20 Uhr	**Silver Plume**, Fahrt mit der **Georgetown Loop Railroad**.
	10.30 Uhr	I-70 Richtung Westen bis Ausfahrt 216, links auf Hwy. 6 über

Von der Teufelspforte zum Unabhängigkeitspass

		den **Loveland Pass** (3655 m), bei Dillon zurück auf die I-70, an der Ausfahrt 195 nach Süden auf Hwy. 91 an Copper Mountain vorbei, über den **Fremont Pass** (3450 m) nach
108/67	12.30 Uhr	**Leadville:** Lunch, Rundgang mit Museumsbesuch. Auf US 24 East Richtung Buena Vista, Abzweigung nach Westen auf Hwy. 82, über **Independence Pass** (3687 m) nach
203/126	18.00 Uhr	**Aspen**.

Größte Attraktion in **Georgetown** ist eine Fahrt mit der nostalgischen **Loop Railroad** ins benachbarte **Silver Plume**. Wir nehmen die erste Tour am Morgen, die in Silver Plume beginnt und auch dort wieder endet. Ursprünglich war auf dieser Strecke eine (allerdings nie verwirklichte) Schmalspureisenbahn der Central Colorado Railroad von Denver zur boomenden Silberstadt Leadville geplant. Doch schon der sechsprozentige Höhenanstieg durch den engen Clear Creek Canyon zum drei Kilometer entfernten Silver Plume bereitete den Konstrukteuren ernste Schwierigkeiten. Mit einer sechs Kilometer langen Serie von lang gezogenen Schleifen wurde die Steigung halbiert. Direkt bei Georgetown kreuzt sich die Trasse in einer Spirale *(loop)*. Beeindruckend ist der Blick vom **Devil's Gate Viaduct**, einer 100 Meter langen, viel fotografierten Bockbrücke, hinab zu den 27 Meter tiefer verlaufenden Gleisen am Bachufer.

Auf dem vier Kilometer langen Notch Trail kann man Silver Plume auch zu Fuß erreichen und dort neben dem Bahnhof die **Lebanon Mine**, eine alte Silbermine, besichtigen. Auch im Sommer muss man eine Jacke mitnehmen, denn im Berginneren herrschen ganzjährig Temperaturen von nur sieben Grad Celsius.

Weiter geht es von Georgetown über drei der höchsten Bergpässe Colorados mitten in das unvergletscherte Herz der Rocky Mountains hinein. Problemlos erreichen wir dabei mit dem Auto fast 3700 Meter Höhe. Hunderte im Hochsommer völlig schneefreie Berge überschreiten die 4000-Meter-Grenze.

Wer diesen Teil der Rockies hautnah erleben und nicht wie auf der I-70 bei einer langen Fahrt durch den Eisenhower-Tunnel viel verpassen möchte, nimmt die US 6 mit ihrer brillanten Routenführung über den **Loveland Pass**, den ersten Höhepunkt des Tages. Auf der kurvenreichen, nur 14 Kilometer längeren Route denkt man zurück an die Zeit vor Eröffnung des Eisenhower-Tunnels in den 1970er Jahren, als der gesamte Durchgangsverkehr diesen Weg nehmen musste. Bei Silverthorne geht es dann wieder auf die I-70.

Auf dem Weg werden einige der Top-Skigebiete Colorados passiert wie Arapahoe Basin, Keystone, Breckenridge

Unterwegs mit der Loop Railroad

16 Silberstädte, Supergipfel und Skiboom

und schließlich **Copper Mountain**, wo man praktisch von der Autobahn direkt in den Skilift steigt. Vielleicht trifft man ja noch auf die letzten unentwegten Skifahrer, die ihr Sportgerät schultern, den Grat hochsteigen und per Schussfahrt zur Straße zurückkehren.

Nördlich von Copper Mountain wird die I-70 endgültig verlassen und die Route folgt der SR 91 wieder hinauf in die Berge. Wie der Name schon vermuten lässt, deuten die angegriffenen Hänge ringsherum auf Kupferbergbau. Wo sich auf der Höhe des Fremont Pass (3450 m) die Hochgebirgsszenerie in aufgerissene und wegen ihres Mineralienreichtums bunt terrassierte Landschaften verwandelt hat, liegt eine der größten Molybdänförderstätten der Welt. Hinter der Passhöhe, auf der anderen Seite der kontinentalen Wasserscheide zwischen Atlantik und Pazifik, entspringt der 2348 Kilometer lange **Arkansas River**, dem die Straße in die einstige Silberboomtown Leadville folgt.

1860 verzeichnete das seinerzeit »Oro City«, »Goldstadt«, genannte **Leadville** Goldfunde in der California Gulch, doch seine Boomzeit begann erst 1875 mit der Entdeckung von silberhaltigen Bleivorkommen. Bereits drei Jahre später erlebte man eine wilde, unorganisierte, geldgierige Stadt, in der Minen wie die »Matchless Mine« von Horace Austin W. Tabor ihre Besitzer praktisch über Nacht zu Millionären machten. Minenarbeiter, Silberbarone, Cowboys, Damen aus dem Rotlichtmilieu, Spieler und zwielichtige Gestalten zog es in die nunmehr 30 000 Einwohner zählende Stadt. Reihen von Saloons und Spielhallen, Bretterbuden, Blockhütten und Bürgerhäusern wuchsen in Windeseile an den schlammigen Straßen heran.

Im Vergleich zu den Boomzeiten ist die Einwohnerzahl auf ein Zehntel gesunken, dennoch hat sich Leadville beiderseits der Hauptstraße **Harrison Avenue** ein sympathisches Kleinstadtcouleur erhalten. Über der Innenstadt ragt der Turm der 1879 erbauten Annunciation Catholic Church empor (East 7th St.), die Kirche wurde mit den ersten Ziegelsteinen erbaut, die die Stadt kaufen konnte.

Mit der Broschüre »Leadville Walking Tour« die die Geschichte der einzelnen, ansehnlich restaurierten Gebäude im historischen Stadtzentrum vermittelt, begibt man sich vom Visitor Center zum attraktiven **National Mining Hall of Fame and Museum** an der 9th Street in einem ehemaligen viktorianischen Schulgebäude aus der Jahrhundertwende. Es thematisiert mit vorzüglichen Ausstellungen die Geschichte des amerikanischen Bergbaus.

Anschließend führt die Harrison Street südwärts zum **Tabor Opera House**, auf dessen roten Plüschsitzen sich die Bergleute vom rauen Arbeitsalltag ablenken ließen. Das von Horace Tabor 1879 erbaute Opernhaus war seinerzeit das größte im Westen zwischen St. Louis und San Francisco.

Und hier kommt die tragisch-romantische Geschichte des Minenkönigs Tabor und seiner Frau ins Spiel. Er kaufte preiswert erste Schürfrechte, verdiente ein Vermögen durch Minenan- und -verkäufe, wurde Bürgermeister von Leadville, stellvertretender Gouverneur von Colorado und US-Senator. Als Endvierziger lief ihm die junge Kellnerin Elizabeth McCourt Doe über den Weg. Er verliebte sich, ließ sich von seiner Frau Augusta scheiden und heiratete 1883 »Baby Doe«. Auf der Gästeliste der Hochzeitsfeier stand u. a. sogar der Name des US-Präsidenten Chester A. Arthur.

Als mit der Silberpanik 1893 die Preise für das Edelmetall ins Bodenlose fielen und die US-Regierung auch noch die

Von der Teufelspforte zum Unabhängigkeitspass

staatlichen Silberaufkaufgarantien aufhob, verlor Tabor über Nacht sein gesamtes Vermögen. An seinem Sterbebett 1899 versprach Baby Doe ihrem Mann, die »Matchless Mine« als letzte ihrer Minen zu halten. Sie lebte 36 Jahre lang völlig verarmt in der **Matchless Mine Cabin**, einer Blockhütte südlich der Mine, wo sie 1935 erfroren und verhungert aufgefunden wurde. Ihre Lebensgeschichte wurde in der Oper »The Ballad of Baby Doe« stark romantisiert; die Hütte ist heute ein Museum mit ihren persönlichen Gegenständen und anderen Relikten aus dem frühen 20. Jahrhundert.

Auf weitem, 3100 Meter hohen Talgrund angesiedelt, ist Leadville die höchstgelegene Stadt der USA. Beim Blick zum Horizont erspähen wir noch weitere Superlative, nämlich mit **Mount Elbert** (4399 m) und **Mount Massive** (4396 m) die höchsten Berge Colorados und der Rocky Mountains – und ihre meist bis in den Hochsommer hinein schneebedeckten Gipfel lassen erahnen, dass bitterkalte Winter und kurze Sommer hier die Regel sind. Die beiden eher unscheinbaren Gipfel der Sawatch Mountains, einer Kette der Rockies, liegen nur 1300 Meter über dem Talgrund nebeneinander. Mount Elbert kann man ab dem Elbert Creek Campground über einen acht Kilometer langen, ab dem Hochsommer sogar schneefreien Wanderweg ersteigen.

Der **Top of the Rockies Scenic Byway**, die US 24, führt von Leadville im Tal des Arkansas River flussabwärts. Nach dem Abzweig auf den Highway 82 Richtung Aspen liegen an der Südflanke des Mount Elbert die **Twin Lakes**, zwei als Wassersportreviere genutzte Stauseen, und ein Visitor Center zum Thema Hydroenergie. Von dort geht es dann wieder steil nach oben auf den landschaftlichen Höhepunkt dieser Etappe, den **Independence Pass**, rund 30 Kilometer vor Aspen.

Konditionsstarke Radfahrer aus Aspen nutzen die Nähe des 3687 Meter hohen Gebirgspasses gern zu einem Tagesausflug. Auf der Passhöhe treffen sich alle, die Sportler und die Autotouristen, die in Shorts und T-Shirt auf die bis in den Frühsommer verbleibenden Schneefelder springen und das Hochgebirgspanorama genießen. Im Juli, wenn der Schnee weg ist, kann man einem Fußpfad ein Stück in die Tundra hinaus folgen.

Über die Continental Divide hinweg geht es vom »Unabhängigkeitspass« in einem lang gestreckten Bogen durch grandiose Hochgebirgsszenerie allmählich talwärts. Auf dem Weg nach Aspen bietet sich ein Stopp im Geisterstädtchen **Independence** an. Einige noch relativ gut erhaltene Blockhütten künden vom Lockruf – diesmal kein Silber – des Goldes, dem 1882 rund 1000 Menschen folgten. Sie sorgten mit ihren Goldfunden dafür, dass Indepence zu einer vermögenden Siedlung wurde. Längst ist jedoch der Glanz vergangenen Reichtums verschwunden, nur noch die alten Türen knarren im Wind.

Danach geht es zurück in die Gegenwart und nach **Aspen**, in eine der attraktivsten Städte der Rocky Mountains.

16 Service & Tipps

Georgetown Loop Railroad
1106 Rose St., Georgetown, CO 80444
☏ 1-888-456-6777
www.georgetownlooprr.com
Ab Silver Plume Depot (I-70, Ausfahrt 226) Mitte Mai–Mitte Aug. tägl. 5 Abfahrten 9.45–15.45 Uhr, bis Mitte Okt. 3–5 Abfahrten, ab Devil's Gate Station (I-70, Ausfahrt 228) jeweils 40 Min. später
Fahrpreis $ 26/0–19, Zugfahrt inkl. Besichtigung der Lebanon Silver Mine in Silver Plume $ 36/0–28
Die restaurierte Schmalspurdampflok mit hölzernen Sitzbänken in nostalgischen Wagen benötigt 70 Min. für 14 km Hin- und Rückweg.

Leadville

Leadville Visitors Center
809 Harrison Ave., Leadville, CO 80461

Aspen-Panorama

☏ (719) 486-3900 und 1-855-488-1222
www.leadvilletwinlakes.com

Historic Delaware Hotel
700 Harrison Ave., Leadville, CO 80461
☏ (719) 486-1418 und 1-800-748-2004
www.delawarehotel.com
Schlafen wie im Museum: Seit dem Jahr 1886 beherbergt das im denkmalgeschützten Ortszentrum gelegene, mit Antiquitäten dekorierte Hotel Gäste. $$–$$$$

Matchless Mine & Cabin
E. 7th St., Leadville, CO 80461
☏ (719) 486-1229
www.matchlessmine.com
Ende Mai–Anfang Sept. tägl. 9–17 Uhr
Eintritt $ 6
Museum mit Blockhütte der »Baby Doe« Tabor.

National Mining Hall of Fame and Museum
120 W. 9th St., Leadville, CO 80461
☏ (719) 486-1229
www.mininghalloffame.org
Mai–Ende Okt. tägl. 9–17, sonst Mo geschl., Eintritt $ 12/0–10
Bergbaumuseum, Mineralien- und Goldausstellung, Museumsbergwerke. Hervorragender Museumsshop.

Tabor Opera House
308 Harrison Ave., Leadville, CO 80461
☏ (719) 486-8409
http://taboroperahouse.net
Führungen Anfang Juni–Anfang Sept. Di–So 10.30–17 Uhr, Führung $ 10 p.P.
Tickets ab $ 10
1879 von Horace A. W. Tabor erbautes Opernhaus. Nach grundlegender Renovierung werden wieder Konzerte sowie Ballettvorführungen und Bühnenstücke präsentiert.

Silver Dollar Saloon
315 Harrison Ave., Leadville, CO 80461
☏ (719) 486-9914
www.silverdollarsaloonco.com
Tägl. 17–22 Uhr
Seit 1935 hat dieser Saloon nichts an Popularität verloren. Authentisches Westernflair. $$

Von der Teufelspforte zum Unabhängigkeitspass 16

🚗 Mount Elbert
Zufahrt 6 km südl. von Leadville nach Westen auf Hwy. 300 Richtung Malta, dann links Richtung Halfmoon Campground
8 km langer Wanderweg ab dem Elbert Creek Campground auf den höchsten Gipfel der Rocky Mountains (North Mt. Elbert Trail).

Aspen

🛏️ Hotel Aspen
110 W. Main St., Aspen, CO 81611
✆ (970) 925-3441 und 1-800-527-7369
www.hotelaspen.com
Gepflegtes Hotel mit 45 Zimmern und Suiten in Zentrumsnähe. Zimmer teils mit Whirlpool. Swimmingpool und Frühstücksbuffet. $$$$

🛏️ Hotel Jerome
330 E. Main St., Aspen, CO 81611
✆ (970) 920-1000 und 1-855-331-7213
https://hoteljerome.aubergeresorts.com
Aspens exklusives Nobelhotel von 1889. Mit Restaurants und elegantem Ballsaal. 93 luxuriöse Zimmer und Suiten. $$$$

⛺ Difficult Campground
8 km südöstl. von Aspen, Zufahrt via SR 82
Aspen, CO 81611
✆ 1-877-444-6777, www.recreation.gov
Mitte Juni–Sept.
47 einfache Stellplätze ohne Versorgungsanschlüsse. Am Roaring Fork River.

⛺ Silver Queen/Silver Bell/Silver Bar
Maroon Creek Valley, 10 km südwestl. von Aspen, Aspen, CO 81611
✆ 1-877-444-6777, www.recreation.gov
Ende Mai–Sept.
Kleine Campgrounds mit einfachen Stellplätzen am Maroon Creek.

⚪ John Denver Sanctuary
Rio Grande Place, Aspen, CO 81611
Rund um die Uhr geöffnet
Eintritt frei
Gleich gegenüber der Stadtinformation von Aspen gelegen: ein malerischer Park mit Gedenksteinen für den berühmten Country- und Folksänger und Songschreiber John Denver, der in Aspen zu Hause war.

Die Silver Queen Gondola schwebt auf den Aspen Mountain

❌ Mezzaluna
624 E. Cooper Ave.
Aspen, CO 81611
✆ (970) 925-5882
www.mezzalunaaspen.com
Sommer tägl. 11.30–21 Uhr, sonst kürzer
Italienisches Restaurant am Aspen Square. Legere Atmosphäre. Lunch und Dinner seit 1987. $$–$$$

❌ The Hickory House
730 W. Main St., Aspen, CO 81611
✆ (970) 925-2313 und 1-888-354-7427
www.hickoryhouseribs.com
Tägl. 8–14.30, 17–21 Uhr
Rustikales Restaurant. Auf der Speisekarte: *Chicken Fried Chicken*, Burger, Omelettes, Ribs etc. Auch Frühstück. $$

❌ 520 Grill
520 E. Cooper Ave., Aspen, CO 81611
✆ (970) 925-9788
www.520grill.com
Mo–Fr 11–21, Sa/So 11 Uhr bis zum Schluss
Bei Jung und Alt, Einwohnern und Touristen sehr beliebtes Grillrestaurant. $–$$.

Weitere Informationen zu Aspen finden Sie bei Tag 17 auf S. 206 f.

17 Mondäne Idylle in den Rockies
Sommertraum und Wintermärchen in Aspen

17. Tag: Aspen – Maroon Bells – Glenwood Springs (93 km/58 mi)

km/mi	Zeit	Route	Karte vgl. Tag 16 auf S. 196.
	9.00 Uhr	Busfahrt von **Aspen** zu den **Maroon Bells**, Wanderung zum Fuß der Berge.	
	12.00 Uhr	Rückkehr nach **Aspen**, Lunchpause, Spaziergang durch den Ort.	
0	15.00 Uhr	Abfahrt **Aspen** über Hwy. 82 nach Westen bis	
64/40		Auffahrt auf I-70 nach Osten, Ausschilderung zur Ausfahrt 125 zum	
79/49	16.00 Uhr	**Hanging Lake** folgen (Zufahrt zur Hanging Lake Rest Area nur auf der I-70 in Westrichtung möglich). Wanderung um den See auf dem **Hanging Lake Trail**. Zurück über I-70 nach Westen, Ausfahrt 116 nach	
93/58	18.00 Uhr	**Glenwood Springs**, in Downtown von der Hauptstraße (Grand Ave.) nach Osten auf 13th St. E. abzweigen, kurzer Spaziergang zum **Linwood Cemetery**, abends baden in den **Hot Springs**.	

Das 2400 Meter hoch gelegene **Aspen** beeindruckt durch seine lockere, natürliche Eleganz, gepaart mit großer Naturschönheit und einem sommers wie winters schier endlosen Angebot an Freizeitaktivitäten. Dank strenger Bauvorschriften ist die 6900-Einwohner-Stadt keines der üblichen, alpin-bayerisch angehauchten amerikanischen Retortenskidörfer mit Bettenburgen geworden, sondern ein mondäner Skiort, der eine gut betuchte Klientel anlockt.

Jet- und Trendsetter, Stars aus Film und Fernsehen, Designer und Schriftsteller, Ölbarone und Millionäre aus den gesamten USA ließen sich hier nieder. Für viele gehört das Sehen und Gesehenwerden in den Restaurants und Diskotheken zum Alltag. Aber wohl genauso viele leben sehr diskret abseits des Trubels. Aspens Prominentenvorort Starwood war Heimat des legendären Sängers John Denver, der mit dem Welthit »Rocky Mountain High« die inoffizielle Hymne der Rocky Mountains schrieb. Doch nicht nur Country Music und Folk sind hier zu Hause – Aspens kulturelle Vielfalt bietet klassische Musik ebenso wie Ballett, Theater, Filmfestivals oder Rockkonzerte.

Erst spät in der zweiten Hälfte des 19. Jahrhundert ließen sich weiße Siedler in dem isolierten Talschluss von Aspen nieder, denn bis dahin gab es nur den schwierigen Zugang ab Glenwood Springs entlang dem wilden Roaring

Fork River. Der Silberrausch brachte wie vielerorts in Colorado die Wende. 1879 kämpften sich Prospektoren aus dem florierenden Leadville über den Independence Pass nach Aspen vor. Aber die Isolation des Ortes machte Silbertransporte vor der Ankunft der Eisenbahn zunächst sehr teuer und ließ die Entwicklung nur langsam voranschreiten.

Aspen erlebte seine Blütezeit um 1890, als annähernd 12 000 Menschen hier lebten und die Stadt zum wichtigsten Silberproduzenten der USA machten. Sogar zwei Eisenbahnlinien und ein florierendes kleines Rotlichtviertel gab es damals, bis zum Silberpreisverfall 1893, mit dem eine rapide wirtschaftliche Talfahrt einsetzte.

Um 1930 war Aspen nur eine kleine Rancher- und Farmergemeinde mit 700 Einwohnern, aber schon sechs Jahre später begann mit der ersten Abfahrt vom Aspen Mountain der stürmische Aufstieg als Wintersportort. 1941 wurden die US-Alpinmeisterschaften und 1950 die ersten Alpinskiweltmeisterschaften auf amerikanischem Boden ausgetragen. Die vier populären Skigebiete **Aspen Highlands**, **Aspen Mountain**, **Buttermilk Mountain** und **Snowmass** begründen heute Aspens Renommee als exklusivste Wintersportregion der Rockies.

Zu den schönsten Zielen gehören die wohlgeformten **Maroon Bells**, 16 Kilometer westlich der Stadt, die man mit den öffentlichen Bussen der RFTA über die Maroon Creek Road erreicht. Während der Fahrt genießen wir die abwechslungsreiche Landschaft aus Wiesen, den im Herbst golden gefärbten Espenhainen und dunklen Nadelwäldern, den Lawinenhängen, gletschergeschliffenen Felspartien und schroffen Gipfeln.

Die ersten Menschen in diesem Naturparadies waren vor etwa 1300 Jahren

Mondäne Lobby des Hotel Jerome in Aspen

die Ute, und erst vor etwa 130 Jahren vermaßen und nannten Weiße die Berge aufgrund ihrer Form und Farbe »Maroon Bells«, »kastanienbraune Glocken«.

Am wunderschönen **Maroon Lake** inmitten einer gelb blühenden Wiesenlandschaft verbringen wir den ganzen Vormittag mit Wandern, Fotografieren und Picknicken. Und die unvergleichlichen Maroon Bells bilden die Kulisse. Von links nach rechts sind das der Pyramid Peak, South Maroon Peak und North Maroon Peak, alle über 4200 Meter hoch. Und immer die Berge vor Augen, spaziert man zwei Kilometer am See entlang zu den **Beaver Ponds** am Fuße der Maroon Bells – die beste Wandermöglichkeit weit und breit.

Zurück in Aspen, kann man durch das überschaubare, nette Zentrum mit Berg-

17 Mondäne Idylle in den Rockies

Majestätische Maroon Bells bei Aspen

und Skisportartikelgeschäften, Nobelboutiquen und Kunstgalerien bummeln. Abwechslungsreich, belebt und doch beschaulich geben sich die baumbestandenen Fußgängerzonen **Cooper Avenue Mall** und **Hyman Avenue Mall**. An den Wasserfontänen gegenüber dem Wheeler Opera House jagen fast immer viele Kinder den emporhüpfenden Wassersäulen nach. Das **Wheeler Opera House** am westlichen Ende der Hyman Avenue Mall wie auch das Nobelhotel Jerome zwei Querstraßen weiter wurden 1889 von Jerome B. Wheeler erbaut. Der Geschäftsmann Wheeler prägte während Aspens Silberboomzeit das kulturelle und wirtschaftliche Leben der Stadt wesentlich mit und verlor, wie viele andere, 1893 sein Vermögen.

Am Nachmittag steht die Fahrt nach **Glenwood Springs** auf dem Programm. 9900 Einwohner hat die Stadt, die verglichen mit Aspen auf »nur noch« 1755 Meter Meereshöhe liegt. Direkt östlich der Stadt beginnt der 29 Kilometer lange **Glenwood Canyon**. Durch die von 600 Meter hohen Wänden begrenzte, enge Schlucht schlängeln sich der Colorado River und in vielen Kurven die Interstate 70 mit dem zum Radweg ausgebauten Glenwood Canyon Recreation Trail parallel dazu. Eine eigene Autobahnabfahrt führt direkt zum populärsten Wanderweg im Canyon. Nach einem zwei Kilometer langen, panoramareichen Anstieg durch den Deadhorse Canyon erreichen wir den 300 Meter über dem Tal gelegenen **Hanging Lake**, den

Sommertraum und Wintermärchen in Aspen 17

wir auf einem kurzen Holzplankenweg umrunden.

Der wohl berühmt-berüchtigtste Einwohner von Glenwood Springs liegt auf dem **Linwood Cemetery** begraben. Doc John Henry Holliday (1852–87), eigentlich Zahnarzt, war weit besser bekannt als trinkfester Revolverheld, und er war 1881 zusammen mit den Brüdern Morgan, Virgil und Wyatt Earp an der legendären Schießerei im »OK Corral« in Tombstone, Arizona, beteiligt, bei der drei Cowboys getötet wurden. Doc Holliday lebte trotz verschiedener Anfeindungen unbehelligt weiter. Sein Grabstein besagt, dass er wie jeder »anständige« Bürger der Stadt im Bett verstarb – und zwar an Tuberkulose.

Den **Glenwood Hot Springs Pool**, die Top-Attraktion, haben wir uns für den Abend vorbehalten. Das von natürlichen, heißen Quellen gespeiste Schwimmbad gehört zu den größten in den USA, es liegt im Stadtzentrum neben der Interstate 70. Das große, 35 Grad warme Becken und das kleinere mit 40 Grad locken Badegäste an – im heißen Sommer genauso wie im schneereichen Winter, wenn dicke Dampfwolken über den Becken liegen. Beim Schwimmen mit Sicht auf die Berge entspannt nichts mehr als das warme Wasser und der wohlige Gedanke an einen erholsamen Tagesausklang – auch so kann Urlaub in den Rockies sein.

In den Glenwood Springs badeten schon die Ute, die das mineralienreiche Wasser »Yampah« nannten, was so viel wie »große Medizin« bedeutet. Die vermeintlich heilenden Kräfte der heißen Quellen sprachen sich schnell herum. In den bald populären Pools trafen sich während der Gold- und Silberbooms die Industriellen zum Baden. Das Schwimmbad in dieser Form existiert seit mehr als einem Jahrhundert, an Wohltaten des modernen Lebens sind Restaurant und Geschäft mit Badezubehör, Jacuzzi, Dampfraum und zahlreiche Fitnessangebote hinzugekommen.

Elks Building an der Galena Street in Aspen

🔢 Service & Tipps

Weitere Informationen zu Aspen finden Sie bei Tag 16 auf S. 200 f.

ℹ️ Aspen Chamber Resort Association
425 Rio Grande Place, Aspen, CO 81611
✆ (970) 925-1940 und 1-800-670-0792
www.aspenchamber.org

🚌 Maroon Bells Bus Tour
Roaring Fork Transportation Authorit (RFTA)
Aspen, CO 81611
✆ (970) 925-8484
www.rfta.com/routes/maroon-bells
Pendelbusse auf der Maroon Creek Rd., die von 8.30–17 Uhr für den Privatverkehr weitgehend gesperrt ist, tägl. Mitte Juni–Anfang Sept., Sept. nur Fr–So, alle 20 Min.
Ab Aspen Highlands Ski Area in Downtown 9–16.30 Uhr
Ab Maroon Bells 9.30–17 Uhr
Fahrpreis $ 8/0–6

🎭🛍 T-Lazy-7 Ranch & Maroon Bells Outfitters
3129 Maroon Creek Rd., Aspen, CO 81611
✆ (970) 920-4614 (Lodge)
✆ (970) 920-4677 (Stall)
www.maroonbellsaspen.com
www.tlazy7.com
Cowboyträume werden wahr: Halbtagesritt von der T-Lazy 7 Ranch ins herrliche Maroon Creek Valley, $ 195.

🏨🍴❌🎭🛍 Silver Queen Gondola
601 E. Dean St., Aspen, CO 81611
✆ (970) 925-1220, www.aspensnowmass.com
Mitte Juni–Anfang Sept. tägl. 10–16 Uhr, Ende Mai/Anfang Juni und Anfang Sept.–Anfang Okt. nur Sa/So
Ticket $ 24, im Vorverkauf günstiger
Sommers wie winters eine prächtige Aussicht auf Aspen und die Rockies. Wanderwege, ein Restaurant, Konzerte und andere Aktivitäten.

🛍ℹ️ Wheeler Opera House
320 E. Hyman Ave., Aspen, CO 81611
✆ (970) 920-5770 und 1-866-449-0464
www.wheeleroperahouse.com
Restauriertes Opernhaus von 1889. Theater-stücke, Konzerte, Lesungen und andere Veranstaltungen finden statt.

🛍 Aspen Music Festival
Musikzelt im Westen der Stadt, Wheeler Opera House und Harris Concert Hall
✆ (970) 925-9042
www.aspenmusicfestival.com
Mitte Juni–Mitte Aug. tägl.
Das neunwöchige Festival mit Chor- und Orchesterauftritten sowie Kammerkonzerten gehört zu den kulturellen Höhepunkten der Rockies. Zu den Freiluftkonzerten bringen die Zuhörer Decken und Picknickkörbe mit.

🛍 Snowmass Rodeo
Snowmass Rodeo Grounds, 2735 Brush Creek Rd., Snowmass Village, CO 81615
✆ (970) 923-8898, www.snowmassrodeo.org
Mitte Juni–Mitte Aug. jeden Mi Barbecue 17, Rodeo 19 Uhr, Eintritt $ 20/0–15
Bareback bronc riding, bull und *barrel racing* und weitere Rodeoaktionen mit einem bunten Beiprogramm.

Glenwood Springs

ℹ️ Glenwood Springs Chamber Resort Association
802 Grand Ave., Glenwood Springs, CO 81601
✆ (970) 945-6589
www.glenwoodchamber.com
Ende Mai–Anfang Sept. Mo–Fr 8–18, Fr/Sa 10–16, sonst Mo–Fr 8-17 Uhr

🏨❌ Hotel Colorado
526 Pine St., Glenwood Springs, CO 81601
✆ (970) 945-6511 und 1-800-544-3998
www.hotelcolorado.com
Prächtiges Grandhotel. Mit seinen zwei beflaggten Türmen ist es ein Wahrzeichen der Stadt. 128 Zimmer, Restaurant. $$$$

🏨❌♨️ Hot Springs Lodge
415 E. 6th St., I-70, Ausfahrt 116
Glenwood Springs, CO 81601
✆ (970) 945-2955 und 1-800-537-7946
www.hotspringspool.com
Modernes Hotel mit 107 großzügigen Zimmern direkt am dampfenden Hot Pool. Mit Restaurant. $$$$

Sommertraum und Wintermärchen in Aspen

Glenwood Springs Hostel
1021 Grand Ave., Glenwood Springs, CO 81601
℡ (970) 945-8545
www.hostelcolorado.com
Jugendherberge in der Nachbarschaft der Hot Springs. $

The Hideout Cabins & Campground
1293 County Rd. 117
Glenwood Springs, CO 81601
℡ (970) 945-5621
www.glenwoodglamping.weebly.com
Mai–Sept.
Großzügiger, baumbestandener Campingplatz etwas außerhalb von Glenwood Springs. Wohnmobile, Zelte und Hütten. $

Doc Holliday's Grave
Linwood Cemetery, 12th St./Bennett Ave.
Glenwood Springs, CO 81601
Friedhof mit der Grabstätte des Westernhelden auf einer Anhöhe östlich der Stadt.

Rivers Restaurant
2525 Grand Ave.
Glenwood Springs, CO 81601
℡ (970) 928-8813
www.theriversrestaurant.com
Mo–Do 16–21, Fr/Sa 16–24, So 9–21 Uhr
Beliebtes Restaurant am Roaring Fork River. Fr ab 21 Uhr Livemusik. Rivers Tavern ab 16 Uhr geöffnet für Cocktails, Bier und leichte Speisen. Restaurant $$–$$$

Glenwood Canyon Brewing Company
402 7th St., Glenwood Springs, CO 81601
℡ (970) 945-1276
wwww.glenwoodcanyonbrewpub.com
Tägl. 11–22 Uhr
Brauereikneipe und -restaurant im historischen »Hotel Denver«. Lunch und Dinner. $$–$$$

Glenwood Caverns
51000 Two Rivers Plaza
Glenwood Springs, CO 81601
℡ (970) 945-4228, 1-800-530-1635
www.glenwoodcaverns.com
Mo–Fr 10–17, Fr/Sa 10–18 Uhr
Eintritt Höhlentour und Park $ 29/0–24
Vergnügungspark mit Höhlentouren, Achterbahnen, Seilbahn, 4-D-Kino, Zipline etc.

Glenwood Hot Springs Pool
Vgl. Hot Springs Lodge
Ende Mai–Anfang Sept. tägl. 7.30–22, sonst 9–22 Uhr
Eintritt Im Sommer $ 21,50/23,50, abends und zu anderen Jahreszeiten preiswerter
Durch natürliche, heiße Quellen gespeistes, großes Schwimmbad mit 35 °C, kleineres Becken mit 40 °C. Fitnessclub, Cafeteria.

Glenwood Hot Springs Pool

18 Durch das Reich der Dinosaurier und wilden Schluchten
Das Dinosaur National Monument

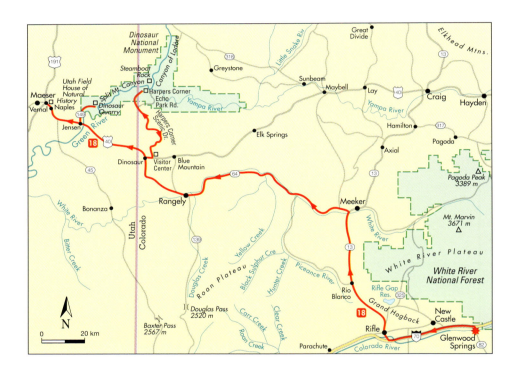

18. Tag: Glenwood Springs – Dinosaur National Monument – Vernal (423 km/263 mi)

km/mi	Zeit	Route
0	8.30 Uhr	In **Glenwood Springs** auf die I-70 West bis Ausfahrt 90, in Rifle rechts auf SR 13, vor Meeker links ab auf SR 64 bis **Dinosaur**, rechts auf US 40 bis zum
225/140	11.00 Uhr	**Visitor Center** des **Dinosaur National Monument**. Harpers Corner Scenic Drive bis zum

Das Dinosaur National Monument

274/170	12.00 Uhr	Picknickplatz **Echo Park Overlook** und Pause. Weiterfahrt zu **Harpers Corner**, Spaziergang auf dem Harpers Corner Trail. Zurück zum Visitor Center, rechts auf US 40 nach Jensen, rechts auf SR 149 zum
234	15.30 Uhr	**Dinosaur Quarry**, Rückfahrt auf SR 149 nach Jensen, rechts ab auf US 40 nach
423/263	18.00 Uhr	**Vernal**.

Ausflug: Die attraktivste Straße im Dinosaur National Monument ist die unbefestigte, 21 km lange **Echo Park Road** ins Tal des **Green River**. Pro Wegstrecke sollte man mindestens eine Dreiviertelstunde Fahrtzeit einkalkulieren. Die bei Trockenheit für Pkws passabel befahrbare Route verwandelt sich bei Regengüssen zu einer stellenweise schlecht passierbaren Schlammpiste.

Aus der Vogelperspektive: der Green River im Dinosaur National Monument

18 Durch das Reich der Dinosaurier und wilden Schluchten

Willkommen im Dinosaur National Monument an der Grenze zwischen Colorado und Utah

Das rekonstruierte Gebiss des räuberischen Allosaurus im Quarry Visitor Center und …

… fossile Saurierknochen im Dinosaur National Monument

Auf dem Weg vom äußersten Nordwesten Colorados nach Utah erlebt man mit dem Staats- auch einen gravierenden Landschaftswechsel. Im Rücken liegen die hohen, schroffen Gipfel der Rocky Mountains und in Fahrtrichtung eröffnet sich ein Bild trockener, stellenweise von tiefen Canyons zerschnittener, wilder Hochplateaus. Zunächst führt die Interstate 70 ein Stückchen den Colorado River flussabwärts, dann geht es hinauf in die Einsamkeit der Plateaus, weiter im Tal des White River und schließlich nach **Dinosaur**. Diese unscheinbare Ansiedlung wäre keiner Erwähnung wert, läge sie nicht am Eingang zum fantastischen **Dinosaur National Monument** an der Grenze zwischen Colorado und Utah.

Im Visitor Center wird das nötige Hintergrundwissen vermittelt zu diesem Naturpark mit den zwei völlig unterschiedlichen Gesichtern: dem **Dinosaur Quarry** mit einer ungeheuren Fülle an Dinosaurierfossilien und dem **Echo Park** mit seinen wahrlich atemberaubenden Canyonlandschaften um den Zusammenfluss von Green und Yampa River.

Zum **Echo Park Overlook**, dem schönsten Aussichtspunkt im Park, führt uns der **Harpers Corner Scenic Drive**. Landkartengleich breitet sich dort zu unseren Füßen eine schier unglaubliche Szenerie gewaltiger Verwerfungen, bizarrer Faltungen und mächtiger Canyons aus. Hier stellt sich zur Freude der Geologen das Erdinnere besonders prägnant zur Schau.

Und es geht noch ein Stückchen weiter – ein wahrlich überragendes Panorama bietet der etwa ein Kilometer lange **Harpers Corner Trail**, der immer auf dem Höhenrücken entlangführt, bis er an einem Felsvorsprung atemberaubende 700 Meter über dem Echo Park endet. Im Nachmittagssonnenlicht werden Steamboat

Campground im Dinosaur National Monument, Utah ▷

Rock und die anderen Felsen wunderschön beleuchtet. Wie silbrig glänzende Adern schlängeln sich Yampa und Green River durch die tiefen Schluchten.

Wer den Abstecher auf der **Echo Park Road**, einer recht buckeligen, roten Sandpiste, unternimmt, taucht ein in dieses imposante Szenarium aus rostrotem und blassgelbem Fels und Staub, das dennoch im Wesentlichen von der Kraft des Wassers, besonders von den rauschenden Gewittergüssen, geschaffen wurde. Unterwegs trifft man auf die sonnenverblichenen Blockhütten und Scheunen der vom Anfang des 20. Jahrhunderts stammenden Pool Creek Ranch von Mary und Jack Chew, zwei der wenigen Siedler, die jemals versucht haben, in dieser Einsamkeit Fuß zu fassen. Zu Beginn des dritten Jahrhunderts vergisst man allzu leicht das Mühlsal früherer Bewohner, wenn man bequem per Pkw oder Wohnmobil den kleinen Campground in atemberaubender Lage im Flusstal erreicht.

Dort am Ende der Echo Park Road ragt im Echo Park nahe dem Zusammenfluss von Green und Yampa River der mächtige **Steamboat Rock**, der »Dampfschiff-Fels«, empor. Steil und lang gestreckt, schiebt er sich wie der Bug eines Dampfers in die engen Flussschlingen des Green River – der im Übrigen eines der besten Reviere zum Whitewater Rafting in den westlichen Rocky Mountains ist.

Green und **Yampa River** – unterschiedlicher könnten zwei Flüsse gar nicht sein. Der Yampa River strömt durch Canyons aus steilen, teilweise überhängenden, hellen Sandsteinklippen. Keine Staumauern halten seine tosenden Frühjahrshochwasser ab, er ist der einzig bedeutende Arm im Colorado-Stromsystem, der relativ ungestört fließen kann. Der Green River zwängt sich durch in gewaltigen Terrassen abgestufte, dunkle Canyons wie den Canyon of Lodore im Norden des Dinosaur National Monument. Durch den 72 Kilometer stromaufwärts gelegenen Flaming Gorge Dam, das Ziel des 18. Tages, hat er das gesamte Jahr über einen relativ gleichmäßigen Wasserzufluss. Vor dem Dammbau schoss beim Frühjahrshochwasser im Juni gleich zehnmal so viel Wasser hinunter wie im Spätsommer.

Erster »Whitewater Rafter« auf dem Green River war 1825 die Gruppe um General William H. Ashley, den Inhaber einer Pelzhandelsgesellschaft. Wacker kämpften sich die wildwasserunerfahrenen Männer mit relativ stoßfesten Booten aus Bisonleder, das über ein Gerüst aus Weidenästen gespannt war, – wie sie auch die Prärieindianer traditionell benutzten – über die Fluten des ungezähmten Stroms.

Ureinwohner berichteten Ashley, dass der Fluss weiter westlich – jenseits der Grenzen des heutigen Dinosaur National Monument – nur durch trockene Canyons führen würde, und so kehrte General William H. Ashley ohne den geringsten Hinweis auf reiche Pelzgründe enttäuscht über Land zurück.

Major John Wesley Powell dagegen – ein berühmter Name unter den Flusserforschern des Westens – trieb der unbeugsame Drang eines leidenschaftlichen Forschers und Geologen vorwärts. Mit eisernem Willen und Mut bezwang der einarmige Veteran des Sezessionskriegs 1869 den Green River mit stabilen Booten aus hartem Eichenholz.

Von den haarsträubenden Gefahren und Beinahekatastrophen einer solchen Unternehmung berichten die von ihm benannten Stromschnellen, wie Hells Half Mile, die »höllische halbe Meile«, oder die Disaster Falls, die »Katastrophenfälle«, an denen eines seiner Boote

Das Dinosaur National Monument

vollständig zerschmetterte. Aber Übung machte den Meister und die vorsichtiger gewordene Crew trug schließlich über weite Portagen die für Wildwasser wenig tauglichen Boote um die Hindernisse herum. Im selben Jahr konnten sie auch den Erfolg verzeichnen, als erste Menschen den Grand Canyon durchfahren zu haben.

In den heute von Wildwasser-Experten gelenkten modernen Mehrkammerschlauchbooten aus stoßfestem Gummi ist das Whitewater Rafting zwar überaus spannend, aber nicht mehr gefährlich. Man braucht nur Zeit, denn Wildwassertouren dieser Art dauern im Allgemeinen auch heute noch mehrere Tage. Allein der Yampa River innerhalb des Dinosaur National Monument misst bis zur Mündung in den Green River 74 Stromkilometer, und man schafft vielleicht 15 bis 20 Kilometer am Tag.

Eine schöne Eintagestour gibt es auf dem Green River, sie führt über 14 Kilometer vom Rainbow Park durch den wildromantischen Split Mountain Canyon bis zum Split Mountain im Südwesten des Parks – dort, wo sich auch der Dinosaur Quarry befindet.

Das ist das Stichwort für einen Blick zurück in das Erdzeitalter der Dinosaurier im frühen Jura. Fiktionen wie Steven Spielbergs Filmklassiker »Jurassic Park« lösten Anfang der 1990er Jahre einen weltweiten Dino-Boom aus. In der realen Welt der Paläontologen ruhen die meisten Dinosaurierfossilien seit rund 145 Millionen Jahren unberührt in den graugrünen Sandsteinschichten der Morrison Formation.

In das Licht der Weltöffentlichkeit hob sie erstmals der Paläontologe Earl Douglass vom Carnegie Museum in Pittsburgh, Pennsylvania, als er 1909 im Gebiet des heutigen Dinosaur Quarry an den Schwanzknochen eines Brontosauriers zupfte. Seine Entdeckung setzte eine Lawine in Gang, dank seiner wissenschaftlichen Neugier entwickelte sich in den nächsten 15 Jahren mit mehreren vollständig erhaltenen Skeletten und insgesamt 315 Tonnen Knochen von zehn Dinosauriergattungen eine der reichsten Fundstätten Nordamerikas.

Im neuen, modernen **Quarry Visitor Center** kann man gut erhaltene und fabelhaft präparierte Dinosaurierknochen in Originalumgebung anschauen. Klimatisch kontrolliert werden hier Teile der Ausgrabungsstätte mit ihren über zweitausend in akribischer archäolgischer Arbeit freigelegten, Millionen Jahre alten Fossilien gezeigt. Mehrere, aus echten und rekonstruierten Knochenteilen »gebaute« Dinosaurierskelette demonstrieren anschaulich, wie die Riesenechsen einmal aussahen.

Vernal heißt unser Etappenziel; die einzige größere Stadt im Nordosten Utahs (10 700 Einwohner) steht ganz im Zeichen der Dinosaurier. Sehenswert ist der **Utah Field House of Natural History State Park** (mit städtischem Infocenter), der Ausstellungen zu Geologie und Paläontologie zeigt. Genug der Theorie, wir machen einen Spaziergang zu den 15 lebensgroßen und fast lebensecht wirkenden Dinosauriermodellen, die in den natürlich gestalteten Außenanlagen des **Dinosaur Garden** »hausen«.

Bachforelle im Yampa River

18 Service & Tipps

🏛ℹ️ Canyon Visitor Center/Dinosaur National Monument
4545 E. US Hwy. 40, Dinosaur, CO 81610
℡ (970) 374-3000
www.nps.gov/dino
Im Winter tägl. 9–17 Uhr, im Sommer länger
Parkeintritt $ 20 pro Auto, $ 10 pro Fußgänger
Das Hauptbesucherzentrum des Parks, das **Canyon Visitor Center**, liegt an der Einmündung des **Harpers Corner Scenic Drive**, der zu geologisch hoch interessanten Aussichtspunkten und anderen relevanten Stellen des Parks führt. Informationen, Ausstellungen, Landkarten, Bücher und Tourenvorschläge.

🏕 Green River Campground
Im Dinosaur National Monument, 6 km östl. des Quarry Visitor Center
Cub Creek Rd., Jensen, UT 84035
Mitte April–Mitte Okt.
Großzügiger Campingplatz, 79 Stellplätze. $

🏕 Echo Park Campground
Am Ende der Echo Park Rd. (Straße nur für Pkw mit hoher Bodenfreiheit geeignet)
Im Dinosaur National Monument

Werbeschild für Vernal (Utah)

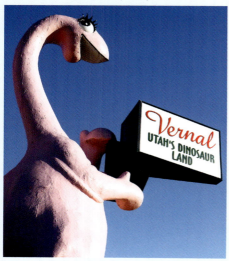

Dinosaur, CO 81610
Ganzjährig geöffnet
Einfacher Campingplatz in exzellenter Lage, 22 Stellplätze. $

👁 Harpers Corner Scenic Drive
Im Dinosaur National Monument
50 km lange Stichstraße in das Herz des Naturparks. 10 km vor Harpers Corner zweigt die unbefestigte Echo Park Road ab (21 km lang).

🥾 Harpers Corner Trail
Endpunkt des Harpers Corner Scenic Drive
5 km langer Wanderweg (hin und zurück) zum besten Aussichtspunkt über Green und Yampa River.

ℹ️ Quarry Visitor Center
Dinosaur National Monument
Jensen, UT 84035
℡ (435) 781-7700
Parkeintritt $ 20 pro Auto, $ 10 pro Fußgänger
Modernes Besucherzentrum 11 km nördlich von Jensen, Utah, an der SR 149. Filme, Fotos und Ausstellungen präsentieren alle Facetten des Parks, auch die besonders beliebten Dinosaurier. Das Quarry Visitor Center ist das Tor zur Quarry Exhibit Hall (vgl. unten). Zwischen diesen beiden pendeln Shuttlebusse in regelmäßigen Abständen (Mai–Okt. 9–16.30 Uhr, alle 15 Min.). Nur im Winter darf man mit dem Privatwagen fahren, dann geht es in einer Auto-Karawane hinter dem Ranger her zur Quarry Exhibit Hall.

🏛 Quarry Exhibit Hall
Anfahrt vgl. Quarry Visitor Center
In der hohen, lichtdurchfluteten Ausstellungshalle, die 2010/2011 renoviert und teils neu über der Carnegie Quarry, der eigentlichen Ausgrabungsstätte des Dinosaur National Monument, errichtet wurde, sind über 1500 Dinosaurierknochen und einige komplette Skelette zu sehen.

🏕 Outlaw Trail Campground & RV Park
9650 E. US 40, Jensen, UT 84035
℡ (435) 781-6000
www.visitdinosaurland.com/outlaw-trail-rv-park, Mai–Okt.
Campingplatz mit 100 Stellplätzen, auch für

Wohnmobile. Am Hwy. 40 und dem Abzweig zum Dinosaur Quarry Visitor Center.

◻ Adrift Adventures
9500 E. 6000 S., Jensen, UT 84035
✆ 1-800-824-0150, www.adrift.com
Ein- und viertägige Whitewater-Rafting-Trips auf dem Green River (ab $ 99/0–79) oder fünf Tage auf dem Yampa River.

Vernal

◻ Uintah County Travel & Tourism
152 E. 100 N., Vernal, UT 84078
✆ 1-800-477-5558
www.visitdinosaurland.com

◻ Quality Inn
1684 W. US 40, südl. von Vernal
Vernal, UT 84078
✆ (435) 789-9550 und 1-877-424-6423
www.choicehotels.com
Komfortables Hotel mit 102 Zimmern, Swimmingpool und Jacuzzi. $$

◻ Split Mountain Motel
1015 E. US 40, Vernal, UT 84078
✆ (435) 789-9020, www.dinoland.com/lodging/split-mountain-motel
Preiswertes Motel östlich der Stadt (40 Zimmer). $$

◻ Dinosaurland KOA
930 N. Vernal Ave.
Vernal, UT 84078
✆ (435) 789-2148 und 1-800-562-7574
www.koa.com, April–Okt.
Komfortcamping, schattige Wiesenstellplätze, 65 Stellplätze, *full hookups*, hervorragende Ausstattung. $

◻ Utah Field House of Natural History State Park Museum
496 E. Main St., Vernal, UT 84078
✆ (435) 789-3799, www.stateparks.utah.gov/parks/utah-field-house
Ende Mai–Anfang Sept. tägl. 9–19, sonst tägl. außer So 9–17 Uhr, Eintritt $ 7/0–3.50
15 lebensgroße Dinosauriermodelle im Dinosaur Garden, Museum zur Geologie und Paläontologie.

Neben Fossilien bietet das Dinosaur National Monument auch zahlreiche Felsmalereien

◻ Vernal Brewhouse
510 E. Main, Vernal, UT 84078
✆ (435) 781-2337
www.vernalbrewingco.com
In der Brauereikneipe serviert man »Allosaurus Amber Ale«, »Little Hole Lager« und andere hausgebraute Spezialitäten. $–$$

◻ Winger´s Roadhouse Grill
1797 W. 1000 S., Vernal, UT 84078
✆ (435) 781-1923
www.wingers.info
So–Mi 11–21, Do/Fr 11–22 Uhr
Burgerrestaurant, auch bekannt für sein Bier und seine Burgersauce. $

◻ Hatch River Expeditions
221 N. 400 E., Vernal, UT 84078
✆ (435) 789-4316 und 1-800-342-8243
www.donhatchrivertrips.com, ab $ 105/0–85
Ein- bis fünftägige Whitewater-Rafting-Trips auf Green, Yampa und Colorado River.

19 Flammende Schlucht zwischen Utah und Wyoming

Flaming Gorge National Recreation Area

19. Tag: Vernal – Flaming Gorge National Recreation Area – Fort Bridger – Salt Lake City (422 km/262 mi)

km/mi	Zeit	Route
0	8.00 Uhr	**Vernal**, nördl. auf der US 191 zum
69/43	9.30 Uhr	**Flaming Gorge Dam**, US 191 zurück nach Süden, rechts abbiegen auf SR 44, rechts auf FR 095 zum
90/56	10.30 Uhr	**Red Canyon Visitor Center**, zurück zur SR 44, dort rechts abbiegen zum
122/76	12.00 Uhr	Picknickplatz auf dem **Dowd Mountain**; zurück zur SR 44, rechts abbiegen bis **Manila**, links abbiegen auf SR 43, die in Wyoming zur SR 414 wird, nördlich von Mountain View links abbiegen auf US 30 nach
249/155	15.00 Uhr	**Fort Bridger**. Weiterfahrt auf US 30 bis zur Autobahn I-80, über die Grenze nach Utah hinweg bis zur Ausfahrt 120, rechts ab auf I-84 nach Westen bis zur Ausfahrt 115, links auf Hwy. 65 (Pioneer Memorial Scenic Backway), rechts auf Emigration Canyon Rd. nach
422/262	18.30 Uhr	**Salt Lake City**.

Flaming Gorge National Recreation Area 19

Alternative: Ab der Ausfahrt 5 in Evanston von der I-80 links Richtung Süden auf den Hwy. 150 (Mirror Lake Scenic Byway), weiter über Hwy. 248, Hwy. 40 und I-80, Ausfahrt 134 rechts auf Hwy. 65. Die sehr schöne Strecke über den **Mirror Lake Summit** (3109 Meter) durch die westlichen Ausläufer der Uinta Mountains dauert rund eine Fahrtstunde länger als die Hauptroute.

Der Flaming Gorge – Uintas Scenic Byway, wie die attraktive US 191 genannt wird, steigt von Vernal schnell hinauf in die östlichen Ausläufer der **Uinta Mountains**. Fast 1000 Höhenmeter arbeiten wir uns aus dem Tal bis zum Pass (2569 Meter) empor. Doch im Vergleich zum Kings Peak (4123 Meter), dem höchstem Gipfel der Uinta Mountains und zugleich Utahs, bewegen wir uns immer noch im »Mittelfeld« des Gebirges.

Aber nicht nur die sehenswerte, panoramareiche Trassenführung vom grünen Tal zu den eher kargen Höhen mit den weiten, duftenden Salbeibüschen macht den Reiz der Strecke aus. Hier erhält man auch eine Nachhilfestunde in Sachen Geologie, denn die längs der Straße aus dem Erdinneren auftauchenden Gesteinsschichten präsentieren eine Milliarde Jahre Erdgeschichte wie aus dem Lehrbuch. 20 anschauliche Informationstafeln erläutern jeweils geologische Zusammenhänge und Abläufe, beschäftigen sich mit Fossilienfunden sowie der prähistorischen und gegenwärtigen Tierwelt. Und so erreichen wir erst nach vielen Stopps unser nächstes Ziel: die Flaming Gorge.

In der **Flaming Gorge National Recreation Area** an der Grenze zwischen Utah und Wyoming wird der Green River, mit respektablen 1175 Kilometern längster Nebenfluss des Colorado River, aufgestaut. Als der tatendurstige Major John Wesley Powell, von dessen wagemutigem Forscherdrang wir bereits im Dinosaur National Monument hörten, 1869 die noch ursprüngliche Flaming Gorge sah, begeisterte ihn die im Sonnenuntergang brillant rot angestrahlte Schlucht. Wenig ist heute Major Powells Beschreibung hinzuzufügen, es sieht noch immer genauso fantastisch aus. Wenn auch die Schlucht durch den Stausee etwas an Tiefe verloren hat, bringt die spiegelnde Seefläche eine weitere ästhetische Komponente in das Landschaftsbild. See und Steilufer sind durch breite Bänder aus gesprenkeltem Braun oder Grau getrennt.

Zwei unterschiedliche Gesichter prägen den 146 Kilometer langen, verwinkelten Stausee. Die Südseite in Utah mit dem von John Wesley Powell beschriebenen **Red Canyon** ist eine in die Nordostflanke der Uinta Mountains eingeschnittene, gewundene Schlucht. In Richtung Nordende des Sees in Wyoming gehen die Berge in ein hügeliges Hochplateau ohne nennenswerte Canyons über.

Einzige Ortschaft am Flaming Gorge Reservoir ist das rund 150 dauerhafte Einwohner zählende **Dutch John** direkt unterhalb der 1964 eingeweihten Staumauer. Nach einem Blick auf den 139 Meter hohen und 392 Meter langen Betondamm (man kann auch die Kraftwerksanlagen besichtigen), sollte man den Spuren von Major John Powell folgen und die Möglichkeit, in die tiefen Schluchten zu schauen, an den wenigen Stichstraßen ab dem Highway 44 nutzen.

Erster Anlaufpunkt ist das **Red Canyon Visitor Center**; direkt vom Gebäude fällt

Zivilisationslose Weiten: Traumlandschaft in der Flaming Gorge National Recreation Area

19 Flammende Schlucht zwischen Utah und Wyoming

der Blick steil hinab in das Herz des Roten Canyon – der lange, schmale See in der farbigen Schlucht mit dem weißen Rand oberhalb des Seespiegels liefert ein beeindruckendes Panorama. Wenige Kilometer weiter zweigt vom Highway 44 die Straße zum **Dowd Mountain Overlook** ab. Von dem exzellenten Aussichtspunkt auf Red und Hideout Canyon und rund um den Picknickplatz schweift der Blick in alle Richtungen.

Direkt am Highway 44 erreichen wir unseren nächsten *vista point*. Die Umgebung der malerischen **Sheep Creek Bay** mit der gut frequentierten Bootsanlegestelle präsentiert ein attraktives, aber deutlich niedrigeres Felsenarrangement. Wer noch ein wenig Zeit erübrigen kann, folgt landeinwärts dem 16 Kilometer langen **Sheep Creek Loop Scenic Backway**, der parallel zum Highway 44 wieder zurück zur Hauptstraße führt. In einem erodierten Canyon sind Gesteinsschichten aus verschiedenen Erdzeitaltern und auf den Felsen gelegentlich Dickhornschafe zu sehen.

Nach Verlassen der Flaming Gorge wird die Landschaft zur welligen Hochebene. Mit dem knapp 300 Einwohner zählenden **Manila** passiert man heute erst die zweite und zugleich letzte Ortschaft in Utah, aber Wyoming zeigt sich bis kurz vor der **Fort Bridger State Historic Site** genauso menschenleer.

Am Black's Fork des Green River erbaute der Pelzhändler Jim Bridger, der als ortskundiger Führer viele Regionen des Westens erkundet hatte, mit seinem Partner Louis Vasquez 1842 das **Fort Bridger**. Zu seiner Blütezeit war es nach Fort Laramie der zweitwichtigste Versorgungsstopp für Siedler auf dem monatelangen Weg vom Missouri River nach Oregon oder Kalifornien. Später wurde es durch eine Abkürzung umgangen. Mitte der 1850er Jahre kauften geschäftstüchtige Mormonen die für sie noch immer bedeutende Handelsniederlassung kurz vor der Hauptstadt Salt Lake City, brannten sie allerdings nach einem Streit mit der US-Regierung nieder. 1858 baute die Armee Fort Bridger erneut als Stützpunkt auf, u.a. für die flinken Reiter des Pony Express und die schnellen Postkutschen der Overland Stage Route.

Als 1869 die Dampfzüge der Union Pacific Railroad, der ersten transkontinentalen Eisenbahnlinie, in der Nähe vorbeischmauchten, hatte das Fort als Verkehrsknotenpunkt ausgedient. Schauen wir uns ein wenig um in den restaurierten Gebäuden und den historischen Ausstellungen im Museum, die ihren Besuchern den Zeitgeschmack aus der Mitte des 19. Jahrhundert vermitteln. Am ersten Septemberwochenende findet hier das **Fort Bridger Rendezvous** mit zeitgenössisch gekleideten Trappern und Händlern statt.

Im Gegensatz zu den frühen Pionieren genießt man heute den Komfort bester Straßen; statt mindestens einer entbehrungsreichen Woche bringt uns die Autobahn in weniger als zwei Stunden nach **Salt Lake City**.

Um einen weiteren Schuss Historie in die Route einfließen zu lassen, folgen wir aber auf dem **Pioneer Memorial Scenic Backway** durch den **Emigration Canyon** den Spuren von Brigham Young, der mit den ersten mormonischen Siedlern am 24. Juli 1847 durch dieses Tal zum Großen Salzsee hinabblickte und seinen enthusiastischen Stoßseufzer: »This is the place!« hervorstieß. Heute genießen wir das Panorama der Stadt mit der tief stehenden Sonne über dem Großen Salzsee im Hintergrund. Für Brigham Young war dies ein erlösender Schritt in eine neue Zukunft, für uns vielleicht die letzte Etappe einer langen Reise.

Flaming Gorge National Recreation Area 19

19 Service & Tipps

◉ Flaming Gorge Dam Tours
Dutch John, UT 84023
✆ (435) 885-3135, www.flaminggorgecountry.com/Flaming-Gorge-Dam-Visitor-Center
Im Sommer tägl. 9–16, sonst Fr–Mo 10–15 Uhr
139 m hoher und 392 m langer Betondamm, der den Green River staut. Besichtigung der Kraftwerksanlagen möglich

◪ⓘ Flaming Gorge National Recreation Area/Ashley National Forest/Manila Office
Flaming Gorge Ranger District
25 W. Hwy. 43, Manila, UT 84046
✆ (435) 784-3445
Camping-Reservierungen unter
✆ (518) 885-3639 und 1-877-444-6777
www.recreation.gov, www.fs.usda.gov/ashley
Eintritt $ 5 pro Tag, $ 15 pro Woche

ⓘ◉⌂ Red Canyon Visitor Center
Manila, UT 84046
✆ (435) 889-3713
www.flaminggorgecountry.com/red-canyon-visitor-center
Ende Mai–Anfang Sept. tägl. 10–17 Uhr
Aussichtspunkt mit Parkinformation, 400 m steil oberhalb des Red Canyon.

⌂✕⚐✕⚐ Red Canyon Lodge
2450 W. Red Canyon Lodge
Dutch John, UT 84023
✆ (435) 889-3759, www.redcanyonlodge.com
Lodge mit Blockhütten und Restaurant in der Nähe des Red Rock Visitor Center, Fahrrad- und Bootsverleih, Reitstall. $$$$

⌂✕⚐ Flaming Gorge Resort
1100 E. Flaming Gorge, Dutch John, UT 84023
✆ (435) 889-3773
www.flaminggorgeresort.com
Hotelzimmer, Ferienwohnungen, Wohnmobilcampingplatz, Restaurant, Angel- und Wassersport, südlich des Staudamms. $$$–$$$$

◉ Dowd Mountain Overlook
Flaming Gorge National Recreation Area
Picknickplatz mit hervorragender Aussicht über Red Canyon und Hideout Canyon.

Teilnehmerinnen des Fort Bridger Rendezvous

◉ Sheep Creek Loop Scenic Backway
Flaming Gorge National Recreation Area
16 km Seitenstraße parallel zum Hwy. 44.

Fort Bridger

🏛◉ Fort Bridger State Historic Site
Fort Bridger, WY 82933
✆ (307) 782-3842
http://wyoparks.state.wy.us
Museum Mai–Sept. tägl. 9–17, Okt.–April Fr–So 9–17 Uhr, Park länger
Eintritt $ 4
1842 von Jim Bridger erbaute Handelsniederlassung mit restaurierten Gebäuden und Museumsausstellungen.

🎉 Fort Bridger Rendezvous
Fort Bridger, WY 82933
www.fortbridgerrendezvous.net
Am Labor-Day-Wochenende im Sept., Fr–Mo
Eintritt $ 4
Ein im historischen Stil und mit Teilnehmern in zeitgenössischer Kleidung abgehaltenes Treffen zwischen Ureinwohnern und Händlern. 200 Tipis sind aufgebaut, mit Ständen voller selbst gefertigter Reproduktionen typischer Produkte aus der Mitte des 19. Jh.

Informationen zu Salt Lake City finden Sie bei Tag 1 auf S. 88 ff.

NÖRDLICHE ROCKY MOUNTAINS

1 Von Bären und Wölfen, Erdbeben und Geisterstädten

Von West Yellowstone über Virginia City nach Butte

1. Tag: West Yellowstone – Virginia City – Nevada City – Butte (254 km/158 mi)

Anschluss an Tage 4 und 5 durch die »Zentralen Rocky Mountains« vgl. S. 108–125.

km/mi	Zeit	Route
0	9.00 Uhr	**Yellowstone Historic Center.** Am Ortsausgang von **West Yellowstone** auf US 287/191 gen Norden, an der Straßengabelung der US 287 nach links folgen zur
37/23	10.30 Uhr	**Madison River Canyon Earthquake Area**. Weiter auf US 287, in Ennis (nicht auf US 287 bleiben!) links auf SR 287 abbiegen nach
135/84	12.30 Uhr	**Virginia City**. Weiter auf SR 287 nach
138/86	15.30 Uhr	**Nevada City**. Weiter auf SR 287, in Twin Bridges rechts auf Hwy. 41 (die Hauptstraße Hwy. 55 führt zur Autobahn), Abzweigung nach links auf Hwy. 2, weiter bis
254/158	18.00 Uhr	**Butte**, geradeaus auf Harrison Ave., rechts auf Cobban St., links auf Texas St., links auf Continental Dr. bis **Berkeley Pit**, weiter auf die Park St. und rechts auf Park oder Excelsior St. hinauf durch die Altstadt.

Von West Yellowstone über Virginia City nach Butte

Nur um die 1300 Einwohner, aber Tausende Urlauber halten sich jeden Sommer in dem kleinen, 2000 Meter hoch gelegenen Touristenstädtchen **West Yellowstone** am westlichen Eingang des Yellowstone National Park auf. Passend gibt es hier alles, was das Touristenherz begehrt: eine Fülle an Unterkünften, Campingplätzen, Restaurants und Geschäften sowie viele Outfitter, die Angel-, Wander- und Reittouren ausrüsten oder begleiten.

Detailliert beleuchtet das in einem altehrwürdigen Bahnhof angesiedelte **Yellowstone Historic Center** die naturgeschichtlichen Aspekte des ältesten Nationalparks der USA, zeigt ausgestopfte Tiere, porträtiert das Leben der *mountain men*, die in den Bergen lebten und jagten, der US-Kavalleristen, der Cowboys und Ureinwohner. Ausführlich werden die großen Yellowstone-Feuersbrünste vom Sommer 1988 dokumentiert, außerdem stellt das Museum Westernkünstler wie den berühmten Charles M. Russell vor.

Schräg gegenüber in den beiden Freigehegen des kleinen Wildparks **Grizzly & Wolf Discovery Center** hat man die Gelegenheit, neben Grizzly- und Schwarzbären ein Rudel Wölfe zu beobachten, und im dazugehörenden Museum erfährt man auch gleich naturwissenschaftliche Informationen zu beiden Tiergruppen. In freier Wildbahn erspäht man vielleicht den einen oder anderen Schwarzbären, mit viel Glück sogar einen Grizzly, aber einen Wolf zu Gesicht zu bekommen ist so gut wie aussichtslos.

Von West Yellowstone begleitet uns der im Yellowstone National Park entspringende Madison River, ein Quellfluss des mächtigen Missouri River, ein Stück des Weges. Die Region um Hebgen Lake und Earthquake Lake, die er wenig später durchfließt, hat als **Madison River Canyon Earthquake Area** Eingang in die regionale Geschichte gefunden. Drastisch dokumentiert ein großes Geröllfeld die Spuren des Erdbebens von 1959, das einen mächtigen Erdrutsch verursachte, der 28 Autoinsassen verschüttete und den Fluss zum Earthquake Lake aufstaute. Glücklicherweise hielt der Staudamm des Hebgen Lake den Erschütterungen stand. Das hiesige Visitor Center stellt Fotografien anderer schwerer Erdbeben in Nordamerika aus, Panoramafenster erlauben einen Überblick über das Schadensausmaß im Gelände.

Nur noch rund 190 Einwohner leben in dem als Touristenörtchen wiederbelebten **Virginia City** und seiner kleineren Schwester **Nevada City**, zwei pittoresken Goldrauschstädtchen aus dem späten 19. Jahrhundert, die nach den Goldfunden von Bill Fairweather, Henry Edgar und sechs anderer Prospektoren vom Mai 1863 am Alder Creek entstanden waren. In Windeseile hatten sich seinerzeit zu den vier ursprünglichen Goldsuchern weitere 10 000 Menschen zum wohl größten Goldrausch in Montanas Geschichte versammelt.

Nach zwei Jahren wurde das weit von jeglicher Zivilisation entfernte Virginia City mit seinen schnell erbauten Holz-

Das Grizzly & Wolf Discovery Center ist die Heimat von drei Wolfsrudeln

1 Von Bären und Wölfen, Erdbeben und Geisterstädten

Die Nachbarorte Virginia City (links) und Nevada City (rechts) sind Geisterstädte aus der ....

hütten und den im Winter schlammigen und im Sommer staubigen Straßen zur Hauptstadt des weiten Montana Territory deklariert. Doch schon 1876 fand die Herrlichkeit ein jähes Ende, das Goldrauschstädtchen lag verlassen da, die Hauptstadtwürde hatte sich Helena einverleibt.

Nach langem Dornröschenschlaf war den Geisterstädten allerdings eine neue Zukunft beschieden. Knapp anderthalb Jahrhunderte nach seiner Blütezeit zeigt sich Virginia City als reizvolles »lebendes« Museum. Hinter den verwitterten authentischen Holz- oder Backsteinfassaden längs der Hauptstraße, einige davon noch aus den 1860er und 1870er Jahren, sind Souvenirgeschäfte, Restaurants und kleine Hotels eingezogen. Wie in der Gründerzeit kann man sich heute in sogenannten *tourist claims* im Goldwaschen versuchen.

Kaum zu glauben, dass dieses brave Städtchen, auf dessen hölzernen Bürgersteigen heute Familien und Paare in Urlaubsstimmung flanieren, einst nicht nur Goldsucher anzog, sondern auch eine Bande, auf deren Konto Dutzende von Morden und Raubüberfällen gingen, und deren Anführer ausgerechnet der ortseigene Sheriff war. Aufgedeckt wurde das falsche Spiel von den »Vigilantes«, wie sich die zu Selbstschutz greifenden Goldsucher nannten.

Wer erst am späten Abend nach Butte zurückfährt oder sogar hier übernachtet, kann sich erneut in das 19. Jahrhundert zurückversetzen lassen. In der **Old Gilbert Brewery** etwa, der ältesten Brauerei Montanas, treten die »Brewery Follies« in einer fröhlich-bunten Varietéshow auf.

Statt mit dem Auto kann man die zwei Kilometer bis Nevada City auch mit dem

Von West Yellowstone über Virginia City nach Butte

kleinen Touristenbähnchen überbrücken. Die langsam vorüberziehende Landschaft hat sich wahrscheinlich seit dem 19. Jahrhundert ebenso wenig verändert wie Nevada City, wo es, abgesehen von den Touristen, höchstens ruhiger geworden ist. Noch immer empfängt das rustikale, authentisch restaurierte Nevada City Hotel Gäste, aber gleichzeitig ist es auch Teil eines kleinen Museumsdorfes. Mit restaurierten Holzgebäuden, Blockhütten, historischen Gerätschaften und Farmmaschinen, die aus dem Montana Territory zusammengetragen und nach einem Foto der Hauptstraße von 1865 zusammengestellt worden sind, erzählt das Nevada City Museum auf seine bescheidene Weise von der Zeit des Goldrausches. Faszinierend für die Menschen des digitalen Zeitalters sind die in der Music Hall ausgestellten historischen Klaviere und andere »Musikmaschinen«.

Von Virginia City fahren wir zügig gen Norden und treffen unterwegs auf den längsten Quellfluss des Missouri River, der als Red Rock River entspringt und über die Flüsse Beaverhead, Jefferson, Missouri und Mississippi nach 5969 Kilometern südlich von New Orleans in den Golf von Mexiko mündet.

Wenige Kilometer vor Butte überqueren wir mit dem 1967 Meter hohen **Pipestone Pass** die kontinentale Wasserscheide nach Westen. Schon bald funkeln die Lichter der großen Kupferstadt. Das weitflächig ausgebreitete **Butte**, der am Autobahnkreuz I-15 und I-90 gelegene wichtigste Verkehrsknotenpunkt Montanas, eignet sich besonders gut für einen Stopp auf der Reise zwischen Yellowstone und Glacier National Park.

Von hoher Warte ragt im Osten weithin sichtbar eines der Wahrzeichen von Butte auf: Strahlend weiß und 27 Meter

... Zeit des Goldrauschs und zeigen Relikte aus alten Tagen

Von Bären und Wölfen, Erdbeben und Geisterstädten

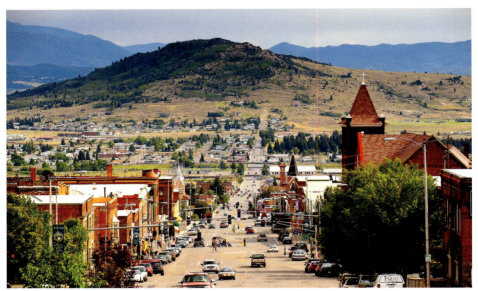

Das weitflächig ausgebreitete Butte lebt heute vom Tourismus

hoch reckt sich die 1985 nach sechsjähriger Bauzeit vollendete Statue der »Our Lady of the Rockies« empor, die allen Müttern und Frauen gewidmet ist.

In der in den 1880er Jahren als »der reichste Hügel der Welt« bekannten 34 000-Einwohner-Stadt in den Bergen des südwestlichen Montana, lebten in der Blütezeit des Bergbaus doppelt so viele Menschen. Eine dominierende Rolle spielte Kupfer, für dessen Gewinnung fast fünf Millionen Tonnen Erze aus Buttes Boden gebaggert wurden. Die Fördertürme, die die Männer, Mulis und Gerätschaften nach unten in die Stollen und Kupfererze nach oben transportierten, zieren als fotogene historische Wahrzeichen die Skyline der Altstadt. Butte wird von den Einheimischen wegen der Höhenlage und der tiefen Stollen als »one mile high and one mile deep« beschrieben.

Zeichen des Wohlstands der Kupferkönige ist das 1888 nach vierjähriger Bauzeit fertiggestellte **Copper King Mansion**, eine elegante viktorianische Villa mit Buntglasfenstern, Parkettböden und feinen Gipsarbeiten an den Decken und Wänden, die heute saisonal als Museum und ganzjährig als Bed & Breakfast fungiert. Dieses prächtige Haus gehörte dem Kupferkönig und Senator William A. Clark, einem der *big bosses*, die sich um das Zepter von Macht und Reichtum in Butte stritten.

Bei der Hausbesichtigung erfahren wir, dass auch dieser Wohlstand bald ein Ende hatte. Clarks ärgster Konkurrent, Marcus Daly, der die Anaconda Company besaß, errichtete im benachbarten Anaconda die weltgrößte Kupferhütte. Sie schlang mit der Zeit sämtliche Bergwerke von Butte in sich hinein und dominierte Montanas Bergbauindustrie über Jahre hinaus.

Als 1955 die hochgradigen Kupfererze zur Neige gingen, stoppte der kostspielige Untertageabbau und man begann praktisch mitten in der Stadt in der

Von West Yellowstone über Virginia City nach Butte

Berkely Pit Mine, einem der größten mit Lkws betriebenen Tagebaue der Welt, auch minderwertigere Erze abzubauen. Hunderte von Hütten, Häusern, Bars und Geschäften auf Buttes Ostseite – wahre Schmelztiegel der Völker, da viele Einwanderer zu den Jobs in den Bergwerken geströmt waren – mussten dem Tagebau seinerzeit weichen.

Heute ist das 2100 Meter lange, 1700 Meter breite und 550 Meter tiefe, grund- und abwassergefüllte Loch eine – im wahrsten Sinne des Wortes – »große« Attraktion der Stadt. Den beeindruckenden Tiefblick von der Aussichtsterrasse sollte man sich auf keinen Fall entgehen lassen. Nur ein kurzes Stückchen weiter, auf den Hügeln in der Altstadt erleben wir Butte anders. Als schweigende Reminiszenz an die Blütezeit der Stadt zu Anfang des 20. Jahrhundert recken sich stillgelegte Fördertürme arbeitslos, aber fotogen, in die Höhe.

Viktorianische Villa des Kupferkönigs Clark: Copper King Mansion

Berkely Pit Mine: Die ehemalige Erzgrube von Butte ist eine Touristenattraktion

1 Service & Tipps

West Yellowstone

ℹ West Yellowstone Visitor Information
30 Yellowstone Ave.
West Yellowstone, MT 59758
℡ (406) 646-7701
www.destinationyellowstone.com

🏛 Yellowstone Historic Center Museum
104 Yellowstone Ave.
West Yellowstone, MT 59758
℡ (406) 646-1100
www.yellowstonehistoriccenter.org
Mitte Mai–Mitte Okt. tägl. 9–21, sonst bis 19 Uhr, Eintritt $ 6/0–3
Naturgeschichtliches Museum im historischen Union Pacific Railroad Depot. Im Fokus: die Grizzlybären und die Waldbrände von 1988. Weiterhin gehören denkmalgeschützte Gebäude zum Museumskomplex.

📷 Earthquake Lake Visitor Center
Hebgen Lake Ranger District, US 287
West Yellowstone, MT 59758
℡ (406) 682-7620, www.fs.usda.gov/attmain/gallatin/specialplaces
Ende Mai–Mitte Sept. tägl. 10–18 Uhr
Fotodokumentationen zum Madison River Canyon Earthquake und anderen Erdbeben Nordamerikas.

🐻🏛🛍🛈 Grizzly & Wolf Discovery Center
201 S. Canyon Rd.
West Yellowstone, MT 59758
℡ (406) 646-7001 und 1-800-257-2570
www.grizzlydiscoveryctr.com
Ende Mai–Anfang Sept. tägl. 8.30–20.30 Uhr, sonst kürzer, Eintritt $ 13/0–8
Freigehege mit Bären und Wölfen, Museum und Souvenirgeschäft.

Virginia City und Nevada City

ℹ Virginia City Chamber of Commerce
Virginia City, MT 59755
℡ 1-800-829-2969, www.virginiacitymt.com
Touristeninfo, Zentralreservierung für die beiden wiederbelebten, freundlichen Goldgräberstädte Virginia City und Nevada City.

🛏 Fairweather Inn
305 W. Wallace St., Virginia City, MT 59755
℡ (406) 843-5377 und 1-855-377-6823, www.aldergulchaccommodations.com/virginia-city.html
Nostalgie pur im Hotel aus dem 19. Jh. $$

✕ Star Bakery Restaurant
1585 Hwy. 287, Virginia City, MT 59755
℡ (406) 843-5777
Tägl. 10–17 Uhr
Typisch US-amerikanische Hausmannskost in gemütlichem, kleinen Lokal. $–$$

🍺 Brewery Follies
In der Gilbert Brewery, 200 E. Cover St.
Virginia City, MT 59755
℡ (406) 843-5218 und 1-800-829-2969
www.breweryfollies.net
Ende Mai–Sept. tägl. 16 und 20 Uhr
Eintritt $ 20
Flotte Varietéshow.

🛏 Nevada City Hotel & Cabins
1585 US 287, Nevada City, MT 59755
Reservierung vgl. Fairweather Inn
Allein der rustikale Saloon des gemütlichen, kleinen Westernhotels (12 Zimmer, 17 Blockhütten) ist einen Besuch wert. $$–$$$

🏛 Nevada City Museum
US 287, Nevada City, MT 59755
℡ (406) 843-5247 und 1-800-829-2969
http://virginiacitymt.com/museum
Ende Mai–Anfang Sept. tägl. 10–18 Uhr
Eintritt $ $ 10/0–8 an Wochenenden, $ 8/0–6 wochentags
Gut in Schuss: Gebäude und Gegenstände aus der Goldrausch-Ära.

🚂 Alder Gulch Short Line Railroad
US 287, Nevada City, MT 59755
℡ (406) 843-5247
www.aldergulch.com
Ende Mai–Anfang Sept. Mo–Fr 11–17 Uhr
Diesellok $ 8/0–6, Sa/So 10–17 Uhr
Einstündige Fahrt mit der Schmalspureisenbahn zwischen Nevada City und Virginia City.

Von West Yellowstone über Virginia City nach Butte

Butte

ℹ Butte Silver Bow Chamber of Commerce
1000 George St., Butte, MT 59701
℡ 1-800-735-6814
www.buttechambersite.org

🏨⊙ Copper King Mansion
219 W. Granite St., Butte, MT 59701
℡ (406) 782-7580
www.thecopperkingmansion.com
Mai–Sept. Führungen tägl. 9–16 Uhr
Eintritt $ 10/0–5 für Nicht-Hotelgäste
Dreistöckige viktorianische 34-Zimmer-Villa des Kupferkönigs und Politikers William A. Clark, im Stil von 1880 als B&B restauriert. Fünf schöne Zimmer. $$–$$$

🏨 Best Western Plus Butte Plaza Inn
2900 Harrison Ave., Butte, MT 59701
℡ (406) 494-3500 und 1-800-543-5814
www.bestwestern.com/butteplazainn
Hotel mit 134 Zimmern, auch Suiten. Mit Restaurant (24 Std. geöffnet). Übernachtung inkl. Frühstücksbuffet. $$

🏨 Finlen Hotel
100 E. Broadway, Butte, MT 59701
℡ (406) 723-5461 und 1-800-729-5461
www.finlen.com
1924 erbautes einstiges Grandhotel in Uptown mit verblasstem Charme. $$

🏨✗♨ Quality Inn & Suites
2100 Cornell Ave., Butte, MT 59701
℡ (406) 494-7800 und 1-855-849-1513
www.qualityinn.com
Modernes Hotel mit 131 Zimmern, Restaurant und Fitnesscenter. $$

🏕 Butte KOA
1601 Kaw Ave., am Kreuz I-15/ I-90
Butte, MT 59701
℡ (406) 782-8080 und 1-800-562-8089
www.koa.com, Mitte April–Okt.
Verkehrsgünstig gelegener Komfortcampingplatz. 110 Stellplätze. $

⊙ℹ Berkeley Pit
Continental Dr., Butte, MT 59701
℡ (406) 723-3177, www.pitwatch.org
Mai–Sept. tägl. geöffnet, Eintritt $ 2
Terrasse mit Blick auf den im 1982 stillgelegten Kupfertagebau entstandenen See. Visitor Center.

⊙ Our Lady of the Rockies
Büro: 3100 Harrison Ave., Butte, MT 59701
℡ (406) 782-1221 und 1-800-800-5239
www.ourladyoftherockies.net
Juni–Okt. Mo–Sa 9–16, So 12–16 Uhr, Führungen Mo–Sa 10 und 14, So 11 Uhr
Führung und Fahrt $ 16/0–12
Mit dem Shuttlebus geht es von Butte über eine Privatstraße hinauf zur East Ridge rund 1000 m über dem Tal, wo sich die 27,4 m große, aus Beton gegossene Marienstatue erhebt. 1985 war sie fertiggestellt und allen Frauen und Müttern gewidmet worden. Seither gewährt die weithin sichtbare Statue einen Panoramablick über die Stadt.

✗ Uptown Cafe
47 E. Broadway, Butte, MT 59701
℡ (406) 723-4735, www.uptowncafe.com
Lunch Mo–Fr 11–14, Dinner tägl. ab 17 Uhr
Restaurant mit künstlerischem Ambiente im Stadtzentrum. Fisch, Fleisch, Pasta. $$–$$$$

✗ Lydia's Supper Club
4915 Harrison Ave., Butte, MT 59701
℡ (406) 494-2000, www.lydiassupperclub.com
Mo–Do 17–21, Fr 17–22, Sa 17.30–22, So 17.30–21 Uhr
Beliebtes Restaurant in Downtown. Auf der Speisekarte stehen Steaks, Fisch und viele italienische Gerichte. $$$

🏨✗♨♨⛳ Fairmont Hot Springs Resort
1500 Fairmont Rd., 25 km westl. von Butte, I-90, Ausfahrt 211, Fairmont, MT 59711
℡ (406) 797-3241 und 1-800-332-3272
www.fairmontmontana.com
Attraktives Resorthotel mit 153 Zimmern, zwei großen Swimmingpools, zwei heißen Mineralbecken, großer Wasserrutsche, Restaurant, Golfplatz, Reitstall. Pool und Rutsche auch für Nicht-Hotelgäste geöffnet: Pool $ 16, Rutschen extra. $$$–$$$$

Weitere Informationen zu Butte finden Sie bei Tag 2 auf S. 234.

2 Kupferbarone, Rinderkönige und Goldschürfer

Butte, Deer Lodge und Helena

2. Tag: Butte – Deer Lodge – Helena (174 km/108 mi)

km/mi	Zeit	Route
0	9.00 Uhr	In **Butte** bis zum Ende der West Park St. zum **World Museum of Mining**. Zurück West Park rechts in die Excelsior St., rechts auf den Autobahnzubringer, I-90 nach Westen folgen bis Ausfahrt 211, links abzweigen zu den
29/18	10.30 Uhr	**Fairmont Hot Springs**. Weiter Hwy. 441, links auf Hwy. 1 nach **Anaconda**, zurück Hwy. 1, links auf Hwy. 48, in Warm Springs Auffahrt auf I-90 nach Westen, Ausfahrt 187 nach
79/49	12.30 Uhr	**Deer Lodge**, an der Main St. liegen das **Montana Auto Museum** und die **Grant-Kohrs Ranch National Historic Site**. Am Ortsausgang von Deer Lodge wieder auf die I-90 bis zur Ausfahrt 174; Abzweigung auf US 12, nach Osten bis
174/108	17.00 Uhr	**Helena**, in der Stadt rechts abbiegen auf Last Chance Gulch, die direkt in die Fußgängerzone einmündet.

Morgens bleiben wir zunächst noch in der Altstadt von Butte, auf dem Programm steht das **World Museum of Mining & 1899 Mining Camp**. Das Industrie-Freilichtmuseum an der Stelle der ursprünglichen Orphan Girl Mine, die Silber und Zink produziert hat, demonstriert Arbeitsprozesse, Mensch und Maschinerie im damaligen Umfeld, präsentiert Minengerätschaften und historische Fotografien, zeitgenössische Zahnarztbestecke und Kleidung sowie die Nachbildung eines Minenstollens. Genau »wie früher« erscheint die kleine Siedlung Hell Roarin' Gulch mit ihren authentischen Holzfassaden und der staubigen Straße, die einen Eindruck des Freizeit- und Alltagslebens der Minenarbeiter vermittelt, die hier u.a. einen Saloon, eine Drogerie und einen Kolonialwarenladen, eine Schule und eine Sauerkrautfabrik betrieben.

Um den historischen Museumsstaub abzuspülen, kann man westlich von Butte einen Zwischenstopp im **Fairmont Hot Springs Resort** einlegen. Von den beiden großen Swimmingpools und den beiden heißen Mineralbecken ist jeweils eines überdacht und das andere im Freien. Nach der Erholung im erfrischenden oder wärmenden Nass geht es kurz weiter nach **Anaconda**, einer gepflegten Kleinstadt mit rund 9100 Einwohnern, die 1883 von Marcus Daly um die seinerzeit weltgrößte Kupferhütte gegründet wurde.

Seine Industrieanlagen würde der Kupfermagnat, bei seinem Ableben 1900 einer der reichsten Männer der Welt, längst nicht mehr wiederfinden, erinnert in Anaconda doch nur noch der 178 Meter hohe Schornstein an die Blütezeit der Kupferproduktion in Montana. Und selbst das Außengelände der alten Kupferhütte hat eine grundlegende Umwandlung in einen Golfplatz erfahren. Nach einem letzten Blick auf dieses weithin sichtbare »Wahrzeichen« vergangener Tage geht es zurück auf die Autobahn nach Deer Lodge.

Die 1862 im Zuge von Goldfunden gegründete Kleinstadt **Deer Lodge** mit rund 3000 Einwohnern, die in einem weiten Tal mit viel Weideland liegt, ist die zweitälteste Stadt Montanas. Am nördlichen Stadtrand beginnen die Ländereien der **Grant-Kohrs Ranch National Historic Site**, einer Ranch, die im ausgehenden 19. Jahrhundert mit 11 000 Hektar der Mittelpunkt eines immensen Viehzuchtkönigreiches war und deren Vieh auf den

Industrie-Freilichtmuseum: World Museum of Mining & 1899 Mining Camp

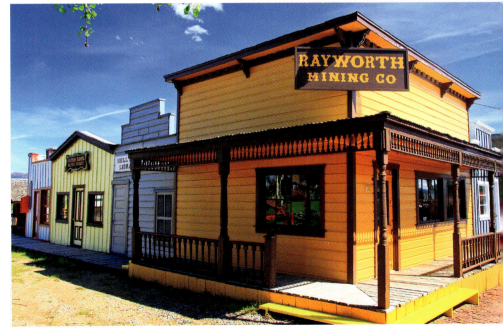

2 Kupferbarone, Rinderkönige und Goldschürfer

Weiden von vier US-Bundesstaaten und Kanada graste. Ihre Ursprünge führt die Grant-Kohrs Ranch auf 1862 und Johnny Grant, einen kanadischen Cowboy, zurück, der bereits 1866 die Ranch weiter an den deutschen Einwanderer Conrad Kohrs verkaufte.

Unter Kohrs' Hand begann die Blütezeit der Ranch. In jenen Tagen brachte man jährlich zwischen 8000 und 10 000 Stück Vieh auf den Markt. Geradezu still mutet es jetzt an, aber alles ist so realitätsgetreu hergerichtet, dass man meint, jeden Augenblick könnte ein Trupp Cowboys um die Ecke kommen. Heute sind auf der noch 600 Hektar großen Ranch Weiden mit Vieh, das Ranchhaus, die Cowboyunterkünfte, eine Kutschenkollektion, eine Schmiede etc. zu besichtigen.

Nach der Weite der Ranch mögen wir uns nur kurz in die engen Mauern des **Old Montana Prison** begeben, einer aus Sandstein erbauten Trutzburg romanischen Stils. In dem als Museumskomplex hergerichteten alten Knast, der bis 1979 in staatlichen Diensten stand, kann man den Zellentrakt, den Hochsicherheitsbereich und den umfriedeten Innenhof erkunden. Anschließend erfreut ein Rund-

Einst eine der größten Ranches der Rockies: die Grant-Kohrs Ranch in Deer Lodge

gang durch das erstklassige **Montana Auto Museum**, das ebenfalls Teil des Gefängnis-Museums-Komplexes ist. Die Kollektion blank gewienerter Karossen gehört zum Besten, was Oldtimer-Fans in den Rocky Mountains finden können.

Die Fahrt parallel zum Hauptkamm der Rocky Mountains führt uns erneut über die kontinentale Wasserscheide, diesmal nach Osten über den 1928 Meter hohen MacDonald Pass nach **Helena**, der 31 200 Einwohner zählenden Staatshauptstadt Montanas, die sich bis auf den heutigen Tag einen liebenswerten Kleinstadtcharme bewahrt hat.

Unternehmungslustige können noch 30 Kilometer nordwestlich von Helena das »lebendige« Geisterstädtchen **Marysville** besuchen. Neben regulär bewohnten Häusern erinnern Ruinen und Relikte an die »besseren Tage« im 19. Jahrhundert, als dieses Nest ein boomender Goldrauschort mit 2000 Einwohnern und der reichsten Goldmine Montanas war, die Gold im Werte von rund 50 Millionen Dollar gefördert haben soll. Im einstigen Bahnhof des Ortes serviert das nostalgische Marysville House Restaurant herzhafte Westerndinner.

Helena erblickte das Licht der Welt kurz nachdem 1864 an der Stelle, wo einst ein Bach floss und sich heute die Fußgängerzone Last Chance Gulch befindet, Gold gefunden wurde – von vier müden und unlustigen Prospektoren, die es »noch ein letztes Mal« versuchen wollten. 20 Jahre währte der von ihnen initiierte Goldrausch. Die Stadt profitierte auch aus dem Niedergang anderer Goldrauschorte und übernahm 1875 die territoriale Hauptstadtwürde von Virginia City, avancierte 1889 gar zur Hauptstadt des neu gegründeten Staates Montana. Mit dem Abebben des Goldrausches in der Stadt selber blieb

Butte, Deer Lodge und Helena

In der Last Chance Gulch begann die Erfolgsstory von Helena

Helena immer noch ein Handels- und Verwaltungszentrum für einen weiten Umkreis mit Goldfeldern.

Schlank und rank ragen die symmetrischen Zwillingstürme der neogotischen **Cathedral of St. Helena** in Montanas weiten Himmel. Zum Bau des 1913 fertiggestellten Gotteshauses wurden italienischer Carrara-Marmor und Buntglasfenster aus München verwendet. Wir gönnen uns einen Moment der Ruhe und wenden uns dann irdischeren Genüssen zu.

Zwischen 6th und Wong Street erstreckt sich Helenas hübsche Fußgängerzone **Last Chance Gulch** (Main St.), an der sich Restaurants und Saloons, Wohnhäuser und Geschäfte aufreihen. Im südlichen Bereich plätschert zum Gedenken an das einstige goldhaltige Flüsschen ein winziger Bach, in dem an diesem Sommerabend ein paar Kinder mit ihren Eltern waten. Immer wieder geben Statuen, Plaketten und Schilder Hinweise auf die lokale Geschichte: An der Ecke Last Chance Gulch und Broadway zum Beispiel erinnert die »Women's Wall« an die Pionierfrauen in Montana.

Am Ende der Fußgängerzone über die Main Street hinweg schließt sich **Reeder's Alley** an. Aus den 70er Jahren des 19. Jahrhunderts stammt die kurze Häuserzeile mit den aus einheimischem Stein und Backstein erbauten, hübsch restaurierten Gebäuden. Sie waren aufgeteilt in winzige Zimmer, die damals an Minenarbeiter vermietet wurden. Heute beherbergt die mit nostalgischen Laternen bestückte Gasse Geschäfte und Restaurants.

2 Service & Tipps

🏛 World Museum of Mining & 1899 Mining Camp
155 Museum Way, Butte, MT 59703
℃ (406) 723-7211
www.miningmuseum.org
April–Okt. tägl. 9–18 Uhr, Eintritt $ 8.50/0–6
Bergbaucamp von 1899, über 30 historische Minengebäude plus der Förderturm einer Mine.

🛏 Fairmont Hot Springs Resort
Vgl. S. 229

Deer Lodge

ℹ Deer Lodge/Powell County Chamber of Commerce
1109 Main St., Deer Lodge, MT 59722
℃ (406) 846-2094
www.powellcountymontana.com/deerlodge
Touristeninformation für das Deer Lodge Valley.

🏛 Old Montana Prison
1106 Main St., Deer Lodge, MT 59722
℃ (406) 846-3111
www.pcmaf.org
Tägl. Ende Mai–Anfang Sept. 8–20, sonst 8–18 Uhr, Eintritt $ 10/0–6
Altes Staatsgefängnis von Montana (1871–1979). Mit dem **Montana Auto Museum** – einem der besten seiner Art im ganzen Land.

Grant-Kohrs Ranch National Historic Site
266 Warren Lane, Deer Lodge, MT 59722
℃ (406) 846-2070
www.nps.gov/grko
Ende Mai–Anfang Sept. tägl. 9–17.30, sonst 9–16.30 Uhr, Eintritt frei
Historische Ranch, heute Freilichtmuseum.

✕ Marysville House Restaurant
30 km nordwestl. von Helena, via I-15 Ausfahrt 200, Abzweig nach links (Westen) auf SR 279, links ab auf Schotterstraße bis
153 Main St., Marysville, MT 59640
℃ (406) 442-5141
www.marysvillemontana.com

Tägl. 16–22 Uhr
Restaurant im einstigen Bahnhof des ehemaligen Goldrauschortes. Mi–So Dinner. Große Portionen, u. a. T-Bone-Steaks und Hummer. $$

✕ Muriah's of Montana
819 Main St., Deer Lodge, MT 59722
℃ (406) 846-4181
So–Do 6–16, Fr/Sa 6–20 Uhr
Bisonburger stehen auf der Speisekarte dieses netten Lokals auf der Hauptstraße. $–$$

Helena

ℹ Helena Visitors Center
105 Historic Reeder's Alley
Helena, MT 59601
℃ (406) 449-1270
www.helenamt.com
Tourist Information von Helena. Kartenmaterial ist erhältlich.

ℹ Travel Montana
℃ 1-800-847-4868
www.visitmt.com
Tourist Information des Staates Montana.

🛏 The Barrister Bed & Breakfast
416 N. Ewing St., Helena, MT 59601
℃ (406) 443-7330
www.thebarristermt.com
B & B im viktorianischen Stil in unmittelbarer Nachbarschaft der Kathedrale. Fünf Zimmer. $$$

🛏✕ Jorgenson's Inn & Suites
1714 11th Ave., Helena, MT 59601
℃ (406) 442-1770
www.jorgensonsinn.com
Motel mit 115 Zimmern und Restaurant. Neben dem Einkaufszentrum unweit des Kapitols. $$–$$$

🛏 Super 8 Motel
2200 11th Ave., Helena, MT 59601
℃ (406) 443-2450 und 1-800-454-3213
www.wyndhamhotels.com/super-8
Verkehrsgünstig nahe der Autobahn und dem Flughafen gelegenes Motel mit 102 Zimmern. $–$$

Butte, Deer Lodge und Helena

Black Sandy Hauser Lake State Park
6563 Hauser Dam Rd., Helena, MT 59601
11 km nördl. von Helena, I-15, Ausfahrt 200, rechts auf Hwy. 453, nach 9 km links
✆ (406) 458-3221
http://stateparks.mt.gov/black-sandy
Eintritt $ 6, Mai–Nov.
Der Missouri wird von drei Staudämmen aufgestaut, am mittleren Stausee, dem Hauser Lake, liegt der kleine Campground mit Badestrand. Nach Fortgang der Tagesgäste ein sehr romantischer Platz. $

Cathedral of St. Helena
530 N. Ewing St., Helena, MT 59601
✆ (406) 442-5825, www.helenamt.com
Führungen Ende Mai–Anfang Sept. Di–Do 13–15 Uhr
Römisch-katholische Kathedrale mit Zwillingstürmen.

Windbag Saloon & Grill
19 S. Last Chance Gulch, Helena, MT 59601
✆ (406) 443-3520, www.windbag406.com
Tägl. außer So ab 11 Uhr
Seit über 30 Jahren etablierter Saloon in Helenas Fußgängerzone. Steaks, Fisch und Geflügel gehören zu den Spezialitäten. $$$

Bert & Ernie's
361 N. Last Chance Gulch, Helena, MT 59601
✆ (406) 453-0601, www.bertandernies.com
Mo–Mi 11–21, Do–Sa 11–22 Uhr
Legeres Lunch- und Dinnerrestaurant. Abwechslungsreiche Speisekarte, u. a. mit Hamburgern Cajun-Style, Pizza und krossem Tacosalat, dazu ein Bier aus Montana. $$–$$$

The Dive Bakery
1609 11th Ave., Helena, MT 59601
✆ (406) 442-2802, www.thedivebakery.com
Mo–Fr 6–16, Sa 7–15 Uhr
Modernes Frühstücks- und Lunch-Café in der Pier 1 Shopping Plaza. Große Auswahl an Bagels, Crepes, Kuchen und Lunch-Sandwiches sowie diverse Kaffeespezialitäten. $

Ten Mile Creek Brewery
48 N. Last Chance Gulch, Helena, MT 59601
✆ (406) 502-1382
www.tenmilecreekbrewing.com
Tägl. 12–20 Uhr
Die heimelige Hausbrauerei bietet 35 selbst gebraute Biere. Livemusik am Donnerstag.

Weitere Informationen zu Helena finden Sie bei Tag 3 auf S. 242.

Unterwegs in der Innenstadt von Helena

3 Auf den Spuren von Lewis & Clark
Entlang dem Missouri River von Helena nach Great Falls

3. Tag: Helena – Gates of the Mountains – Great Falls (182 km/113 mi)

km/mi	Zeit	Route
0		In Helena Besuch des **State Capitol** und des **Montana Historical Society Museum**, die nebeneinander liegen. Von dort auf Roberts St. und rechts auf 11th Ave. zur I-15 nach Norden, an der Ausfahrt 209
27/17		von der Autobahn I-15 abfahren.
31/19	11.00 Uhr	Bootsfahrt durch die **Gates of the Mountains Recreation Area**.
	13.00 Uhr	Zurück zur I-15, Weiterfahrt nach Norden bis zur Ausfahrt 278, über den Missouri hinweg nach
150/93	14.30 Uhr	**Great Falls**, Straße wird zur 10th Ave. S., links in 15th St., links in 4th Ave. N.. Besuch des **C. M. Russell Museum**, weiter 15th St. (= US 87) nach Norden, Abzweigung nach rechts Ryan/Morony Dam Rd., rechts zum
164/102	16.00 Uhr	**Ryan Dam**. Zurück zum Hwy. 87 South, über den Missouri River hinweg nach Great Falls, direkt hinter dem Fluss links abbiegen auf River Dr., links auf Giant Springs Rd. zum
182/113	17.30 Uhr	**Lewis and Clark National Historic Trail Interpretive Center** und dem benachbarten **Giant Springs Heritage State Park** am östlichen Stadtrand.

Am Vormittag bietet sich zunächst ein Blick ins **State Capitol** von Helena an. Der dem Washingtoner Vorbild nachempfundene Regierungssitz von Montana ist aus Sandstein und Granit erbaut und mit einer Kuppel aus einheimischem Kupfer besetzt.

Grundsteinlegung des im Jahre 2000 gründlich renovierten stattlichen Gebäudes war 1899. Prächtig ist sein Inneres, ausgestattet mit historischen Statuen und Gemälden, das bekannteste darunter ist auch Charles Russells größtes, das 3,66 mal 7,62 Meter große Bild »Lewis and Clark Meeting the Indians at Ross' Hole«. Meriwether Lewis und William Clark, Captains der US-Armee, erkundeten auf der spektakulärsten Expedition der US-Geschichte von 1804 bis 1806 den Nordwesten der USA und folgten dabei durch Montana als erste weitgehend dem Lauf des Missouri River.

Ein Besuch des benachbarten **Montana Historical Society Museum** gibt einen Einblick in Vergangenheit und Gegenwart des Wilden Westens. Das Museum zur Geschichte Montanas und des Nordwestens der USA zeigt eine große Gemälde- und Skulpturenkollektion von Charles M. Russell und zeichnet in der Montana Homeland Collection mit über 2000 Fotografien, Dokumenten und Gegenständen die Geschichte Montanas von der letzten Eiszeit bis heute nach.

Wer sich statt Museumsluft lieber auf einer kommentierten Stadtrundfahrt den Wind um die Nase wehen lassen möchte, kann mit dem vor dem Historical Society Museum startenden »Last Chancer« fahren. Der offene, kleine Zug passiert den historischen Villenbezirk, Last Chance Gulch und Reeder's Alley, und unterwegs wird Interessantes zur Stadtgeschichte erzählt.

Die erste Bootstour des Tages beginnt 30 Kilometer nördlich von Helena am Ufer des Missouri River, dort warten große, offene Flussboote zur Fahrt durch die **Gates of the Mountains Recreation Area**. Wo der Missouri die Berge der Big Belt Range durchstößt, hat er eine 360 Meter tiefe, wildromantische Schlucht in den Kalkstein gefräst. Aufmerksame Beobachter finden an den Felsen indianische Felszeichnungen, agile Bergziegen und geruhsame Dickhornschafe.

Kuppel und …

… Treppenhaus des Montana State Capitol in Helena

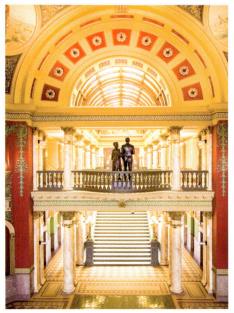

3 Auf den Spuren von Lewis & Clark

Ein Stopp wird an der Meriwether Picnic Area eingelegt, einer der wenigen Stellen im Canyon, wo man überhaupt anlanden kann und wo vielleicht auch vor fast 200 Jahren Meriwether Lewis und William Clark campten. Von dort kann man zur waldigen Mann Gulch wandern, die traurigen Ruhm erlangte, als 1949 in rasenden Waldbränden 13 Brandbekämpfer der *Smokejumpers* (vgl. Tag 6, Missoula, S. 260) ums Leben kamen.

Nach Great Falls nimmt man entweder die Autobahn oder die in weiten Bereichen ab der Ausfahrt 219 parallel verlaufende Missouri Great River Road, die mehr oder weniger direkt dem Flusslauf folgt. Um noch genügend Zeit für den weiteren Tagesablauf zu haben, sollte man sich für die schnellere Route auf der Autobahn entscheiden.

Great Falls ist mit 59 200 Einwohnern Montanas zweitgrößte Stadt und wirtschaftliches Herz der Region. Sie liegt in einem breiten Tal des Missouri River, der einen beträchtlichen Canyon in die hügeligen Prärien hineingefressen hat. Neben der schon klassischen Topattraktion C. M. Russell Museum hat die Stadt in den zurückliegenden Jahren mit neuen Parks, Museen, Rad- und Wanderwegen entlang dem Missouri River deutlich an touristischem Reiz gewonnen.

Das **C. M. Russell Museum** beheimatet eine der umfassendsten Kollektionen des berühmtesten Sohnes der Stadt. Charles M. Russells Skulpturen, Aquarelle und Ölgemälde von Native Americans, Cowboys und bockenden Pferden sind nicht nur begehrte Kunstobjekte, sondern gleichsam Dokumentationen einer ereignisreichen Epoche amerikanischer Geschichte.

»Charlie«, wie der geniale Westernkünstler (1864–1926) von seinen Freunden genannt wurde, erschuf an diesem

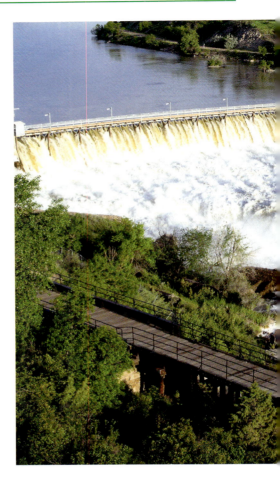

Ort den größten Teil seiner annähernd 4000 Werke. Sein Blockhausstudio von 1903, mitsamt Pinseln, Leinwänden, verschiedenen Materialien und Gegenständen, die ihm als Vorlagen dienten, sowie sein Haus sind zu besichtigen. Zum Museum gehört ein ausgezeichneter Museumsshop mit Büchern, Kunstgegenständen und historischen Vorbildern nachempfundenen Spielsachen.

Great Falls markierte eine bedeutende Station der Lewis & Clark Expedition,

Entlang dem Missouri River von Helena nach Great Falls

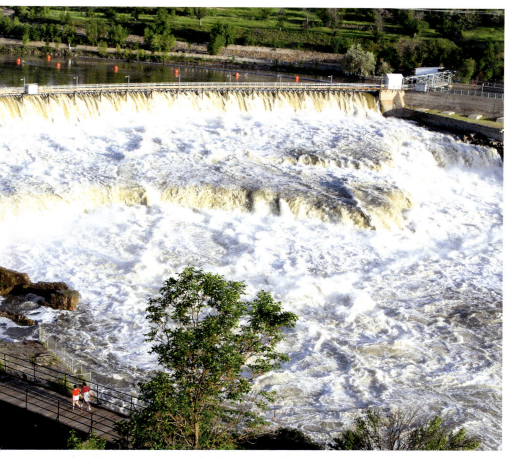

Der gebändigte Missouri River: die Black Eagle Falls bei Great Falls, Montana

hier verließen die Männer die Prärien und kämpften sich den Missouri flussaufwärts durch die Berge. An dieser Stelle des Landes wird auch die Bedeutung des Namens »Montana« (span. *montaña* für »Berg«) klar. Auch wenn unsere Fahrtroute nur den Westen berührt und wir bis auf die Etappe Great Falls–Browning eigentlich nichts anderes als Berge in Montana erleben, besteht der überwiegende (östliche) Teil des Bundesstaates aus Prärie.

Geografisches Wahrzeichen der Stadt sind die fünf über eine Distanz von 15 Kilometern verteilten Wasserfälle des Missouri River. Heute fließen nur noch die kleinen Crooked Falls ungehindert, ansonsten regulieren seit Anfang des 20. Jahrhunderts Staudämme den Flusslauf. Zu Zeiten von Lewis und Clark zwangen die ungezähmter Wasserfälle die Expeditionsteilnehmer im Juni 1805 zu einer vierwöchigen Portage, bei der alle Boote und Ladungen mühsam über

3 Auf den Spuren von Lewis & Clark

Montana-Impressionen: dramatisches Sommergewitter und …

Der **River's Edge Trail**, ein über die Jahre kontinuierlich ausgebauter Uferparkweg für Fußgänger, Radfahrer und Inlineskater auf der Südseite des Flusses soll irgendwann einmal alle Staudämme miteinander verbinden. Bis dato ist der Weg bis zum Rainbow Dam bereits zwölf Kilometer lang. Lewis und Clark hätten einen solchen Uferweg mit Sicherheit zu schätzen gewusst.

Wieder zurück in Great Falls, befindet sich an der Giant Springs Road das **Lewis and Clark National Historic Trail Interpretive Center**, ein modernes Museum zur Geschichte der Erforschung des Westens durch die Expedition von 1804 bis 1806. Im Fokus stehen die Erkundung Montanas und die Portage um die Great Falls sowie die Ureinwohner der Prärien und des Nordwestens.

Land geschleppt werden mussten. Lewis nannte die Großen Fälle des Missouri nichtsdestotrotz »the grandest sight I ever beheld«, »Das Großartigste, was ich je zu Gesicht bekam«.

Heute faszinieren an der Stelle der ursprünglichen Great Falls die untersten (östlichsten) und größten der fünf Wasserfälle, die 46 Meter hohen Fälle am **Ryan Dam** mit ihren Dimensionen und dem ungeheuren Volumen. Ein fabelhafter Picknickplatz auf einer grünen Wiese und ein Aussichtspunkt befinden sich auf einer per Hängebrücke zugänglichen Insel unterhalb der tosenden Wassermassen.

Ein letztes Schmankerl wartet neben dem Museum direkt am Ufer des Missouri River. Wir durchqueren einen malerisch unter hohen, alten Bäumen ausgebreiteten Picknickplatz und begegnen Kanadagänsen, die dort ihre Jungen spazierenführen. Im bewaldeten **Giant Springs Heritage State Park** sprudeln täglich eineinhalb Milliarden Liter Wasser aus einer mit wunderschönen Unterwasserpflanzen bewachsenen, glasklaren Quelle, die – wie der Name schon zu Recht vermuten lässt – zu den größten in den USA zählt.

Einen weiteren Höchstwert verzeichnet laut Guinnessbuch der Rekorde der Roe River. Mit nur 60 Metern von seiner Quelle bis in den Missouri River soll er der »kürzeste Fluss der Welt« sein. Ebenfalls zum Park gehört eine **Fish Hatchery**, in der man in Becken die Aufzucht von Jungfischen während der ersten Monate ab der Eierbefruchtung beobachten kann. Begleitende Ausstellungen erläutern u. a. den Lebenszyklus von Lachsen und Forellen.

… Retro-Look am Feldrain

Der Missouri River nördlich von Helena ▷

3 Service & Tipps

Helena

Last Chance Gulch Tour
225 N. Roberts St., Helena, MT 59620
(406) 442-1023, www.lctours.com
Juli/Aug. tägl. außer So 11, 13, 15 und 17.30 Uhr, sonst nur 2–3 Fahrten, Fahrpreis $ 9/0–7
Einstündige Stadtrundfahrten mit einem kleinen, offenen Zug, ab Montana Historical Society Museum. Seit rund 70 Jahren.

Montana Historical Society Museum
225 N. Roberts St. (gegenüber dem State Capitol), Helena, MT 59620
(406) 444-2694, http://mhs.mt.gov/Museum
Tägl. außer So 9–17, Do bis 20 Uhr
Eintritt $ 5/0–1
Museum, Bibliothek und Archive zur Geschichte Montanas und des Nordwestens der USA. Exzellenter Museumsshop.

Montana State Capitol
1301 E. 6th Ave., Helena, MT 59620
(406) 444-2694
http://visit-the-capitol.mt.gov
Führungen Mitte Mai–Mitte September tägl. außer So 10–14 Uhr, jeweils zur vollen Stunde, Gebäude Mo–Fr 7–18, Sa/So 9–15 Uhr
Einstündige Führungen durch Montanas Regierungsgebäude. Besichtigung auch ohne Führung möglich.

Gates of the Mountains Boat Tours
Gates of the Mountain Landing, 30 km nördl. von Helena, via I-15, Ausfahrt 209
(406) 458-5241
www.gatesofthemountains.com
Juni–Sept., Juli/Aug. Mo–Fr 10, 12 und 14 Uhr, Sa/So 10–16 Uhr, jeweils zur vollen Stunde, sonst kürzer, Fahrpreis $ 16/0–10
Knapp zweistündige Bootstour durch die eindrucksvolle Schlucht des Missouri River.

Great Falls

Great Falls Visitor Information Center
15 Overlook Dr., Great Falls, MT 59405
(406) 771-0885
www.genuinemontana.com/visitor-information-center, Mai–Sept. Mo–Fr 9–18, Sa/So 10–16 Uhr, sonst kürzer
Vom Broadwater Overlook hat man einen guten Überblick über den Missouri River und seinen Zufluss Sun River.

Econo Lodge Ponderosa
220 Central Ave.
Great Falls, MT 59401
(406) 761-3410 und 1-877-424-6423
www.choicehotels.com
Ein komfortables 105-Zimmer-Hotel im Stadtzentrum. Mit beheiztem Außenpool. $–$$$

The Great Falls Inn by Riversage
1400 S. 28th St.
Great Falls, MT 59405
(406) 453-6000 und 1-800-454-6010
www.riversageinns.com/greatfallsinn
Angenehmes Motel mit 45 Zimmern am südlichen Stadtrand. Kontinentales Frühstück in der Lobby. Abends kann man am prasselnden Kaminfeuer Zeitung lesen. $$

O'Haire Motor Inn
17 7th Street S., Great Falls, MT 59404
(406) 454-2141 und 1-800-332-9819
www.ohairemotorinn.com
Hotel im Stadtzentrum mit 68 Zimmern und Restaurant. »Sip-N-Dip«-Lounge mit Unterwasserfenstern in den Swimmingpool. $$

Motel 6 Great Falls
2 Treasure State Dr., Great Falls, MT 59404
Anfahrt: I-15 Ausfahrt 278, 10th Ave.
(406) 453-1602 und 1-800-899-9841
www.motel6.com
Motel nahe der Fälle und des Flughafens. 59 Zimmer. $–$$

Great Falls KOA
1500 51st St. S., Great Falls, MT 59405
(406) 727-3191 und 1-800-562-6584
www.koa.com
Großer Campground südlich des Missouri River im Südwesten der Stadt. Fabelhafter Wasserspielplatz. $

C.M. Russell Museum
400 13th St. N., Great Falls, MT 59401

Entlang dem Missouri River von Helena nach Great Falls

✆ (406) 727-8787
www.cmrussell.org
Mai–Okt. tägl. außer Mo 10–17 Uhr
Eintritt $ 9/0–4
Bedeutendste Kollektion des großen Westernkünstlers. Aquarelle, Ölgemälde, Skulpturen. Auch Russels Studio und sein Haus sind zu besichtigen. Exzellenter Museumsshop.

🏛 Lewis and Clark National Historic Trail Interpretive Center
4201 Giant Springs Rd., Great Falls, MT 59405
✆ (406) 727-8733
www.genuinemontana.com/lewis-and-clark-national-historic-trail-interpretive-center
Ende Mai–Anfang Sept. tägl. 9–18, sonst Di–Sa 9–17, So 12–17 Uhr
Eintritt $ 8/0–8
Museum mit Ausstellungen und Film zur Geschichte der Expedition von Meriwether Lewis und William Clarks in den Jahren 1804–06, im Mittelpunkt steht die Portage um die Great Falls. Am Südufer des Missouri River.

Mitte/Ende Juni findet das dreitägige **Lewis & Clark Festival** statt, ein Zeltlager mit Männern und Frauen in der Bekleidung der Ureinwohner, der Trapper und Pioniere, Grillfest mit Bisonburgern und -steaks, dazu ein buntes Arrangement von Vorführungen, Kunstverkäufen, Floßtrips etc.

🌄 Giant Springs State Park
4803 Giant Springs Rd., 8 km östl. des Stadtzentrums, Great Falls, MT 59405
✆ (406) 727-1212
http://stateparks.mt.gov/giant-springs
Park von Sonnenauf- bis -untergang geöffnet
Eintritt $ 6 pro Auto
Riesige Frischwasserquelle und Visitor Center.

✕ Jakers Steak Ribs & Fish House
1500 10th Ave. S., Great Falls, MT 59405
✆ (406) 727-1033
www.jakers.com
So–Mi 11–22, Do–Sa bis 22.30 Uhr
Große Steaks, knusprige Rippchen und frischer Fisch. Lunch und Dinner. $$$–$$$$

🍸 Club Cigar Saloon & Eatery
208 Central Ave.
Great Falls, MT 59401

✆ (406) 727-8011, So geschl.
Saloon im alten Stil mit spiegelbestückter Mahagonibar. Leichte Lunches. $$

🍴🏛✕ Montana State Fair
400 N.W., 3rd St., Great Falls, MT 59404
✆ (406) 727-8900
http://goexpopark.com/montana-state-fair
Letzte Juli-/erste Augustwoche, 10 Tage
Eintritt Rodeo ab $ 13, Parkplatz, Konzerte und andere Veranstaltungen extra
Landwirtschaftsschau im Montana ExpoPark mit Entertainment, Kirmes, Shows, Kunsthandwerksausstellungen, Pferderennen, Konzerte, Rodeo, Spezialitäten aus Montana etc.

👁 Ryan Dam
Anfahrt 5 km über US 87 North, dann 8 km Ryan Dam Rd.
Staudamm im Missouri River. Wunderbarer Picknickpark auf der Insel im Strom in unmittelbarer Nähe zum Kessel der 46 m hohen Fälle.

✕ 3-D International Restaurant & Lounge
1825 Smelter Ave., Black Eagle, MT 59414
✆ (406) 453-6561
Mo–Sa 11–22, So 16–22 Uhr
Die Speisekarte verzeichnet Pizza und Pasta, Fisch und Steaks, asiatische Gerichte und spezielle Kindermenüs. In dem kleinen Ort Black Eagle nördlich von Great Falls. Im Familienbesitz seit 1946. $$–$$$

Lewis and Clark National Historic Trail Interpretive Center

4 Ureinwohner und Gletscher
Aus den Prärien in die Rocky Mountains

4. Tag: Great Falls – Browning – Many Glacier (291 km/181 mi)

Zum Glacier N.P. vgl. Karte Tag 5 auf S. 250.

km/mi	Zeit	Route
0	8.00 Uhr	Von **Great Falls** auf die I-15 gen Norden,
21/13		vom Exit 290 runter auf US 89 und weiter gen Norden.
154/96	10.00 Uhr	Grenze zur **Blackfeet Indian Reservation**,
196/122	10.30 Uhr	**Browning**, Einmündung der US 89 auf US 2, ein kurzes Stück laufen US 2/89 zusammen, dort liegt das **Museum of the Plains Indian**. Nach dem Besuch weiter US 89 folgen,
272/169	12.30 Uhr	in **Babb** Abzweigung nach Westen nach
291/181		**Many Glacier** (vgl. Karte S. 250), Lunchpause im **Many Glacier Hotel**.
	14.00 Uhr	Bootstour über **Swiftcurrent Lake** und **Lake Josephine**, Wanderung zum **Grinnell Lake**.
	18.00 Uhr	**Scope it Out!** – Tierbeobachtung mit Rangern am Parkplatz vor dem **Swiftcurrent Motor Inn**.

Nur ganz allmählich kommen wir ab **Great Falls** den Bergen näher. Zunächst passieren wir noch die 6000 Quadratkilometer große **Blackfeet Indian Reservation**, die unmittelbar an den Glacier National Park grenzt. Sie bietet rund 17 300 als Blackfeet registrierten Native Americans eine Heimat. Der Name »Schwarzfuß« stammt vermutlich von den schwarzen Mokassins, die sie einst trugen.

Die Blackfeet waren von den Großen Seen westwärts bis zu den Rocky Mountains eingewandert und hatten sich als beherrschender Stamm in den nördlichen Prärien in Montana und der

Aus den Prärien in die Rocky Mountains 4

angrenzenden kanadischen Provinz Alberta durchgesetzt. Bereits 1855 wurden Grenzen eines Blackfeet-Territoriums in einem Friedensvertrag mit den Weißen definiert, der – wie so oft in der US-Geschichte – schon nach einem Jahrzehnt nichts mehr wert war. Die Ureinwohner setzten sich gegen Eindringlinge zur Wehr und töteten im Herbst 1869 einen der bekanntesten weißen Siedler, Malcolm Clarke aus Helena.

Die zwangsläufige Reaktion hatte verheerende Folgen – in einer Strafaktion massakrierte die US-Kavallerie im Januar 1870 unter dem Kommando von Eugene M. Baker 173 Blackfeet, vorwiegend Frauen und Kinder. Von da an verzichteten die Ureinwohner auf weitere Kämpfe. Als die Bisons aus den Prärien weitgehend verschwunden waren, gerieten die Blackfeet im Hungerwinter 1883/84 endgültig in die Abhängigkeit von weißen Lebensmittellieferungen.

Es mag am Glacier National Park liegen, der die Besucher magisch in seinen Bann zieht und aus den Prärien fortlockt, aber die Hauptstadt **Browning** der Blackfeet Indian Reservation profitiert kaum von ihrer Nähe zum Nationalpark. Touristisches Interesse in dem Ort weckt das **Museum of the Plains Indian** an der US 2/89. Kunstausstellungen, Wandgemälde, Multimediapräsentationen, Holzskulpturen, Dioramen sowie Tipis auf dem Außengelände vermitteln einen Eindruck von Kunst, Handwerk, Geschichte und anderen Aspekten der Kultur der nördlichen Prärieindianer.

Weiter geht es von Browning in Richtung Westen, ab Kiowa verläuft die US 89 parallel zum Glacier National Park. Auf dem Weg durch die Prärien

Tänzer bei den North American Indian Days

4 Ureinwohner und Gletscher

Im Herzen des Glacier National Park: der Swiftcurrent Lake in Many Glacier

bietet sich ein fantastischer Blick auf das Hochgebirge. Dieser Landschaftswechsel wirkt besonders dramatisch in der Nähe der amerikanisch-kanadischen Grenze, wo sich der **Glacier National Park** mit dem im Norden anschließenden, weitaus kleineren, aber ebenso schönen Areal des kanadischen **Waterton Lakes National Park** zu einem großen, grenzüberschreitenden Naturparadies vereinigt.

Nicht nur der Übergang von der Prärie zum Gebirge begeistert die Besucher, sondern auch die sichtbaren Spuren, die die hohen Berge, die den Park in Längsrichtung teilen, als Wetterscheide hinterlassen. Auf ihrer Westseite regnen sich die Wolken ab und schaffen so ein relativ feuchtes Klima, das dem der Pazifikküste ähnelt und dichte Wälder hervorbringt. Im Regenschatten der Ostseite schiebt sich die Prärie mit ihrer typischen Trockenvegetation bis auf die Berghänge vor.

Trotz seines Namens weist der Glacier National Park nur relativ wenige, kleine Gletscher auf, die man auf Wanderungen ins Hinterland zu Gesicht bekommt. Zählungen zufolge sollen es noch über 40 sein, deren Ausmaße aber unentwegt schrumpfen. Weitaus größer war ihre Bedeutung in der Vergangenheit, als sie mit scheinbar unendlichen Kräften u-förmige Täler ausschliffen und eine wunderschöne Gebirgslandschaft schufen. Die menschliche Besiedlung vor der Ankunft der Weißen funktionierte im Einklang mit diesen natürlichen Gegebenheiten. Die Salish und die Kootenai regierten in den feuchteren

Aus den Prärien in die Rocky Mountains 4

Tälern im Westen des Parks, während die Blackfeet die trockeneren Great Plains östlich der Rocky Mountains kontrollierten. Doch 1818 legten die Weißen die Grenzlinie zwischen USA und Kanada auf den 49. Breitengrad fest, zunächst bis zu den Rocky Mountains, 1846 bis zum Pazifik. Diese willkürliche Linie machte die dort lebenden Ureinwohner zu Angehörigen zweier verschiedener Staaten.

Schon 1891 erreichte die Great Northern Railway den Marias Pass und mit ihr kamen die ersten Touristen, die in Unterkünften der Eisenbahngesellschaften übernachteten. Dank der Bemühungen von George Bird Grinnell und anderer Naturschützer entstand bereits 1910 der Glacier National Park, 1932 wurde nach elfjähriger Bauzeit die Going-to-the-Sun Road vollendet, die aber erst morgen auf dem Programm steht.

Für heute haben wir uns ein Filetstück des Glacier National Park ausgesucht, das **Many-Glacier-Tal**, das viele als das Herz des Nationalparks bezeichnen. Hier treffen im Talschlund mehrere Gletschertäler aufeinander, und überall führen markierte Wege hinauf zu wunderschönen Aussichtspunkten, Bergseen und Gletschern.

Aber als Erstes ist nach der Ankunft ein wenig Entspannung angesagt. Was gibt es Schöneres, als vom Frontportal der **Many Glacier Lodge** das blendende Naturpanorama zu genießen: links Mount Allen, im Hintergrund Mount Gould und Mount Grinnell, rechts Mount Wilbur. Und nach der Erholung packt uns nicht doch das Bergfieber? Hier lässt die Auswahl an Freizeitaktivitäten wahrlich keine Wünsche offen. Vor dem Hotel legen Boote zu Touren über den **Swiftcurrent Lake** ab, wo es Kanus oder Ruderboote zum Ausleihen gibt. Direkt vom Hotel beginnen auch Ausritte in die Umgebung, und das Wanderwegenetz ist legendär, ange-

Prachthotel in bester Lage: Many Glacier Hotel

4 Ureinwohner und Gletscher

fangen von den kurzen, ebenen Rundwegen um Swiftcurrent Lake und Lake Josephine.

Empfehlenswert ist die folgende Kombination: Per Boot geht es über Swiftcurrent Lake und **Lake Josephine**, anschließend zu Fuß zum einen Kilometer entfernten, türkisschimmernden **Grinnell Lake**. Alternativ beginnt vom Bootssteg der Grinnell Glacier Trail, sechs Kilometer weit stößt der reizvolle Wanderweg in die alpine Bergwelt vor. Noch vor wenigen Jahren zählte der **Grinnell Glacier** am Trailende zu den größten Gletschern im Park, mittlerweile hat er sich ein großes Stück zurückgezogen.

Ebenfalls ein absolutes Highlight und mindestens genauso populär ist der sieben Kilometer lange **Iceberg Lake Trail** zum attraktivsten Bergsee des Nationalparks. Die Wanderung ab dem Swiftcurrent Motor Inn streift prachtvolle Wildblumenwiesen und die Ptarmigan Falls, einen schönen Wasserfall, ehe sie an dem von 800 Meter hohen Felswänden umrahmten, malerischen Iceberg Lake endet. Von dem kleinen Gletscher am Bergfuß stürzen Eisblöcke ins Wasser, die bis in den Spätsommer hinein auf der Wasseroberfläche treiben.

Etwas Zeit sollte man sich für eine der zahlreichen von Rangern geführten Wanderungen und anderen Aktivitäten freihalten. Wenn 20 bis 30 Personen gemeinsam die Felswände absuchen, lassen sich auch schnell Tiere ausmachen. Und wenn schließlich die ersten Bären entdeckt werden, geht ein großes Raunen durch die Reihen. Ein Blick auf die artenreiche Tierwelt mit Schwarzbären oder gar den größeren Grizzlys im Visier des Feldstechers – das ist wahrlich ein krönender Tagesabschluss!

Attraktivster Bergsee des Nationalparks: Iceberg Lake

Aus den Prärien in die Rocky Mountains **4**

4 Service & Tipps

Browning

🏛 Museum of the Plains Indian
US 2/89, Browning, MT 59417
✆ (406) 338-2230
www.doi.gov/iacb/museum-plains-indian
Juni–Sept. Di–Sa 9–16.45, sonst Mo–Fr 10–16.30 Uhr, Eintritt $ 5/0–1
Museum zur Kultur der Ureinwohner.

North American Indian Days
Blackfeet Indian Reservation
108 All Chiefs Square, Browning, MT 59417
✆ (406) 338-7406
www.blackfeetcountry.com/naid.html
Zweites Juliwochenende, Do–So
Eines der größten Powwows in den USA, dazu gibt es einen Flohmarkt und Imbissstände.

Glacier National Park

Glacier National Park
64 Grinnell Dr., West Glacier, MT 59936
✆ (406) 888-7800, www.nps.gov/glac
Eintritt pro Auto $ 30 (7 Tage), $ 80 Annual Parks Pass (vgl. S. 285)
Parkinformationen gibt es in St. Mary bzw. Apgar an den Zufahrten zur Going-to-the-Sun Road sowie am Logan Pass.

Glacier Park Lodge
East Glacier Park, MT 59434
Reservierung: ✆ 1-888-435-0214
www.glacierparkinc.com, Juni–Sept.
1913 erbautes Hotel mit prachtvoller Lobby am Südstrand des Parks. Mit vorzüglichem Restaurant; Lunch und Dinner ($$–$$$). $$$$

Many Glacier Hotel
Glacier N. P., MT 59434
✆ 1-800-299-0396, www.nationalparkcentral-reservations.com/hotel/many_glacier_hotel
Juni–Sept.
Prachthotel von 1913/14 im Schweizer Alpenstil in bester Lage am Talende von Many Glacier (208 Zimmer) mit gutem Restaurant. Von der Hotelbar bietet sich ein toller Blick über den Swiftcurrent Lake. $$$$

Swiftcurrent Motor Inn
Glacier N. P., MT 59434
✆ 1-800-299-0396
www.glaciernationalparklodges.com/lodging/swiftcurrent-motor-inn-cabins
Mitte Juni–Mitte Sept.
Ruhiges, nettes Motel im Talende von Many Glacier. Mit Restaurant. $$

Hi-Brownie's Hostel
1020 Hwy. 49, East Glacier Park, MT 59434
✆ (406) 226-4426
www.brownieshostel.com
Mai–Sept.
Montanas einzige Jugendherberge, östlich außerhalb des Glacier N. P. Zwei Schlafsäle, ein Familienzimmer und sieben andere Zimmer. Mit Bäckerei-Café, Restaurant und Laden. $

Many Glacier
Glacier N. P., MT 59434, Ende Mai–Sept.
Einziger Campingplatz im Many Glacier Valley. 110 schöne, große Stellplätze mitten im Wald.

Von Rangern geführte Aktivitäten
www.nps.gov/glac/planyourvisit
Für Erwachsene und Kinder: Wanderungen, Bootstouren, naturkundliche Programme, Musik, Kultur etc.

Glacier Park Boat Co.
Glacier N. P., MT 59434
✆ (406) 257-2426
www.glacierparkboats.com
Juni–Mitte Sept. tägl. 9, 11, 14, 16.30, Juli/Aug. auch 8.30, 13, 15 Uhr
Fahrpreis $ 27.50/0–13.75
1,5-stündige Bootstour ab Many Glacier Hotel über Swiftcurrent und Josephine Lakes, mit Umsteigen.

Native America Speaks
www.nps.gov/glac/planyourvisit/nas.htm
Besucher lernen Geschichte und Stammeskultur verschiedener Ureinwohner kennen, u. a. mit dem Blackfeet-Sänger und Liedermacher Jack Gladstone.

Weitere Infos zum Glacier N. P. finden Sie bei Tag 5 auf S. 256 f.

5 Auf der »Straße zur Sonne«
Die Going-to-the-Sun Road im Glacier National Park

Die Going-to-the-Sun Road im Glacier National Park

5. Tag: Many Glacier – St. Mary – Going-to-the-Sun Road – West Glacier (117 km/73 mi)

km/mi	Zeit	Route
0	8.00 Uhr	Abfahrt von **Many Glacier**,
19/12		in **Babb** Abzweigung nach rechts (Süden) auf US 89,
34/21		in **St. Mary** Abzweigung nach rechts (Westen) auf die **Going-to-the-Sun Road** in den **Glacier National Park** hinein.
63/39	9.30 Uhr	**Logan Pass**; **Hidden Lake Trail**
87/54	14.00 Uhr	**Trail of the Cedars Nature Trail**
96/60	15.00 Uhr	**Lake McDonald Lodge**, Kaffeepause.
114/71		**Apgar Village**.
117/73	17.00 Uhr	In **West Glacier** trifft die Going-to-the-Sun Road auf die US 2.

Anmerkung: Die Going-to-the-Sun Road ist für Motorhomes über 21 ft. Länge (einschließl. Stoßdämpfer) bzw. 8 ft. Breite (einschließl. Spiegel) gesperrt. Alternativ folgt man der US 2 um den südlichen Rand des Nationalparks von East Glacier Park nach West Glacier.

Panoramablick auf den Glacier National Park von der Going-to-the-Sun Road

5 Auf der »Straße zur Sonne«

Die Going-to-the-Sun Road windet sich auf 84 Kilometern durch die Berge

Heute steht eine der herrlichsten Hochgebirgsstraßen der Rocky Mountains auf dem Programm. Auf 84 Kilometern windet sich die **Going-to-the-Sun Road** vom **St. Mary Lake** 700 Meter hinauf zum **Logan Pass** und über 1000 Meter hinab ins Tal zum **Lake McDonald**. Mit engen Kurven und Tunnel war der obere Streckenabschnitt bei seiner Fertigstellung 1932 eine Meisterleistung der Straßenbautechnik.

Allein für die Fahrt über die Going-to-the-Sun Road reicht mit einigen Abstechern und Kurzwanderungen ein Tag gerade aus. Wer den Glacier National Park noch intensiver erleben möchte, der sollte hier noch einen Zusatztag einlegen. Wie alle Schönheit hat allerdings auch diese ihren Preis. Viel Verkehr und voll besetzte Parkplätze schon ab 10 Uhr morgens sind an schönen Hochsommertagen und insbesondere an Wochenenden die Regel.

Also machen wir uns früh auf den Weg – hinaus aus Many Glacier und dem Park, zurück nach St. Mary und wieder hinein in den Park. Am Eingang herrscht schon früh am Morgen Andrang, aber die Park Ranger verteilen freundlich die Parkbroschüren. Wenn die ersten Besucher an einem klaren Sommermorgen aus den Prärien ins Gebirge gelangen, erwartet Sie am **St. Mary Lake** am Fuße der Lewis Range das wunderschöne Motiv der fotogen rotgolden im Morgensonnenlicht erstrahlenden Berge. Trotz aller Beschaulichkeit müssen wir uns von diesem Anblick trennen. Schließlich ist das Panorama nur ein Vorgeschmack auf die Höhepunkte des Tages, wir verzichten auf eine Bootstour auf dem See und setzen unseren Weg fort.

Die Going-to-the-Sun Road im Glacier National Park

Hier im rauen Bergland teilt die Continental Divide Regen und Schmelzwasser zwischen Atlantik und Pazifik auf. Der Triple Divide Peak im Hintergrund ist ein Unikum, er teilt das Wasser gar dreimal, es fließt über den Missouri River in den Golf von Mexiko, über den Saskatchewan River in die Hudson Bay und über den Columbia River in den Pazifik.

An der hochalpinen Zone am **Logan Pass** liegt Schnee bis in den frühen Juli hinein, erst ab Mitte Juni öffnet der Pass, Mitte September schließt er schon wieder. Nicht nur wegen seiner 2025 Meter über dem Meeresspiegel ist der Logan Pass ein Höhepunkt, auch die Bergszenerie ringsherum wirkt schier atemberaubend. Einige wunderschöne, einfache Wanderungen abseits der Straße bringen den Besucher schnell in wilde Gefilde.

Hinter dem Logan Pass Visitor Center beginnt der erste Teil unseres Minimalprogramms. Auf dem äußerst populären **Hidden Lake Trail** zieht sich an Hochsommertagen der Wandererstrom wie eine Ameisenstraße dahin. In den deutlich ruhigeren Vormittagsstunden treffen wir auf eine Gruppe von Bergziegen, von denen uns zwei, zwischen Neugier und Furcht schwankend, meckernd ein Stück des Weges begleiten, sehr zur Verblüffung entgegenkommender Wanderer.

Der nur viereinhalb Kilometer lange Trail führt zunächst über *boardwalks*, etwas erhöhte Holzplankenstege, durch die **Hanging Gardens** oberhalb der Baumgrenze. Bis zum August stehen diese alpinen Wildblumenwiesen in voller Blüte. Anschließend erreicht der Trail allmählich die Passhöhe, ehe es auf der anderen Seite der Continental Divide ein kurzes Stückchen hinabgeht, wo man aus großer Höhe den halbmondförmigen Hidden Lake überblickt.

Zur Freude der Wanderer besitzt Glacier – ganz ungewöhnlich für amerikanische Nationalparks – zwei bewirtschaftete Schutzhütten im völlig unerschlossenen Hinterland. Der relativ ebene **Highline Trail** zum **Granite Park Chalet** beginnt am Logan Pass Visitor Center und lohnt sich auch für ein kurzes Teilstück. Das Wegprofil verzeichnet bei einer Länge von zwölf Kilometern kaum 100 Meter Höhenunterschied. Die

Hidden Lake Trail im Glacier National Park ist hin und zurück knapp 9 Kilometer lang

5 Auf der »Straße zur Sonne«

Strecke führt von Anfang an durch herrliche Blumenwiesen und entlang der Garden Wall mit Traumausblicken auf das unten liegende McDonald Valley. In der Tiefe erkennt man auch den Verlauf der Going-to-the-Sun Road. Der fünfeinhalb Kilometer lange **Loop Trail**, ein Alternativaufstieg zum Granite Park Chalet, beginnt acht Kilometer westlich des Logan Pass Visitor Center vom Loop Parking Lot an einer Spitzkehre der Going-to-the-Sun Road. Doch hier heißt es einen vergleichsweise mühsamen Serpentinenweg mit knapp 700 Meter Höhenunterschied zu überwinden.

Der zweite Weg unseres minimalen Wanderprogramms ist der nur einen halben Kilometer lange **Trail of the Cedars**,

Baumgrenze endet die Wanderung an der prachtvollen Kulisse des **Avalanche Lake**. Fünf schmale Wasserfälle stürzen sich vom Bergkessel aus 300 Meter tief in den See.

16 Kilometer lang folgt die Going-to-the-Sun Road dem Südufer des **Lake McDonald**. Eingerahmt von bewaldeten Bergen der Howe und Snyder Ridges, zählt der größte See des Parks seit Anbeginn des Tourismus zu den bedeutenden Zielen.

Die an seinem Nordende gelegene **Lake McDonald Lodge** bietet sich ideal für eine stilvolle Lunchpause in herrlicher Umgebung und zudem als Ausgangspunkt für Bootsfahrten und Ausritte an. Wanderrouten führen nach zehn Kilome-

Bergziegen in den Hochlagen des Glacier N.P.

nördlich des Avalanche Campground. Der Holzplankenweg führt durch einen sehr alten, üppigen Wald zur Schlucht des Avalanche Creek, wo dieser aus dem rötlichen Gestein zahlreiche Strudellöcher ausgewaschen hat. Hier dringt kaum ein Sonnenstrahl durch das dichte Blätterdach.

Bei ein wenig mehr Zeit bietet sich die drei Kilometer lange Kombination aus Trail of the Cedars und **Avalanche Creek Trail** an. Knapp unterhalb der

Die Going-to-the-Sun Road im Glacier National Park

tern zum bewirtschafteten **Sperry Chalet** oder nach knapp neun Kilometern zum Mount Brown Lookout, dem Aussichtsturm in luftiger Höhe am **Mount Brown** mit bestem Panorama über Wälder und Seen.

Am südlichen Seezipfel erreichen wir das **Apgar Village**, das mit Geschäften, Parkinformation, Hotels, Restaurants, Bootsverleih und Reitstall quasi das »Versorgungszentrum« innerhalb des Parks bildet. Unmittelbar außerhalb der Parkgrenzen gibt es in **West Glacier** alles, was man im Nationalpark überhaupt nicht vermisst hat, aber woran bunte Reklame erinnert, wie z. B. Hubschrauberflüge über die kontinentale Wasserscheide zwischen Pazifik und Atlantik.

Für **Wildwasserschlauchbootfahrten** ist West Glacier der beste Ausgangspunkt. Wer noch einen Extratag investieren möchte, kann sich mit Gummiuntersatz auf die ungebändigten Stromschnellen des Flathead River begeben. Der populärste Rafting-Fluss Montanas markiert die natürliche Westgrenze des Nationalparks. Die zahlreichen Veranstalter bieten eine große Auswahl von Kurz- bis Mehrtagestrips. Schlechtes Wetter – das ist ein Vorteil – stört beim Whitewater Rafting kaum, weil man, eingepackt in wasserdichte, wetterfeste Anzüge, in den Stromschnellen ohnehin von den Wassermassen »erwischt« wird. Nur die Lunchpause ist bei Sonnenschein einfach schöner.

Naturschönheit: der Lake McDonald im Glacier National Park

5 Service & Tipps

Glacier Park Shuttle System
Glacier N.P., MT 59434
www.nps.gov/glac/planyourvisit/shuttles.htm
Juli–Anfang Sept. tägl. 7–20 Uhr alle 15–30 Min., kostenfrei
Pendelbusse entlang der Going-to-the-Sun Road zwischen Apgar Visitor Center und St. Mary Visitor Center.

Red Bus Tours
Glacier Park Inc., Glacier N.P., MT 59434
© (303) 265-7010 und 1-855-733-4522
www.glaciernationalparklodges.com/red-bus-tours
Alternative für Wohnmobilfahrer: Kommentierte Touren auf der Going-to-the-Sun Road in den 1936–39 erbauten, leuchtend roten Bussen mit offenem Verdeck. Sie dienen auch als Pendelbusse für Wanderer. z.B. East Side Crown of the Continent Tour ab Many Glacier Hotel 6–8 Std. $ 94/0–47.

Prince of Wales Hotel
Glacier N.P., MT 59936
© 1-888-435-0214
www.glacierparkinc.com
Traditionsreiches Parkhotel in traumhafter Lage oberhalb der Waterton Lakes und des Städtchens. 86 Zimmer. $$$$

St. Mary Campground
106 Going-to-the-Sun Rd.
Glacier N.P., MT 59434
© (518) 885-3639 und 1-877-444-6777
www.recreation.gov, Ende Mai–Sept.
146 Stellplätze, unmittelbar hinter dem östlichen Parkeingang an der Going-to-the-Sun Road gelegen, im warmen, flachen Ostteil des Parks.

Rising Sun Motor Inn
Glacier N.P., MT 59434
Reservierung: © 1-800-299-0396
www.glaciernationalparklodges.com/lodging/rising-sun-motor-inn-cabins
Mitte Juni–Mitte Sept.
Motel nördlich des St. Mary Lake. 72 Zimmer. $$$$

Rising Sun Campground
Glacier N.P., MT 59434
Anfang Juni–Anfang Sept.
83 Stellplätze nördlich des St. Mary Lake.

Glacier Park Boat Co.
Glacier N.P., MT 59434
© (406) 257-2426, www.glacierparkboats.com
Ende Juni–Anfang Sept. 10, 12, 14, 16 und 18.30 Uhr, Fahrpreis $ 27.50/0–13.75
Eineinhalbstündige Bootstour auf dem St. Mary Lake.
Ende Mai–Mitte Sept. 11, 13.30, 15, 17.30 und 19 Uhr, Fahrpreis $ 18.25/0–9.85
Einstündige Bootstour auf dem Lake McDonald. Reservierungen empfohlen.

Granite Park Chalet
Glacier N.P., MT 59936
© 1-888-345-2649
www.graniteparkchalet.com
Ende Juni–Mitte Sept.
1914 erbaute alpine Berghütte. Zugang nur zu Fuß über Highline Trail bzw. Loop Trail. $$$$

Avalanche Campground
Glacier N.P., MT 59936
Mitte Juni–Mitte Sept.
87 Stellplätze an der Going-to-the-Sun Road westlich des Logan Pass.

Fish Creek Campground
Glacier N.P., MT 59936
© (518) 885-3639 und 1-877-444-6777
www.recreation.gov, Juni–Anfang Sept.
178 Stellplätze am Nordwestende des Lake McDonald.

Lake McDonald Lodge
Glacier N.P., MT 59936
Reservierung: © 1-800-299-0396
www.glaciernationalparklodges.com/lodging/lake-mcdonald-lodge, Mitte Mai–Ende Sept.
1913 erbautes Prachthotel am Lake McDonald. Im Haus mehrere Restaurants und Lounges mit Seeblick. 100 Zimmer. $$$$

Sperry Chalet
Glacier N.P., MT 59936
© 1-888-345-2649, www.sperrychalet.com

Die Going-to-the-Sun Road im Glacier National Park

Grandhotel mit Seeblick: Prince of Wales Hotel von 1927

Anfang Juli–Anfang Sept.
1913 erbaute, nur zu Fuß erreichbare alpine Berghütte, 10 km langer Zugang ab Lake McDonald Lodge. 17 Zimmer, Übernachtung mit Vollverpflegung. $$$$

▣ Sprague Creek Campground
Glacier N.P., MT 59936
Anfang Mai–Mitte Sept.
25 Stellplätze am Südufer des Lake McDonald.

West Glacier

▣ Apgar Village Lodge & Cabins
West Glacier, MT 59936
Reservierung: ✆ 1-888-435-0214
www.glacierparkinc.com
Mitte Mai–Ende Sept.
Kleines Hotel mit 20 Motelzimmern und 28 Blockhütten am westlichen Parkeingang im Apgar Village am Lake McDonald. $$–$$$$

▣ Apgar Campground
Glacier N.P., MT 59936
Ende April–Anfang Okt.
194 Stellplätze am Westeingang des Parks im Apgar Village.

▣ West Glacier KOA
355 Half Moon Flats Rd., West Glacier, MT 59936
✆ (406) 387-5341 und 1-800-562-3313
www.koa.com, Mai–Sept.
Großer, schöner Platz im Wald. Für Zelte und Wohnmobile. Frühstück, Barbecue.

⊠ Eddie's Café
1 Fish Creek Rd., West Glacier, MT 59936
✆ (406) 888-5361, www.eddiescafegifts.com
Ende Mai–Anfang Sept. tägl. 7–17 Uhr
Restaurant im Apgar Village. $

⊠ Glacier Outdoor Center
West Glacier, MT 59936
✆ (406) 888-5454 und 1-800-235-6781
www.glacierraftco.com
Wildwasserschlauchbootfahrten auf dem Flathead River; $ 57 halber, $ 96 ganzer Tag.

⊠ Glacier Guides/Montana Raft Company
11970 Hwy. 2 E., West Glacier, MT 59936
✆ (406) 387-5555 und 1-800-521-7238
www.glacierguides.com
Wildwasserschlauchbootfahrten auf dem Flathead River; $ 59 halber Tag, $ 97 ganzer Tag.

6 Von Bisons und Rauchspringern
Vom Glacier National Park ins Bitterroot Valley

6. Tag: West Glacier – National Bison Range – Missoula – Hamilton (339 km/211 mi)

km/mi	Zeit	Route
0	9.00 Uhr	**West Glacier**, US 2 nach Westen, links (nach Süden) abzweigen auf den Hwy. 206, an der Einmündung des Hwy. 35 geradeaus weiter auf dem Hwy. 35 entlang dem **Flathead Lake** nach Süden,
114/ 71	9.30 Uhr	bei **Polson** links (nach Süden) auf die US 93, nach rechts (Westen) auf den Hwy. 212 abzweigen und auf diesem bis
158/ 98	11.00 Uhr	**Moiese**. Rundfahrt durch die **National Bison Range**.
188/117	14.00 Uhr	Auf dem Hwy. 212 weiter nach Süden, links (nach Osten) auf den Hwy. 200, rechts (nach Süden) auf die US 93, über die I-90 hinweg und weiter US 93 nach Osten Richtung Missoula.
254/158	15.00 Uhr	**Smokejumpers Base Aerial Fire Depot**. Weiter US 93 nach
264/164	16.30 Uhr	**Missoula,** Besuch des **Historical Museum at Fort Missoula**. Weiter auf US 93 bis
339/211	18.00 Uhr	**Hamilton**.

Auch wenn Streifenhörnchen noch so niedlich sind: Bitte nicht füttern!

Nach einer dreiviertelstündigen Fahrt ab West Glacier erreichen wir bereits den **Flathead Lake**, den mit 43 Kilometer Länge und 24 Kilometer Breite größten natürlichen Süßwassersee im Westen der USA. An seinem von bewaldeten Bergen begrenzten Ostufer weisen unzählige Sommerhäuser und Obstplantagen auf das weitgehend milde Klima der Region hin.

Auf halber Höhe des Flathead Lake nach Süden beginnt die **Flathead Indian Reservation**. In der bereits 1855 etablierten Reservation leben 5000 Angehörige der Salish, Kootenai und Pend d'Oreilles, das entspricht rund der Hälfte der unter

Vom Glacier National Park ins Bitterroot Valley

den Confederated Salish & Kootenai Tribes registrierten Stammesmitglieder.

Im Süden der Reservation erreichen wir die bereits 1908 angelegte, 75 Quadratkilometer große **National Bison Range**. In diesem hügeligen, naturnah verbliebenen und überwiegend mit braungelbem Präriegras bewachsenen Areal am Fuße der Mission Range teilen sich 350 bis 500 Bisons, Wapitihirsche, Bergschafe und andere Tierarten die verschiedenen ökologischen Nischen. Neben der recht trockenen Prärie sind dies vor allem kleine Feuchtgebiete, die Flussufer und der Bergwald.

Im Visitor Center zu Beginn der geschotterten Rundstrecke durch den Park gehen immer wieder aktuelle Meldungen ein, an welcher Stelle die Bisons zuletzt gesichtet worden sind, insbesondere vormittags und nachmittags lassen sich die mächtigen Tiere gut erspähen. Während der warmen Mittagsstunden halten sie manchmal hinter Hügeln oder in einem Waldstück ihre Siesta.

Der 30 Kilometer lange **Red Sleep Mountain Drive** kann auch mit kleineren Wohnmobilen problemlos befahren werden. Die stellenweise enge Einbahnstraße zieht sich im attraktiven Mittelteil kurvenreich bergauf und bergab und gibt an zahlreichen Aussichtspunkten Gelegenheit, den Blick über die Umgebung schweifen zu lassen. Oft sind im Gras ruhende Bisons von weiter oben gut auszumachen, aus Sicherheitsgründen sollte man sie aber nur aus dem Auto heraus beobachten.

Unterwegs lohnt ein Zwischenstopp auf der Passhöhe, wo der 500 Meter lange High Point Trail dem Bergrücken ein Stückchen aufwärts bis zum höchsten Punkt im Park folgt. Zum Abschluss der Rundfahrt gibt es ein schönes Picknickplätzchen auf einer nach all dem dürren, goldbraunen Präriegras überra-

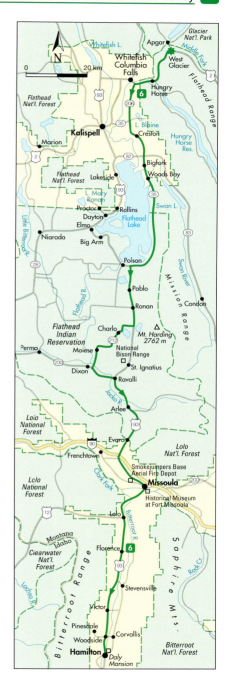

6 Von Bisons und Rauchspringern

schend grünen Wiese an den Mäandern des Mission Creek.

Schnell sind wir von der National Bison Range in dem 72 400 Einwohner zählenden **Missoula**. Die von tiefen Bergwäldern und fünf Tälern umgebene größte Stadt im westlichen Montana lebt von der Holzverarbeitung und Forstwirtschaft. Passend befinden sich hier eine Hauptverwaltung des US Forest Service und eine Forschungseinrichtung, die sich mit Entstehung und Prävention von Waldbränden beschäftigt. Hier ist »Smokey Bear« (vgl. Foto S. 262) zu Hause, das jedem Amerikaner seit seiner Kindheit bestens vertraute Symbol des Forest Service. Der berühmte Bär mit dem Rangerhut mahnt an vielen Straßenrändern zum vorsichtigen Umgang mit Feuer im Wald.

Dazu passt, dass das **Smokejumpers Base Aerial Fire Depot** in der Stadt beheimatet ist. Als Spezialeinheit zur Waldbrandbekämpfung werden die *smokejumpers* in wagemutigen Einsätzen aus der Luft in der Nähe der Brandherde abgesetzt, um von dort aus innerhalb kürzester Zeit erste Löschaktionen anzukurbeln. Angestellte der »Rauchspringer« geben Führungen durch ihr Trainingszentrum. Von den verheerenden Waldbränden, die im Sommer 2000 im gesamten Westen der USA tobten, war Montana besonders betroffen, wo

Saftiges Frühjahrsgras: weidende Rinder vor der Silhouette der Bitterroot Mountains

Vom Glacier National Park ins Bitterroot Valley

mindestens 120 000 Hektar Wald zerstört wurden.

Auf dem Höhepunkt der Konflikte mit den Nez Percé wurde 1877 das **Fort Missoula** errichtet. Von hier aus testete 1896 das Twentyfifth Infantry Bicycle Corps die militärische Verwendungsmöglichkeit von Fahrrädern u. a. auf einem 3000-Kilometer-Trip nach Saint Louis. Nach dem erfolglosen Unterfangen wurde doch wieder auf die zuverlässigen Pferde zurückgegriffen. Heute stehen nur noch 13 mehr oder weniger restaurierte Gebäude des ursprünglichen Forts, wo Ausstellungen des **Historical Museum** über die Holzindustrie und die frühe Besiedlung der Region

Daly Mansion in Hamilton

im 19. Jahrhundert berichten. Von Missoula aus folgt die US 93 dem flachen, breiten **Bitterroot Valley**, das im Westen von der einsamen Bergwildnis der Bitterroot Mountains begleitet wird. Der südliche Teil ist heute locker besiedelt, ganz im Gegensatz zum Jahre 1877, als dort kaum jemand wohnte und die Nez Percé unter Häuptling Chief Joseph während ihrer Flucht vor der US-Armee das gesamte Tal bis zu den Passhöhen entlangzogen. Rund 750 Native Americans, darunter 250 Krieger, konnten ihre Verfolger durch Gewaltmärsche und taktisch kluge Kämpfe immer wieder abschütteln und wurden erst nach fast 1800 Kilometern und vier Monaten Flucht kurz vor der rettenden kanadischen Grenze gestoppt.

Danach kehrte in dem abgeschiedenen Tal wieder Ruhe ein, dem erst Marcus Daly ein anderes Gepräge gab. Der unumschränkte Kupferkönig von Montana (vgl. Butte, Tag 1 auf S. 226) und Besitzer der Anaconda Company gründete im Jahr 1890 **Hamilton**. Als sichtbares Zeichen seines Reichtums hatte er dort das »Riverside House«, ein weiteres seiner eleganten Anwesen, erbaut. In der Folgezeit hat sich Hamilton zum letzten größeren Ort im Tal entwickelt. Dalys 42-Zimmer-Villa steht inzwischen als **Daly Mansion** Besuchern zur Besichtigung offen.

6 Service & Tipps

⛰ National Bison Range
38355 Bison Range Rd., Moiese, MT 59824
℗ (406) 644-2211
www.fws.gov/refuge/National_Bison_Range
Rundfahrt tägl. 6.30 Uhr bis zur Dämmerung, Visitor Center Mai–Mitte Okt. tägl. 9–17 Uhr, Eintritt $ 5
30 km lange Rundfahrt durch ein naturbelassenes, hügeliges Prärieareal mit knapp 500 Bisons, auch Wapitihirsche, Dickhornschafe und Antilopen. Die enge Parkstraße ist mit kleineren Wohnmobilen befahrbar, nachts ist die Straße gesperrt.

Missoula

ℹ Missoula Convention & Visitors Bureau
101 E. Main St., Missoula, MT 59801
℗ 1-800-526-3465
www.destinationmissoula.org

🛏 Best Western Grant Creek Inn
5280 Grant Creek Rd., Missoula, MT 59808

»Smokey Bear« erinnert die Menschen an den aufmerksamen Umgang mit Feuer im Wald

℗ (406) 543-0700 und 1-800-780-7234
www.bestwestern.com
Großzügiges und gut ausgestattetes Hotel nahe der I-90 am nördlichen Stadtrand. 126 Zimmer. $$$$

🚐⛰ Missoula KOA
3450 Tina Ave., Missoula, MT 59808
℗ (406) 549-0881 und 1-800-562-5366
www.koa.com, ganzjährig geöffnet
Freundlicher Campground mit schattigen Stellplätzen. Streichelzoo mit Lamas etc. $

🏛 Historical Museum at Fort Missoula
3400 Captain Rawn Way, Missoula, MT 59804
℗ (406) 728-3476
www.fortmissoulamuseum.org
Ende Mai–Anfang Sept. Mo–Sa 10–17, So 12–17, sonst Di–So 12–17 Uhr, Eintritt $ 4/0–2
Neues Geschichtsmuseum von Missoula.

ⓘ Smokejumper Visitor Center
5765 W. Broadway, 11 km westl. von Missoula am Johnson-Bell Airport, Missoula, MT 59808
℗ (406) 329-4934
www.fs.fed.us/fire/people/smokejumpers/missoula, Ende Mai–Anfang Sept. tägl. 8.30–17 Uhr, Führungen 10, 11, 14, 15 und 16 Uhr
Eintritt frei
Besucherzentrum des Smokejumpers Base Aerial Fire Depot mit Trainingszentrum der »Rauchspringer«, einer aus Flugzeugen operierenden Spezialeinheit der Waldbrandbekämpfer des National Forest Service.

✕🛏 Muralt's Café at Travel Plaza
8700 Truck Stop Rd., I-90, Ausfahrt 96
Missoula, MT 59808
℗ (406) 721-2542, www.muralts.com
Familienrestaurant, Werkstatt, Pannenservice, Truck-Stop. Günstige Preise, große Portionen. 24 Stunden geöffnet. Mit Motel. $

🍺 Bayern Brewing
1507 Montana St., Missoula, MT 59801
℗ (406) 721-1482, www.bayernbrewery.com
Seit 1987 braut die deutsche Brauerei im Herzen der Rockies sechs verschiedene Sorten Bier nach dem Reinheitsgebot. Proben im Verkaufsraum (tägl. 12–20 Uhr). Führungen nach Vereinbarung. Biergarten. $–$$

Vom Glacier National Park ins Bitterroot Valley

Wapitihirsche werfen einmal im Jahr ihr Geweih ab, in der National Bison Range werden diese gesammelt und kunstvoll drapiert

Hamilton

ⓘ Bitterroot Valley Chamber of Commerce
105 E. Main St.
Hamilton, MT 59840
✆ (406) 363-2400
www.bitterrootchamber.com

⌂ Harlan Cabin
556 Foley Lane SE, Hamilton, MT 59840
✆ (406) 363-6265
www.harlancabin.com
Blockhütte im Bitterroot Valley. Ausgestattet mit Wohn- und Eßzimmer, Küche, Schlafzimmer, Bad, Waschmaschine und Trockner sowie Terrasse. $$$$

⌂✕ Bitterroot River Inn
139 Bitterroot Plaza Dr.
Hamilton, MT 59840
✆ (406) 375-2525 und 1-877-274-8274
www.bitterrootriverinn.com
Modernes, komfortables Hotel mit 65 Zimmern am Bitterroot River. $$$

⌂ Town House Inn Hamilton
1113 N. 1st St.
Hamilton, MT 59840
✆ (406) 363-6600 und 1-800-442-4667
www.townhouseinnhamilton.com
Motel mit 64 Zimmern. Mit kontinentalem Frühstück. $$–$$$

◉ Daly Mansion
251 Eastside Hwy., Hamilton, MT 59840
✆ (406) 363-6004
www.dalymansion.org
Führungen Mitte Mai–Anfang Okt. tägl. 10–16 Uhr, Eintritt $ 9/0–6
Elegante Villa des Kupfermagnaten Marcus Daly. Einrichtung mit vielen Originalmöbeln und sieben offenen Marmorkaminen.

❉ Ravalli County Fair
100 Old Corvallis Rd., Hamilton, MT 59840
✆ (406) 363-3411
www.ravalli.us/200/Fairgrounds
4 Tage Anfang Sept.
Viehschauen und Wettbewerbe, deftiges Essen, Kunst und Kunsthandwerk, Pflanzenschauen etc., alles gespickt mit Musik und Entertainment.

⛺ Spring Gulch Campground
7338 US 93, 8 km nördl. von Sula
Sula, MT 59871
✆ 1-877-444-6777, www.recreation.gov
Juli–Anfang Sept.
Campground mit 10 Stellplätzen am Bitterroot River im Bitterroot National Forest. $

7 Salmon River Scenic Byway

Auf dem »Lachsfluss« durch Idaho

7. Tag: Hamilton – Custer – Stanley (365 km/227 mi)

km/mi	Zeit	Route
0	9.00 Uhr	**Hamilton**, US 93 nach Süden
71/44	10.00 Uhr	**Lost Trail Pass** (Grenze zu Idaho, 2138 m), weiter auf **Salmon River Scenic Byway** (US 93) und
146/91	11.30 Uhr	Lunch in **Salmon**. Auf US 93 nach
243/151	14.00 Uhr	**Challis, Land of the Yankee Fork Historic Area Visitor Center**. Dort rechts abbiegen auf SR 75
312/194	15.30 Uhr	und weiter bis **Sunbeam**. Rechts Abstecher auf die Custer Motorway nach
328/204	16.00 Uhr	**Custer**. Von dort zurück nach Sunbeam und rechts ab auf SR 75
365/227	17.30 Uhr	nach **Stanley**.

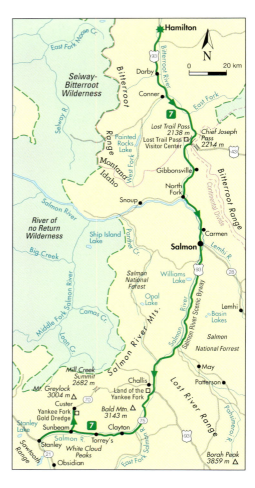

Die heutige Tagesetappe gehört zu den schönsten Routen durch Idaho – und zugleich zu den ruhigsten. Außer Salmon, mit rund 3100 Einwohnern der größte Ort unterwegs, und dem schon deutlich kleineren Challis gibt es bis Stanley nur wenige Ansiedlungen.

Ab **Hamilton** trägt uns die ruhige US 93 südwärts durch das Tal des Bitterroot River, ehe die letzten Kilometer in Montana in lang gezogenen Serpentinen bis zum Lost Trail Pass an der Grenze zu Idaho emporsteigen. Werfen wir noch einmal einen Blick zurück auf die frisch grünen, üppigen Wälder und Wiesen im **Bitterroot Valley**. Auch die Nez Percé unter Chief Joseph schauten bei ihrer Flucht 1877 zurück, aber den US-Soldaten waren sie enteilt. Auf ihrem Weiterweg wendeten sie sich nach Osten Richtung Yellowstone über den heute Chief Joseph Pass genannten Gebirgsübergang am Highway 43. Wir hingegen treffen südwärts nach einer kurvigen Abfahrt im Örtchen **North Fork** auf den **Salmon River**, der hier nach Westen in die völlig unerschlossene Einsamkeit mit dem vielsagenden Namen »Frank Church – River of No Return Wilderness« abzweigt.

»River of No Return«, »Fluss ohne Wiederkehr«, wird der Salmon River wegen seiner vielen ungezähmten Passagen genannt. Der »Lachsfluss« gehört zu den großartigsten Wildwasserflüssen der USA. Mit insgesamt 675 Kilometern ungehindertem Stromverlauf zählt er zu den längsten natürlichen Flüssen des Landes. Als beste Rafting-Tour Idahos gilt der 155 Kilometer lange Middle Fork des Salmon River mit beinahe kontinuierlichen Stromschnellen. Diesem steht auch der 127 Kilometer lange Trip auf dem Main Salmon River, dem Hauptfluss, kaum nach.

Beliebter Ausgangspunkt für Wildwassertrips ist die Kleinstadt **Salmon** an der Einmündung des Lemhi River in den Salmon River. Wo die US-Captains Meriwether Lewis und William Clark auf ihrer Expedition zum Pazifik 1805 entlangzogen, war knapp 60 Jahre später nach Goldfunden eine kleine Stadt entstanden. Wunderbar illustriert und greifbar vor Augen geführt wird dem Besucher des Wilden Westens dieser Teil der Geschichte im modernen Park und Museum des **Sacajawea Center**. Anschließend

Der Salmon River gehört zu den besten Wildwasserflüssen der USA

7 Salmon River Scenic Byway

Die Stadt Salmon ist Ausgangspunkt für Wanderungen in der Sawtooth Wilderness, etwa zur Formation Elephant's Perch

folgen wir dem Lauf des »Lachsflusses« flussaufwärts bis zu unserem heutigen Etappenziel Stanley.

Der Salmon River Scenic Byway, wie die US 93 hier heißt, trägt den Namen zu Recht, denn sein Verlauf ist ausgesprochen reizvoll. Je weiter man nach Süden kommt, desto karger wird die Vegetation. Im Hochsommer sind die steinigen Hänge teilweise so ausgedörrt, dass man sich fast in die Wüstenkulisse eines Wildwestfilms versetzt fühlt. Straße und Fluss teilen sich den nur gelegentlich durch Ranches und Viehweiden unterbrochenen Talgrund.

Das knapp 1100 Einwohner zählende **Challis** ist eine Art Verkehrsknotenpunkt zweier wichtiger Highways. Kurz vor dem Abzweig der SR 75 befindet sich an der US 93 das **Land of the Yankee Fork Historic Area Visitor Center**. Das moderne Informationszentrum mit dem klangvollen Namen erweist sich auch als attraktives Museum mit Diaschau, Dioramen und historischen Fotografien zur Geschichte der Minen und Geisterstädte der Region und zum gut sichtbaren **Challis Earthquake Fault**. Der 1983 in einem der schwersten Erdbeben der Region entstandene 34 Kilometer lange Bruchgraben verläuft an der Westseite der Lost River Range vorbei direkt unterhalb des Borah Peak (3859 m), des höchsten Gipfels Idahos (56 km südöstlich von Challis, über US 93).

Das Visitor Center gilt als offizieller Startpunkt des **Custer Motorway** (FR 70), einer der höchsten Passstraßen Idahos und attraktive Parallelroute zum asphaltierten Highway 75 von Challis nach Sunbeam. Die für große Wohnmobile ungeeignete, kurvenreiche Schotterroute

Auf dem Lachsfluss durch Idaho

längs von Mill Creek und Yankee Fork Rivers wurde zur Goldrauschzeit Ende der 1870er/Anfang der 1880er als Mautstraße angelegt. 56 Kilometer lang führt der Custer Motorway durch Waldgebiete mit verfallenen Minen, Geisterstädten und historischen Postkutschenstationen. Auf dem knapp 2700 Meter hoch gelegenen Mill Creek Summit stehen noch immer die Relikte der »Tollgate Station« am Wegesrand. Auf der Passhöhe mussten die Straßenbenutzer einst Maut zahlen –, heute ist die beeindruckende Straße umsonst zu befahren. Alles was sie kostet, ist etwas Zeit.

Wer den Mill Creek Summit nicht erkunden möchte, sollte sich vom anderen Ende des Custer Motorway – von **Sunbeam** aus – unbedingt das 16 Kilometer lange, gut befahrbare Teilstück bis Custer ansehen. Als Erstes statten wir dort dem 1940 erbauten **Yankee Fork Gold Dredge** einen Besuch ab. Der riesige Goldbagger schaufelte noch bis 1952 goldhaltigen Boden aus der Umgebung. Eine solche Maschine rüttelte das Gemisch aus Gestein und Erdreich solange durch, bis nur noch kleine *flakes* oder hin und wieder sogar größere Nuggets übrig blieben.

Wir passieren Bonanza – von dem Ort existieren nur noch die Friedhöfe – und machen einen Spaziergang durch das noch relativ gut erhaltene Nachbargeisterstädtchen **Custer** mit seinen seit 1910 leer stehenden, wind- und wettergegerbten Blockhütten. Die historische Umgebung versetzt Besucher umgehend in die aufregende Goldrauschzeit des ausgehenden 19. Jahrhunderts. Mit authentischen Goldwaschpfannen kann man hier stilecht und in mühsamer Kleinarbeit – aber im Gegensatz zu den alten Goldsuchern unter fachkundiger Anleitung – versuchen, winzige Flakes aus der Erde herauszuspülen.

Nur rund 60 Einwohner zählt das im rustikalen Blockhausstil gehaltene **Stanley**, ein hübsches Örtchen und Mittelpunkt der immensen Berg- und Waldwildnis der **Sawtooth Mountains** mit ihren exzellenten Wanderwegen, Wildwasserflüssen und Campingplätzen. Ein acht Kilometer langer Abstecher führt auf dem Ponderosa Pine Scenic Byway, wie die Straße SR 21 blumig genannt wird, von Stanley zum malerischen Stanley Lake. Mit seinen flachen Buchten eignet er sich sehr gut zum Schwimmen, und seine offenen Wasserflächen sind ein beliebtes Segelrevier.

Stanley hat zahlreiche Wildwasseranbieter; das wichtigste Revier ist auch hier vor allem der Middle Fork Salmon River. Aber zum Kennenlernen reicht ein Halbtagestrip von Sunbeam bis Torrey's auf dem Salmon River östlich von Stanley – eine Supertour für Familien.

Um Stanley gibt es exzellente Wanderwege

7 Service & Tipps

Salmon

ℹ Salmon Valley Chamber of Commerce
200 Main St., Salmon, ID 83467
✆ (208) 756-2100
www.salmonidaho.com

ℹ Salmon-Challis National Forest Headquarters
1206 S. Challis St., Salmon, ID 83467
✆ (208) 756-5100
www.fs.usda.gov/scnf

Sacajawea Center
200 Main St., Salmon, ID 83467
✆ (208) 756-1188
www.sacajaweacenter.org
Mai–Sept. Sa 9–17, So 12.30–17 Uhr
Eintritt $ 5
Park, Museum und Forschungseinrichtung zur Kultur und Geschichte von Sacajewea und dem Stamm der Agai'dika sowie der Lewis and Clark Expedition.

Bertram's Salmon Valley Brewery
101 S. Andrews St., Salmon, ID 83467
✆ (208) 756-3391
www.bertramsbrewery.com
Mo–Do 11–21, Fr 11–22, Sa 8–23, So 8–22 Uhr
Hausbrauerei mit Pub und Restaurant in historischem Ambiente von 1898. $$

Idaho Adventures
30 Courthouse Dr., Salmon, ID 83467
✆ (208) 756-2986
www.idahoadventures.com
Tagestour $ 108.50/98
Wildwasserfahrten auf dem Salmon River.

Challis und Custer

ℹ Land of the Yankee Fork Historic Area Visitor Center
Einmündung Hwy. 75/93
24424 Hwy. 75, Challis, ID 83226
✆ (208) 879-5244
http://parksandrecreation.idaho.gov/parks/land-yankee-fork

Ende Mai–Anfang Sept. tägl. 9–17, sonst Mo–Fr 9–17 Uhr, Eintritt $ 2
Modernes regionales Informationszentrum mit 18-minütiger Diashow.

Custer Museum
Custer Motorway, Custer City
Ende Mai–Anfang Sept. tägl. 10–16.30 Uhr
Kleines Museum zur lokalen Bergwerksgeschichte, Goldwaschen unter Anleitung.

Yankee Fork Gold Dredge
Custer Motorway
✆ (208) 838-2529
www.yankeeforkdredge.com
Ende Mai–Anfang Sept. tägl. 10–16.30 Uhr
Eintritt $ 5/0–1
34 m langer Goldbagger aus der Mitte des 20. Jh.

Stanley

ℹ Stanley – Sawtooth Chamber of Commerce
SR 21, Stanley Community Center
Stanley, ID 83278
✆ (208) 774-3411 und 1-800-878-7950
www.stanleycc.org
Umfangreiche Informationen über Anbieter von Wildwassertouren, Ausritten, Wander- und Klettertouren.

ℹ Stanley Ranger Station
SR 75 S., Stanley, ID 83278
✆ (208) 774-3000
www.idahoforests.org/foresthq.htm
Infos zur Sawtooth National Recreation Area.

Diamond D Ranch
1 Loon Creek Rd., Stanley, ID 83278
✆ (208) 861-9206
www.diamonddranch-idaho.com
Komfortabler Ranchurlaub. Reiten, Angeln, Goldwaschen und andere Aktivitäten. $$$$

Mountain Village Resort
SR 75/SR 21, Stanley, ID 83278
✆ (208) 774-3661 und 1-800-843-5475
www.mountainvillage.com
Hotel mit 63 Zimmern, darunter viele mit Blick auf die Berge. Außerdem Wohnmobil-Stellplätze. Gemütliches Blockhaus-Restaurant mit

Saloon. Frühstück, Lunch und Dinner. Hotel $$$–$$$$, Restaurant $$–$$$

Lower Stanley Country Store, Cabins & Motel
SR 75, Stanley, ID 83278
✆ (208) 774-3566
www.lowerstanley.com
16 Cabins und 6-Zimmer-Motel in Lower Stanley am Salmon River mit Blick auf die Sawtooth Mountains. Dazu gehört ein rustikaler Gemischtwarenladen. $$

Sawtooth Hotel
755 Ace of Diamonds St., Stanley, ID 83278
✆ (250) 721-2459
www.sawtoothhotel.com
1931 erbautes, kleines Hotel im Blockhausstil in Downtown. Regelmäßig Livemusik. $$

Glacier View Campground
Sawtooth N.R.A., Redfish Lake Rd.
Stanley, ID 83278
✆ 1-877-444-6777, www.recreation.gov
Ende Mai–Mitte Sept.
63 einfache Stellplätze, populärer Platz nähe Redfish Lake, dort Kanu-, Ruderboot- und Paddelbootverleih, Schwimmen möglich. $

Point Campground
Sawtooth N.R.A., Redfish Lake Rd.
Stanley, ID 83278
✆ 1-877-444-6777
www.recreation.gov
Ende Mai–Mitte Sept.
Populärer Campground am Ufer des Redfish Lake mit 16 Stellplätzen, nur Zelte. $

Rod'n Gun Whitewater Saloon & Dancehall
Ace of Diamonds St., Stanley, ID 83278
✆ (208) 774-2922
www.rodngunsaloon.com
Rustikale Kneipe in der Altstadt, Fr/Sa Livemusik, Heimat des »Stanley Stomp«, bei dem das Publikum zur Musik mit den Füßen stampft.

Middle Fork River Expeditions
Stanley, ID 83278
✆ 1-800-801-5146, www.idahorivers.com

Einer der am besten erhaltenen Goldbagger der USA: Yankee Fork Gold Dredge

Juni–Sept., Tour $ 1600–2400
5-tägige Wildwasserfahrten auf dem Middle Fork des Salmon River.

Idaho Rocky Mountain Ranch
SR 75, 15 km südlich von Stanley
Stanley, ID 83278
✆ (208) 774-3544, www.idahorocky.com
Mitte Juni–Mitte Sept.
Gästeranch mit heißen Quellen. 4 Zimmer in der Lodge und 14 Blockhütten, Halbpension. Ausritte in die Sawtooth Mountains. Im Restaurant Do Barbecue, Di/Mi, Fr und So *fine dining*, Sa Livemusik. $$$$

River's Fork Lodge
2036 Hwy. 93 N., North Fork, ID 83446
✆ (208) 865-2301
www.riversfork.com
Rustikale, komfortable Lodge am Zusammenfluss von Salmon und North Fork River, rund 32 km nördl. von Salmon. Zimmer ($$) als auch RV-Campingplätze mit Flussblick.

Weitere Informationen zu Stanley finden Sie bei Tag 8 auf S. 273.

8 Durch die »Sägezahnberge«
Sawtooth National Recreation Area, Ketchum und Sun Valley

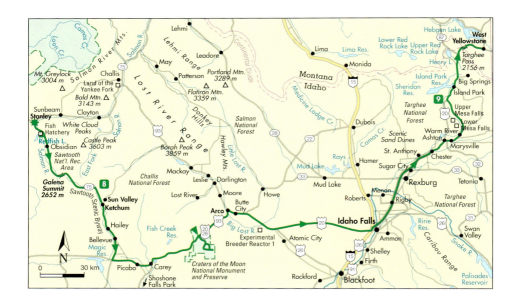

8. Tag: Stanley – Ketchum/Sun Valley – Craters of the Moon National Monument (214 km/133 mi)

km/mi	Zeit	Route
0	9.00 Uhr	Ab Stanley **Sawtooth Scenic Byway** (SR 75) nach Süden, Abzweigung nach Westen zum
11/7		**Redfish Lake**, Bootstour und Wanderung. Zurück zur SR 75, an der **Fish Hatchery** vorbei
66/41	13.30 Uhr	**Galena Summit** (2652 m), weiter Hwy. 75
98/61	14.30 Uhr	**Ketchum/Sun Valley**, weiter Hwy. 75, nach links (Osten) abbiegen auf US 20 zum
214/133	17.30 Uhr	**Craters of the Moon National Monument and Preserve**.

Sawtooth National Recreation Area, Ketchum und Sun Valley

Am Fishhook Creek Nature Trail

Der **Sawtooth Scenic Byway** (SR 75) trägt uns mitten durch die bis zu 3600 Meter hohen Sawtooth Mountains. Die attraktive Straße erschließt ein von rauen Bergen überragtes Terrain bewaldeter Täler, sauberer Flüsse und glitzernder Seen, das 1972 zur **Sawtooth National Recreation Area** deklariert wurde. Im Sommer ist dies ein Eldorado für Outdoor-Aktivitäten wie Reiten, Bootfahren, Wandern und Mountainbiking. Die touristische Erschließung beschränkt sich dabei im Wesentlichen auf den Sawtooth Scenic Byway und auf einige Hotels, Gästeranches und eine Fülle an Campgrounds.

Ein kurzer Abstecher führt zum populären **Redfish Lake** südlich von Stanley. Der über eine Seitenstraße westlich der SR 75 zugängliche größte See der Gegend ist das einzige ausgebaute Zentrum touristischer Aktivitäten bis Ketchum. Man kann hier u. a. reiten, schwimmen und angeln und auf dem Fishhook Creek Nature Trail und anderen Wegen wandern. Für das leibliche Wohl und die nächtliche Ruhe sorgt eine hübsche, rustikale Lodge, für praktische Informationen das Visitor Center. Der Name des Sees stammt von den zur Laichzeit roten Sockeye-Lachsen, die vor dem Bau der Staudämme am Columbia River vom Pazifik in großen Mengen zum Laichen hier heraufkamen.

Die weiter südlich gelegene **Fish Hatchery** produziert jährlich Millionen Lachs- und Forelleneier, darunter drei Millionen Steelhead-Lachsen. Sie werden als winzige Jungfische zu anderen staatlichen Fischzuchtstätten gebracht, dort aufgezogen und in den Gewässern der Umgebung ausgesetzt. Von Plattformen kann man sich einen Überblick über die Fischbecken verschaffen.

8 Durch die »Sägezahnberge«

Allmählich verlässt der Sawtooth Scenic Byway das Tal des Salmon River und führt in Serpentinen aufwärts. Vom **Galena Overlook** beeindruckt das großartige Panorama der Sawtooth Range, wenig später überquert die Straße den 2652 Meter hohen **Galena Summit** und verlässt schließlich durch das malerische Big Wood River Valley die Sawtooth National Recreation Area.

Am Ausgang des Erholungsgebiets liegt Idahos populärstes Wintersportgebiet mit den exzellenten Skibergen um **Ketchum** (2700 Einwohner) und seinen Vorort **Sun Valley** (1400 Einwohner), aber auch im Sommer haben beide reizvolle Freizeitangebote von Reiten, Mountainbiking, Angeln, Schwimmen, Golf, Tennis etc.

Ketchum hat eine erstaunliche Wandlung vollzogen vom industriellen Zentrum, wo in den 1880er Jahren die Eisenerze umliegender Bergwerke eingeschmolzen wurden, zum lebhaften Touristenstädtchen mit Kunstgalerien und Boutiquen, netten Restaurants,

Ernest Hemingways Grabstätte in Ketchum

alten Saloons, Hotels und einer Main Street im Ambiente vergangener Tage.

Sun Valley dagegen wurde bereits 1935 als einer der ersten Skiorte der USA konzipiert, bald fuhren Tausende die Pisten des Bald Mountain (2789 m) hinunter. Die Schauspieler Gary Cooper und Clark Gable waren häufig zu Gast, und der Schriftsteller Ernest Hemingway lebte bis zu seinem Selbstmord 1961 in Ketchum und fand dort auf dem Friedhof seine letzte Ruhestätte.

Möglich ist hier noch ein Abstecher via SR 75 ab Bellevue nach Süden und ab Twin Falls über den US Highway 93 zu den **Shoshone Falls** fünf Kilometer östlich von Twin Falls. Die Zufahrt liegt auf der Südseite des Flusses. Auf 300 Metern Breite stürzt sich der Snake River mit einem der größten natürlichen Wasserfälle des amerikanischen Nordwestens etwa 65 Meter in die Tiefe.

Zurück nach Nordosten (z.B. via US 20/26/93) nimmt man bei Carey die alte Route Richtung Osten wieder auf. Mittlerweile haben wir uns von den dunkelgrünen Wäldern, saftigen Wiesen und kristallklaren Bergseen der Sawtooth Mountains verabschiedet. Beinahe urplötzlich geht es hinab in die mit bizarr erkalteten, abweisenden Lavafeldern bedeckten, trockenen Niederungen der Snake River Plain. Ein Blick auf die Landkarte bestätigt unseren Eindruck: Es gibt keine Straßen durch diese 100 Kilometer langen, unpassierbaren Lavafelder, auch unsere US 20 führt »ehrfurchtsvoll« außen herum.

Höhepunkt nach diesem überaus kontrastreichen Szenenwechsel ist das **Craters of the Moon National Monument an Preserve**. Schon – oder erst? – rund 2000 Jahre ist es her, dass sich ringsherum glühende Lavaströme langsam über die Landschaft wälzten und sie in ein tosendes Inferno verwandelten.

Sawtooth National Recreation Area, Ketchum und Sun Valley

8 Service & Tipps

Stanley

ℹ Redfish Lake Visitor Center
Redfish Lake, 4 km westl. der SR 75
Stanley, ID 83278
✆ (208) 774-3376, www.fs.fed.us/r4/sawtooth/recreation und http://discoversawtooth.org

🛏 Redfish Lake Lodge
Redfish Lake, SR 75, Stanley, ID 83278
✆ (208) 774-3536, www.redfishlake.com
Rustikale Lodge am malerischen See mit unterschiedlich großen Blockhütten und 44 Zimmern im Hauptgebäude. $$$–$$$$

🚶 Redfish Lake Corrals – Trail Rides
Redfish Lake, Stanley, ID 83278
✆ (208) 774-3311, www.mysticsaddleranch.com/redfish-lake-corrals
Mitte Juni–Mitte Sept. tägl. 8–17 Uhr
1,5-stündige Ausritte ab $ 59.

ℹ Sawtooth Fish Hatchery
SR 75, 8 km südl. von Stanley, Stanley, ID 83278
✆ (208) 774-3684
https://idfg.idaho.gov/visit/hatchery/sawtooth
Visitor Center tägl. 8–17 Uhr, Führungen Juni–Aug. 13.30 Uhr, Eintritt frei
Fischzuchtbecken von der Befruchtung bis zu den ersten Lebensmonaten.

Ketchum/Sun Valley

ℹ Sawtooth National Recreation Area Visitor Center
5 North Fork Canyon Rd., SR 75
Ketchum, ID 83340
✆ (208) 727-5000 und 1-800-260-5970
www.fs.fed.us/r4/sawtooth/recreation
Tägl. 8.30–17 Uhr
Informationen über Campingplätze, Wanderwege etc. der Sawtooth N.R.A.

ℹ Sun Valley/Ketchum Chamber & Visitors Bureau
491 Sun Valley Rd., Ketchum, ID 83340
✆ (208) 726-3423 und 1-800-634-3347
www.visitsunvalley.com

🛏 Tamarack Lodge
291 Walnut Ave., Ketchum, ID 83340
✆ (208) 726-3344
www.tamaracksunvalley.com
Downtown-Motel mit großzügigen Zimmern, Hallenbad, Whirlpool. $$$$

🛏 The Wood River Inn
603 N. Main St., Hailey, ID 83333
✆ (208) 578-0600 und 1-877-542-0600
www.woodriverinn.com
Modernes Motel mit 56 großen Zimmern, Schwimmbad, Whirlpool. $$$$

✕ Ketchum Grill
520 East Ave., Ketchum, ID 83340
✆ (208) 726-4660, www.ketchumgrill.com
Tägl. 17–21.30 Uhr
Dinnerrestaurant mit Pizza, Pasta und Fleisch vom Grill. $$–$$$

✕ The Kneadery
260 Leadville Ave. N., Sun Valley, ID 83340
✆ (208) 726-9462, www.kneadery.com
Tägl. 8–14 Uhr
Frühstücks- und Lunchrestaurant. $$

✕ Pioneer Saloon
320 N. Main St., Ketchum, ID 83340
✆ (208) 726-3139, www.pioneersaloon.com
Mo–Do 17–22, Fr–So ab 17.30 Uhr
Uriger Saloon und Restaurant. Steaks, Fisch und Burger. $$–$$$$

Craters of the Moon National Monument and Preserve
Arco, ID 83213
✆ (208) 527-1300/-1335 (Visitor Center)
www.nps.gov/crmo, Eintritt pro Auto $ 8 (7 Tage), $ 80 Annual Parks Pass (vgl. S. 285)
215 km² großer Naturpark mit Lavagestein. Autorundfahrt und Kurzwanderungen durch Lavafelder, Erkundungen von Lavahöhlen auf eigene Faust. Campingplatz mit 51 Stellplätzen.

Shoshone Falls Park
3300 East Rd., Twin Falls, ID 83301
Zufahrt via US Hwy. 93 und Falls Avenue East
Eintritt pro Auto $ 3
Aussichtspunkte an den Wasserfällen des Snake River ca. 5 km östl. der Twin Falls.

9 Lavalandschaften
Von den Craters of the Moon über Idaho Falls nach West Yellowstone

9. Tag: Craters of the Moon National Monument – Arco – Idaho Falls – West Yellowstone (351 km/218 mi)

km/mi	Zeit	Route	Karte vgl. Tag 8 auf S. 270.
0	9.00 Uhr	**Craters of the Moon National Monument and Preserve**, Fahrt auf der Loop Road.	
11/7	12.30 Uhr	Rechts abbiegen auf US 20 nach Osten über Arco bis nach	
150/ 93	14.00 Uhr	**Idaho Falls**, weiter US 20, in Ashton rechts ab auf der SR 47 (Mesa Falls Scenic Byway) zu den	
270/168	16.00 Uhr	**Upper Mesa Falls**. Weiter SR 47, rechts ab auf US 20 bis	
351/218	18.00 Uhr	**West Yellowstone**.	
	20.00 Uhr	**Yellowstone Giant Screen**.	

Mit seinen grauen, bizarren Lavaformationen vor tiefblauem Himmel erleben wir das **Craters of the Moon National Monument and Preserve** (vgl. S. 273) als eine der eindrucksvollsten und zugleich abweisendsten Landschaften Idahos. Deshalb zeigte an der Besiedlung der dunklen, kargen Lavagebiete niemand je so recht Interesse. Ureinwohner und Weiße fürchteten und mieden die vegetationsarme, »nutzlose« Landschaft, in der das Wasser sofort im porösen Gestein versickerte, wo es weder Erde zum Ackerbau noch Gras für das Vieh gab. Erst 1920 wurden die Lavaebenen von Robert Limbert und W. L. Cole erforscht, die das Gebiet zwischen Minidoka und den heutigen Craters of the Moon durchquerten und viele geologische Formationen benannten. Limberts Fotografien und Berichte führten schließlich im Jahre 1924 zur Gründung des Craters of the Moon National Monument.

Kein monumentaler Einzelvulkan ist für die Gestaltung des Parks verantwortlich, sondern eine Kette gerundeter Aschenkegel, dazu verborgene Spalten und nicht einsehbare Höhlen, aus denen die Lava in Form glühender Lavabomben flog oder sich fließend verbreitete, bevor sie bröckelig als scharfkantige Aa-Lava (Brockenlava) oder glatt als glänzende Pahoehoe-Lava (Fladen-, Seil- oder Stricklava) erkaltete. Die Lavaflüsse dieser Grabenbruchzone ereigneten sich in vergleichsweise geologisch junger Zeit, sie begannen vor rund 15 000 Jahren und endeten nach längeren oder kürzeren Ruhepausen erst vor etwa 2000 Jahren gänzlich.

Was sich im größten Teil des Jahres wüstenhaft darbietet – Craters of the Moon grenzt an eine der trockensten Regionen Idahos – blüht Ende Mai und Anfang Juni auf, wenn das Wasser der Schneeschmelze die Samen keimen lässt

Von den Craters of the Moon über Idaho Falls nach West Yellowstone

und mit Frühjahrswildblumen Farbe in die düstere Szenerie bringt. Die sommerliche Hitze lässt dann nur noch die an die Trockenheit angepasste Vegetation überleben, in »ökologischen Nischen« wie den feuchten Ecken eines Höhleneingangs oder den vor direkter Sonneneinstrahlung geschützteren nordseitigen Hängen. Auch Tiere sind in der Landschaft der »Mondkrater« heimisch, neben Insekten, Reptilien und Vögeln auch einige wenige Säugetierarten wie Maultierhirsche und Rotluchse.

Die elf Kilometer lange, überwiegend als Einbahnstraße verlaufende **Loop Road** dreht eine Runde durch das Gebiet; mit einigen kurzen Wanderungen und Höhlentouren lässt sich ein guter Halbtagesaufenthalt planen. Drei Stopps empfehlen sich unterwegs. Als Erstes bringt uns ein kurzer, forscher Anstieg auf den **Inferno Cone**. Vom Gipfel des wohlgeformten Aschenkegels genießen wir das landkartengleich ausgebreitete Panorama der Grabenbruchzone. Gut erkennbar ist die Kette der gerundeten Aschenkegel, darunter im Süden zunächst der Broken Top und dahinter der 250 Meter hohe Big Cinder Butte, einer der größten Basaltaschenkegel überhaupt.

Nächster Stopp ist am **Big Craters and Spatter Cones Area**. Die *spatter cones* entstanden bei den letzten Lavaausbrüchen, als herauskatapultierte, klumpigweiche Lavabrocken miteinander verklebten und so erstarrten. Auf der anderen Seite führt der Weg zu den Big Craters hinauf mit Blick in ein Kraterloch. An dieser Stelle kehren die meisten Parkbesucher um, doch bietet sich mit dem vier Kilometer langen **North Crater Trail** noch eine weitere hervorragende Kurzwanderung. Sie bringt uns nach Norden wieder zurück bis fast an den Anfang der Park Loop Road.

Am letzten Stopp der Loop Road haben wir uns einen Besuch der Unterwelt vorgenommen, wo man nach einem weiteren Kilometer zu Fuß zu den **Lavahöhlen** gelangt. Durch die ebenen und knapp unterhalb der Oberfläche verlaufenden Höhlen floss einst dünnflüssige Magma, als diese versiegte, blieben die Tunnel erhalten. Der 250 Meter lange, trockene Indian Tunnel, die längste Höhle des Parks, lässt sich problemlos erkunden. Zugang besteht über eine Treppe durch ein altes Einsturzloch. Da weitere »Deckenlichter« auf diese Weise entstanden sind, kommt man hier auch

Urig und unnahbar: die Szenerie des Craters of the Moon National Monument

9 Lavalandschaften

ohne Taschenlampe bestens zurecht. Zwar mit Taschenlampe, aber ebenfalls ohne Schwierigkeiten lässt sich die 90 Meter lange Beauty Cave erkunden. In der Boy Scout Cave hält sich trotz der sommerlichen Hitze selbst im Hochsommer Eis. Hier bekommt man wegen des Schmelzwassers oft nasse Füße. Wer das nicht riskieren möchte, kann zumindest einen Blick in die Höhle werfen, denn der Eingang liegt direkt am Wanderweg.

Nach diesem Höhlenerlebnis verlassen wir den Park und fahren ostwärts durch weites, karges Gebiet. Die Kleinstadt **Arco**, Versorgungszentrum für einen riesigen Umkreis, war Anfang der 1950er Jahre die erste Stadt der Welt, deren Straßenlaternen mit Nuklearstrom leuchteten. Den **Experimental Breeder Reactor No. 1** (rund 32 Kilometer auf der US 20 Richtung Südosten), der für diesen Effekt sorgte und der 1951 die erste verwendbare Menge Atomstroms überhaupt produzierte, kann man besichtigen.

Zügig bringt uns die US 20 nach **Idaho Falls** am Snake River. Idahos zweitgrößte Stadt mit 60200 Einwohnern wurde um 1860 als Taylor's Crossing an einer der wenigen Furten über den oberen Snake River gegründet, die von den aus Salt Lake City kommenden Minenarbeitern auf dem Weg nach Montana genutzt wurde. Die namengebenden Wasserfälle des Snake River (Zufahrt über den River Parkway) sind nicht besonders hoch, doch fast 500 Meter breit und turbulent. Ein Picknickplatz an den Fällen ist Teil eines insgesamt vier Kilometer langen Grüngürtels am Flussufer.

Ab **Ashton** folgen wir dem **Mesa Falls Scenic Byway** (SR 47) durch den Grand Targhee National Forest, mit der Kulisse der Grand Tetons im Osten. Auf dieser landschaftlich reizvollen Route fuhr man vor dem Bau des großen US Highway 20 zum Yellowstone National Park, von 1909 bis Ende der 1940er Jahre sogar mit dem Zug. Die **Lower Mesa Falls** mit 20 Meter Fallhöhe können vom Aussichtspunkt des Grandview Campground eingesehen werden.

Zwei Kilometer nördlich liegen die ebenfalls gut zugänglichen, 35 Meter hohen **Upper Mesa Falls**, über denen bei Sonnenschein vormittags ein Regenbogen steht. Im »Big Falls Inn« an den später in Mesa Falls umbenannten Big Falls, das zur Jahrhundertwende die Reisenden auf halber Strecke zwischen Idaho Falls und Yellowstone beherbergte und verköstigte, residiert heute ein modernes Informationszentrum.

Nach diesem Exkurs geht es auf der US 20, die den 2156 Meter hohen Targhee Pass an der Continental Divide und der Grenze nach Montana überquert, zurück zum Ausgangspunkt dieser Route, nach **West Yellowstone**. Für den Abend steht das Großleinwandkino mit dem Film »Yellowstone« zur Geschichte, zu geothermischen Aktivitäten, Flora und Fauna des ältesten Nationalparks der Welt auf dem Programm (zu West Yellowstone vgl. auch Tag 1 auf S. 222 f.).

Spatter Cones des Craters of the Moon National Monument

Von den Craters of the Moon über Idaho Falls nach West Yellowstone 9

9 Service & Tipps

Informationen zu Craters of the Moon/Arco finden Sie bei Tag 8 auf S. 273.

Idaho Falls

Experimental Breeder Reactor No. 1
Idaho National Laboratory
Tour office: 2525 Fremont Ave.
Idaho Falls, ID 83415
℡ 1-866-495-7440, www4vip.inl.gov/ebr
Museum Ende Mai–Anfang Sept. tägl. 9–17 Uhr, Eintritt frei
Der erste Atomreaktor von 1951 liegt an der US 20, 30 km östlich von Arco. Mit Museum.

Idaho Falls Convention & Visitors Bureau
425 Capital Ave., Idaho Falls, ID 83405
℡ (208) 523-1010 und 1-866-365-6943
www.visitidahofalls.com

Snake Bite Restaurant
401 Park Ave., Idaho Falls, ID 83402
℡ (208) 525-2522
www.thesnakebiterestaurant.com
Lunch Mo–Sa 11–15, Dinner Di–Sa 17–21 Uhr
Restaurant nahe den Wasserfällen. $$

Snow Eagle Brewing & Grill
455 River Parkway, Idaho Falls, ID 83402
℡ (208) 557-0455
www.snoweaglebrewing.com
Tägl. außer So 11–22 Uhr
Restaurant an den Fällen des Snake River. $–$$

West Yellowstone

Yellowstone Giant Screen
101 S. Canyon St., West Yellowstone, MT 59758
℡ (406) 646-4100
www.yellowstonegiantscreen.com
Tägl. geöffnet, im Sommer 9–21 Uhr
Eintritt $ 9.75/0–7
Großleinwandfilme über Naturphänomene, den Yellowstone National Park u. a.

Stage Coach Inn
209 Madison Ave., West Yellowstone, MT 59758
℡ (406) 646-7381 und 1-800-842-2882
www.yellowstoneinn.com
Attraktives Hotel im Westernstil, 83 Zimmer, kurz vor dem Nationalparkeingang, mit Restaurant und Lounge. $$$$

Hibernation Station
212 Gray Wolf Ave.
West Yellowstone, MT 59758
℡ (406) 646-4200 und 1-800-580-3557
www.hibernationstation.com
Angenehmes Hotel, bestehend aus einem Dorf mit Blockhütten. Nahe Westeingang zum Yellowstone N. P. $$$–$$$$

Yellowstone Park KOA/West Entrance
3305 Targhee Pass Hwy. (US 20), 10 km westl. des Parkeingangs
West Yellowstone, MT 59758
℡ (406) 646-7606 und 1-800-562-7591
www.koa.com, Ende Mai–Anfang Okt.
Großzügiger Campingplatz mit exzellenter Ausstattung. 276 Stellplätze.

Flat Rock Campground
US 20, 35 km südl. von West Yellowstone
Island Park, ID 83429
℡ (518) 885-3639 und 1-877-444-6777
www.reserveamerica.com
Mitte Mai–Mitte Sept.
16 Stellplätze im Caribou-Targhee National Forest.

Buffalo Campground
US 20, 42 km südl. von West Yellowstone
Island Park, ID 83429
℡ (518) 885-3639 und 1-877-444-6777
www.reserveamerica.com, Ende Mai–Sept.
50 Stellplätze mit Stromanschluss am Ufer des fischreichen Buffalo River.

The Branch Restaurant
315 Yellowstone Ave.
West Yellowstone, MT 59758
℡ (406) 646-7365 und 1-866-484-0956
www.yellowstonevacations.com
Tägl. 7–10 und 11.30–21 Uhr
Im Stil des frühen Yellowstone dekoriertes Restaurant im West Yellowstone Holiday Inn Hotel Resort. $$$

Weitere Infos zu West Yellowstone finden Sie bei Tag 1 auf S. 228.

Service von A bis Z

Anreise, Einreise.................. 278
Auskunft 279
Automiete, Autofahren........... 279
Diplomatische Vertretungen 281
Einkaufen...................... 281
Essen und Trinken 282
Feiertage, Feste, Veranstaltungen ... 282
Geld, Kreditkarten............... 282
Hinweise für Menschen
  mit Handicap 283
Internet....................... 283
Klima, Kleidung, Reisezeit......... 283
Maße und Gewichte.............. 284
Medizinische Versorgung 284
Mit Kindern in den Rocky Mountains . 285
National Parks Pass 285
Notfälle, wichtige Rufnummern 285
Öffnungszeiten 286
Post, Briefmarken................ 286
Presse 286
Rauchen 286
Sicherheit 286
Sport und Erholung 286
Strom......................... 287
Telefonieren.................... 287
Trinkgeld....................... 288
Unterkunft, Camping.............. 288
Verkehrsmittel 289
Zeitzonen 289
Zoll 289

Anreise, Einreise

Anreise
Denver (DEN, www.flydenver.com) ist nach Passagieraufkommen einer der größten Airports der Welt, ein zentraler Knotenpunkt von United Airlines und der wichtigste Zielflughafen für die Rocky Mountains. In den letzten Jahren erlangte der Flughafen von **Minneapolis-St. Paul** (MSP, www.mspairport.com) im östlich an South Dakota angrenzenden Bundesstaat Minnesota immer größere Bedeutung als Zielflughafen im Osten der Rocky Mountains. Mit **Salt Lake City** (SLC, www.slcairport.com) verfügt Delta Airlines im Süden der Rockies über einen Knotenpunkt mit hervorragender Anbindung an das umfangreiche Flugnetz in der gesamten Reiseregion. Von Mitte Juni bis Ende August muss man Hochsaisonpreise bei Flugtickets in Kauf nehmen und insbesondere Trips am Wochenende rechtzeitig buchen.

Einreisebestimmungen
Zur Einreise in die USA benötigen Besucher aus Deutschland, Österreich und der Schweiz (auch Babys und Kinder) einen **maschinenlesbaren Reisepass**, der mindestens bis zum Ende der geplanten Reise gültig sein muss.

Für deutsche Staatsangehörige ist nur der **rote Europapass** zulässig, der biometrische Daten sowie ein digitales Foto enthält. Kinder mit eigenem elektronischen Reisepass können ohne Visum reisen. Mit Kinderreisepass oder -ausweis wird zusätzlich ein Visum benötigt. Informationen über die aktuellen Einreisebestimmungen der USA erhalten Sie online unter »Länderinformationen« beim Auswärtigen Amt (www.auswaertiges-amt.de).

Wer ohne Visum über das sogenannte Visa Waiver Program in die USA einreisen und weniger als 90 Tage bleiben will, muss sich bis spätestens 72 Stunden vor dem Abflug auf der **ESTA-Webseite** des Department of Homeland Security registrieren, am besten über https://esta.cbp.dhs.gov/esta. Die ESTA-Gebühr beträgt momentan $ 14 und wird mit Kreditkarte bezahlt. Die Reisegenehmigung ist bis zu zwei Jahre oder bis zum Ablauf des Reisepasses gültig, je nachdem, was früher eintritt.

Der neue elektronische Antrag im Netz läuft in vier Schritten ab: Antrag ausfüllen, abschicken, Antragsnummer notieren, Einreisegenehmigung vom Ministerium abwarten (oft kommt sie nur Sekunden nach dem Absenden). Das US-Ministerium empfiehlt,

Service von A bis Z

den Antrag mit allen Angaben auszudrucken und zu den eigenen Unterlagen zu nehmen. Die Antragsnummer benötigt man, um später ggf. Aktualisierungen wie Änderungen der Adresse oder der Reisepassnummer vornehmen zu können. Sollte die **Einreisegenehmigung nicht erteilt** werden, bedeutet dies keine endgültige Ablehnung. Man muss sich dann um ein Visum bemühen (Visa-Infos unter https://de.usembassy.gov/de/visa). Außerdem müssen den Fluggesellschaften im Rahmen von **Secure Flight** 72 Stunden vor Abflug die Passagierdaten zur Weiterleitung an die TSA/Transportation Security Administration vorliegen. Eine komplette Adresse in den USA inkl. Postleitzahl muss ebenfalls spätestens bei Check-in angegeben werden.

Auch wenn die Einreise vorab genehmigt wurde, kann sie vor Ort von den Beamten der Zoll- und Grenzschutzbehörde dennoch verweigert werden.

An den meisten größeren Flughäfen wird die Feststellung der Identität mit **Foto und Fingerabdruck** an Computerterminals erledigt, damit verkürzt sich die bisher lange Wartezeit erheblich. Der Beamte der Einwanderungsbehörde *(immigration officer)* checkt nur noch kurz den Kontroll-Ausdruck und stellt eventuell ein paar kurze Fragen nach Aufenthaltsdauer, Zweck der Reise und ob man ausreichend Finanzen hat. Danach holt man seinen Koffer (bei Aufgabe nicht verschließen!) und passiert die Zollkontrolle, die das Formblatt der *Customs declaration* in Empfang nimmt.

Das Einhalten der **Zollbestimmungen** wird an allen Flughäfen streng kontrolliert. Drogenhunde spüren verbotene Substanzen auf, die Einfuhr von Waffen ist selbstverständlich verboten und auch bei Lebensmitteln gelten strenge Bestimmungen. Aus Sorge vor Anschlägen ist bei bestimmten Flügen die Mitnahme unaufgeladener elektronischer Geräte verboten. Reisende werden eventuell aufgefordert, mitgebrachte Handys und Laptops einzuschalten. Achtung: **Zoll- und Passkontrollen erfolgen am Einreiseflughafen**. Falls Sie innerhalb der USA umsteigen, müssen Sie ausreichend Zeit zwischen den Flügen einkalkulieren, denn die gesamte Prozedur kann sich in die Länge ziehen (inkl. Gepäckannahme und erneutem Einchecken).

Auskunft

Erster Anlaufpunkt vor Ort sind die lokalen **Visitor Information Centers**. Dort gibt es Landkarten der einzelnen Staaten *(official state maps)*, Stadtpläne *(city maps)*, Hotel- und Restaurantführer *(accomodation and restaurant guides)*, detaillierte Veranstaltungspläne *(event calendars)* und oftmals auch Rabattcoupons für Sehenswürdigkeiten etc. **Visit USA** erteilt auf seiner Homepage Informationen über das Land und die aktuellen Einreisebestimmungen.

– **Visit USA Committee Germany e.V.**
www.vusa.travel
– **Colorado**
✆ 1-800-COLORADO = 1-800-265-6742
www.colorado.com
– **Idaho**
✆ 1-800-VISITID = 1-800-847-4843
https://visitidaho.org
– **Montana**
✆ 1-800-847-4868, www.visitmt.com
– **Nebraska**
✆ 1-888-444-1867, https://visitnebraska.com
– **North Dakota Tourism**
✆ 1-800-435-5663, www.ndtourism.com
– **South Dakota**
✆ 1-800-SDAKOTA = 1-800-732-5682
www.travelsd.com
– **Utah**
✆ 1-800-200-1160, https://utah.com
– **Wyoming**
✆ 1-800-225-5996
www.travelwyoming.com
– **Rocky Mountain International**
(Montana, North und South Dakota, Wyoming), http://realamerica.de

Automiete, Autofahren

Autofahren in den USA ist relativ preiswert, Benzin kostet dort nicht einmal halb so viel wie in Deutschland. Am preisgünstigsten bucht man Leihautos und Wohnmobile bereits im Reisebüro zu Hause, inklusive Vollkasko- und Zusatzhaftpflichtversicherung und aller Steuern. In den USA fallen dann nur noch Gebühren für Zweitfahrer oder Fahrer unter 25 Jahren, Gepäck-, Insassenversicherungen, Kindersitze, Fahrzeugrückführung, bei Wohn-

Service von A bis Z

mobilen auch für Campingausstattung und VIP-Versicherung an. Leihwagen gibt es immer mit unbegrenzten Kilometern, Wohnmobile sollte man mit ausreichend Freikilometern buchen. Erfahrungsgemäß verlängern Abstecher, Umwege und Zufahrten zu abseitigen Campgrounds eine berechnete direkte Strecke im Allgemeinen um rund 10–20 Prozent.

Bei der **Wohnmobilauswahl** spielt die Größe eine entscheidende Rolle. Obwohl sich selbst große Wohnmobile noch sehr gut bewegen lassen, muss der beträchtliche Komfort eines 27-Fuß-Motorhomes mit über 8 m Länge mit gewissen Mobilitätseinbußen erkauft werden. Gerade das Rangieren auf Campgrounds und Parkplätzen oder das Befahren kurviger Bergpässe in den Rockies macht dann wenig Spaß. So ist z.B. die Wetherill Mesa Road im Mesa Verde National Park auch nur für Fahrzeuge bis 25 ft. Länge, die Going-to-the-Sun Road im Glacier National Park gar nur für Motorhomes bis 21 ft. Länge und 8 ft. Breite (inkl. Spiegel) zugelassen.»Nur« 6,5 m lange 21-Fuß-Motorhomes besitzen ebenfalls allen notwendigen Komfort, weisen aber ein erhebliches Plus an Mobilität auf.

Während bei Leihwagen saisonale Preisunterschiede nur eine geringe Rolle spielen, gibt es Wohnmobile außerhalb der Hochsaison von Juli/August schon zu erheblichen Preisnachlässen. Bei Anmietungen in der Nebensaison sollte man aber bedenken, dass nur die schneefreien Monate uneingeschränktes Reisen ermöglichen.

Wer in der Hauptsaison das gewünschte Wohnmobil am gewünschten Abfahrtsort zum gewünschten Zeitraum übernehmen und dabei einen passablen Preisrahmen realisieren möchte, benötigt eine lange **Vorbereitungszeit**. Einige Monate im Voraus sollte die Festbuchung im Reisebüro abgeschlossen sein. Für die Nebensaison stellen sich Verfügbarkeit und Preise deutlich günstiger dar.

Zur **Wagenübernahme** werden der Voucher des Reisebüros, der nationale Führerschein Klasse 3, der Reisepass und in aller Regel eine Kreditkarte verlangt, die jeweils alle auf den Namen des Anmieters lauten müssen. Der **internationale Führerschein** gilt als Zusatzdokument zum nationalen Führerschein und macht Kontrollen der Fahrerlaubnis in den USA einfacher und eliminiert Verständigungsprobleme. Daher wird seine Mitnahme empfohlen. Er kostet beim Straßenverkehrsamt € 16 und ist drei Jahre lang gültig.

Während die Leihwagenübergabe praktisch an jedem Flughafen innerhalb weniger Minuten erfolgt, dauert dieselbe Prozedur bei Wohnmobilen inklusive Transfer zu **Cruise America** (www.cruiseamerica.com), **Moturis** (www.themotorhomexperts.com) und **El Monte** (www.elmontervv.com) schon einige Stunden. Meist kann man erst einen Tag nach der Ankunft mit dem Wohnmobil von den Mietstationen in Denver und Salt Lake City losfahren.

Bei der Übernahme erhält man in der Regel eine deutschsprachige Einweisung in die Handhabung des Fahrzeugs. Alle Vorschäden, insbesondere auf dem Dach und an den Stoßstangen, werden sorgsam in einem Mängelbericht notiert, für die man sonst möglicherweise nach der Reise haften muss. Die Vollständigkeit der mitgelieferten Ausstattung sollte genau überprüft werden. Es empfiehlt sich zudem, alle Funktionen von Kühlschrank bis Heizung selber auszuprobieren. Eventuelle Mängel können dann rechtzeitig beseitigt werden, schließlich will man die Annehmlichkeiten unterwegs auch nutzen.

Die **American Automobile Association** (AAA) besitzt Geschäftsstellen in allen größeren Städten, die an Mitglieder europäischer Automobilclubs kostenloses Karten- und Infomaterial verteilen und Hilfestellungen rund um das Thema »Auto und Reise« geben. Auskunft: www.aaa.com.

Die Verkehrsregeln entsprechen mit wenigen Ausnahmen den europäischen, so gilt Rechtsverkehr und Anschnallpflicht auf allen Straßen.

Das *speed limit*, die **Höchstgeschwindigkeit**, beträgt auf den außerstädtischen Autobahnen durchgehend 75 mph (121 km/h), auf Landstraßen 55–65 mph (88–105 km/h), innerstädtisch größtenteils 35 mph (56 km/h). Wegen der relativ geringen Verkehrsdichte lässt sich auf dem gut ausgebauten Straßennetz bei Bedarf fast stetig die erlaubte Höchstgeschwindigkeit fahren. **Rechts überholen** ist auf Autobahnen durchaus üblich, bei jedem Wiedereinscheren wirft man besser einen kurzen Blick zurück.

Bei Rot darf man an Ampeln rechts abbiegen, nachdem man kurz angehalten hat. **Schulbusse** mit rot blinkenden Signalleuchten und ausgefahrenen Stopp-Zeichen dürfen nicht überholt und auch in der Gegenrichtung nicht passiert werden, falls die Straße keinen befestigten Mittelstreifen besitzt.

Bei Stopp-Schildern mit dem Zusatz »**4-Way-Stop**« müssen Autos aus allen Richtungen anhalten, je nach Reihenfolge der Ankunft dürfen sie anschließend weiterfahren.

Parkverbote werden durch farbig markierte Bordsteine angezeigt. Besonders streng kontrolliert wird vor Hydranten und an Bushaltestellen. Blaue Farbe markiert Behindertenparkplätze, rot bedeutet komplettes Halteverbot und gelb zeigt vorwiegend Ladezonen vor Geschäften an. Besonders in den Städten sind Parkplätze und Parkhäuser meist gut sichtbar ausgeschildert. Museen, Theater, Parks und andere Besuchereinrichtungen weisen oft eigene Parkplätze oder -häuser auf. Das Halten und Parken auf Fahrbahnen außerhalb der Ortschaften ist verboten.

Die zulässige Grenze beim **Blutalkoholgehalt** liegt überall bei 0,8 Promille. Angefangene Alkoholika müssen immer außer Reichweite des Fahrers, am besten im Kofferraum, transportiert werden.

Bei **Verkehrskontrollen** fährt die Polizei solange mit blinkenden Leuchten hinter dem vermeintlichen Verkehrssünder her, bis dieser rechts am Straßenrand anhält, der Polizeiwagen überholt nicht. Man wartet im Auto und hält die Hände sichtbar am Steuer, bis der Polizist ans Fenster tritt und Führerschein und Fahrzeugpapiere oder weitere Auskünfte verlangt. **Telefonieren am Steuer** ist genau wie bei uns nicht erlaubt.

Wer mit kleineren Kindern reist, braucht grundsätzlich **Kindersitze**, auch im Wohnmobil. Europäische Kindersitze werden für die Zeit des Urlaubs in den USA geduldet. Kindersitze nach rechtlich anerkannten US-Sicherheitsstandards kann man auch bei der Leihwagen- oder Wohnmobilfirma mitbuchen bzw. direkt vor Ort kaufen. Dann ist der Kindersitz neuwertig, die Kosten sind ähnlich.

Die **Helmpflicht** für Motorradfahrer ist in den USA bundesstaatlich geregelt. Die Staaten Colorado, Montana, Idaho, Wyoming und South Dakota schreiben eine Helmpflicht bis 18 Jahre vor. Europäische Touristen mit Verantwortungsbewusstsein und Sicherheitsgefühl setzen in den USA jedoch überall einen Helm auf.

Diplomatische Vertretungen

ⓘ **Botschaft der USA in Deutschland**
Clayallee 170, D-14191 Berlin
✆ (030) 830 50
https://de.usembassy.gov

ⓘ **Botschaft der USA in Österreich**
Boltzmanngasse 16, A-1090 Wien
✆ (01) 313 39-0
https://at.usembassy.gov

ⓘ **Botschaft der USA in der Schweiz**
Sulgeneckstr. 19, CH-3007 Bern
✆ (031) 357 70 11
https://ch.usembassy.gov

ⓘ **Botschaft der Bundesrepublik Deutschland in den USA**
4645 Reservoir Rd. N. W.
Washington, D. C. 20007
✆ (202) 298-4000, (202) 298-4224 (Pass und Visa), www.germany.info

ⓘ **Österreichische Botschaft in den USA**
3524 International Court N. W.
Washington, D. C. 20008
✆ (202) 895-6700
www.austria.org

ⓘ **Botschaft der Schweiz in den USA**
2900 Cathedral Ave. N. W.
Washington, D. C. 20008
✆ (202) 745-7900
www.eda.admin.ch

Einkaufen

Mit einem großen Warenangebot, Kinos, Restaurants und großen Parkplätzen verbinden große **Shopping Malls** Einkauf mit Freizeitvergnügen.

Bis auf Benzin sind alle Preise netto ausgezeichnet. Je nach Bundesstaat addiert sich zur Rechnungssumme eine unterschiedliche **Mehrwertsteuer** *(sales tax)*, in den Rockies bis maximal 6 % in Idaho, wobei die beneidenswerten Einwohner von Montana überhaupt keine bezahlen müssen. Teilweise werden Restaurantmahlzeiten bzw. Übernachtungen in den Rockies zusätzlich besteuert. Zu den **Öffnungszeiten** vgl. dort.

Service von A bis Z

Essen und Trinken

Das ausgiebige amerikanische **Frühstück** *(American breakfast)* umfasst Kaffee mit kostenlosem Wiederauffüllen, geröstete Kartoffeln, Bratwürstchen, Kochschinken oder gebratenen Speck, Rührei, einseitig oder zweiseitig gebratene Spiegeleier und kleine Pfannkuchen mit Butter und Sirup, am köstlichsten ist der echte Ahornsirup. Das *continental breakfast* bietet nur Kaffee, Saft, Toast, Gebäck, Marmelade, manchmal auch Schmierkäse.

Das **Mittagessen** *(lunch)* zählt nicht zu den Hauptmahlzeiten, im Lande des Fastfood gibt es Burger in allen Varianten.

Dagegen wird das üppige **Abendessen** *(dinner)* allen Ansprüchen gerecht. Leib- und Magenspeise in den Rockies sind natürlich **Steaks**, deren Zubereitung je nach Wunsch *well-done* (durchgebraten), *medium* oder *rare* (innen noch blutig) erfolgt. Als fettärmere, gesündere Variante bieten sich Bisonsteaks an, das Fleisch stammt aus privaten Zuchtbetrieben und schmeckt ähnlich wie Rindersteaks. Eine weitere Spezialität sind die **Forellen** *(trout)* aus den klaren Bergbächen und -flüssen der Rockies, überhaupt ist die Auswahl und Qualität an Fischgerichten überraschend gut.

Als dritte Variante spielt in den Rockies der kulinarische **Einfluss des Südwestens und Mexikos** eine Rolle. Tortillas aus Weizen- oder Maismehl bilden die Beilagen oder auch den Hauptbestandteil der Mahlzeiten. Sie werden belegt, gerollt oder zusammengeklappt und mit Käse, Bohnen, Tomaten, Zwiebeln, Salatblättern und Rind oder Huhn gefüllt. Tacos sind die kross frittierte Variante der Tortillas.

Dazu gibt es *guacamole* (Avocadopüree), *frijoles refritos* (gebratenes Bohnenpüree) und *salsa* (Tomatenpüree) und saure Sahne.

Das **Picknick** ist eine der liebsten Freizeitbeschäftigung der US-Amerikaner. Fast jeder Picknick- und Campingplatz ist mit Tischen und Bänken ausgestattet. Auf dem Grillrost lassen sich Rinder- und Bisonsteaks bzw. Burger zubereiten. Dazu werden *cole slaw*, in Alufolie gegrillte Kartoffeln und Kidney-Bohnen serviert – fertig ist das typische Western-Barbecue.

Die empfohlenen Restaurants auf den Info-Seiten zu den einzelnen Tagen sind durch Dollar-Symbole in folgende Preiskategorien (für ein Abendessen pro Person, ohne Getränke und Dessert) eingeteilt:

$	–	bis 10 Dollar
$$	–	10 bis 20 Dollar
$$$	–	20 bis 30 Dollar
$$$$	–	über 30 Dollar

Feiertage, Feste, Veranstaltungen

New Year's Day: 1. Jan.
Martin Luther King Jr. Birthday: 3. Mo im Jan.
Presidents' Day: 3. Mo im Feb.
Memorial Day: letzter Mo im Mai
Independence Day: 4. Juli
Labor Day (Tag der Arbeit): 1. Mo im Sept.
Columbus Day: 2. Mo im Okt.
Veterans' Day: 11. Nov.
Thanksgiving Day: 4. Do im Nov.
Christmas Day: 25. Dez.

An **Feiertagen** haben öffentliche Behörden wie Postämter, aber auch Banken und die meisten Büros geschlossen, fast alle Geschäfte bleiben hingegen mit kaum verkürzter Stundenzahl geöffnet.

Da viele offizielle Feiertage stets auf einen Montag fallen, verzeichnen Parks und Freizeitreviere während dieser langen Wochenenden einen großen Zulauf. Am Independence Day finden selbst in den kleinsten Dörfern Paraden, Konzerte, Feuerwerke u. Ä. statt. Größere Städte veranstalten an vielen Sommerwochenenden zumeist musikalisch, ethnisch oder kulturell geprägte Festivals.

Geld, Kreditkarten

Im Reisealltag kommt man mit Kreditkarte und Bargeld von $ 100 in kleineren Geldscheinen bis maximal $ 20 am besten zurecht. Mit der **Kreditkarte** lässt sich überall im Land ein Großteil der Reisekosten bestreiten (und auch Geld abheben). Ausdrücklich wird eine Kreditkarte bei der Vorausbuchung von Hotels, in der Regel auch bei der Leihwagenübernahme und in vielen Arztpraxen verlangt. Mastercard und Visacard werden fast überall akzeptiert, vielfach auch American Express.

EC-Karten mit dem »Maestro«-Aufdruck werden an Bargeldautomaten (ATM, *auto-*

Service von A bis Z

mated teller machines) mit dem entsprechenden Zeichen akzeptiert. Zum Bezahlen direkt in Geschäften, Restaurants, Hotels usw. kann man sie in der Regel nicht einsetzen. Bei Verlust einer Geldkarte wählen Sie die Sperrnummer ✆ 011 49 116 116.

Reiseschecks *(traveler's cheques)* werden im touristischen Alltagsleben der USA kaum noch verwendet. Das Mitnehmen von Reiseschecks kann daher nicht mehr empfohlen werden.

Europäisches Bargeld wie auch Reiseschecks auf europäische Währungen werden nur in wenigen Großstadtbanken, an den internationalen Flughafen-Wechselbüros und in einigen Touristenhotels umgetauscht.

Münzen, insbesondere 25-Cent-Münzen *(quarters)* werden an vielen Automaten verlangt. An Münzgeld gibt es daneben noch 1 Cent *(penny)*, 5 Cent *(nickel)* und 10 Cent *(dime)*. Manche Geschäfte verfügen nach Anbruch der Dunkelheit aus Sicherheitsgründen über nur geringe Bargeldbestände und können auf Banknoten über $ 20 oft kein Wechselgeld herausgeben.

Der **Wechselkurs** betrug Anfang März 2018 € 1 = 1,23 US$ bzw. 1 US$ = € 0,81. Die in den Läden ausgezeichneten Preise verstehen sich in der Regel ohne *sales tax* (Mehrwertsteuer, vgl. Einkaufen S. 281).

Hinweise für Menschen mit Handicap

Die USA sind offiziell seit 1990, seitdem es das »Americans with Disabilities Act« (ADA) gibt, barrierefrei. ADA ist ein Gesetz, das allen Menschen in Amerika barrierefreie Zugänge zu allen öffentlichen Stellen ermöglicht. Daher sind die USA in vielen Bereichen vorbildlich auf Behinderte *(handicapped travelers)* eingestellt.

Bei Eingängen von Museen, Supermärkten, Hotels und Restaurants, Toiletten etc. gibt es meist immer auch mit einem entsprechenden Symbol versehene Parkplätze, Rollstuhlrampen und -eingänge *(handicapped accessible)*. Viele National und State Parks eröffnen mit rollstuhlgerechten Wegen, Aussichtsterrassen und Ausstellungsbereichen Behinderten wie Nicht-Behinderten den Zugang zur Natur. Probleme ergeben sich nur bei historischen Gebäuden, steilem Gelände etc.

Internet

Mit dem eigenen Laptop oder anderen internetfähigen Geräten können USA-Reisende nicht nur an Flughäfen online gehen, auch die meisten Hotels, Restaurants, Cafés, Museen etc. bieten WLAN an. In vielen Hotelzimmern ist das problemlos möglich, zuweilen gegen Gebühr, oft sogar kostenlos. Dazu gibt es an der Rezeption einen Zugangscode. Für die Benutzung von Elektrogeräten benötigt man den sogenannten Amerikastecker (vgl. Abschnitt Strom). Eine Liste nützlicher Internetseiten finden Sie unter Auskunft.

Klima, Kleidung, Reisezeit

Das Klima in den Rocky Mountains zeichnet sich durch erhebliche Temperaturdifferenzen zwischen Tag und Nacht und überraschend warme Tage aus. Selbst in den Höhenlagen erfreut bei Sonnenschein sommerliches T-Shirt-Wetter die Besucher, aber sobald abends die Sonne hinter dem Horizont verschwindet, wird es zumindest in den Bergen empfindlich kühl.

In den Ausläufern der Rocky Mountains, wo z.B. die beiden Metropolen Denver und Salt Lake City liegen, und in den Tallagen der Gebirge zeigt die Quecksilbersäule im Juli und August tagsüber regelmäßig über 30 Grad an, nachts kühlt es auf angenehme 15 Grad ab. Da die Rocky Mountains zum ariden Westteil der USA gehören, sind die Tallagen manchmal sehr trocken und müssen künstlich bewässert werden, die Berghöhen erhalten insbesondere an ihrer Westseite mehr Niederschläge.

Die **touristische Sommersaison** in den Rocky Mountains umfasst nur wenige Monate. Im Juni steht man zumindest in Idaho, Montana und Wyoming oft vor verschneiten Wanderwegen. Der Logan Pass auf der Going-to-the-Sun Road im Glacier National Park ist erst ab Mitte Juni geöffnet. In den zentralen Rockies in Colorado und Utah sind die Bergpässe allerdings schon früher schneefrei, die Trail Ridge Road (US 34) durch den Rocky Mountain National Park z.B. ab Anfang Juni.

Die relativ kurze Hochsaison in den Bergen beginnt Ende Juni und flaut Ende August etwas ab. Insbesondere im Yellowstone National

Service von A bis Z

Park sichert nur eine rechtzeitige Ankunft den gewünschten Stellplatz auf dem Campingplatz bzw. die telefonische Hotelreservierung ein Übernachtungsquartier. Im September herrscht lediglich am verlängerten Wochenende um den Labor Day noch viel Betrieb.

Im Vergleich zum Juni ist der September ein relativ guter Besuchsmonat in den Rockies, oftmals sind die Tage warm und sonnig und die Nächte kalt und klar. Die großartige, goldene Laubfärbung der Zitterpappeln macht den September darüber hinaus zu einem der schönsten Reisemonate. Allerdings sind Öffnungszeiten von Museen und Attraktionen kürzer als zur Hauptsaison. Frühe Neuschneefälle im Herbst verhindern nur an wenigen Stellen das Vorwärtskommen.

Wer angesichts günstiger Wohnmobiltarife im Juni bzw. September anreist, sollte daher zuerst die zentralen Rocky Mountains erkunden und zum Schluss Richtung Yellowstone National Park fahren, umgekehrt im September zunächst den Norden erkunden.

In den Tallagen ist die Touristensaison deutlich länger, und auch in Denver und Salt Lake City reicht die Besuchszeit von Mai bis Anfang Oktober. Eine Sonderrolle nehmen South Dakota und Nebraska ein. Abseits der Rocky Mountains könnte man dort ohne Schwierigkeiten von Mai bis Oktober reisen, leider haben viele Attraktionen ebenfalls nur in der Kernzeit von Ende Mai bis Mitte September geöffnet.

Durchschnittl. Höchst-/Tiefsttemperaturen in verschiedenen Regionen in Grad Celsius

Juni	Juli	Aug.	Sept.
Denver (Colorado)			
27/12	31/15	30/14	26/9
Glacier National Park (Montana)			
21/7	26/8	25/8	19/4
Idaho Falls (Idaho)			
24/7	31/10	30/8	24/3
Rapid City (South Dakota)			
25/12	31/16	30/14	24/9
Salt Lake City (Utah)			
28/11	33/16	32/15	27/10
Scottsbluff (Nebraska)			
27/12	32/15	31/14	26/8
Yellowstone National Park (Wyoming)			
19/5	24/8	23/7	18/3

Umrechnungsformel von Grad Celsius in Fahrenheit:
Fahrenheit = 1,8 x Celsius + 32

Unterwegs eignet sich am besten **legere Freizeitkleidung.** T-Shirts und Shorts trägt man tagsüber im Sommer auch im Norden der Rockies, obwohl im Hochgebirge und an Abenden oft Pullover und lange Hose erforderlich werden. In den meisten Restaurants ist bequeme Kleidung *(casual wear)* üblich. Nur erstklassige Dinnerrestaurants und Theater in Großstädten verlangen elegante Abendgarderobe *(formal wear)*.

Maße und Gewichte

Längenmaße:	1 *inch (in.)*	= 2,54 cm
	1 *foot (ft.)*	= 30,48 cm
	1 *yard (yd.)*	= 91,44 cm
	1 *mile*	= 1,609 km
Hohlmaße:	1 *gill*	= 0,142 l
	1 *pint*	= 0,47 l
	1 *quart*	= 0,95 l
	1 *gallon*	= 3,79 l
Gewichte:	1 *ounce (oz.)*	= 28,35 g
	1 *pound (lb.)*	= 453,6 g
	1 *stone*	= 6,35 kg

Medizinische Versorgung

Für europäische Touristen ist die ärztliche Versorgung ausgezeichnet, aber auch sehr kostspielig. Ohne eine extra abgeschlossene **Auslandskrankenversicherung** bleibt man leicht auf immensen Kosten sitzen, an denen sich zumindest die gesetzlichen Krankenkassen nicht beteiligen.

Bei Vorerkrankungen, Langzeittherapien oder oberhalb einer gewissen Altersgrenze kommt die Reisekrankenversicherung jedoch nur eingeschränkt oder gar nicht für die Kosten auf. Das Kleingedruckte in den Versicherungsbedingungen gibt hierüber genaue Auskunft. Auslandskrankenversicherungen sind günstig: Jahrespolicen kosten ca. € 12 für Einzelpersonen.

Bei regelmäßiger Medikamenteneinnahme sollte man ausreichend Arzneimittel mitnehmen, ansonsten gibt es rezeptpflichtige Medikamente *(prescription drugs)* gewöhnlich in den **»Pharmacy«-Abteilungen** großer Supermärkte oder Drugstores. Dort findet man zudem auch eine große Auswahl an rezeptfreien Medikamenten, Schmerz- und Stärkungsmitteln, die zu Hause teilweise rezeptpflichtig sind.

Mit Kindern in den Rocky Mountains

Die USA besitzen eine ausgezeichnete, familienfreundliche Infrastruktur. In Restaurants gibt es spezielle Kinderstühle *(high chairs)* und -menüs. Die Bedienung kümmert sich freundlich um den »Kunden von morgen«, bringt bisweilen Spielzeug oder kleine Beigaben zum Essen.

In Hotels und Motels erfolgt im Allgemeinen eine kostenlose Unterbringung im Zimmer der Eltern, oft wird ein Kinderbett aufgestellt. Nur einige Bed & Breakfast-Unterkünfte nehmen den Nachwuchs nicht auf.

Camping mit Zelt oder Wohnmobil gehört zu den schönsten, lockersten Reiseformen mit Kindern. Weitläufige Anlagen versprechen mit Picknick im Wald, Holzsammeln und Lagerfeuer ein deutliches Mehr an »Abenteuer«. Besonders interessant sind natürlich auch Farm- und Ranchaufenthalte.

Autoverleihfirmen statten Pkw oder Wohnmobil gegen Gebühr mit den gesetzlich vorgeschriebenen Kindersitzen aus. Wer qualitativ auf Nummer Sicher gehen will, bringt den eigenen Sitz mit.

National Parks Pass

Wer den Besuch mehrerer Nationalparks der USA plant, für den lohnt sich der Kauf des »America the Beautiful – The National Parks and Federal Recreational Lands – Annual Pass«, schlägt doch allein der Besuch des Yellowstone-Nationalparks mit $ 30 zu Buche. Der Annual Pass (Jahrespass) kostet $ 80 und gewährt freien Eintritt in alle vom National Park Service und anderen Bundesbehörden verwalteten Parks der USA für ein Jahr ab Kaufdatum.

Wird der Eintritt pro Fahrzeug erhoben, gilt der Pass für den Inhaber sowie alle ihn begleitenden Personen (gilt nur für private Fahrzeuge), wird der Eintritt pro Person erhoben, so gilt der Pass für den Inhaber sowie seinen Lebensgefährten/Ehepartner, Kinder und seine Eltern.

[i] Informationen gibt es unter:
☎ 1-888-275-8747
https://store.usgs.gov/recreational-passes
☎ 1-888-467-2757
www.nationalparks.org

Notfälle, wichtige Rufnummern

Vielerorts gibt es **Notfallkliniken** *(emergency walk-in clinics)*. Bei teureren Behandlungen leistet die **Reisekrankenversicherung** eine sofortige Kostenübernahmeerklärung (Telefon- und Faxnummer notieren).

Leihwagen- und Wohnmobilfahrer wenden sich bei einem Unfall oder einer Panne zunächst an ihre Vermietstation. Bei Verlust von Ausweispapieren helfen die **Botschaften** (vgl. Diplomatische Vertretungen). Als generelle Vorsichtsmaßnahme sollte man Reisepass, Führerschein und Flugtickets kopieren oder scannen und auf einem USB-Stick als Datei mitführen. Auch ein Foto auf der Handykamera kann im Notfall helfen.

Kreditkarten sperrt man am besten über die heimischen Ausgabebanken (vorher die Notfallrufnummern und die Nummern der Kreditkarten notieren) oder der einheitlichen, in Deutschland eingeführten Notrufnummer zum Sperren von Kredit-, Maestro- oder Mobilfunkkarten (vgl. unten)

Den umgehenden **Bargeldtransfer** von Europa in die USA wickelt Western Union ab.

Notruf-Polizei-Feuerwehr ☎ 911
Telefonauskunft ☎ 411
Zentraler Sperr-Notruf:
☎ 01149/116 116 oder (030) 4050 4050
www.sperr-notruf.de
Pannendienst des AAA: ☎ 1-800-AAA-HELP = 1-800-222-4357
www.aaa.com
ADAC-Notrufstation:
☎ 1-888-222-1373 (deutschsprachig)
American Express: ☎ 1-800-221-7282
Western Union: ☎ 1-800-325-6000
www.westernunion.com

Service von A bis Z

Öffnungszeiten

In den USA sind die **Geschäfte** meinst von 9/10 Uhr bis 18/19 Uhr geöffnet, die großen Supermärkte auch bis 22 Uhr oder länger. Der kleine Laden an der Ecke oder an der Tankstelle ist oft von morgens 6/7 bis abends 22/23 Uhr geöffnet. Die Öffnungszeiten der großen Einkaufszentren liegen zumeist bei Mo–Do 9–19, Fr/Sa 9–21/22 und So 11/12–18 Uhr. Restaurants servieren Lunch im Allgemeinen zwischen 11.30 und 15, Dinner zwischen 17 und 21 Uhr. Viele, aber nicht alle Fast-Food-Lokale haben rund um die Uhr geöffnet, in einigen Orten schließen sie von etwa Mitternacht bis 6 Uhr, ebenso die **Tankstellen**. **Banken** sind allgemein zwischen 9 und 16, die meisten Museen zwischen 10 und 17 Uhr geöffnet, wobei sich die Zeiten in der Hochsaison bzw. an einem Abend in der Woche oft auf 19 oder 20 Uhr verlängern. Donnerstags haben **Museen** oft längere Öffnungszeiten und/oder sind auch eintrittsfrei, feiertags und sonntags ist ebenfalls geöffnet.

Post, Briefmarken

Postämter *(post office)* gibt es in allen Ortschaften, Minipostämter und -schalter selbst in winzigen Ansiedlungen. Per Luftpost *(air mail)* sind Sendungen nach Europa rund eine Woche unterwegs. Das Porto für Briefe und Postkarten beträgt $ 1.15. Man kann sich postlagernde Sendungen nachschicken lassen, z. B. wie folgt adressiert:

(Name)
c/o General Delivery
Main Post Office
Ort, Bundesstaatskürzel, Postleitzahl
USA

Presse

Denvers größte, regionale Tageszeitung ist die »Denver Post«, die seit 1892 erscheint. Sie zählt zu den zwölf größten Tageszeitungen der USA.

Touristisch relevant sind vor allem die Szenezeitschriften und -magazine, welche Stadtpläne, Adressen und Öffnungszeiten der Restaurants, Café, Kinos, Museen, Termine von Konzerten und anderen Veranstaltungen der Stadt oder Region nennen. Im Allgemeinen liegen die Magazine neben Flyern in Museen, Cafés und an anderen öffentlichen Orten aus, finanziert werden sie durch (reichliche) Werbung.

Rauchen

Das Rauchen unterliegt strikten, aber unterschiedlich gehandhabten Beschränkungen. In Flugzeugen, Bussen, auf Flughäfen und in öffentlichen Gebäuden darf generell nicht geraucht werden. In Restaurants stehen selten spezielle Bereiche, in Hotels manchmal bestimmte Zimmer für Raucher bereit. Vor allem zahlreiche Bed & Breakfasts bzw. Country Inns bieten nur Nichtraucherzimmer (*non-smoking rooms*).

Sicherheit

Die weitläufig besiedelten Rockies kennen nur wenige Ballungsräume mit sozialen Brennpunkten. Daher ist die Region bei üblicher Sorgfalt ein relativ sicheres Reisegebiet. Dennoch sollte man mit dem Wohnmobil in Städten und Orten nicht außerhalb von Campgrounds übernachten. Weniger aus Angst vor Überfällen, sondern weil die Polizei unzulässig abgestellte Wagen kontrolliert oder Passanten mutwillig die Nachtruhe stören.

Sport und Erholung

Ein Urlaub in den Rockies verbindet sich zumeist mit dem Gedanken an Ausritte, Radfahren, Skiabfahrten, Wanderungen, Wildwassertouren und andere Aktivitäten in der freien Natur. Halbtages- oder Tagesausflüge lassen sich kurzfristig vor Ort buchen, mehrtägige Wildwassertrips oder Ausritte *(trail riding)* mit Übernachtungen im Hinterland müssen genau geplant werden.

Das ausgezeichnete Netz an **Wanderwegen** *(hiking trails)* in den Rockies umfasst sowohl kurze Naturlehrpfade *(nature trails)* als auch Fernwanderwege *(backpacking trails)* mit Übernachtung im Hinterland. Besonders Colorado besitzt ein hervorragendes Netz an relativ kurzen und schneefreien Wanderwegen, die auf Höhen von über 4000 m hinaufführen.

Mountain-Biking hat im letzten Jahrzehnt einen rasanten Aufschwung erlebt. Vermietstationen gibt es in Nationalparks und an vielen anderen Touristenzielen. Die große Palette an Routen mit unterschiedlichen Schwierigkeitsgraden reicht von bequemen Fahrten in Tallagen bis zu anspruchsvollen Pfaden hinauf in die Berge.

Golf ist in den USA ein Breitensport. Auch in den Rockies existieren vielerorts großzügige Anlagen, auf denen jedermann ohne Clubmitgliedschaft spielen darf.

Wildwasserfahrten (*whitewater rafting*) gehören zu den populärsten Freizeitabenteuern in den Rocky Mountains. Die Auswahl bewegt sich zwischen halb-, ein- oder mehrtägigen Touren verschiedener Schwierigkeitsgrade, von gemütlichen Floßtouren über ruhige Flussabschnitte bis hin zu den abenteuerlichsten Schussfahrten über wilde Stromschnellen. Die bekanntesten Rafting-Flüsse der Rockies sind der Arkansas River mit Brown's Canyon und Royal Gorge in Colorado, Middle Fork of the Salmon River in Idaho, Green und Yampa Rivers an der Staatengrenze Colorado/Utah, Snake und Shoshone River in Wyoming.

Weniger stürmisch geht es beim **Angeln** zu. Dafür wird eine tage- bzw. wochenweise gültige Lizenz benötigt. Die *fishing licence* gibt es in Sportgeschäften, Supermärkten mit eigener Sportabteilung und anderen Geschäften in der Nähe bekannter Ausflugsziele.

Unzweifelhaft liegen die besten **Skigebiete** der USA in den Rocky Mountains. Utah als Austragungsort der Olympischen Winterspiele 2002 nimmt für sich sogar den »Greatest Snow on Earth«, »den besten Schnee der Welt«, in Anspruch. Herausragende Skigebiete sind Aspen und Vail in Colorado, Ketchum/Sun Valley in Idaho, Park City (bei Salt Lake City) in Utah und Jackson Hole in Wyoming.

Strom

Nordamerika verfügt über ein 110 Volt/60 Hertz-Stromnetz. Rasierapparat, Akku-Ladegerät, Fön usw. arbeiten dort einwandfrei, wenn sie einen Spannungsumschalter von 220 auf 110 Volt besitzen. Ob dies der Fall ist, sollte vor der Reise geklärt werden. Den notwendigen Adapter für die nordamerikanischen Steckdosen gibt es als »Amerikastecker« in vielen heimischen Elektrogeschäften, vor Ort ist er dagegen schwieriger zu bekommen.

Telefonieren

Nordamerika besitzt ein einheitliches Nummernsystem aus dreistelliger Vorwahl *(area code)* und stets siebenstelliger Rufnummer. Bei Ferngesprächen muss die »1« vorgewählt werden. Sogenannte *toll-free numbers* mit den Vorwahlen »800«, »855«, »866«, »877« oder »888« etc. sind gebührenfrei. Hier muss man grundsätzlich eine »1« vorwählen. Bei Problemen hilft die Vermittlung *(operator)* unter der Nummer »0« weiter.

Neben den Ziffern 2 bis 9 auf dem Tastentelefon stehen jeweils drei Buchstaben: 2ABC, 3DEF, 4GHI, 5JKL, 6MNO, 7PQRS, 8TUV, 9WXYZ. Damit lassen sich einprägsame Buchstabenkombinationen erstellen, beispielsweise gibt es unter © 1-800-SDAKOTA = 1-800-732-5682 Infos über South Dakota.

Geschäfte, aber auch Tankstellen, verkaufen *prepaid phone cards* zu Beträgen von $ 10, $ 20 oder mehr. Mit den vorausbezahlten **Telefonkarten** kann man von jedem Telefon aus preiswert innerhalb der USA oder nach Europa telefonieren.

Gespräche vom **Handy** *(cell phone, mobile phone)* nach Europa sind unproblematisch, belasten aber die Urlaubskasse. Es sei denn, Sie haben eine **SIM-Karte** mit amerikanischer Nummer, die Sie mindestens zwei Wochen vor Ihrer Abreise bestellen sollten. Zahlreiche Anbieter sind auf dem Markt. Auch vor Ort kann man eine amerikanische SIM-Karte erwerben.

Umständlich und kostspielig sind Überseegespräche von öffentlichen **Münztelefonen**. Man braucht dazu einen immensen Vorrat an Kleingeld und die Hilfe des Operators. Unkomplizierter, aber mit teurem Hotelaufschlag belegt, telefoniert man aus dem Hotelzimmer.

Bequem, praktisch, aber sehr teuer sind sogenannte **R-Gespräche**, bei denen man eine Vermittlung in Deutschland erreicht und weder Münzen noch Telefonkarte braucht, weil der Empfänger zahlt.

Service von A bis Z

Um aus den USA nach Deutschland zu telefonieren, wählt man 011 49, danach die Ortsnetzkennzahl ohne 0 und die Nummer des Teilnehmers, nach Österreich 011 43 und in die Schweiz 011 41. Die internationale **Vorwahlnummer** für Anrufe in die USA ist +1, das heißt sie wählen aus Deutschland 001 plus Rufnummer.

Trinkgeld

In den USA sind vielerorts die Grundgehälter sehr niedrig, erst durch Trinkgeld *(tip, gratuity)* kommen Angestellte zu einem akzeptablen Verdienst. Deshalb sind in Restaurants rund 15 % Trinkgeld (Endsumme vor Steuern) Usus. Der Betrag verbleibt entweder auf dem Tisch oder wird bei Zahlung per Kreditkarte auf dem Vordruck eingetragen. Etwa $ 1, in besseren Hotels auch $ 2, erhalten der Kofferträger pro Koffer oder Tasche, das Zimmermädchen pro Übernachtung, der Zimmerkellner und jeder, der einen Extraservice leistet wie das Auto beim *valet parking* parken und abholen.

Unterkunft, Camping

Entlang den wichtigsten Durchgangsstraßen, in Städten, größeren Orten und bedeutenden touristischen Zielen ist das Hotel- und Motelangebot ausgezeichnet. Leuchtschilder verkünden mit »vacancy/no vacancy« den Belegungszustand. Hilfreich bei der Quartiersuche sind auch die ausführlichen Broschüren der Touristeninformationen. Ansonsten kann man Quartiere unter Angabe der Kreditkartennummer auch bestens von unterwegs vorbuchen. Das garantiert das Zimmer bis zur Ankunft, hat bei Nichterscheinen allerdings zur Folge, dass der Betrag trotzdem abgebucht wird. Preise gelten zumeist für Doppelzimmer, Einzelzimmer gibt es kaum. Aufpreise für zusätzliche Übernachtungsgäste sind dafür sehr gering, Kinder, die im Zimmer der Eltern schlafen, zahlen oft überhaupt nichts.

Von Europa aus sollte man das Hotel für die erste und letzte Nacht sowie Quartiere in Nationalparks zur Hochsaison (vgl. Yellowstone) oder in Städten bei Veranstaltungen (z. B. bei den Cheyenne Frontier Days) vorbuchen.

Ein **Chalet** ist im Allgemeinen eine aus Holz erbaute Berg- oder Skihütte, kann aber auch ein/e Ferienwohnung oder -haus sein, z. B. für Selbstversorger.

Eine **Lodge** ist zumeist eine rustikale, aber komfortable Hotel- oder Ranchunterkunft, die im regionalen Stil, z. B. im Westernstil, erbaut und eingerichtet ist. Oft befindet sich eine Lodge in einem Nationalpark oder einem anderen Naturreservat.

Ein **Bed and Breakfast** ist die luxuriöse US-Variante der Privatpension, meist in einem historischen Haus, mit Kontakt zum Gastgeber. Die wenigen Zimmer sind erlesen, oft mit Antiquitäten eingerichtet. Zimmer in sehr geschichtsträchtigen Häusern haben, im Gegensatz zum Standard-Hotelzimmer, oft keinen Fernseher, kein Telefon oder andere moderne Annehmlichkeiten. Ein ausgiebiges Frühstück wird speziell für den Gast zubereitet.

Hotels bieten meist eine Vielzahl von Zimmern auf mehreren Etagen an. Integriert sind häufig ein Swimmingpool, Fitnesseinrichtungen und ein Restaurant.

Motels sind prinzipiell auf Autofahrer ausgerichtet. Sie sind oft nur ein- oder zweistöckig, der Parkplatz befindet sich direkt vor der Tür. Meist an den Fernstraßen zu finden.

Die Rocky Mountains verfügen auch über einige **Jugendherbergen**, Mitglieder des Deutschen Jugendherbergswerks, © (052 31) 740 10, www.jugendherberge.de, übernachten dort preiswerter; Hostelling International USA: www. hiusa.org.

Alle großen Hotelketten in den USA besitzen gebührenfreie **Reservierungsnummern** oder lassen sich online buchen.

Die **Dollar-Zeichen** unter den Hoteladressen auf den blauen Info-Seiten kennzeichnen die folgenden Preiskategorien für ein Doppelzimmer:

$	– bis 80 Dollar
$$	– 80 bis 120 Dollar
$$$	– 120 bis 160 Dollar
$$$$	– über 160 Dollar

In den State oder National Parks oder den tiefen Wäldern des Forest Service finden sich erstklassige Anlagen für **Zelt- und Wohnmobilcamper**. Die großzügigen Stellplätze sind mit Picknickbänken und Grillrosten bestückt, gelegentlich gibt es Feuerholz. Die preiswerten Übernachtungsgebühren beginnen ab ca.

Service von A bis Z

$ 13 für einen Stellplatz ohne weitere Extras. Vorausbuchungen von Campingplätzen in Parks sind nur stellenweise möglich:

Im **Yellowstone National Park** unter:
✆ (307) 344-7311
www.yellowstonenationalparklodges.com

Im **Rocky Mountain National Park** und **Glacier National Park** unter:
✆ 1-877-444-6777, www.recreation.gov.
Ansonsten gilt stets *first come, first served*, »Wer zuerst kommt, darf den Platz belegen«. Park Campgrounds in der Nähe touristisch stark frequentierter Orte und an Hochsaisonwochenenden sind deshalb oft schnell belegt. Fast alle privaten Campingplätze lassen sich unter Angabe der Kreditkartennummer vorbuchen.

Der Großteil ihrer Stellplätze ist mit **Vollanschluss** *(full hookup)* ausgerüstet, d. h. mit Stromanschluss *(electric hookup, power hookup)*, Frischwasserzufluss *(water hookup)* und Abwasserabfluss *(sewer hookup)*. Viele Campingplätze besitzen im Eingangsbereich einen zentralen Abwasseranschluss *(dump station, sewage station)*. Tipp: An den touristisch relevanten Stellen z. B. im Yellowstone N. P. gibt es auch Tankstellen, Werkstätten und andere Versorgungseinrichtungen.

Die bekannteste überregionale Campingplatzkette **Kampgrounds of America (KOA)** bietet neben Vollanschlüssen u. a. Spielplätze, Münzwaschsalons, Swimmingpools und Fernsehräume. Für den Komfort zahlt man ab $ 35 pro Nacht, Auto und Zelt, Wohnmobile ab $ 46.

Die kostenlose Reservierung erfolgt über eine gebührenfreie »800er«-Nummer, die der praktische KOA Atlas auflistet. Info: ✆ 1-888-562-0000, www.koa.com.

Verkehrsmittel

Amtrak, die überregionale Personenzuglinie der USA, besitzt zwei Linien durch die Rocky Mountains. Sitzplätze müssen (kostenlos) unter ✆ 1-800-872-7245 (www.amtrak.com) reserviert werden, es gibt keine Stehplätze. Die überregionale US-amerikanische Buslinie **Greyhound** bedient alle Groß- und die meis--ten Kleinstädte, Platzreservierungen unter ✆1-800-231-2222. Die günstigen Buspässe (Discovery Pass) kann man online bestellen: www.greyhound.com.

Im **öffentlichen Nahverkehr** werden ausschließlich Busse eingesetzt. Lediglich Denver besitzt eine Straßenbahnlinie. Die Bezahlung erfolgt mit passendem Kleingeld, die Fahrer geben kein Wechselgeld zurück.

Ortsunkundige sollten bei Fahrten in unbekannte Vororte oder bei Dunkelheit stets ein **Taxi** nehmen. Der Fahrer erhält zusätzlich rund 15 % Trinkgeld.

Zeitzonen

In den Rocky Mountains gilt *Mountain Standard Time* (MEZ minus 8 Stunden). Vom zweiten Sonntag im März bis zum ersten Sonntag im November gilt zudem die Sommerzeit *(Daylight Saving Time, DST)*.

Zoll

Zollfrei in die USA mitbringen darf man außer der persönlichen Reiseausrüstung:

– 200 Zigaretten oder 100 Zigarren (möglichst nicht aus Kuba) oder 3 Pfund Tabak
– 1 Liter Alkohol
– Geschenke im Wert von bis zu € 100.

Die Einfuhr von frischen Lebensmitteln, Pflanzen und landwirtschaftlichen Erzeugnissen ist nicht erlaubt.

Aktuelle Infos zu den US-amerikanischen Zollbestimmungen findet man unter: https://de.usembassy.gov/de oder www.cbp.gov.

Erkundigen Sie sich vor der Rückreise nach Deutschland über die Ein- und Ausfuhrbestimmungen beim Zoll unter: www.zoll.de. Wenn der Wert Ihrer Reisemitbringsel die Reisefreimenge von € 430 überschreitet, fallen Einfuhrabgaben an.

Bei der Rückreise nach Deutschland:

– Waren im Gesamtwert von maximal € 430 für Erwachsene und € 175 für Kinder
– 200 Zigaretten oder 100 Zigarillos oder 50 Zigarren
– 50 ml Parfüm
– 1 Liter Spirituosen (über 22 % Alkohol) oder 2 Liter Spirituosen (unter 22 % Alkohol).

Sprachführer

Auto
air-condition	– Klimaanlage
brake	– Bremse
bumper	– Stoßstange
engine	– Motor
gasoline, gas	– Benzin
headlight	– Scheinwerfer
jack	– Wagenheber
licence plate	– Nummernschild
muffler	– Auspufftopf
seat belt	– Sitzgurt
spare tire	– Ersatzreifen
spark plug	– Zündkerze
tire	– Reifen
transmission	– Getriebe
trunk	– Kofferraum
windshield	– Windschutzscheibe
wiper	– Scheibenwischer

Unterwegs
Buckle up	– anschnallen
check the oil	– Öl kontrollieren
clearance	– Bodenfreiheit
curb	– Bordstein
customs	– Zoll
dead end, no through street	– Sackgasse
detour	– Umleitung
dip	– Bodenwelle
dirt road	– unbefestigte Straße
emergency	– Notfall
emergency call	– Notruf
fill it up, please	– bitte volltanken
flagman ahead	– Arbeiter mit Warnflagge regeln den Verkehr
4-Way-Stop	– Stoppschild an allen Zufahrten in eine Kreuzung
gas station	– Tankstelle
handicapped parking	– Parkplatz für Behinderte
interchange	– Kreuzung
junction	– Kreuzung, Abzweigung
loading zone	– Ladezone
maximum speed	– Höchstgeschwindigkeit
merge	– einfädeln
no passing zone	– Überholverbotszone
no turn on red	– Abbiegen bei Rot verboten
one-way street	– Einbahnstraße
parking lot	– Parkplatz
pay cashier first	– vor dem Tanken bezahlen
rental car	– Leihwagen
rest area	– Rastplatz
right of way	– Vorfahrt
road construction	– Straßenbaustelle
slippery when wet	– Rutschgefahr bei Nässe
speed checked by radar	– Radarkontrolle
speed limit	– Tempolimit
speeding	– zu schnell fahren
ticket	– Strafzettel
tow away zone	– Abschleppzone
U-turn	– wenden
unleaded	– unverbleit
watch for pedestrians	– auf Fußgänger achten
yield	– Vorfahrt achten

Restaurant
all you can eat	– Essen, so viel man möchte
appetizer	– Vorspeise
cash or credit	– bar oder per Kredikarte zahlen
catch of the day	– fangfrischer Fisch auf der Tageskarte
coffee shop	– Cafeteria
counter	– Theke
dinner	– Abendessen
entree	– Hauptgericht
formal wear	– Abendgarderobe
fried	– fritiert
gratuity	– Trinkgeld
lunch	– Mittagessen
on the side	– extra, auf die Seite geben
please, wait in line	– bitte anstellen und warten
please, wait to be seated	– bitte auf die Empfangsdame warten
refill	– kostenloses Wiederauffüllen bei Kaffee
restrooms	– Toiletten
sauteed	– gedünstet
take the order	– die Bestellung aufnehmen
tip	– Trinkgeld
to go	– zum Mitnehmen

Essen
Bacon	– Speck
baked potato	– gebackene Kartoffel
blackberries	– Brombeeren
blueberries	– Blaubeeren
buffalo meat	– Bisonfleisch

Sprachführer

bun	–	süßes Brötchen		
cheese cake	–	Käsekuchen		
clam chowder	–	Muschelsuppe		
cole slaw	–	Weißkohlsalat		
cranberries	–	Preiselbeeren		
cream	–	Sahne		
danish	–	Blätterteiggebäck		
donut, doughnut	–	eine Art Berliner Ballen		
dressing	–	Salatsoße		
eggs overeasy	–	Eier, einmal in der Pfanne gewendet		
eggs sunny side up	–	Spiegeleier		
french fries	–	Pommes frites		
fruit pie	–	Obsttorte		
game	–	Wild		
hash browns	–	Bratkartoffeln nach Rösti-art		
ice tea	–	Eistee		
lobster	–	Hummer		
maple syrup	–	Ahornsirup		
oysters	–	Austern		
pancakes	–	luftige Pfannkuchen		
pie	–	Torte, Kuchen		
raspberries	–	Himbeeren		
rye bread	–	Roggenbrot		
salmon	–	Lachs		
scrambled eggs	–	Rühreier		
seafood	–	Fisch und Meeresfrüchte		
shrimps	–	Krabben		
trout	–	Forelle		
wheat bread	–	Weizenbrot		

Hotel/Motel

air-condition	–	Klimaanlage
bed and breakfast (B & B)	–	Frühstückspension
bellboy	–	Kofferträger
cancel reservation	–	Reservierung absagen
complimentary	–	gratis
confirmation	–	Buchungsbestätigung
cottage	–	Ferienhäuschen
doorman	–	Türsteher
efficiency	–	Zimmer mit Kochnische
elevator	–	Aufzug
front desk	–	Empfang, Rezeption
happy hour	–	»blaue Stunde« in der Hotelbar, am Nachmittag
incidentals	–	Nebenkosten
king size bed	–	übergroßes Doppelbett
lounge	–	Bar
no vacancy	–	kein Zimmer frei
queen size bed	–	großes Doppelbett
rate	–	Zimmerpreis
room maid	–	Zimmermädchen
rooms available	–	Zimmer frei
stairway	–	Treppenhaus
twin bed	–	Doppelbett
vacancy	–	Zimmer frei
valet parking	–	Parken durch Hotel-, Restaurantangestellte
youth hostel	–	Jugendherberge

Camping

campground	–	Campingplatz
chemical toilet	–	Chemietoilette
coin laundry	–	Münzwaschsalon
dump station	–	Abwasserstelle
fee	–	Gebühr
full hookup	–	Vollanschluss inkl. Strom, Frischwasser und Abwasser
hose	–	Schlauch
laundromat, laundry	–	Waschsalon
motorhome	–	Wohnmobil
propane	–	Propangas
RV Park	–	Campingplatz vornehmlich für Wohnmobile
RV, recreational vehicle	–	Wohnmobil
sewage, sewer	–	Abwasser, -abfluss
shower	–	Dusche
site	–	Stellplatz
tent	–	Zelt
waste	–	Abfall

Einkaufen

aisle	–	Gang
bargain	–	Sonderangebot, Billigangebot
bulk food	–	nicht abgepackte Lebensmittel
convenience store	–	kleines Lebensmittelgeschäft
dairy products	–	Milchprodukte
factory outlet	–	Direktverkauf der Produzenten
I'm just looking	–	Ich schaue mich nur um
mall	–	großes Einkaufszentrum
on sale	–	Sonderangebot
pharmacy	–	Apotheke
prescription drugs	–	verschreibungspflichtige Medikamente
produce	–	Gemüse
sales tax	–	Umsatzsteuer
size	–	Größe
two for one, 2-4-1	–	zwei zum Preis von einem

Sprachführer

Telefon, Internet
area code	– Vorwahl	boardwalk	– Sumpf-, Holzsteg
collect call	– R-Gespräch, Gebühren bezahlt der Angerufene	fall foliage	– herbstliche Blätterfärbung
		firewood	– Feuerholz
dial	– wählen	hiking	– Wandern
dial tone	– Freizeichen	hiking trail	– Wanderweg
direct dial phone	– Selbstwähltelefon	loop trail	– Rundwanderweg
leave a message	– eine Nachricht hinterlassen	map	– Landkarte
line is busy	– Leitung besetzt	nature trail	– Naturlehrpfad
local call	– Ortsgespräch	outfitter	– Wildnisexperte, Ausrüster
long distance call	– Ferngespräch	permit	– Genehmigung
cell phone	– Handy	recreation area	– Erholungsgebiet
text message	– SMS	river (whitewater) rafting	– Wildwasserfahrten
please, hold on	– bitte am Apparat warten	self-guiding trail	– kurzer Wanderpfad
Do you have wi-fi?	– Haben Sie WLAN?	trail riding	– Ausritt
toll free number, 800-, 877-, 888-number	– gebührenfreie Nummer	trailhead	– Startpunkt eines Wanderweges
		walk-in campground	– Campingplatz ohne Autozufahrt
Freizeit, Natur und Sport		white water rafting	– Wildwasserfahrt
backcountry	– Hinterland		
backpacking	– Rucksackwandern	woodlot	– Feuerholzplatz

Pferde in der Pine Ridge Indian Reservation in South Dakota

Orts- und Sachregister

Die US-amerikanischen Bundesstaaten und kanadischen Provinzen, die im Reiseführer erwähnt werden, erscheinen im Register in geläufigen Abkürzungen. **Fett** hervorgehobene Seitenzahlen verweisen auf ausführliche Erwähnungen, die *kursiv* gesetzten Begriffe und Seitenzahlen beziehen sich auf den Service am Ende des Buches.

Arizona – AZ
Colorado – CO
Idaho – ID
Kansas – KS
Montana – MT
Nebraska – NE
South Dakota – SD
Utah – UT
Wyoming – WY

British Columbia, Kanada – B. C.

Afton, WY 92, 94, 98
Alamosa, CO 65
Alder Creek, MT 25, 224
Alder Gulch Short Line Railroad, MT 228
Alliance, NE 170
Alpine, WY 92
American West Heritage Center, UT 93, 98
Anaconda, MT 14, 27, 230, 231
Animas River 10, 50, 51
Anreise 278 f.
Antelope Island, UT 82 f.
Antelope Island State Park, UT 91
Antero Junction, CO 42
Arapahoe Basin, CO 197
Arco, ID 30, 273, 274, **276**, 277
– Experimental Breeder Reactor No. 1 31, 276, 277
Arkansas River 8, 21, 22, **42 ff.**, 68, 72, 198, 199, *286*
Ashton, ID 274, *276*
Aspen, CO 9, 10, 28, 30, 69, 197, **199–204, 206 f.**, *286*
– Aspen Highlands 203
– Aspen Mountain 203
– Aspen Music Festival 206
– Buttermilk Mountain 203
– Snowmass Rodeo 203, 207
– Wheeler Opera House 204, 206
Auskunft 279
Automiete, Autofahren 279 f.

Babb, MT 244, 251
Badlands National Park, SD 15, **150–156**
– Ben Reifel Visitor Center 151, 153, 156
– Big Badlands Overlook 152
– Cedar Pass 156
– Cliff Shelf Nature Trail 151, 153, 156
– Conata Picnic Area 153 f.
– Door Trail 151, 152, 156
– Fossil Exhibit Trail 151, 153, 156
– North Unit 152
– Pinnacles Overlook 154
– Roberts Prairie Dog Town 154
– Window Trail 151, 153, 156
Bald Mountain, ID 272
Bald Mountain, WY 138
Banner, WY 142, 148
Barr National Recreation Trail, CO 76
Basket-Maker-Kultur vgl. Korbflechter-Periode
Bayard, NE 175
Bear Creek Falls, CO 49
Bear Lake, ID/UT 12 f., 93, 98
Bear Lake State Park, ID/UT 94, 98
Bear Lake Summit, UT 92, 93 f.
Beartooth Pass, WY 9, 123, 126, **127 f.**
Beaverhead River 226
Beaver Ponds, CO 203
Belle Fourche River 144
Berthoud Pass, CO 189, 194
Big Belt Range, MT 237
Big Meadow Lake, CO 62
Big Wood River Valley, ID 271
Bighorn Basin, WY 135, 137
Bighorn Canyon National Recreation Area, WY 134, **136.**, 140
Bighorn Mountains, WY 12, 25, 134, **137**, 143
Bighorn River 22, 136
Bighorn Scenic Byway, WY 138
Bisons 12, 13, 15, 20, 21, 26, 27, 29, 118, **122**, 130, 151, **167**, 245, **259**
Bitterroot Mountains, MT/ID 260
Bitterroot Valley, MT/ID 260 f., 265
Black Canyon of the Gunnison National Park, CO 10, 31, **46–48**, 52
– Painted Wall 48
Black Eagle, MT 243
Black Hills, SD 14 f., 21, 24, 25, 26, 142, 144, **146 ff., 154–172**, 178

Black Hills Central Railroad, SD 166, 169
Black Hills Playhouse, SD 162
Black Hills Reptile Gardens, SD 151, 155, 157
Blackfeet Indian Reservation, MT 13, 244, 246, 249
Black Sandy State Park, MT 234 f.
Blue Mesa Lake, CO 47, 52
Bonanza, ID 267
Bonneville Speedway, UT 91
Borah Peak, ID 266
Botschaften 281
Boulder, CO 10, 182, **183–186**
– Chautauqua Park 182, 184
– Colorado Shakespeare Festival 186
– Flagstaff Mountain 182, 183
– Flagstaff Road 183
– National Center for Atmospheric Research 184, 186
– Pearl Street Mall 184 f.
– University of Colorado 183
Boulder Canyon, CO 185
Bozeman Trail 25, 143
Breckenridge, CO 197
Bridgeport, NE 170
Bridger Teton National Forest, WY 100
Brown's Canyon, CO 42, 44, 68
Browning, MT 13, 238, 244, **245 f.**, 249
– Museum of the Plains Indian 244, 245, 249
Buena Vista, CO 43, **44**, 45, 68, 197
Buffalo, WY 142, 143, 148
– Jim Gatchell Museum 143, 148
Buffalo Bill Cody Scenic Byway, WY 127, 131
Buffalo Bill Dam, WY 131
Buffalo Bill State Park, WY 131
Buffalo Bill's Grave & Museum 41
Buffalo Gap National Grassland, SD 154
Burgess Junction, WY 134
Butte, MT 14, 27, 222, 224, **226 f.**, 229, 230 f., 234
– Berkeley Pit 222, 229
– Berkely Pit Mine 227, 229
– Copper King Mansion 226 f., 229
– World Museum of Mining 230, 234

California Trail 24, 177
Camping 287 f.

293

Orts- und Sachregister

Canyon Village 125
Cañon City, CO 67, 68, 72
Cascade, CO 75, 76
Cathedral Spires, SD 160
Cave of the Winds, CO 75, 76, 79
Central City, CO 10, 30, 41
Central Colorado Railroad 197
Chadron, NE 170, 172, 175
– Museum of the Fur Trade 170, 172, 175
Challis, ID 31, 264, 266, 268
– Land of the Yankee Fork Historic Area Visitor Center 264, 266, 268
Cherry Creek 24, 33, 34, 36
Cheyenne, WY 19, 28, 29, 35, 176, **179 ff.**
– »Big Boy« 180
– Cheyenne Depot Museum 180, 181
– Cheyenne Frontier Days Old West Museum 176, 179 f., 181
– Historic Governor's Mansion 176, 180, 181
– Union Pacific Railroad Depot 180
– Union Station 176
– Wyoming State Capitol 176, 180, 181
Cheyenne Crossing, SD 142
Cheyenne Mountain, CO 67, 70
Cheyenne River 151
Chief Joseph Scenic Highway, WY 126, 127
Chief Joseph Pass, ID 265
Chimney Rock, CO 15, 60, 65
– Chimney Rock National Monument, CO 60, 65
Chimney Rock, NE 15, 170, 173
– Chimney Rock National Historic Site, NE 170, 173, 175
Church of Jesus Christ of Latter-Day Saints vgl. Mormonen
Clarks Fork River 127
Clear Creek Canyon, CO 194, 197
Cliff Dwellings 20, 27, **55–59**
Cloud Peak, WY 137
Cody, WY 12, 19, 126, 127, **128– 133**, 134, **135**, 140
– Buffalo Bill Dam Visitors Center 126, 133
– Buffalo Bill Historical Center 126, 129, 132
– Buffalo Bill Museum 130 f., 132 f.
– Cody Firearms Museum 131, 132 f.

– Cody Night Rodeo 12, 126, 131, 133
– Draper Museum of Natural History 131, 133
– Irma Hotel 129, 132
– Museum of the Old West 12, 134, 135, 140
– Plains Indian Museum 130 f., 133
– Sheridan Avenue 128 f.
– Whitney Western Art Museum 131, 133
Cog Railway vgl. Manitou & Pikes Peak Cog Railway
Collegiate Range, CO 43
Colorado, CO (Staat) 9, 10, 16, 21, 22, 23, 25, 27, 28, 29, **32–79, 180–215**
Colorado River 8, 189, 190, **192 ff.**, 205, 210, 212, 217
Colorado Springs, CO 10, 22, 66, 67, **70–73**, 75, 76, **77 f.**, 79
– Cheyenne Mountain Zoo 67, 71, 73
– Eagle's Nest 71
– Flying W Ranch 73
– Garden of the Gods 10, 71, 75, 77 f., 79
– Old Colorado City 70, 75
– Pro Rodeo Hall of Fame 75, 78, 79
– The Broadmoore Seven Falls 71, 73
– Will Rogers Shrine 67, 71, 73
Colorado Springs & Cripple Creek District Railroad, CO 70
Colter Bay, WY 107, 109
Columbia River 8, 22, 252, 271
Continental Divide vgl. Kontinentale Wasserscheide
Cooke City, MT 126, 127
Copper Mountain, CO 198
Copperton, UT 91
Craters of the Moon National Monument and Preserve, ID 12, 20, 270, 272, 273, **274 ff.**
– Big Craters and Spatter Cones Area (Lavahöhlen) 275 f.
– Inferno Cone 275
– Loop Road 274, 275
Crawford, NE 170, 172 f., 175
– Fort Robinson State Park 170, 172 f., 175
Crazy Horse Memorial, SD 29 f., 158, **162 f.**, 165
Memorial Indian Museum of North America 163
– Native American Educational and Cultural Center 163

Cripple Creek, CO 10, 16, 23, 28, 30, 34, 67, **69 f.**, 72
– Mollie Kathleen Gold Mine 72
Cripple Creek & Victor Narrow Gauge Railroad 70, 72
Crow Canyon Archaeological Center 55
Crystal Lake, CO 47
Curecanti National Recreation Area, CO 47, 52
Custer, ID 264, 267, 268
Custer, SD 158, 162, 164, 165
Custer Motorway, ID 266 f.
Custer State Park, SD 15, **160 ff.**, 164, 166, **167**
Custer State Park Buffalo Roundup 165, 167

Dayton, WY 134, 138
Deadhorse Canyon, CO 205
Dead Indian Summit, WY 126, 128
Deadwood, SD 15, 31, 142, **146 f.**, 148 f., 150
– Days of '76 Museum 147, 149
– Historic Main Street 146
– Mount Moriah Cemetery 142, 147
– Old Town Hall 147
– Saloon No. 10 Casino 147, 149
Deadwood Creek 146
Deer Lodge, MT 230, 231 f., 234
– Grant-Kohrs Ranch National Historic Site 230, 231 f., 234
– Montana Auto Museum 230, 232, 234
– Old Montana Prison 232, 234
Del Norte, CO 60, 62 f.
Denver, CO 10, 16, 17, 18, 19, 24, 31, **32–41**, 42, 43, 70, 75, 78, 176, 180, 182, 197, *278*
– Brown Palace Hotel 32, 36, 38
– Cherry Creek Shopping Center 40
– Children's Museum 37, 38 f.
– Civic Center Park 32, 34
– Clifford Still Museum 34 f., 38
– Colorado State Capitol 32, 34, 39
– Coors Field 36 f.
– Denver Art Museum 32, 34 f., 39
– Denver Museum of Nature and Science 39
– Denver Pavilions 36, 40

294

Orts- und Sachregister

– Downtown Aquarium 32, 37, 39
– Elitch Gardens 37, 39
– History Center Colorado 32, 34, 39
– Larimer Square 32, 36
– Lower Downtown (LoDo) 32, 36 f.
– People's Fair 41
– Pioneer Monument 34
– Restaurants 39 f.
– 16th Street Mall 10, 32, 35
– Union Station 35, **36**, 39
– U. S. Mint 10, 32, **35**, **39**
– Writer Square 32, 36
Denver International Airport 30, 38, *278*
Denver & Rio Grande Railroad 50, 51, 68, 71
Devil Canyon Overlook, WY 134, 136
Devil's Gate Viaduct, CO 197
Devils Tower National Monument, WY 12, 142, **144**, 148
Dickhornschafe 9, 77, 137, 220, 237
Dillon, CO 197
Dinosaur, CO 208, 210, 214
Dinosaur National Monument, CO 11, 21, 23, 28, 31, **208–213**, 214, 217
– Canyon of Lodore 212
– Dinosaur Quarry 209, 210, 213, 214
– Echo Park 11, 210 f., 212
– Echo Park Overlook 208, 210
– Echo Park Road 209, 212, 214
– Harpers Corner 208
– Harpers Corner Scenic Drive 208, 210, 214
– Pool Creek Ranch 212
– Quarry Exhibit Hall 213, 214
– Rainbow Park 213
– Split Mountain 213
– Steamboat Rock 212
Diplomatische Vertretungen 281
Durango, CO 46, 47, 48, 50, **51**, **52 f.**, 54, 60
Durango & Silverton Narrow Gauge Railroad 10, 50 f., 52
Dutch John, UT 217, 221

Earthquake Lake, MT 31, 223, 228
Einkaufen 281
Einreise 278 f.
Eisenhower-Tunnel, CO 197
Eldorado Canyon, CO 182

Eldorado Canyon State Park, CO 184, 186
Elk Creek, CO 52
Ennis, MT 222
Essen und Trinken 282
Estes Park, CO 182, **185**, **186 f.**, 189, 190, 192, 194
Evanston, UT 217

Fairmont Hot Springs, MT 229, 230, 231
Fairplay, CO 42, 43, 45
Farmington, UT 91
Feiertage, Feste, Veranstaltungen 282
Fetterman Battle 25, 143, 162
Fetterman Battle Site, WY 142, 143
Firehole River 112, 114
Fishing Bridge, CO 45, 125
Five Springs Falls, WY 137
Flaming Gorge, UT/WY 11, 17, **216–220**, 221
– Dowd Mountain, UT 216, 220, 221
– Dowd Mountain Overlook, UT 220, 221
– Hideout Canyon, UT 220, 221
– Red Canyon, UT 217, 220, 221
– Red Canyon Visitor Center, UT 216, 217 ff., 221
– Sheep Creek Bay, UT 220, 221
Flaming Gorge Dam, UT 212, 216, 221
Flaming Gorge National Recreation Area, UT/WY **216**, **217–220**, 221
Flaming Gorge Reservoir, UT/WY 217
Flaming Gorge – Uintas Scenic Byway, UT 217
Flathead Indian Reservation, MT 258 f.
Flathead Lake, MT 13, 258
Flatirons, CO 184
Florence & Cripple Creek Railroad 68 f.
Foothills, CO 34
Fort Bridger, WY 216, 220, 221
– Fort Bridger State Historic Site 220, 221
Fort Laramie, WY 24, 158, 176, **178**, 179, 181, 220
Fort Laramie National Historic Site, WY 176, 178, 181
Fort Phil Kearny, WY 25, 142, 143, 148
Fort Phil Kearny State Historic Site, WY 142, 143, 148

Fort Robinson, NE 15
Fort Robinson State Park, NE vgl. Crawford
Fort William, WY 178
Fountain, CO 73
Frank Church – River of No Return Wilderness Area, ID 12, 265
Fremont Pass, CO 198
French and Indian War 21
Frieden von Guadalupe-Hidalgo 24, 84
Front Range 33, 34
Fumarolen 27, 110, 127

Galena Summit, ID 270, 271
Garden City, UT 94, 98
Garden of the Gods vgl. Colorado Springs
Gates of the Mountains, MT 236
Gates of the Mountains Recreation Area, MT 236, 238
Geld, Kreditkarten 282 f.
Georgetown, CO 10, 28, 69, 189, **194–197**, 200
– Georgetown Loop Railroad 196, 197, 200
– Hotel de Paris Museum 195
– Silver Plume National Historic Landmark District 194
Gering, NE 175
Geysire 12, 22, 27, **110–116**, 117
Glacier National Park, MT 13, 29, 226, 244, 245, **246–257**, 258, *288*
– Apgar Village 251, 255
– Avalanche Creek 254
– Avalanche Lake 254
– East Glacier Park 249, 251
– Garden Wall 254
– Going-to-the-Sun Road 8,13, 30, 247, 249, 251, **252**, **254 f.**, 256
– Granite Park Chalet 253, 256
– Grinnell Glacier 248
– Grinnell Lake 244, 248
– Hanging Gardens 253
– Hidden Lake 253
– Hidden Lake Trail 251, 253
– Highline Trail 253 f.
– Iceberg Lake 248
– Lake Josephine 244, 248
– Lake McDonald 252, 254
– Lake McDonald Lodge 254 f., 256
– Logan Pass 251, 252, 253
– Loop Trail 254

295

Orts- und Sachregister

- Many Glacier 244, 249, 252, 256
- Many Glacier Lodge 244, 247, 256
- Many Glacier Valley 247
- McDonald Valley 254
- Mount Allen 248
- Mount Brown 255
- Mount Gould 248
- Mount Grinnell 248
- Mount Wilbur 248
- Ptarmigan Falls 248
- Snyder Ridges 254
- Sperry Chalet 255, 256
- St. Mary Lake 252
- Swiftcurrent Lake 244, 247 f.
- Swiftcurrent Motor Inn 244, 248, 249
- Trail of the Cedars Nature Trail 251, 254
- Triple Divide Peak 252

Glenwood Canyon, CO 204 f.
Glenwood Springs, CO 202, 203, **204, 206 f.**, 208
- Hot Springs 202, 205, 207
- Linwood Cemetery 202, 205, 207

Going-to-the-Sun Road, MT 9, 13, 29
Gold Camp Road, CO 71, 72 f.
Golden, CO 41
- Buffalo Bill's Grave & Museum 41

Granby, CO 189
Grand Lake, CO 189, 190, 194
Grand Targhee National Forest, ID 276
Grand Tetons, WY 97, 100, 276
Grand Teton National Park, WY 12, 29, 97, **100–107**, 109
- Blacktail Ponds Overlook 100, 104
- Cascade Canyon 105, 107
- Chapel of the Transfiguration 100, 104
- Colter Bay Indian Arts Museum 105, 107
- Colter Bay Visitor Center 100, 106, 107
- Hidden Falls 100, 105, 107
- Inspiration Point 100, 105, 107
- Jenny Lake 104 f.
- Jenny Lake Scenic Drive 100, 105
- Jenny Lake Overlook 105
- Jenny Lake Visitor Center 100, 107
- Menor's Ferry 100, 104
- Moose Junction 100, 107

- North Jenny Lake Junction 100
- Oxbow Bend Turnout 100, 105
- Signal Mountain 100, 105, 107
- Snake River Overlook 100, 104
- South Jenny Lake Junction 100
- Teton Park Road 100, 104

Great Falls, MT 14, 236, **237– 240**, 242 f., 244
- C. M. Russell Museum 236, 237 f., 243
- Fish Hatchery 240
- Giant Springs Heritage State Park 236, 240, 243
- Lewis and Clark National Historic Trail Interpretive Center 236, 240, 243

Great Northern Railway 247
Great Salt Lake, UT 12, 23, 26, 83, 84, 87
Great Salt Lake Desert, UT 91
- Bonneville Speedway 91

Great Sand Dunes National Park, CO 10, 31, 60, **63– 65**, 67
Green Mountain, CO 184
Green River 8, 11, 21, 23, **210– 214**, 217, 220
Großer Salzsee vgl. Great Salt Lake
Gros Ventre Junction, WY 100
Gros Ventre Mountains, WY 96
Gros Ventre River 29, 99, 104
Gros Ventre Slide, WY 100, 104
Grubenhäuser 20, 21, 55, 58
Guernsey, WY 12, 22 f., 176, 178, 179
Gunnison, CO 42, 44, **45**, 47, 52
Gunnison River 44, 47, 52

Hailey, ID 273
Hamilton, MT 258, 261, 263, 264
- Daly Mansion 261, 263

Handicap, Hinweise für Menschen mit 283
Hanging Lake, CO 202, 204 f.
Harney Peak, SD 158, 160, 164
Hauser Lake, MT 235
Heart Mountain, WY 135
Hebgen Lake, MT 224
Heiße Quellen 12, 22, 27, 49, 62, 65, 70, 75 f., 110 ff., 168, 205
Helena, MT 14, 224, 230, **232 f., 234 f.**, 236 f., 242
- Cathedral of St. Helena 233, 235
- Last Chance Gulch 230, 232,

233, 237, 242
- Montana Historical Society Museum 236, 237, 242
- Reeder's Alley 233, 237
- State Capitol 236 f., 242

Hermosa, CO 51
High Plains 33
Hill City, SD 158, 163, 166
Hooper, CO 60
Horseshoe Bend Area, WY 134, 136
Hotels 283
Hot Springs, SD 15, 30, 166, 168, 169, 170, 172
- Mammoth Site 15, 166, 168, 169
- Evans Plunge 166, 168, 169

Idaho, ID (Staat) 12, 16, 23, 24, 26, 27, 92, 94, 110, **264–277**
Idaho Falls, ID 274, 276, 277
Independence, KS 177, 199
Independence, MO 22
Independence Pass, CO 8, 197, 199, 203
Intermittent Spring (Periodic Spring), WY 92, 94, 98
Internet 283
Iron Mountain Road, SD 162, 166
Island Park, ID 277

Jackson, WY 12, 92, **96 f., 98 f.**, 100, 104, 107, 128
- Gunfights 96
- National Elk Refuge 97, 99
- National Museum of Wildlife Art 97, 99

Jackson Hole, WY 96 f., 98, 100, 102
Jackson Hole Aerial Tram, WY 97, 99
Jackson Hole Airport, WY 102
Jackson Lake, WY 102 f., 107
Jardine Juniper Trail, UT 93, 98
Jefferson River 226
Jenny Lake vgl. Grand Teton National Park
Jensen, CO 209, 214
Jewel Cave National Monument, SD 15, 158, **162**, 165
Johnson County, WY 28, 143

Kansas City, KS 177
Kaysville, UT 88
Kelly, WY 29, 100, 103
Kennecott Utah Copper's Bingham Canyon Mine, UT 91
Kenosha Pass, CO 43

Orts- und Sachregister

Ketchum, ID 12, 29, 270, 271, **271 f.**, 273
Keystone, CO 197
Keystone, SD 151, **155, 157**, 158, 160, 163, 164, 166
Kinder 284
Kings Peak, UT 217
Kiowa, MT 245
Kleidung 284
Klima, Kleidung, Reisezeit 283
Kontinentale Wasserscheide 8, 44, 62, 190, 193, 194, 198, 199, 225, 232, 251, 252, 255, 276
Korbflechter-Periode 20, 55, 58

Lagoon Amusement Park, UT 91
Lander, WY 19
Laramie, WY 19
Layton, UT
Lead, SD 142, 144, 148
– Black Hills Mining Museum 142, 144, 148
– Homestake Gold Mine 142, 144 ff., 148
Leadville, CO 10, 26, 28, 44, 69, 194, 197, **198 f., 200**, 203
– Matchless Mine Cabin 199, 200
– National Mining Hall of Fame and Museum 198, 200
– Tabor Opera House 198, 200
Lemhi River 265
Lewis Range, MT 251
Little Bighorn River 14, 155, 159, 162
Logan, UT 93, 98
Logan Canyon, UT 13, 92, 93, 98
Logan Canyon Scenic Byway, UT 93
Longs Peak, CO 23, 185, 190
Lost River Range, ID 30, 266
Lost Trail Pass, MT/ID 264, 265
Louisiana Purchase 22
Loveland Pass, CO 197
Lovell, WY 134, **136**, 140

MacDonald Pass, MT 232
Madison River 30, 223
Madison River Canyon Earthquake Area, MT 222, 223 f., 228
Manila, UT 216, 220, 221
Manitou & Pikes Peak Cog Railway, CO 75, 76, 79
Manitou Springs, CO 28, 71, 73, 75, **76 ff.**, 79
Marias Pass, MT 247
Maroon Bells, CO 10, 23, 202, 203

Maroon Creek 203
Maroon Lake, CO 203
Marysville, MT 232
Maße und Gewichte 284
Medano Creek, CO 64
Medicine Wheel, WY 134, 138
Medicine Wheel Passage, WY 137, 140
Medizinische Versorgung 284 f.
Meeker, CO 208
Mesa Falls, ID 276
– Lower Mesa Falls 276
– Upper Mesa Falls 274, 276
Mesa Falls Scenic Byway, ID 274, 276
Mesa Verde National Park, CO 10, 20, 51, **54–59**, 60
– Far View 54, 55, **56**, 59
– Balcony House 54, 56 ff., 59
– Chapin Mesa 55, 56 ff., 59
– Chapin Mesa Archeological Museum 56 f., 59
– Chapin Mesa Road 54, 56
– Cliff Canyon 56, 58
– Cliff Palace 54, 56, **57 f., 59**
– Fewkes Canyon 58
– Long House 56, 58, 59
– Montezuma Valley 55
– Morefield Village 54
– Navajo Canyon 58
– Park Point 55
– Ruins Road 54, 57, 58, 59
– Soda Canyon 58
– Spruce Canyon 57
– Spruce Tree House 57, 59
– Square Tower House Ruins 58, 59
– Step House Ruins 54, 58
– Sun Point 58
– Sun Temple 58, 59
– Wetherill Mesa 55, 56, 58, 59
– Wetherill Mesa Road 54
Middle Fork of the Salmon, ID 12, *286*
Mill Creek River 267
Mill Creek Summit, ID 267
Million Dollar Highway vgl. San Juan Skyway
Mission Creek 260
Mission Range, MT 259
Mississippi River 8, 14, 21, 226
Missoula, MT 258, **260 f.**, 262 f.
– Fort Missoula 261, 263
– Historical Museum at Fort Missoula 258, 261, 262
– Smokejumpers Base Aerial Fire Depot 258, 260 f., 262 f.
– Smokejumper Visitor Center 262

Missouri River 8, 14, 22, 121, 177, 220, 223, 226, **238–240**, 242, 243, 253
– Crookec Falls 238
– Rainbow Dam 240
– River's Edge Trail 239 f.
– Ryan Dam 236, 240, 243
Missouri River Road, MT 237
Mitchell Pass, NE 174
Mit Kindern in den Rocky Mountains 285
Moiese, MT 258, 262
Molas Divide Pass, CO 47, 51
Monarch Pass, CO 44, 45
– Monarch Crest Scenic Tramway 44, 45
Montana, MT (Staat) 12 f., 16, 22, 25, 26, 27, 110, 126, 127, 136, 143, **222–265**
Montpelier, ID 94 f.
Montrose, CO 47, 48, 52
Moose, WY 107
Morgan, UT 107
Mormonenkirche vgl. Church of Jesus Christ of Latter-Day Saints
Mormon Trail 24, 177
Morrison, CO 41
Morrow Point Lake, CO 47, 52
Mosca, CO 65
Mountain View, WY 216
Mount Elbert, CO 8, 199, 201
Mount Evans, CO 9, 33, 41
Mount Evans Scenic Byway & Wilderness, CO 9, 41
Mount Harvard, CO 43
Mount Massive, CO 199
Mount Moran, WY 105
Mount Princeton, CO 43, 44
Mount Rushmore, SD 15, 29, 155, 158, **159 f.**, 162, 164, 166
– Amphitheater 160
– Avenue of Flags 160
– Grand View Terrace 160
– Lincoln Borglum Museum 159 f., 164
– Presidential Trail 160
– Sculptur's Studio 160, 164
Mount Yale, CO 44
Mud Pots 12, 27, 110 ff.

National Bison Range, MT 13, 258, **259**, 260, 262
– Red Sleep Mountain Drive 259
National Parks Pass 285
Nebraska, NE (Staat) 15, 16, 27, **170–175**
Nederland, CO 182, 185

297

Orts- und Sachregister

Needles, SD 162, 164
Needles Highway, SD 158, 150, 164
Nevada City, MT 13 f., 222, **223 f.**, 228
– Nevada City Museum 226, 228
North Fork, ID 265
North Fork Shoshone River 127
North Platte River 15, 173, 177, 178, 179
Notfälle, wichtige Rufnummern 285

Öffnungszeiten 286
Ogden, UT 93, 98
Oglala National Grassland 173
Oregon, Staat 27
Oregon Trail 12, 15, 23, 24, 25, 94, **173–181**
Oregon Trail Ruts State Historic Site, WY 176 f., 178
Ouray, CO 47, 49, 52
– Natural Hot Springs Pool 49, 52
Overland Stage Route 220

Pagosa Springs, CO 60, 62, 65
Pahaska Tepee Lodge, WY 12, 127, 132
Peak to Peak Scenic Byway, CO 185
Phantom Canyon Road, CO 67, 68 f., 72
Pigtail Bridges, SD 166
Pikes Peak, CO 9, 22, 28, 70 f., 75, **77**, 79
Pikes Peak Highway, CO 77, 79
Pipestone Pass, MT 226
Pit Houses vgl. Grubenhäuser
Polson, MT 258
Poncha Pass, CO 68
Poncha Springs, CO 42, 44, 67
Pony Express 25, 130, 220
Post, Briefmarken 286
Powell, WY 134, 135 f.
Powell County, MT 234
Presse 286
Pryor Mountain Wild Horse Range, WY 136 f.
Pueblos 20, 21, 55, 62, 65

Rapid City, SD 151, **154 f., 156 f.**
– Black Hills Reptile Gardens 151, 155, 157
– Journey Museum 151, 154 f., 156
Rauchen 286
Raymond, CO 182

Red Cloud Indian Agency, NE 27, 172
Redfish Lake, ID 270, 271, 273
Red Mountain Pass, CO 47, 49
Red Rock Canyon, WY 133
Red Rock River 226
Red Rocks Park/Amphitheatre 41
Register Cliff State Historic Site, WY 12, 176, 179
Reisezeit 283
Rendezvous Mountain, WY 97, 99
Restaurant/Verpflegung 287
Ridgway, CO 48
Rifle, CO 208
Rio Grande 8, 21, 56, 62, 68
Rio Grande National Forest, CO 62
Roaring Fork River 202 f.
Rockwood, CO 51
Rocky Mountain Fur Company 178
Rocky Mountain National Park 8, 16, 22, **188–194**, 195
– Alluvial Fan 192
– Alpine Visitor Center 189, 192, 195
– Bear Lake 189, 191
– Bear Lake Road 189, 191
– Bierstadt Lake 191
– Flattop Mountain Trail 191
– Forest Canyon Overlook 189, 192
– Hoodoos 192
– Kawuneeche Valley 192 ff.
– Lake Granby 194
– Milner Pass 192
– Moraine Park 191, 195
– Never Summer Ranch 189, 192 ff.
– Nymph Lake 191
– Old Fall River Road 192
– Rock Cut 192
– Shadow Mountain Lake 194
– Sprague Lake 189, 191
– Trail Ridge Road 8, 189, 190, **191 f.**, 192 f.
Rodeos 9, 10, 28, 53, 78, 131, 178 f., 180
Roe River 240
Royal Gorge, CO 10, 48, 67, 68, 72
Royal Gorge Bridge 68, 72
Ryan Dam vgl. Missouri River

Saddle Rock Trail, NE 174
Salida, CO 45, 68
Salmon, ID 264, 268

– Challis Earthquake Fault 266
– Sacajawea Interpretive Center 265, 268
Salmon River 98, 12, 264, **265 f.**, 267, 271
– Main Salmon River 265
– Middle Fork Salmon River 12, 265, 267
Salmon River Scenic Byway, ID 9, 12, 264, 266
Salt Lake City, UT 11, 16, 17, 18, 19, 23, 31, **80–91**, 92, 93, 177, 216, 220, 276
– Beehive House 81, 85, 89
– Brigham Young Monument 81, 85
– Church Office Building 85
– City Creek Center 81, 86, 89
– Clark Planetarium 81, 86, 89
– Emigration Canyon 81, 87, 220
– Historic Trolley Square 81, 87, 90
– Joseph Smith Memorial Building 85
– LDS Church Office Building 81, 86, 89
– Lion House 81, 85
– Restaurants 89 f.
– Salt Lake Temple 85
– Salt Palace Convention Center 84
– State Capitol 81, 86 f., 89
– This Is The Place Heritage Park/Deseret Village 88
– Utah Museum of Natural History 88 f.
– Tabernacle Choir 85, 89
– Temple Square 81, 84 f., 86
– Visitor Information Center 81, 85, 88
– The Gateway 90
Salt River Pass, WY 92, 94
Salt River Range, WY 96
Sand Turn, WY 139
Sandy, UT 90
San Juan Mountains, CO 9, 10, 44, **48–51**, 60, 62
San Juan Skyway (Million Dollar Hwy.), CO 9, 48–51
San Luis Valley, CO 62, 63 f., 68
Sangre de Cristo Mountains, CO 44, 63, 65
Sawatch Mountains, CO 44, 199
Sawtooth Mountains, ID 12, 267, 270
Sawtooth National Recreation Area, ID 271 f.
Sawtooth Scenic Byway, ID 270, 271, 272

298

Orts- und Sachregister

Scottsbluff, NE 172
Scotts Bluff National Monument, NE 15, 170, **174 f.**, 175
Sheridan, WY 134, 139, 140, 141, 142
– Wyo Theater 134, 141
Shoshone Canyon, WY 131, 133
Shoshone Falls 272, 273
Shoshone River 129, 133
Sicherheit 286
Silberpanik 1893 28, 35, 49, 69 198
Silver Gate, MT 126, 127
Silver Plume, CO 196, 197
– Lebanon Mine 197
Silverthorne, CO 197
Silverton, CO 47, 49 f., 52
Snake River 12, 92, 96, 97, 99, 100, 103, 104, 106, 276
– Grand Canyon des Snake River 12, 93, **96 f.**, 99
Sockeye-Lachse 271
South Bluff, NE 174
South Cheyenne Creek, CO 71
South Dakota, SD (Staat) 14, 16, 27, 28, 29, **142–169**, 172, 178
South Fork 62
South Park, CO 43
South Park City, CO 43, 45
South Pass, WY 22, 23
South Pass City, WY 26
South Platte River 24, 33, 35, 36
Spearfish, SD 142
Spearfish Canyon National Scenic Byway, SD 142, 144
Sport und Erholung 287
Stanley, ID 12 264, 266, **267, 268 f.**, 270, 273
Stanley Lake, ID 267
Star Valley, WY 94
St. Mary, MT 251
Story, WY 143
Strom 287
Sturgis, SD 150
Sunbeam, ID 264, 267
– Yankee Fork Gold Dredge 267, 268
Sundance, WY 142
Sunlight Basin, WY 127, 128
Sunlight Creek 128
Sun Valley, ID 12, 29, 270, 271 f., 273
Sweetwater River 177
Sylvan Lake, SD 158, 160, 164
Sylvan Lake Shore Trail, SD 160

Targhee Pass, ID/MT 276
Telefonieren 287 f.

Teton Range, WY 100 f., 102, 103
Teton Village, WY 97
Thanksgiving Point, UT 91
Thermopolis, WY 19
Toadstool Geologic Park, NE 173
Tombstone, AZ 205
Tongue River Canyon, WY 139
Top of the Rockies Scenic Byway, CO 199
Torrey's, ID 267
Torrington, WY 170, 172, **174, 175**, 176, 178
– Homesteaders Museum 174, 175
Tower Creek, WY 120
Tower Trail, WY 144 f.
Trinkgeld 288
Twin Bridges, MT 222
Twin Lakes, CO 199

Uinta Mountains, UT 217
Uncompahgre River 48, 49
Union/Central Pacific Railroad 26, 34, 144, 178, 179, 180, 220
Unterkunft, Camping 288
Upper Arkansas Valley, CO 43
Utah, UT (Staat) 10, 16, 23, 24, 26, 28, 29, 55, 83, 84, 86, 94, 144, **210–221**

Vail, CO 10
V*erkehrsmittel 289*
Vernal, UT 209, **213, 215**, 216
– Dinosaur Garden 213, 215
– Utah Field House of Natural History State Park 213, 215
Victor, CO 67, 69, 70
Virginia City, MT 13 f., 25, 222, **223 f.**, 225, **228**

Wagon Box Fight 25, 143
Wall, SD 150, 151
Wapiti-Hirsche 118, 259
Wapiti Valley, WY 123, 127
Warm Springs, MT 230
Wasatch Mountains, UT 11, 82
Wasserscheide, kontinentale 8, 44, 62, 193, 194, 198, 199, 225, 232, 252, 276
Waterton Lakes National Park, Kanada, B. C. 246
Wellsville, UT 98
West Glacier, MT 251, 255, 257, 258
West Yellowstone, MT 222, **223, 228**, 274, 276, **277**
– Grizzly Discovery Center 223, 228

– Yellowstone Historic Center 222, 223, 228
– Yellowstone Giant Screen 274, 277
White River 151, 210
Whitewater Rafting 44, 45, 68, 99, 104, 124, 133, 212, 213, 255, 257, 265
Wildlife Loop Road, SD 166, 167
Williams Canyon, CO 76
Wind Cave, UT 93
– Wind Cave Trail, UT 92, 98
Wind Cave National Park, SD 15, 27, **166 ff.**, 169
Wind River Range, WY 97
Wolf Creek Pass, CO 62
Wounded Knee, SD 28, 155
Wyoming, WY (Staat) 10 f., 16, 22, 25, 27, 28, 29, 35, 92, **96–148, 172–181, 217–221**

Yampa River 8, 11, 210, 212, 213
Yankee Fork River 267
Yellowstone National Park, WY 12, 16, 17 f., 22, 26, 31, 96, **108–125**, 126, 127, 128, 132, 224, 225, 276, *283 f.*
– Anemone Geyser 114
– Artist Point 118, 121
– Back Basin 116
– Biscuit Basin 115
– Black Sand Basin 115
– Brink of the Lower Falls Trail 118, 121
– Canary Spring 119, 124
– Canyon Village 118, 120, 124
– Castle Geyser 115
– Crested Pool 115
– Echinus Geyser 116
– Firehole Lake Drive 115
– Fishing Bridge 118, 122 f., 125, 127
– Fishing Cone 113
– Fort Yellowstone 118
– Geyser Hill 114
– Giant Geyser 114
– Grand Canyon of the Yellowstone 118, 120 f., 125
– Grand Geyser 114
– Grand Loop Road 110 f.
– Grand Prismatic Spring 109, 116
– Grandview Point 118, 121
– Grant Village 125
– Great Fountain Geyser 115
– Grotto Geyser 114
– Hayden Valley 118, 122

299

Orts- und Sachregister/Namenregister

- John D. Rockefeller Jr. Memorial Parkway 112 f.
- Jupiter Terrace 119
- Lake Butte Overlook 127
- Lamar Valley 127
- Liberty Cap 118, 124
- Lookout Point 118, 121
- Lower Falls 121
- Lower Terraces 118, 124
- Mammoth Hot Springs 109, 116, 117, 118, 124
- Midway Geyser Basin 115, 116
- Minerva Terrace 118, 119
- Monarch Geyser 116
- Morning Glory Pool 109, 114 f.
- Mud Volcano 122, 124
- Mud Volcano Nature Trail 118, 124
- Norris Geyser Basin 109, 116
- Norris Geyser Basin Museum 117
- North Rim Drive 118, 121
- Obsidian Cliff 116
- Old Faithful 12, 109, 110, **113 f.**, 114, 117
- Petrified Tree 118, 120
- Porcelain Basin 116
- Red Rock Point Trail 118, 121
- Riverside Geyser 114
- South Rim Drive 118, 121
- Steamboat Geyser 116
- Steamboat Point 127
- Sylvan Pass 127
- Tower Fall 118, 120, 124
- Tower Junction 120
- Tower-Roosevelt 118, 120, 123, 124, 126
- Uncle Tom's Trail 118, 121
- Upper Falls 121
- Upper Geyser Basin 109, 113, 113, 115, 117
- West Thumb Geyser Basin 109, 113
- White Dome Geyser 115
- Yellowstone Caldera 110
- Yellowstone Lake 113, 122, 125, 127
- Yellowstone River 22, 120, 122

Zeitzonen 289
Zoll 289

Namenregister

Anasazi 10, 20, 21, 54, **55–59**, 60 f.
Arapaho 130, 185
Arthur, Chester A., Präsident 198
Ashley, General William H. 23, 212
Astor, John Jacob 172

Baker, Eugene M. 245
Basket Makers 20
Bell, Dr. William 76
Biden, Joe 31
Bierstadt, Albert 131
Big Foot, Sioux-Häuptling 27 f.
Billy the Kid 135
Bingham, Jesse und Tom 167
Blackfeet 244, 245, 246, 249
Bonaparte, Napoleon 22
Borglum, Gutzon 29, 30, 160
Bridger, James 22
Bridger, Jim 220, 221
Bright, William H., Senator 25 f.
Buffalo Bill vgl. William F. Cody
Buster, Bronco 35

Calamity Jane vgl. Martha Jane Cannary
Cannary, Martha Jane 147
Cassidy, Butch 94, 135
Catlin, George 97, 131
Chew, Mary und Jack 212
Cheyenne 14, 21, 130, 168
Chief Joseph, Nez-Percé-Häuptling 128, 261, 265

Clark, Captain William 14, 22, 237, 238, 240
Clark, William A. 27, 227, 229, 265
Clarke, Malcolm 245
Clinton, Hillary 31
Cody, William Frederick »Buffalo Bill« 12, 25, 27, 41, **126–133**, 139, 147
Cole, W. L. 274
Colter, John 22, 100 ff., 110
Comanchen 21 f.
Cooper, Gary 272
Coronado, Francisco Vásquez de 21
Costner, Kevin 151
Crazy Horse, Sioux-Häuptling 14, 15, 25, 27, 30, 143, 162, 172
Crow 14, 21, 24, 131
Custer, Colonel George Armstrong 14, 26, 158, 162

Daly, Marcus 27, 227, 231, 261
Denver, John 8, 202
Domínguez, Francisco Atanasio 21
Douglass, Earl 28, 213
Dunraven, Lord of 190

Earp, Morgan, Virgil und Wyatt 205
Edgar, Henry 25, 224
Escalante, Silvestre Velez de 22
Estes, Joel 185

Fairweather, Bill 25, 224
Fetterman, Captain William J. 25, 143

Forsyth, Colonel James 27 f.
Forty-Niners 24, 177

Gable, Clark 272
Grant, Johnny 232
Grattan, Leutnant John L. 178
Grinnell, George Bird 247

Hayden, Dr. Ferdinand V. 26, 102, 110
Hemingway, Ernest 139, 272
Henry Standing Bear, Sioux-Häuptling 162
Hickock, James Butler 146 f., 149
Holliday, Doc John Henry 205

Jackson, William Henry 26, 102
Jefferson, Thomas, Präsident 29, 159

Kiowa 21
Kiowa-Apachen 21
Kohrs, Conrad 232
Kolumbus, Christoph 21
Kootenai 246 f., 258

Ladd, Alan 104
Langford, Nathaniel P. 26
LaSalle, René Robert Cavelier Sieur de 21
Lakota Sioux 22, 152
Latter-Day Saints 85
Lewis, Captain Meriwether 14, 22, 237, 238, 240, 265
Limbert, Robert 274
Lincoln, Abraham, Präsident 24, 29, 159
Long, Stephen H. 22

Namenregister

Mallet, Pierre und Paul 21
Mason, Charles 27, 55
McCall, Jack 147, 149
McCourt Doe, Elizabeth 198
Menor, William D. 104
Mills, Enos 190
Moran, Thomas 26, 102, 131
Mormonen 10 f., 23, 25, 28, **82–86**, 87, 88, 89, 94, 177, 220
Morris, Esther 26

Nez Percé 27, 127 f., 261, 265
Northern Cheyenne 27

Obama, Barack, Präsident 31

Palmer, General William J. 71, 76
Pei, Ieoh Ming 184
Pence, Mike 31
Pend d'Oreilles 258
Pike, Zebulon 22
Pony-Express-Reiter 25, 130, 177, 220
Powell, Captain J. N. 25
Powell, Major John Wesley 212, 217
Prärieindianer 14, 20, 21, 22, 26, 27, 28, 155, 212, 246
Proulx, Annie 31
Pueblo 56, 78

Red Cloud, Sioux-Häuptling 25, 143, 172
Red Tomahawk 27
Remington, Frederic 131
Rockefeller Jr., John D. 102
Rogers, Will 67, 71, 73
Romney, Mitt 31
Roosevelt, Franklin Delano, Präsident 29
Roosevelt, Theodore, Präsident 29, 139, 159
Ross, Nellie Tayloe, Gouverneurin 29, 180
Rungius, Carl 97
Russell, Charles M. 97, 131, 223, 237, 238

Salish 246 f., 258
Scott, Hiram 174
Sheepeater 110
Shoshonen 110, 131
Sioux 14, 21 f., 24, 27 f., 127, 130, 143, 155, 158, 159, 168, 172, 178
Sitting Bull, Sioux-Häuptling 14, 27
Smith, Jedediah 22
Smith, Joseph 83 f., 84
Spielberg, Steven 213
Stratton, Winfield Scott 69

Tabor, Augusta 198 f.
Tabor, Horace Austin W. 26, 28, 198 f.
Teton Sioux 22
Trump, Donald 31

Ute 49, 62, 185, 203, 205

Vasquez, Louis 220
Vérendrye, Francois und Louis-Joseph de la 21
Vérendrye, Pierre de la 21
Victoria, Queen 129

Washburn, Henry D. 26
Washington, George, Präsident 29, 159
Wetherill, Richard 27, 55
Wheeler, Jerome B. 204
Wild Bill Hickock vgl. James Butler Hickock
Womack, Bob 69

Young, Brigham 23, 82, 84 ff., 87, 89, 90, 220

Ziolkowski, Korczak 29 f., 162

Vier gute Gründe, die Welt zu entdecken

Das Original

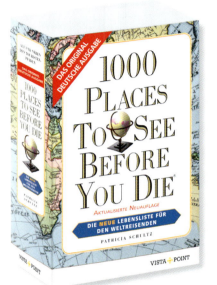

1000 Places To See Before You Die®
Patricia Schultz
1216 S., Format 13,4 x 19 cm
600 farbige Abb., Klappenbroschur
lieferbar
ISBN 978-3-95733-446-6
€ 19,99

Ob Fernweh, Reiselust oder zum Träumen – wir haben für Sie die Nr. 1 der New-York-Times-Bestsellerliste. Die Autorin Patricia Schultz nimmt Sie mit auf eine faszinierende Reise und zeigt Ihnen die 1000 schönsten und spannendsten Orte unseres Planeten.

1000 Places To See Before You Die®
Geschenkausgabe
Patricia Schultz
1216 Seiten, 13,4 x 19 cm, 600 farbige Abb.
Hardcover in Lederhaptik mit Prägung und Banderole, zwei Lesebändchen und Gummibandverschluss
lieferbar
ISBN 978-3-95733-443-5
€ 25,00

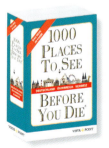

1000 Places To See Before You Die®
Deutschland • Österreich • Schweiz
1168 Seiten, 13,4 x 19 cm
1020 farbige Abb.
Klappenbroschur
lieferbar
ISBN 978-3-95733-256-1
€ 19,99

1000 Places To See Before You Die®
Tageskalender 2019
In 365 Tagen um die Welt
Patricia Schultz
320 Blätter, 13,7 x 13,7 cm
Über 300 Fotos, vierfarbig
Mit Pappaufsteller und Wandaufhängung
lieferbar
ISBN 978-3-96141-185-6
€ 14,99

VISTA POINT

Bildnachweis

Alamy/Dan Leeth: S. 203; Danita Delmant: S. 227 o.; Douglas Pulsipher: S. 87; Efrain Padro: S. 200; Ian Dagnall: S. 128; Mira Mira: S. 183; Pat Chuck Blackley: S. 167; Witold Skrypczak: S. 272
Aspen Skiing Corporation/Chris Cassatt: S. 201
Fotolia/ASPInc: S. 89; Bill Perry: S. 254/255; Brad: S. 41; Eunikas: S. 56; Iofoto: S. 210 o., 214; JKraft5: S. 141; Korwel Photo: S. 154 u.; Mehmet Dilsiz: S. 237 u.; Mike Norton: S. 95; Nathan: S. 166 u.; Photo Perspectives: S. 38; Reb: S. 163; River North Photography: S. 186; Sascha Burkard: S. 139; Sean Xu: S. 185; Shelley: S. 67; Thomas Amler: S. 109
Getty Images/ferrantraite: S. 84; johnnya123. S. 81; jmoor7: S. 97; Pavliha: S. 86 u.; Scott Walton: S. 103; SWKrullmaging: S. 184; Yin Yang: S. 115; zrfphoto: S. 210 u.
Glenwood Hot Springs: S. 207
Christian Heeb/Look, München: S. 5, 29, 61, 62/63, 65, 68, 138/139, 143, 145, 157, 161, 171, 177, 204, 233, 292
iStockphoto/Agnieszka Szymczak: S. 165; Andrea Pelletier: S. 83; Ben Blankenburg: S. 11 o., 43, 191; Ben Klaus: S. 14; Chapin31: S. 45; CocoPhoto: S. 4 u., Colton Stiffler: S. 241; Cynthia Baldauf: S. 6 u., 13, 260/261; David Parsons: S. 35, 58, 257; dszc: S. 121; Eric Foltz: S. 64; Forest Woodward: S. 187; Frank Hildebrand: S. 125 o.; Ihsanyildizli: S. 11 u.; Ivanastar: S. 176; Jeremy Edwards: S. 59; Jerry Sharp: S. 17 u.; Jesse Kunerth: S. 148; Jim Parkin: S. 136, 155; Joe McDaniel: S. 154 o.; Jonathan Harper: S. 240 u.; Julie Macpherson: S. 218/219; Jumay Designs: S. 42; Kate Leigh: S. 116; Kavram: S. 240 o.; Ken Canning: S. 96/97; Kenez: S. 120; Kenneth Proper: S. 213; KokoPhoto: S. 102; Len Tillim: S. 124; lightpix: S. 111; Mary Stephens: S. 238/239; Nathan Hobbs: S. 6/2. v. o., 125 u.; Nicholas Roemmelt: S. 16; Paul Tessier: S. 8; Rich Phalin: S. 17 o.; Ron and Patty Thomas Photography: S. 9; Sassy1902: S. 50; Scott Cramer: S. 7; Scott Harris: S. 11 Mitte; SolangeZ: S. 104; Stephen Krausse: S. 210 Mitte; SWKrullmaging: S. 75; Tenley Thompson: S. 99; Traveler1116: S. 211; Xu\'s Studio: S. 189; Yin Yang: S. 55

Mammoth Site, Hot Springs: S. 168
Pixelio/Peter Reichel: S. 140
Shutterstock/Alfie Photography: S. 195; Alla Khananashvili: S. 122/123; Andrea Izzotti: S. 130; AndrewS: S. 6/2. v. u., 246; Arina P. Habich: S. 36, 37; Baxternator: S. 82; Berzina: S. 112/113; B. Brown: S. 269; B. Norris: S. 69; catwalker: S. 258 o.; cjchiker: S. 74; Chanya Thirawarapan: S. 105; Deaton Photos: S. 129 o.; Don Mammoser: S. 4/2 v. u., 57; East Villages Images: S. 263; EdwinM: S. 252; Eric Isselee: S. 166 c.; Felix Lipov: S. 46; fstockphoto: S. 147 u.; Gary Whitton: S. 85; Geir Olav Lyngfjell: S. 47; Georg Burba: S. 77; Greg Birkett: S. 254; Ijh images: S. 194, 197; Irina K: S. 6 o., 215; Jeffrey M. Frank: S. 178; Jeff Smith Perspectives: S. 79; Jess Kraft: S. 146, 147 o.; Jim Parkin: S. 253; John Hoffman: S. 70; Joseph Sohm: S. 158, 159; Kobby Dagan: S. 221; Kristin Otto: S. 223; Kris Wiktor: S. 193; K Swinicki: S. 199; Lincoln Rogers: S. 180; magmarcz: S. 224; Megan Carey: S. 106; Michael Schober: S. 162; MISHELLA: S. 250; Moonborne: S. 86 o.; Mr. Klein: S. 78; Nagel Photography: S. 151; Nick Fox: S. 251; Oleksandr Koretskyi: S. 100; OLOS: S. 247; Oscity: S. 205; Pung: S. 248; Radoslaw Lecyk: S. 231; Serjio74: S. 216; Silky: S. 227 u.; Spatuletail: S. 126, 270; Stellathe Giant: S. 152/153; Steve Cukrov: S. 129 u., 133, 149; Susan Hoffmann: S. 190; World Pictures: S. 49, 53; Zack Frank: S. 174, 175, 179, 209
Karl Teuschl, München: S. 135, 137, 264
Tourism Nebraska: S. 4 o., 18, 19, 172, 173
Visit Idaho: S. 265, 266, 267, 271, 275, 276
Visit Montana: S. 225, 226, 232, 235, 243, 245, 261
VISTA POINT Verlag (Archiv), Potsdam: S. 20, 23, 24, 30, 54, 66, 131
Heike Wagner, Bernd Wagner, Duisburg: S. 4/2 v. o., 51, 92, 244, 262
Wolfgang R. Weber, Darmstadt: S. 119
Wikipedia (CC BY-SA 2.0)/Larry Johnson: S. 33; Library of Congress: S. 26; Wikipedia (CC BY-SA 3.0)/Parkerdr: S. 237 o.
Gaby Wojciech, Köln: S. 258 u.

Titelbild: Snake River Valley im Grand Teton National Park (Wyoming), Foto: Christian Heeb/Look, München
Vordere Umschlagklappe (innen): Übersichtskarte der Rocky Mountains mit den eingezeichneten Routenvorschlägen
Schmutztitel (S. 1): Bisons im Custer National Park (South Dakota), Foto: Shutterstock/Iorcel
Haupttitel (S. 2/3): Grasende Pferde im Grand Teton National Park im Westen von Wyoming, Foto: Fotolia/Andy
Hintere Umschlagklappe (außen): Old Faithful im Yellowstone Nationalpark; Foto: Stockphoto/lightpix
Umschlagrückseite: Cowboy vor den Bitterroot Mountains, Foto: iStockphoto/Cynthia Baldauf (oben); Blick vom Garden of the Gods zum Pikes Peak, Foto: iStockphoto/Ben Blankenburg (Mitte); Whitewater Rafting auf dem Arkansas River, Foto: iStockphoto/Ben Blankenburg (unten)

Impressum

Konzeption, Layout und Gestaltung dieser Publikation bilden eine Einheit, die eigens für die Buchreihe der **VISTA POINT Reiseführer** entwickelt wurde. Sie unterliegt dem Schutz geistigen Eigentums und darf weder kopiert noch nachgeahmt werden.

© VISTA POINT Verlag GmbH, Birkenstr. 10, D-14469 Potsdam
8., aktualisierte Auflage 2018
Alle Rechte vorbehalten
Reihenkonzeption: Horst Schmidt-Brümmer, Andreas Schulz
Bildredaktion: Andrea Herfurth-Schindler
Aktualisierung: Heike Wagner
Lektorat: Kristina Linke, 8. Auflage: Eszter Kalmár, Christina Richter
Layout und Herstellung: Sandra Penno-Vesper
Kartographie: Kartographie Huber, München, Berndtson & Berndtson Productions GmbH, Fürstenfeldbruck; Nationalparkkarten: Basemap©MapQuest.com/DTP Grafik, Korschenbroich
Reproduktionen: Henning Rohm, Köln; Noch & Noch, Datteln
Druckerei: Drukarnia Interak, Czarnków, Polen

ISBN 978-3-95733-999-7

An unsere Leser!
Die Informationen dieses Buches wurden gewissenhaft recherchiert und von der Verlagsredaktion sorgfältig überprüft. Nichtsdestoweniger sind inhaltliche Fehler nicht immer zu vermeiden. Der Verlag übernimmt keine Haftung für die Richtigkeit von Informationen. Für Ihre Korrekturen und Ergänzungsvorschläge sind wir dankbar.

VISTA POINT Verlag
Birkenstr. 10 · 14469 Potsdam · Telefon: +49 (0) 331/817 36-400 · Fax: +49 (0) 331/81736-444
www.vistapoint.de · info@vistapoint.de · ꄗ www.facebook.de/vistapoint